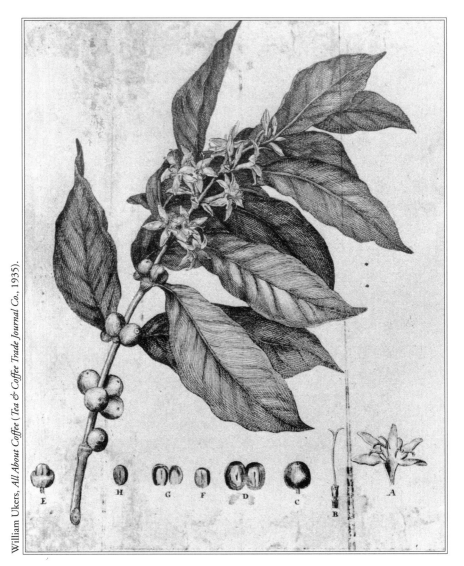

Este minucioso grabado, una de las primeras representaciones de la exótica planta de café, se publicó en 1716 en Voyage de l'Arabie heureuse.

EL CAFÉ

*historia de la semilla
que cambió el mundo*

MARK PENDERGRAST

EL CAFÉ

historia de la semilla
que cambió el mundo

Javier Vergara Editor
GRUPO ZETA **z**
Barcelona / Bogotá / Buenos Aires
Caracas / Madrid / México D. F.
Montevideo / Quito / Santiago de Chile

Título original: *Uncommon Grounds*

Traducción: Elsa Mateo

1.ª edición: marzo 2002

© 2001 Mark Pendergrast
© Ediciones B Argentina, S.A., 2002
    para el sello Javier Vergara Editor
    Paseo Colón, 221 - Piso 6 - Buenos Aires (Argentina)
    www.edicionesb.com

Printed in Spain
ISBN: 950-15-2229-6
Depositado de acuerdo a la ley 11.723.

Depósito legal: B. 4.479-2002

Impreso por LIBERDÚPLEX, S.L.
Constitució, 19 - 08014 Barcelona

ÍNDICE

El sacerdote vudú y sus polvos mágicos no eran nada comparados con el exprés, el capuchino y el moca, que son más fuertes que todas las religiones del mundo combinadas, y quizá más fuertes que el alma humana.

Mark Helprin,
Memoria de una caja a prueba de hormigas (1955)

Fotografía de Betty Hannstein Adams.

El autor, Mark Pendergrast (izquierda) *contempla el contenido de la canasta de su capataz; en el tiempo que él tardó en llenar su cesta por la mitad, su capataz Germán Gabriel Camel* (derecha) *logró llenar la suya hasta el tope en la Finca Oriflama (Guatemala).*

La recolección de Oriflama

Guatemala, enero de 1997. Mientras recojo granos de café por primera vez, hago un enorme esfuerzo por conservar el equilibrio en la escarpada ladera de la colina. Llevo la canasta atada alrededor de la cintura e intento colocarme de manera tal que, cuando arranco los granos, caigan directamente en su interior. Tal como me pidió Germán, mi capataz, trato de recolectar sólo los granos rojos y suculentos, pero a veces, accidentalmente, arranco alguno verde. Después tendré que seleccionarlos.

Me pongo en la boca un grano maduro que tiene la piel abierta y saboreo el dulce mucílago; tengo que moverlo con la lengua para llegar a lo que al principio me parece que es el grano. Pero descubro que se trata de esa resistente especie de pergamino que protege el grano. Al igual que los cacahuetes, los granos de café crecen en pares enfrentados. Me saco de la boca esa especie de pergamino y descubro los dos granos cubiertos por una piel plateada y transparente parecida al papel de seda. Cuando la tierra carece de boro es posible encontrar un solo grano —llamado «guisante»— que, según consideran algunos, posee un sabor ligeramente más concentrado. Al final los escupo: son demasiado duros para masticarlos.

Oigo a otros recolectores —familias enteras de ellos— que charlan y cantan en español. Es una época feliz, el momento en que el duro trabajo de podar, fertilizar, desherbar, cuidar y reparar caminos y acequias, realizado durante todo el año, da como resultado el café maduro. No sé hablar español, así que canto una vieja canción, *Spanish Is a Loving Tongue* (El español es una hermosa lengua), en la que al final aparecen las palabras «mi amor», «mi corazón».

Oigo risillas y un aplauso. Sin darme cuenta he atraído a un grupo de chiquillos que enseguida se alejan para reanudar su tarea o incordiar a sus padres. Los niños empiezan a ayudar en la cosecha a los siete u ocho años. Aunque muchos campesinos dejan de enviar a sus hijos a la escuela en otros momentos y por otras razones, no es casual que las vacaciones escolares en Guatemala coincidan con la recolección del café.

Me encuentro a 1.370 metros sobre el nivel del mar, en Oriflama, una plantación de café propiedad de Betty Hannstein Adams. El abuelo de Betty, Bernhard Hannstein («Don Bernardo»), llegó a Guatemala hace más de cien años; fue uno de los muchos inmigrantes alemanes pioneros de la producción de café en el país. Con el tiempo, su hijo Walter, el padre de Betty, se ocupó de la administración. Oriflama, que abarca más de 400 acres (lo que equivale a unas 160 hectáreas), es la mitad de la finca original, llamada La Paz.

La mayor parte de las plantas de café son *caturra* y *catuai*, híbridos que facilitan la recolección porque son más bajos y más compactos que la vieja variedad llamada *bourbon*. Sin embargo, para alcanzar algunas ramas tengo que doblarlas.

Al cabo de media hora llevo recolectada media canasta, alrededor de seis kilos de granos que, tras el proceso de quitarles la pulpa, el mucílago y la cubierta apergaminada producirán un kilo de granos verdes de café. Una vez tostados se reducirán un veinte por ciento más. Sin embargo, he recogido lo suficiente para hacer varias jarras de buen café. Me siento muy orgulloso hasta que Germán —un hombre de poco más de un metro cincuenta y unos cincuenta kilos— me muestra su canasta llena y me suelta una reprimenda por ser tan lento. Me dice que yo soy grande y no tengo que esforzarme tanto para llegar a las ramas.

La finca resulta casi insoportablemente hermosa, con las plantas de café verdes y brillantes, los helechos prehistóricos y las yucas que crecen a los lados de los caminos, las onduladas colinas, los recolectores invisibles que cantan y se llaman unos a otros, las risas de los niños, el gorjeo de los pájaros, las nubes que se desplazan entre las cimas de las colinas, los enormes árboles que les dan sombra y motean las colinas, los manantiales y arroyos. Al igual que en otras zonas cafeteras altas, la temperatura apenas oscila de los 24 °C.

A lo lejos veo el volcán Santa María y el humo que surge del cono más pequeño, Santiago, donde en 1902 se produjo una erupción lateral que sepultó Oriflama bajo treinta centímetros de ceniza y exterminó a todos los pájaros cantores. «Oh, Dios, ¡qué horror! —escribió Ida Hannstein, la abuela de Betty, poco después—. Miraras donde mirases, todo estaba azul, gris y muerto. Parecía un cementerio de mamuts.»

Me resulta difícil imaginar la escena ahora, de pie en medio de lo que parece un paraíso. Los árboles de sombra que fijan el nitrógeno —como el inga, el poro y otros—, junto con los cipreses y robles que crecen en majestuosos bosquecillos y las macadamias cultivadas para diversificar la producción, ofrecen el necesario hábitat para las aves migratorias. He desayunado melón, crema y miel de la plantación; y además alubias negras, arroz y, por supuesto, café.

Hacia las cuatro de la tarde termina la jornada de recolección y todos traen abultados sacos de granos de café al beneficio (planta procesadora) para pesarlos. La mayor parte de los recolectores y el producto de su trabajo son trasladados en camiones por los diversos senderos que recorren la plantación; pero los primeros en llegar a pie, como yo, son los que trabajan más cerca. En otros lugares de Guatemala, los indios mayas son los principales recolectores, pero aquí son los ladinos del lugar, en cuya sangre se combina la herencia india y la española. Lo mismo que Germán, mi capataz, son muy menudos, probablemente debido a la desnutrición crónica de sus antepasados. Muchos de ellos llevan camisetas norteamericanas que aquí resultan fuera de lugar: una tiene una imagen de Alf, el viejo personaje de la televisión, y otra es del Centro Espacial Kennedy.

Las mujeres, también menudas, de un metro treinta de estatura, pueden cargar sacos increíblemente grandes, que duplican su peso de apenas cuarenta kilos. Algunas de ellas llevan a sus bebés en cabestrillo, delante del pecho; después de descargar los sacos, vuelven a acomodarlos a su espalda. Los niños recolectores también son increíblemente fuertes y competentes. Llegan con cargas que a mí me matarían, las arrojan sobre la balanza, esperan ansiosamente que se anuncie el peso y se alejan sonrientes con un trozo de papel que indica la paga que recibirán. Un buen recolector adulto puede recoger más de noventa kilos de granos y ganar ocho dólares diarios, más del doble de la paga diaria mínima.

En Guatemala, el contraste entre pobreza y riqueza es absoluto. La distribución de la tierra es desigual, y quienes hacen los trabajos más pesados no son quienes reciben los beneficios. Sin embargo, las desigualdades establecidas en el sistema económico no se solucionan fácilmente, y tampoco existen alternativas viables a la cosecha de café en estas montañas. En muchos sentidos, los trabajadores están más contentos y satisfechos que sus homólogos de las fábricas de Estados Unidos. Poseen un arraigado sentido de la tradición y la vida familiar.

Me siento confundido. Mientras los trabajadores llegan con su cosecha, pienso en que estos granos, una vez procesados, viajarán miles de kilómetros para proporcionar placer a personas que disfrutan de un estilo de vida que estos recolectores guatemaltecos son incapaces de imaginar. Sin embargo, sería injusto calificar a un grupo de «villanos» y al otro de «víctimas». Me doy cuenta de que en esta historia nada será sencillo.

Le regalo mi magra cosecha al niño que lleva la camiseta con la imagen de Alf y me vuelvo una vez más para contemplar el valle y el volcán que se alza a lo lejos. En mi hogar, en Estados Unidos, ya he comenzado a acumular libros, transcripciones de entrevistas y montañas de fotocopias que amenazan con inundar mi pequeño despacho, donde escribiré esta historia del café. Pero de momento la estoy viviendo y puedo decir que esta experiencia, este libro, supondrá un desafío para mis prejuicios y, espero, los de mis lectores.

¿Agua sucia o panacea?

¡Oh, café! Tú que disipas todas las preocupaciones, eres objeto de deseo para el estudioso. Ésta es la bebida de los amigos de Dios.

«Elogio del café», poema árabe, 1511

[¿Por qué nuestros hombres] malgastan el tiempo, se queman la boca y derrochan el dinero por una vil, negra, espesa, asquerosamente amarga, hedionda y nauseabunda agua sucia?

Petición de las Mujeres contra el Café, 1674

Al fin y al cabo, no es más que un grano que recubre una semilla de dos caras. Originalmente crecía en un arbusto —o en un árbol, según la perspectiva o la estatura de cada uno—, bajo el dosel de la selva tropical etíope, en lo alto de las montañas. Sus hojas perennes forman óvalos brillantes y, como las semillas, contienen cafeína.

Sin embargo, el café es el segundo producto básico legal de exportación que existe en el mundo (el primero es el petróleo) y proporciona el estímulo más intenso de todas las drogas psicoactivas que se consumen. Desde su origen africano, el café se ha propagado formando un cinturón que rodea el globo terráqueo y abarca montañas y llanos enteros entre el Trópico de Cáncer y el de Capricornio. Bajo la forma de infusión caliente preparada con sus semillas tostadas y molidas, se consume en todo el mundo por su aroma agridulce, por el estímulo mental que proporciona y por hábito social. En diferentes épocas ha sido recetado como afrodisíaco, enema, tónico para los nervios y para prolongar la vida.

El café proporciona un medio de vida (en cierto modo) a más de 20 millones de seres humanos. Se trata de un cultivo intensivo que requiere abundante mano de obra. Manos encallecidas plantan las semillas, cuidan las plántulas bajo un dosel umbrío, las trasplantan a las laderas de las montañas, podan las plantas y las fertilizan, las rocían con pesticidas, las riegan, recolectan y cargan sacos con ochenta kilos de granos de café. Los trabajadores regulan el complejo proceso de quitar el precioso grano de su cubierta de pulpa y mucílago. Entonces los granos deben quedar esparcidos durante varios días para que se sequen (o se calientan en tambores); la cubierta apergaminada y el tegumento argentino se retiran, y el grano verde resultante («café oro», como se le llama en América Latina) se embolsa para ser embarcado, tostado, molido y bebido en el mundo entero.

La inexorable ironía de la industria del café es que la gran mayoría de quienes realizan esas tareas repetitivas trabajan en los lugares más bellos de la tierra, con picos tropicales volcánicos como telón de fondo en un paraíso de clima controlado que rara vez baja de los 21 ºC ni supera los 27 ºC... y que estos trabajadores ganan un promedio de tres dólares diarios. La mayoría vive en la más abyecta pobreza, sin instalaciones de agua, electricidad, alimentos ni médicos. El café que cuidan recorre medio mundo y termina en mesas de desayuno, oficinas y elegantes barras de café de Estados Unidos, Europa, Japón y otros países desarrollados, donde los cosmopolitas consumidores pagan rutinariamente el equivalente de un jornal por una buena taza de café.

La lista de quienes ganan dinero con el café no tiene fin. Están los exportadores, los importadores y los tostadores. Están los frenéticos comerciantes en bolsa, que gesticulan, gritan y fijan el precio de un producto que rara vez ven antes de que madure. Están los expertos catadores (equivalentes a los catadores de vino), que pasan el día sorbiendo, paladeando y escupiendo café. Están los minoristas, los que venden máquinas expendedoras, los que registran los derechos de publicidad, los asesores.

El café es un producto extraordinariamente delicado. Su calidad está determinada en principio por elementos esenciales como el tipo de planta, las condiciones del suelo y la altitud del terreno en el que crece. Puede quedar estropeado en cualquier etapa, desde la aplicación de fertilizantes y pesticidas hasta los métodos de recolección, el procesamiento, el transporte, el tueste, el envasado y el consumo. El grano de café absorbe ávidamente olores y aromas de gran cantidad de compañeros nauseabundos. Demasiada humedad produce moho. Un tueste demasiado suave da lugar a un café poco desarrollado y amargo, mientras que el que está demasiado tostado parece carbón. Una vez tostado, el grano se vuelve rancio enseguida, salvo si se utiliza en el plazo de una semana, aproximadamente. Si hierve o se lo deja sobre una placa caliente, incluso el café más delicado queda muy pronto reducido a una rancia, amarga y repugnante taza de bilis. Además, puede ser adulterado con una increíble variedad de materias vegetales, desde la achicoria hasta los higos.

¿Cómo evaluamos la calidad del café? Los expertos cafeteros hablan de cuatro componentes básicos que bien armonizados crean la taza perfecta: aroma, cuerpo, acidez y sabor. El aroma es conocido y suficientemente obvio: esa fragancia que a menudo promete más de lo que el sabor proporciona. El cuerpo es una cualidad más subjetiva y se refiere a la sensación o el «peso» del café en la boca, cómo se mueve alrededor de la lengua y ocupa la garganta al pasar por ella. La acidez no se refiere literalmente a un nivel de pH sino a una chispa, un brillo, un sabor penetrante que añade brío a la taza. Finalmente, el sabor es la evanescente y sutil sensación que estalla en la boca y permanece como un recuerdo gustativo. Los expertos en café, lo mismo que los conocedores de vino, se vuelven absolutamente poéticos cuando describen estos componentes. Por ejemplo, en el café sulawesi «se combinan seductoramente la dulzura de un caramelo de mantequilla y los sabores herbáceos y terrosos», escribe Kevin Knox, aficionado al café.

Una buena taza de café puede hacer tolerable el día más terrible, proporciona un importantísimo momento de contemplación, hace renacer un amor. Y sin embargo, aunque su sabor puede ser tan poético, su historia está plagada de polémica y política. Ha sido rechazado como creador de sedición revolucionaria en los países árabes y en Europa. Ha sido vilipendiado como el peor destructor de la salud y elogiado como una gran ayuda para el género humano. El café se encuentra en la base del sometimiento de los indios mayas guatemaltecos durante el siglo XIX, en la tradición democrática de Costa Rica y en la dominación del Lejano Oeste norteamericano. En la época en que Idi Amin asesinaba a los campesinos ugandeses, el café representaba prácticamente todo su intercambio con el extranjero, y los sandinistas emprendieron su revolución apropiándose de las plantaciones de café de Somoza.

El café —que comenzó siendo una bebida medicinal para una elite— se convirtió en el estimulante moderno preferido de los obreros durante su descanso, la excusa para el cotilleo en las cocinas de la clase media, el romántico aglutinante del galanteo, y el amargo compañero de las almas en pena. Las cafeterías han proporcionado espacio para planificar revoluciones, escribir poesía, hacer negocios y reunirse con amigos. La bebida se convirtió en un componente tan básico de la cultura occidental que se ha filtrado en una cantidad increíble de canciones populares: *You're the cream in my coffee*, *Let's have another cup of coffee, let's have another piece of pie*, *I love coffee, I love tea, I love the java jive and it loves me*, o *Black coffee in bed*.

La moderna industria del café se generó en la Norteamérica de finales del siglo XIX, durante la Era Dorada furiosamente capitalista. Al final de la guerra de Secesión, Jabez Burns inventó la primera tostadora industrial de café, que consiguió un buen rendimiento. El ferrocarril, el telégrafo y el barco de vapor revolucionaron la distribución y la comunicación, mientras que los periódicos, las revistas y la litografía permitieron llevar a cabo campañas publicitarias a gran escala. Los magnates intentaron monopolizar el mercado del café, mientras los brasileños plantaban frenéticamente miles y miles de hectáreas con cafetos y veían declinar el precio catastróficamente. Comenzó así una pauta de auge y caída en todo el mundo.

A principios del siglo XX, el café se había convertido en un importante producto de consumo, ampliamente anunciado a lo largo y a lo ancho de Estados Unidos. En la década de 1920 y en la de 1930, las corporaciones nacionales como Standard Brands y General Foods se quedaron con marcas importantes y las promovieron en programas de radio. En la década de 1950, el café era la bebida preferida de la clase media norteamericana.

Para bien o para mal, la historia moderna del café explora también temas más amplios: la importancia de la publicidad, el desarrollo de la producción masiva en cadenas de montaje, la urbanización, los temas de las mujeres, la concentración y fusión de mercados nacionales, la aparición de los supermercados, los automóviles, la radio, la televisión, la gratificación «instantánea», la innovación tecnológica, los conglomerados multinacionales, la segmentación del mercado, los esquemas de control de productos y los inventarios de último momento. La historia del grano también ilustra cómo toda una industria puede perder el rumbo y dejar que pequeños tostadores advenedizos reclamen para sí la calidad y los beneficios, y luego cómo vuelve a empezar el ciclo, y compañías más grandes se tragan a las más pequeñas en otra ronda de concentración y fusión.

La industria del café ha dominado y moldeado la economía, la política y la estructura social de países enteros. Por un lado, sus avatares del monocultivo han conducido a los indígenas a la opresión y a la desposesión de la tierra, al abandono de la agricultura de subsistencia en favor de las exportaciones, a la excesiva dependencia de los mercados extranjeros, la destrucción de la selva tropical y la degradación del medio ambiente. Por otro lado, el café ha proporcionado un cultivo esencial para las esforzadas familias agricultoras, la base de la industrialización y la modernización nacional, un modelo de producción orgánica y precios mínimos, y un valioso hábitat para las aves migratorias.

La historia del café abarca un relato panorámico de proporciones épicas que incluye el choque y la fusión de culturas, la cháchara del trabajador industrial, la aparición de la marca nacional y finalmente el abandono de la calidad en favor de la bajada de precios y la monetarización de un producto de primera calidad en los años posteriores a la Segunda Guerra Mundial. Supone un excéntrico reparto de protagonistas que sienten pasión por el grano dorado. Hay algo en el café que debe convertir a los hombres del ramo (y a las pocas mujeres que han logrado sumarse a sus filas) en personas dogmáticas, polémicas y monomaníacas. Están en desacuerdo con casi todo, desde la cuestión de si es mejor el Harrar etíope o el Antigua guatemalteco, hasta cuál es el mejor método de tostado, o si el mejor café se prepara con cafetera o con filtro.

En la actualidad se está viviendo en el mundo entero un renovado interés por el café: los pequeños tostadores reactivan el delicado arte de la mezcla de cafés y los consumidores descubren nuevamente el placer que proporcionan el café recién tostado, recién molido y recién hecho, y el exprés, preparado con los mejores granos del mundo.

El café ha adquirido un significado social que va mucho más allá de la simple bebida negra que se sirve en la taza. La cultura cafetera mundial es más que una cultura, es un culto. Existen grupos de noticias de *usenet* sobre el tema, además de infinidad de sitios de Internet, y en Estados Unidos los puntos de venta Costa Coffee, Cafe Nero y Starbucks ocupan todas las esquinas, donde se disputan un espacio con otras cafeterías y cadenas de café.

Al fin y al cabo, así son las cosas: no es más que el corazón de un grano que sale de una mata etíope.

El café. Que usted disfrute de su intrincada historia en compañía de varias tazas.

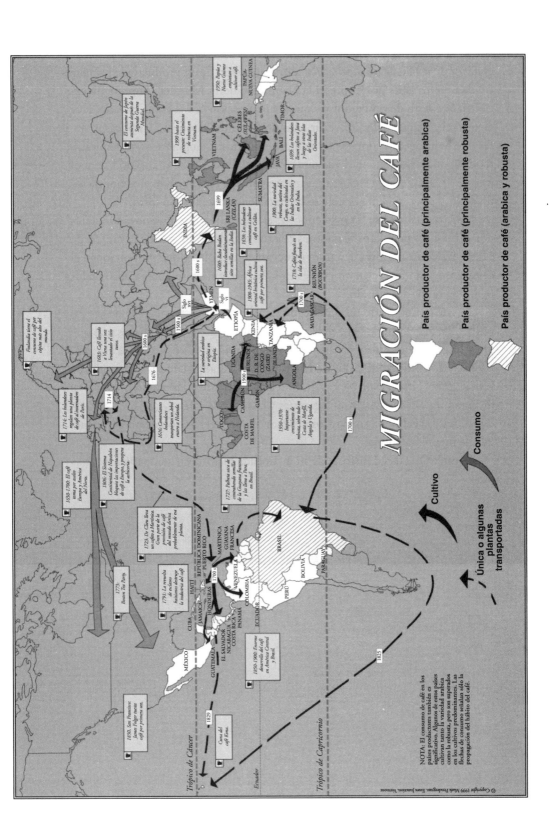

MIGRACIÓN DEL CAFÉ

Trópico de Cáncer

VIETNAM

CELEBES
(SULAWESI)

1950: Papúa y
Nueva Guinea
empiezan a
cultivar café.

PAPÚA-
NUEVA GUINEA

El consumo de Japón
aumentó después de la
Segunda Guerra
Mundial.

1990: hacia el
presente. Crecimiento
de la robusta en
Vietnam.

TIMOR

SUMATRA

JAVA   BALI

1699: Los holandeses
llevan cafetos a Java
y luego a otras islas
de las Indias
Orientales.

1600's

SRI LANKA
(CEILÁN)

INDIA

1600

1658: Los holandeses
comienzan a cultivar
café en Ceilán.

1600: Baba Budan
introduce clandestinamente
siete semillas en la India.

1900: La variedad
robusta, nativa del
Congo, es cultivada en
las Indias Orientales y
en la India.

Finlandia tiene el
consumo de café per
cápita más alto del
mundo.

1600's

1676

1714: Los holandeses
regalan una planta
de café al invernadero
de París.

1714

Siglo
XVI

1500's

YEMEN

Siglo
VI

1900-1945: África
oriental británica cultiva
café por primera vez.

REUNIÓN
(BOURBON)

1718: Cafeto llevado en
la isla de Bourbon.

17001

1683: Café llevado
bruscamente a estas
tierras nuevas.

1616: Comerciantes
holandeses
transportan un árbol
entero a Holanda.

La variedad arábica
se origina en
Etiopía.

ETIOPÍA

KENIA

TANZANIA

UGANDA   BURUNDI

RUANDA

TOGO

D. R. DE
CONGO
(ZAIRE)

1900

ANGOLA

CAMERÚN

GABÓN

MADAGASCAR

1650-1700: El café
toma por asalto
Europa y América
del Norte.

1806: El Sistema
Continental de Napoleón
bloquea las importaciones
de café a Europa, y propaga
la audiencia.

COSTA
DE MARFIL

1950-1970:
Importante
crecimiento de
robusta, sobre todo en
Costa de Marfil,
Angola y Uganda.

17001

1773:
Boston Tea Party.

1723: De Clieu lleva
un cafeto a Martinica.
Gran parte de la
provisión de café
del mundo deriva
probablemente de esa
planta.

1727: Pailleta nace de
contrabando semillas
de la Guayana Francesa
y las lleva a Pará,
en Brasil.

REPÚBLICA DOMINICANA
o PUERTO RICO

MARTINICA

GUAYANA
FRANCESA

1700's

Consumo

BRASIL

1791: La revuelta
de esclavos
destroza la
industria del café.

HAITÍ

CUBA

JAMAICA

HONDURAS

VENEZUELA

COLOMBIA

Cultivo

BOLIVIA

PARAGUAY

1829

MÉXICO

GUATEMALA

EL SALVADOR
NICARAGUA
COSTA RICA
PANAMÁ

ECUADOR

PERÚ

Única o algunas
plantas
transportadas

1825

1859-1900: Enorme
desarrollo del café
en América Central
y Brasil.

1850: San Francisco:
James Folger tuesta
café por primera vez.

Cuna del
café: Kenia.

Ecuador

Trópico de Capricornio

País productor de café (principalmente arabica)

País productor de café (principalmente robusta)

País productor de café (arabica y robusta)

NOTA: El consumo de café en los
países productores también es
significativo. Algunos de estos países
cultivan tanto la variedad arabica
como la robusta, pero con aspectos
en los cultivos predominantes. Las
flechas de consumo señalan sólo la
propagación del hábito del café.

© Copyright 1999 Mark Pendergrast, Essex Junction, Vermont

PRIMERA PARTE

Las semillas de la conquista

William Ukers, *All About Coffee*
(*Tea & Coffee Trade Journal Co.*, 1935).

Según el folclore, un cabrero etíope llamado Kaldi descubrió los placeres del café al ver que sus cabras comían las semillas y se ponían tan retozonas que empezaban a bailar. Kaldi las imitó muy pronto.

CAPÍTULO UNO

El café coloniza el mundo

El café nos vuelve rigurosos, serios y filosóficos.

Jonathan Swift, 1722

[El café provoca] un estado de excesiva excitación cerebral que se manifiesta por una notable locuacidad, acompañada en ocasiones por una acelerada asociación de ideas. En las cafeterías también es posible ver a políticos que beben una taza tras otra... y este abuso les infunde una profunda sabiduría sobre todos los acontecimientos terrenales.

Lewis Lewin, *Phantastica:
Narcotic and Stimulating Drugs*, 1931

Tal vez la cuna de la humanidad, la antigua tierra de Abisinia —ahora llamada Etiopía—, sea el lugar del nacimiento del café. Etiopía, situada en la conjunción del mundo árabe y el africano conocida como el Cuerno de África, país montañoso y partido por la mitad por el Gran Valle del Rift, posee un carácter bíblico. Y no es de extrañar que así sea. Cerca de allí, al otro lado del mar Rojo y hacia el norte, Moisés condujo a su pueblo hacia la libertad.

Tiempo después, la reina de Java bajó de las montañas de Etiopía para unirse al rey Salomón en Jerusalén y, según la leyenda, fundó la dinastía Axum que estableció su dominio en el siglo I (la monarquía continuó, con una interrupción entre 572 y 1270, hasta 1974, cuando Haile Selassie fue finalmente derrocado).

Los abisinios, siempre relativamente pobres, eran sin embargo un pueblo digno e independiente. La mayoría adoptó una forma limitada y ortodoxa del cristianismo cuando ningún otro pueblo indígena africano seguía esa fe. El historiador Gibbon afirmó: «Rodeados por todas partes por los enemigos de su religión, los etíopes durmieron durante casi mil años, sin pensar en el mundo que los había olvidado.» Igualmente olvidada —o aún no descubierta— estaba la bebida que ahora llamamos café.

El desconcertado muchacho y sus enloquecidas cabras

No sabemos exactamente quién descubrió el café ni cuándo. De las diversas leyendas etíopes y árabes que nos han llegado, la que más llama la atención habla de las cabras bailarinas. Un cabrero llamado Kaldi, poeta por naturaleza, disfrutaba recorriendo los errabundos senderos abiertos por sus cabras mientras recorrían las montañas en busca de alimento. El trabajo le exigía poco esfuerzo, y eso le permitía crear canciones y tocarlas con su flauta. Al atardecer, cuando hacía sonar una nota especial y aguda, sus cabras abandonaban la búsqueda en el bosque y lo seguían de regreso a casa.

Pero una tarde las cabras no acudieron a su llamada. Kaldi volvió a tocar su flauta desesperado. Las cabras seguían sin aparecer. El muchacho, desconcertado, subió la colina y aguzó el oído. Finalmente oyó unos balidos a lo lejos.

Kaldi giró en un recodo de la estrecha senda y de pronto se topó con sus cabras. Bajo el espeso dosel de la selva tropical, a través del cual el sol se filtraba en manchas brillantes, las cabras corrían de un lado a otro, se embestían, danzaban sobre las patas traseras y balaban con entusiasmo. Sorprendido y sin resuello, el muchacho las miró boquiabierto. «Deben de estar embrujadas —pensó—. ¿Qué otra cosa puede sucederles?»

Mientras las observaba, notó que las cabras comían las brillantes hojas verdes y las bayas rojas que arrancaban de un arbusto que él nunca había visto. Seguramente aquellos arbustos habrían enloquecido a sus cabras. ¿Serían venenosos? ¿Morirían todas sus cabras? ¡Su padre lo mataría!

Las cabras se negaron a volver con él hasta varias horas más tarde, pero seguían vivas. Al día siguiente volvieron directamente al bosquecillo e hicieron lo mismo. Esta vez Kaldi decidió que no correría peligro si las imitaba. Primero masticó unas cuantas hojas. Tenían sabor amargo. Sin embargo, mientras lo hacía, sintió un lento cosquilleo que le bajaba desde la lengua hasta las entrañas y se expandía por todo el cuerpo. Enseguida siguió con las bayas. Eran levemente dulces, y las semillas que salían de su interior estaban recubiertas por un espeso y sabroso mucílago. Finalmente intentó masticar las semillas, pero eran demasiado duras. Las escupió y se puso otra baya en la boca.

Según cuenta la leyenda, poco después Kaldi estaba retozando con sus cabras. Los poemas y la música brotaban de su mente. Tenía la sensación de que jamás volvería a sentirse cansado ni malhumorado. Le habló a su padre de los árboles mágicos, se corrió la voz y pronto el café se convirtió en parte integral de la cultura etíope. En el siglo X, cuando Rhazes —un médico árabe— mencionó el café por primera vez y por escrito, quizás hacía cientos de años que se cultivaba deliberadamente.

Es probable que, como en la leyenda, los granos y las hojas del *bunn* —nombre que recibía el café— al principio fueran simplemente masticadas; pero la inventiva de los etíopes muy pronto encontró formas más agradables de obtener la cafeína. Cocían las hojas y los granos en agua hirviendo para obtener una bebida suave. Molían los granos, los mezclaban con grasa animal y preparaban así un bocadillo energético. Con la pulpa fermentada elaboraban vino. Tostaban ligeramente la cascarilla que recubre la semilla y hacían una bebida dulce llamada *qishr*, que ahora se conoce como *kisher*. Finalmente, tal vez en el siglo XV, alguien tostó los granos, los molió y preparó una infusión. Y así nació el café (o una variedad de éste) tal como hoy lo conocemos.

Los etíopes aún sirven el café en una elaborada ceremonia que suele llevar casi una hora. Mientras el carbón se calienta dentro de un recipiente especial de arcilla, los invitados se sientan en taburetes de tres patas y conversan con el anfitrión. Su esposa lava meticulosamente los granos verdes de café para quitar el tegumento. Los granos, recolectados de las plantas del anfitrión, han sido secados al sol y la cascarilla retirada a mano. Los anfitriones vierten un poco de incienso sobre las brasas para producir un olor embriagador. La mujer pone encima una placa de hierro, lisa, de unos treinta centímetros de diámetro. Con un instrumento de hierro con forma de gancho mueve suavemente los granos que han sido colocados sobre la plancha. Unos minutos más tarde agrega canela y enseguida se empieza a oír los primeros chisporroteos del café al tostarse. Los granos adquieren un color castaño dorado; la anfitriona los aparta del fuego y los vierte en un mortero pequeño. Con una mano de mortero los muele hasta convertirlos en un polvo muy fino y a continuación los pone dentro de un recipiente de arcilla con agua que ha colocado sobre las brasas para que hierva. Al café pulverizado le agrega un poco de canela y de cardamomo.

Ahora el olor es exótico y abrumador. La anfitriona sirve la primera ronda del brebaje en pequeñas jarras sin asa, con una cucharada de azúcar. Todos lo prueban y murmuran en señal de admiración. El café es una bebida espesa y en su superficie flotan algunos granos. Sin embargo, cuando la jarra se vacía, en el fondo aparece el poso.

En dos ocasiones, la anfitriona añade un poco de agua y hace hervir nuevamente el café para servir otra ronda. Luego los invitados se marchan.

El café viaja a Arabia

Poco tiempo después de su descubrimiento por parte de los etíopes, el café cruzó la estrecha franja del mar Rojo y llegó a Arabia a través del comercio. Es posible que en el siglo VI los etíopes, que invadieron y gobernaron Yemen durante cincuenta años, plantaran cafetos. Los árabes se aficionaron a la estimulante bebida. (Según cuenta la leyenda, Mahoma proclamó que bajo la vigorizante influencia del café era capaz de «derribar a cuarenta hombres y poseer a cuarenta mujeres».) Empezaron a cultivar los cafetos en las montañas cercanas e incluso abrieron zanjas de riego; lo llamaron *qahwa*, la palabra árabe que significa «vino», de la que deriva la palabra «café».

Los monjes sufíes de Arabia lo adoptaron como la bebida que les permitiría estar despiertos para sus oraciones nocturnas. Aunque al principio el café se consideró una medicina o una ayuda religiosa, pronto pasó a formar parte de la vida cotidiana. Las personas adineradas tenían en su casa una habitación reservada a la ceremonia del café. Pronto surgieron las cafeterías, conocidas como *kaveh kanes*. A finales del siglo XV, los peregrinos musulmanes habían introducido el café en el mundo islámico, en Persia, Egipto, Turquía y el norte de África, convirtiéndolo en un artículo comercial lucrativo.

En el transcurso del siglo XVI, mientras la bebida se popularizaba, varios gobernantes decidieron que el pueblo se divertía demasiado en las cafeterías. «Los clientes de las cafeterías se entregaban a una serie de pasatiempos poco adecuados, desde el juego hasta situaciones sexuales delictivas y poco ortodoxas», escribe Ralph Hattox en su historia de las cafeterías árabes.

Cuando Khair-Beg, el joven gobernador de La Meca, descubrió que los versos satíricos que se referían a él habían surgido de las cafeterías, decidió que el café, al igual que el vino, debía ser prohibido por el Corán; logró que sus asesores religiosos, legales y médicos mostraran su conformidad. Así, en 1511 las cafeterías de La Meca fueron cerradas por la fuerza.

La prohibición sólo duró hasta que llegó a conocimiento del sultán de El Cairo, asiduo bebedor de café, que revocó el edicto. Sin embargo, durante el siglo XV, otros gobernantes y líderes religiosos árabes también denunciaron el café. El gran visir Kuprili de Constantinopla, por ejemplo, cerró las cafeterías de la ciudad. Cuando alguien era sorprendido bebiendo café recibía una buena paliza. Los infractores sorprendidos por segunda vez eran introducidos en bolsas de cuero y arrojados al Bósforo. Aun así, muchos continuaron bebiendo café clandestinamente, y con el tiempo la prohibición quedó sin efecto.

¿Por qué persistió la costumbre de beber café, a pesar de las persecuciones? Aunque la naturaleza adictiva de la cafeína proporciona una respuesta, hay algo más. El café era un estimulante intelectual, una manera agradable de sentir que la energía aumentaba sin causar efectos negativos evidentes. Las cafeterías permitían a la gente reunirse a conversar, distraerse, hacer negocios, alcanzar acuerdos, componer poesía o mostrarse irreverente en igual medida. Tan importante llegó a ser en Turquía que una escasa provisión de café daba motivo a una mujer para pedir el divorcio.

Contrabandistas, nuevos cultivos y llegada al mundo occidental

Los otomanos ocuparon Yemen en 1536, y poco después los granos de café se convirtieron en un importante artículo de exportación en todo el Imperio turco. Por lo general, los granos se exportaban desde el puerto yemení de Moka, de modo que el café de esa zona pronto adquirió el nombre del puerto. La ruta comercial suponía embarcar el café a Suez y transportarlo en camello a los almacenes de Alejandría, de donde era retirado por los comerciantes franceses y venecianos. Debido a que el comercio de café se había convertido en una importante fuente de ingresos, los turcos guardaban celosamente su monopolio sobre el cultivo de cafetos en Yemen. Las únicas semillas que podían salir del país eran remojadas previamente en agua hirviendo o parcialmente tostadas para impedir su germinación.

Estas precauciones fueron burladas, por supuesto. En algún momento del siglo XVII un peregrino musulmán llamado Baba Budan sacó clandestinamente siete semillas y las cultivó con éxito en el sur de la India, en las montañas de Mysore. En 1616, los holandeses, que dominaban el comercio marítimo, lograron transportar un cafeto desde Adén hasta Holanda. A partir de sus brotes empezaron a cultivar café en Ceilán en 1658. En 1699 otro holandés transplantó cafetos desde Malabar a Java y a eso le siguió el cultivo en Sumatra, Célebes, Timor, Bali y otras islas de las Indias Orientales. Durante muchos años, la producción de las Indias Orientales holandesas determinó el precio del café en el mercado mundial.

En el siglo XVIII, los cafés de Java y de Moka se convirtieron en los más solicitados y famosos, y esos nombres aún son sinónimo de esa bebida aunque en la actualidad es poco el café de buena calidad que procede de Java, y Moka dejó de funcionar como puerto viable en 1869, al terminar las obras del canal de Suez.

Después de la ambivalencia inicial (un viajero británico informó que el café era «negro como el hollín, y su sabor no es muy distinto»), los europeos se aficionaron al café con verdadera pasión. El papa Clemente VIII, que murió en 1605, supuestamente probó la bebida musulmana a instancias de sus sacerdotes, que querían que la prohibiera. «Vaya —dijo—, esta bebida satánica es tan deliciosa que sería una pena dejar que los infieles tuvieran su uso exclusivo. Embaucaremos a Satán, bautizándola y convirtiéndola en una bebida auténticamente cristiana.»

En la primera mitad del siglo XVII, el café fue utilizado principalmente por las clases altas como una costosa medicina. Durante los cincuenta años siguientes, sin embargo, los europeos descubrieron los beneficios sociales y también los medicinales de la bebida árabe. A mediados del siglo XVII, el café era vendido en las calles de Italia por los *aquacedratajo*, o vendedores de limonada, que también proporcionaban chocolate e incluso licor. La primera cafetería de Venecia se abrió en 1683. Se le dio el nombre de la bebida que servía, *caffè* (que en el resto de Europa se escribe *café*) y pronto se convirtió en sinónimo de compañía relajada, conversación animada y comida sabrosa.

Dado el entusiasmo que los franceses mostraron después por el café, resulta sorprendente que los franceses tardaran más que los italianos y los británicos en adoptar las cafeterías. En 1669, un nuevo embajador turco, Solimán Aga, introdujo el café en sus suntuosas fiestas parisienses, inspirando una moda de todas las cosas turcas. A los invitados de sexo masculino se les entregaban batas amplias, y aprendían a tumbarse cómodamente, sin sillas, rodeados de lujo, y a beber el exótico brebaje. No obstante, sólo fue una novedad.

Los médicos franceses, amenazados por las reivindicaciones medicinales del café, lanzaron un contraataque en Marsella en 1679: «Notamos con horror que esta bebida [...] suele desacostumbrar casi por completo a la gente del placer del vino.» Luego, en un admirable estallido de pseudociencia, un joven médico arremetió contra el café cuando afirmó que «seca el líquido encefalorraquídeo y las circunvoluciones [...] y el resultado es agotamiento general, parálisis e impotencia». Seis años más tarde, sin embargo, Silvestre Dufour, otro médico francés, escribió un libro en defensa del café; y hacia 1696, un médico parisiense recetaba enemas de café para «suavizar» el intestino grueso y refrescar la piel.

Sólo en 1689 —cuando un inmigrante italiano llamado François Procope abrió su Café Procope exactamente enfrente de la Comédie Française— las famosas cafeterías francesas echaron raíces. Poco después, los actores, autores, dramaturgos y músicos franceses se reunían allí a tomar café y mantener conversaciones literarias. Durante el siglo siguiente, el café atrajo a personajes notables como Voltaire, Rousseau, Diderot, y a Benjamin Franklin cada vez que visitaba la ciudad. El café también proporcionó un medio de vida a los adivinos que, según decían, leían el poso del café.

El historiador francés Michelet describió la llegada del café como «la prometedora revolución de los tiempos, el gran acontecimiento que creó nuevas costumbres e incluso modificó el temperamento humano». El café disminuyó sin duda el consumo de alcohol y las cafeterías proporcionaron un maravilloso caldo intelectual que definitivamente dio origen a la Revolución francesa. Las cafeterías de la Europa continental eran lugares de reunión igualitarios en los que, como señaló Margaret Visser, escritora especializada en temas culinarios, «los hombres y las mujeres podían, sin faltar al decoro, confraternizar como jamás lo habían hecho. Tenían la posibilidad de encontrarse en un lugar público y conversar».

Estos encuentros frente a una taza de café se fueron haciendo tan frecuentes que el café dejó de ser una bebida tan fuerte como la que preparaban los turcos. En 1710, en lugar de hervir el café, los franceses empezaron a prepararlo con el método de la infusión, con el café molido y colocado en una bolsa de tela sobre la que se vertía agua en ebullición. Pronto descubrieron también los placeres de la «leche con café», y del «café con leche». La marquesa de Sévigné declaró que esta forma de servir el café era «lo más maravilloso del mundo», y muchos franceses se aficionaron al *café au lait*, sobre todo en el desayuno.

Sin embargo, Honoré de Balzac no apreciaba el café con leche. El escritor francés consumía el café tostado y pulverizado, con el estómago vacío, casi sin agregarle agua. Los resultados eran impresionantes. «Todo se agita. Las ideas se ponen enseguida en movimiento, como batallones de un ejército grandioso en su legendario campo de batalla, y comienza la lucha. Los recuerdos atacan con sus brillantes banderas en alto; la caballería de la metáfora se despliega en un magnífico galope.» Finalmente, cuando fluían sus jugos creativos, Balzac podía escribir. «Las figuras, las formas y los personajes se yerguen; la tinta se esparce sobre el papel... y el trabajo de todos los días comienza y termina con torrentes de esa agua negra, como la batalla se inicia y concluye con la negra pólvora.»

Kolschitzky y el forraje para camellos

El café llegó a Viena un poco más tarde que a Francia. En julio de 1683, el ejército turco, que amenazaba con invadir Europa, se concentró en las afueras de Viena y comenzó un largo sitio. El conde que se encontraba a cargo de las tropas vienesas necesitaba desesperadamente un mensajero que pudiera cruzar las líneas turcas y alcanzar a las tropas polacas, que acudirían en su ayuda. Franz George Kolschitzky, que había vivido en el mundo árabe durante muchos años, asumió esa tarea disfrazado con un uniforme turco. El 12 de septiembre, en una batalla decisiva, los turcos fueron obligados a levantar el sitio.

En su huida abandonaron tiendas, bueyes, camellos, ovejas, miel, arroz, legumbres, oro y sacos de quinientos kilos con unos granos de extraño aspecto que los vieneses tomaron por forraje para camellos. Dado que para éstos resultó inútil, decidieron quemar los sacos. Kolschitzky percibió el familiar aroma. «¡Santo cielo! —gritó—. ¡Lo que estáis quemando es café! Si no sabéis qué es, dádmelo. Yo haré buen uso de él.» Como había observado las costumbres de los turcos, conocía los rudimentos del tueste, el molido y la elaboración, y poco tiempo después abrió el Blue Bottle, el primer café vienés. Igual que los turcos, endulzaba el café considerablemente, pero también colaba los posos y añadía una cucharada grande de leche.*

Al cabo de pocas décadas, el café prácticamente alimentó la vida intelectual de la ciudad. «La ciudad de Viena está llena de cafeterías —escribió un visitante a principios del siglo XVIII— donde les encanta reunirse a los novelistas y a quienes se entretienen con los periódicos.» A diferencia de las bulliciosas cervecerías, los cafés proporcionaban un lugar para la conversación animada y la concentración mental.

Ian Bersten, que ha estudiado la historia del café, cree que el gusto árabe por el café solo y el hábito de tomarlo con leche, que se extendió por Europa (y finalmente por Estados Unidos), se debe a la genética. Los anglosajones podían tolerar la leche, mientras que los pueblos mediterráneos —árabes, greco-chipriotas e italianos del sur— solían tener intolerancia a la lactosa. Por ese motivo siguen consumiendo el café solo, aunque en ocasiones muy dulce. «Desde los dos extremos de Europa —escribe Bersten—, se desarrollaron finalmente dos formas diferentes de preparar este producto básico: filtrado en el norte de Europa o al estilo exprés en el sur de Europa. La intolerancia a la leche puede haber hecho incluso que en Italia el capuchino fuera más pequeño para minimizar ese problema.»

Más maravilloso que mil besos

El café y las cafeterías llegaron a Alemania en la década de 1670. Hacia 1721 había cafeterías en la mayor parte de las ciudades alemanas más importantes. Durante algún tiempo, el hábito de tomar café quedó limitado a las clases altas. Muchos médicos advertían que causaba esterilidad o parto de niños muertos. En 1732, la bebida se había convertido en algo lo suficientemente polémico (y popular) como para inspirar a Johann Sebastian Bach a escribir su

---

* Sin embargo, algunos vieneses estaban indudablemente familiarizados con el café antes de la hazaña de Kolschitzky, desde 1665, cuando los turcos establecieron una embajada en Viena.

humorística *Cantata del café*, en la que una joven ruega a su severo padre que le permita entregarse a ese vicio favorito:

> Querido padre: ¡No seáis tan estricto! ¡Si no puedo tomar mi pequeña taza de café tres veces al día, no soy más que un trozo reseco de cabrito asado! ¡Qué dulce sabe el café! ¡Más maravilloso que mil besos, mucho más dulce que el vino moscatel! ¡Tengo que tomar mi café, y si alguien desea complacerme, permite que me regale... café!

Algunos años después, Ludwig van Beethoven, que tenía obsesión por el café, preparaba cada taza moliendo exactamente sesenta granos.

En 1777, el brebaje caliente se había popularizado tanto en Alemania que Federico el Grande hizo público un manifiesto a favor de la bebida más tradicional: «Resulta indignante notar el aumento en la cantidad de café consumido por mis súbditos, y la igual cantidad de dinero que, como consecuencia, sale del país. Mi pueblo debe beber cerveza. Su Majestad fue criado con cerveza, lo mismo que sus antepasados.» Cuatro años más tarde, el rey prohibió el tueste de café, excepto en los establecimientos oficiales del gobierno, obligando a los pobres a recurrir a sucedáneos del café, como la raíz de achicoria tostada, los higos secos, la cebada, el trigo o el maíz. También lograron conseguir granos auténticos y tostarlos clandestinamente, pero los espías del gobierno —a quienes la gente llamaba despectivamente «husmeadores de café»— los dejó fuera del negocio. Pero el café acabó por sobrevivir a todos los esfuerzos por acabar con su consumo en Alemania. *Frauen* adoraba especialmente el *Kaffeklatche*, esos interludios sociales en que abundaban los chismes y que daban a la bebida una imagen más femenina.

Los demás países europeos también descubrieron el café en esa época. Las verdes semillas llegaron a Holanda a través de los comerciantes holandeses. Los países escandinavos tardaron más en adoptarlo, aunque en la actualidad cuentan con el índice de consumo per cápita más elevado del mundo.

Sin embargo, en ningún sitio el café tuvo un impacto tan dinámico e inmediato como en Inglaterra.

La invasión del café en Gran Bretaña

Como un negro y líquido torrente, la moda del café impregnó Inglaterra; hizo su entrada en la Universidad de Oxford en 1650, donde Jacobs, un judío libanés, abrió la primera cafetería «para algunos que se deleitan con la novedad».

Dos años más tarde, en Londres, Pasqua Rosée, un griego, abrió una cafetería e imprimió la primera propaganda del café, una andanada que promocionaba «Las virtudes del café», y lo describía como

> ... una cosa simple e inocente, convertida en bebida después de secarla en un horno, molerla hasta convertirla en polvo y hervirla con agua de manantial, de la que debe beberse aproximadamente un cuarto de litro preparado una hora antes, y no comer hasta una hora después de haberlo tomado lo más caliente posible.

Pasqua Rosée hacía reivindicaciones medicinales extravagantes. Su anuncio de 1652 afirmaba que el café favorecía la digestión, curaba los dolores de cabeza, la tos, la tuberculosis, la hidropesía, la gota y el escorbuto, y evitaba los abortos. Con más sentido práctico, escribió: «Evita la somnolencia y hace que uno esté en mejores condiciones de hacer negocios, si tiene motivos para estar pendiente; y además no debe beberse después de la cena, a menos que uno intente mantenerse despierto, pues impedirá el sueño durante tres o cuatro horas.»

El café y las cafeterías tuvieron un éxito clamoroso en Londres. Hacia 1700 había en la ciudad más de dos mil cafeterías, que ocupaban más locales y pagaban más alquiler que cualquier otro comercio. Llegaron a ser conocidas como «universidades de penique», porque por poco dinero cualquiera podía tomar una taza de café y quedarse horas enteras escuchando conversaciones extraordinarias; o, como anunciaba un periódico en 1657, «tener relaciones en público». Cada cafetería se especializó en un tipo diferente de clientela. En una de ellas podía consultarse a un médico. Otras atendían a protestantes, puritanos, católicos, judíos, literatos, mercaderes, comerciantes, petimetres, liberales, conservadores, oficiales del ejército, actores, abogados, clérigos o personas ingeniosas. Las cafeterías proporcionaron a Inglaterra el primer lugar de reunión igualitario, donde se suponía que un hombre podía dialogar con sus vecinos de mesa, los conociera o no.

El establecimiento de Edward Lloyd atendía principalmente a marineros y comerciantes, y preparaba regularmente «listas de embarcaciones» para los aseguradores que se reunían allí a ofrecer seguros. Así comenzó el Lloyd's de Londres, la famosa compañía de seguros. Otras cafeterías dieron origen a la Bolsa de Valores, la Cámara de Compensación de Bancos, y a periódicos como el *Tatler* y *The Spectator*.

Antes de la llegada del café, los británicos ingerían alcohol, con frecuencia en grandes cantidades. «¡Qué manera excesiva de beber en todas partes! —se quejaba un comentarista británico en 1624—. ¡Cuántos se reúnen en las tabernas! [Allí] ahogan su inteligencia, hierven su cerebro en cerveza.» Cincuenta años más tarde, otro comentarista señalaba que «la costumbre de beber café ha originado una mayor sensatez entre las naciones; porque antes los primeros aprendices y los empleados solían recurrir a la cerveza o al vino para el trago de la mañana, lo cual, debido al mareo que causan, los volvía poco aptos en el desempeño de su trabajo. En cambio ahora suelen hacer el papel de buenos compañeros en esta civilizada manera de beber».

No puede decirse que las cafeterías fueran precisamente antros de exaltación espiritual sino más bien lugares caóticos, hediondos, llenos de actividad y de capitalistas. «Había una multitud que iba de un lado a otro y me recordaba un enjambre de ratas en una quesería en ruinas —señaló un contemporáneo—. Unos venían, otros iban, algunos garabateaban, otros conversaban; algunos bebían, otros fumaban y unos pocos discutían; el lugar apestaba a tabaco, como la cabina de una barcaza.»

El ataque más fuerte contra las cafeterías londinenses surgió de las mujeres que, a diferencia de sus homólogas del continente, estaban excluidas de esta sociedad exclusivamente masculina (salvo que fueran propietarias). En 1674, la *Petición de las Mujeres contra el Café* manifestó: «Encontramos últimamente una notable decadencia de aquel auténtico vigor inglés... Jamás los hombres usaron pantalones tan grandes, ni llevaron en ellos menos temple.» Esta situación se debía totalmente al «uso excesivo de ese moderno, abominable y pagano licor llamado café, que ha convertido a nuestros esposos en eunucos e inutilizado a nuestros mejores galanes [...]. No les queda nada húmedo salvo las narices, nada tieso salvo las articulaciones, nada erguido salvo las orejas».

La Petición de las Mujeres reveló que la jornada de un hombre típico incluía pasar la mañana en una taberna «hasta que alguno de ellos está borracho como una cuba; entonces se van a la cafetería y beben para volver a estar sobrios». Luego regresaban a la taberna y «se van otra vez tambaleándose para ponerse sobrios una vez más con el café». En respuesta, los hombres defendían su bebida. Lejos de dejarlos impotentes, «[el café] hace que la erección sea más vigorosa, la eyaculación más abundante, y añade una esencia espiritual al esperma».

El 29 de diciembre de 1675, el rey Carlos II hizo pública una *Proclama para la supresión de las cafeterías*. En ella prohibía las cafeterías a partir del 10 de enero de 1676, dado que se habían convertido en «el gran centro de reunión de holgazanes y personas descontentas», donde los comerciantes descuidaban sus asuntos. Sin embargo, el peor delito era que en esos lugares «se conciben y se difunden diversos informes malintencionados y escandalosos para difamación del gobierno de Su Majestad, y para alteración de la paz y la quietud del reino».

Inmediatamente surgieron gritos en todos los rincones de Londres. Al cabo de una semana pareció que la monarquía podía volver a ser derrocada... y todo debido al café. El 8 de enero, dos días antes de que la proclama entrara en vigor, el rey se echó para atrás.

Sin embargo, paradójicamente, en el transcurso del siglo XVIII los británicos empezaron a beber té en lugar de café. Hacia 1730, la mayor parte de las cafeterías se convirtieron en clubes privados de hombres o en bodegones, mientras que los nuevos y enormes jardines públicos de té atraían a hombres, mujeres y niños por igual. A diferencia del café, la preparación del té resultaba sencilla y no era necesario tostarlo, molerlo ni consumirlo fresco. (También era más fácil adulterarlo para obtener un considerable beneficio adicional.) Además, había comenzado la conquista británica de la India, y allí se concentraban más en el cultivo de té que en el de café. La Honorable Compañía Británica de las Indias Orientales hizo aprobar el monopolio del té, y los contrabandistas hacían que el producto fuera más barato. Por otra parte, los británicos nunca habían aprendido a hacer el café correctamente, y la leche que añadían solía estar en mal estado. Así pues, aunque el negro brebaje nunca desapareció por completo, su consumo en Inglaterra fue disminuyendo constantemente.

El legado del Boston Tea Party

Como leales súbditos británicos, los colonos norteamericanos emularon el auge que había experimentado el café en la madre patria, y en 1689 abrieron en Boston la primera cafetería. En las colonias no existía una diferencia tan clara entre la taberna y la cafetería. Por ejemplo, la cerveza, el café y el té convivían en el Green Dragon de Boston, una mezcla de cafetería y taberna que existió desde 1697 hasta 1832. Aquí, con muchas tazas de café y otras bebidas, se reunían John Adams, James Otis y Paul Revere para instigar a la rebelión, e hicieron que Daniel Webster lo llamara «el cuartel general de la Revolución».

Como ya hemos dicho, a finales del siglo XVIII el té se convirtió en la bebida preferida de los británicos; en ese momento la Compañía Británica de las Indias Orientales abastecía de té a las colonias de América. Sin embargo, el rey Jorge quería recaudar dinero con el té y con otras exportaciones e inventó la Ley de Sellos de 1765, que dio lugar a la famosa protesta: «Ningún impuesto sin representación.» El Parlamento británico revocó entonces todos los impuestos... excepto el que gravaba el té. Los norteamericanos se negaron a pagarlo y empezaron a comprar té que entraba clandestinamente desde Holanda.

Cuando la Compañía Británica de las Indias Orientales respondió enviando grandes remesas a Boston, Nueva York, Filadelfia y Charleston, el contingente de Boston se rebeló en el famoso Boston Tea Party organizado en 1773 y arrojó las hojas por la borda.

A partir de entonces, el evitar el consumo de té se convirtió en un acto patriótico y, como consecuencia de esto, las cafeterías salieron beneficiadas. El Congreso Continental aprobó una resolución contra el consumo de té. «Se debe renunciar al té universalmente —escribió John Adams a su esposa en 1774— y yo debo abandonar la costumbre de tomarlo, cuanto antes mejor.» Por supuesto, los pragmáticos norteamericanos también valoraban el hecho de que el café se cultivaba mucho más cerca de ellos que el té, y por tanto era más barato. A lo largo del siglo XIX irían confiando cada vez más en el café cultivado exactamente en el sur, en su propio hemisferio.

El café se latiniza

En 1714, los holandeses entregaron al gobierno francés una saludable planta de café; nueve años más tarde, Gabriel Mathieu de Clieu, un obsesivo oficial de Marina, introdujo el cultivo de café en la colonia francesa de Martinica. Después de diversas intrigas cortesanas consiguió una planta joven de café del Jardin des Plantes de París y la cuidó durante el peligroso viaje transatlántico; tiempo después se refirió al «infinito cuidado que me vi obligado a prodigar a esta delicada planta». Después de impedir que fuera capturada por un corsario y de sobrevivir a una tempestad, la nave de De Clieu zozobró en la zona de las calmas ecuatoriales, donde permaneció más de un mes. El francés protegió su amada planta de un pasajero celoso y compartió con ella su escasa provisión de agua. Cuando por fin se arraigó en la Martinica, la planta de café prosperó. Probablemente gran parte de la provisión actual de café en el mundo entero deriva de esa única planta.*

En 1727, un pequeño drama condujo a la fatídica introducción del café en Brasil. Los gobernadores de la Guayana holandesa y la Guayana francesa le pi-

---

* La planta madre holandesa, de la que salió la planta de café de De Clieu era conocida como *typica*. Los franceses fueron responsables de otra importante variedad de café. En 1718, en Bourbon —situado en la isla de Reunión (en el océano Índico)—, plantaron con éxito semillas procedentes de Moka, dando origen a la variedad conocida como *bourbon*. Aunque su árbol fue fundamental, De Clieu no fue el primero en llevar el café al Caribe. Los holandeses lo habían introducido en su colonia de la Guayana holandesa en Suramérica, mientras que los franceses lo cultivaban en el este, en la Guayana francesa.

dieron a un funcionario neutral portugués-brasileño, llamado Francisco de Melho Palheta, que resolviera un conflicto fronterizo. Él aceptó enseguida, con la esperanza de poder sacar de contrabando algunas semillas de café, pues ninguno de los dos gobernadores permitía que se exportaran. El mediador negoció con éxito una solución fronteriza de compromiso y clandestinamente se llevó a la cama a la esposa del gobernador francés. Al despedirse, ella le regaló un ramillete de flores donde había escondidas algunas semillas maduras de café. Al llegar a Para, en su país, Palheta las plantó, y el café fue extendiéndose poco a poco hacia el sur.

El café y la revolución industrial

La creciente popularidad del café complementó y sustentó la revolución industrial, que se inició en Gran Bretaña durante el siglo XVIII y se fue extendiendo a otros lugares de Europa y Estados Unidos a principios del siglo XIX. El desarrollo del sistema de fábricas transformó vidas, actitudes y hábitos alimenticios. La mayor parte de la gente había trabajado anteriormente en su casa o en oficios rurales. No habían dividido su tiempo tan estrictamente entre el trabajo y el ocio, y en buena parte eran sus propios patrones. Por lo general la gente comía cinco veces al día y comenzaba tomando sopa en el desayuno.

Con la aparición de las fábricas textiles y metalúrgicas, los trabajadores emigraron a las ciudades, donde las clases más bajas vivían en condiciones lamentables. A medida que las mujeres y los niños pasaban a formar parte de la población activa, había menos tiempo para organizar el hogar y preparar las comidas. Los que aún intentaban ganarse la vida en su casa percibían cada vez menos por su trabajo. Por ejemplo, los europeos que fabricaban encajes a principios del siglo XIX vivían casi exclusivamente a base de café y pan. Dado que el café era estimulante y se bebía caliente, proporcionaba una sensación de alimento.

La historiadora Ulla Heise escribe: «[Los trabajadores], ininterrumpidamente sentados ante sus telares con el fin de ganar los pocos céntimos necesarios para sobrevivir a duras penas, no tenían tiempo para la prolongada preparación de la comida del mediodía o la de la noche. El café poco cargado se bebía como el último estimulante para el estómago debilitado que —al menos durante un tiempo— aliviaba los persistentes retortijones de hambre.» La bebida de la aristocracia se había convertido en la droga necesaria para las masas y reemplazaba la sopa en el desayuno.

A propósito del azúcar, el café y los esclavos

Alrededor de 1750, las plantas de café crecían en cinco continentes. El café resultaba de gran ayuda para despejar a una Europa empapada en alcohol, y además proporcionaba un catalizador social e intelectual. Sin embargo, mientras las potencias europeas llevaban el cultivo del café a sus colonias, el trabajo intensivo necesario para cultivar, recolectar y procesar el café era realizado cada vez más por esclavos importados.

Al principio, los esclavos habían sido llevados al Caribe para cosechar la caña de azúcar, y la historia de este producto está íntimamente ligada a la del café. Este edulcorante barato hizo que la amarga bebida resultara agradable para muchos consumidores, y añadió más energía al estímulo que proporcionaba la cafeína. Lo mismo que el café, el azúcar se hizo popular gracias a los árabes, y en la segunda mitad del siglo XVII su popularidad creció junto con la del té y la del café.

En 1734, cuando los colonos franceses cultivaron el café por primera vez en Santo Domingo (Haití), resultó evidente que necesitarían más esclavos africanos para explotar las plantaciones.

Aunque parezca increíble, en 1788 Santo Domingo suministraba la mitad de la producción mundial. Por consiguiente, el café que estimulaba a Voltaire y a Diderot era producido por la forma más inhumana de trabajo forzado. En Santo Domingo, los esclavos vivían en condiciones atroces, habitaban en chozas sin ventanas, y eran subalimentados y explotados. «No sé si el café y el azúcar son esenciales para la felicidad de Europa —escribió un viajero francés a finales del siglo XVIII—, pero sé muy bien que estos dos productos han representado la desdicha de dos grandes regiones del mundo: América [el Caribe] ha quedado despoblada para que haya tierra en la que plantarlos; y África ha quedado despoblada para contar con gente que los cultive.» Años más tarde, un ex esclavo recordaba el trato recibido de sus amos franceses: «¿Acaso no colgaban a los hombres cabeza abajo, los ahogaban en sacos, los crucificaban en tablones, los enterraban vivos y los machacaban en sus morteros? ¿Acaso no los obligaban a comer mierda?»

No es de extrañar, por tanto, que los esclavos se sublevaran en 1791 en una lucha por su libertad que duró doce años, la única revuelta esclava importante de la historia que consiguió triunfar. La mayor parte de las plantaciones fueron arrasadas por el fuego y sus propietarios asesinados. En 1801, cuando el líder negro haitiano Toussaint Louverture intentó resucitar la exportación de café, las cosechas habían descendido al cuarenta y cinco por ciento de los niveles de 1789. Louverture estableció el sistema *fermage*, que equivalía a la esclavitud estatal. Como los siervos medievales, los trabajadores estaban limitados a las plantaciones de propiedad estatal y obligados a trabajar muchas horas por salarios bajos. Pero al menos ya no eran torturados a diario y recibían algunos cuidados médicos. No obstante, entre 1801 y 1803, cuando Napoleón envió tropas en un vano intento por recuperar Haití, las plantaciones de café fueron nuevamente abandonadas. Cuando a finales de 1803 se enteró de la derrota final de sus tropas, Napoleón exclamó: «¡Maldito café! ¡Malditas colonias!» Pasarían muchos años antes de que el café haitiano volviera a tener impacto en el mercado internacional, pero nunca recuperó su supremacía.

Para hacer frente a la caída de la producción, los holandeses recurrieron al café de Java. Aunque no violaban ni torturaban sistemáticamente a sus trabajadores, sí los esclavizaban. Mientras los javaneses podaban los cafetos o recolectaban los granos de café bajo el sofocante calor tropical, «los amos blancos de las islas apenas se movían algunas horas al día», afirma el historiador del café y periodista Heinrich Eduard Jacob.

Pocas cosas han cambiado desde comienzos del siglo XIX, cuando el funcionario holandés Eduard Douwes Dekker prestó servicios en Java. Finalmente se retiró en señal de protesta, para escribir la novela *Max Havelaar*, utilizando el seudónimo de Multatuli. Dekker escribió:

> Desde Occidente llegaban forasteros que se adueñaban de su tierra [la de los nativos], obligándolos a cultivar café por salarios miserables. ¿Hambre? ¿Hambre en la rica, fértil y bendita Java? Sí, lector. Hace apenas unos años, regiones enteras morían de hambre. Para conseguir comida, las madres ofrecían a sus hijos en venta. Se comían a sus hijos.

Dekker vilipendiaba al terrateniente holandés que «hizo que su campo fuera fértil con el sudor de los trabajadores a los que había arrancado de la tierra que les pertenecía. Negó el salario a los trabajadores y se alimentó con la comida de los pobres. Se enriqueció a costa de los demás».

A lo largo de la historia de la industria del café estas palabras han resultado ciertas con demasiada frecuencia. Pero los pequeños granjeros y sus familias, como los etíopes que se ocupan de sus pequeñas parcelas de café en las tierras altas, también se ganan la vida con el café; y no todos los trabajadores del café han sido oprimidos. El mal no está en los cafetos ni en la forma en que se cultivan, sino en la manera en que son tratados quienes trabajan en sus cuidados y en la recolección.

El sistema napoleónico: preparar el terreno para la modernidad

En 1806, tres años después de entrar en guerra contra Gran Bretaña, Napoleón declaró a Francia autosuficiente y aprobó lo que denominó Sistema Continental, con la esperanza de castigar a los británicos mediante la interrupción del comercio con Europa. «En otros tiempos, si queríamos ser ricos, teníamos que poseer colonias, establecernos en la India y en las Antillas, en América Central, en Santo Domingo. Esos tiempos han acabado. Ahora debemos hacernos fabricantes.» *Tout cela, nous le fairons nous-mêmes!*, proclamó. «Lo haremos todo nosotros mismos.» El Sistema Continental originó muchas innovaciones importantes en la industria y la agricultura. Los investigadores de Napoleón tuvieron éxito, por ejemplo, en la extracción de edulcorante de la remolacha azucarera europea para reemplazar la falta de caña de azúcar.

Sin embargo, los europeos no podían obtener café por su cuenta y se decidieron por la achicoria como sucedáneo. Esta planta herbácea europea de flores azules (una variedad de endivia) tiene una larga raíz blanca que posee un zumo amargo. Una vez tostada y molida produce una sustancia que tiene en cierto modo el aspecto del café. Con agua caliente se prepara una bebida oscura y de sabor amargo que algunos podrían tomar como sucedáneo del café, pero que no tiene el aroma, el sabor, el cuerpo ni el estímulo de la cafeína que posee el café. Así pues, durante la era napoleónica, los franceses desarrollaron un gusto por la achicoria e incluso después de 1814, cuando concluyó el Sistema Continental, siguieron mezclando la raíz de achicoria con el café. Los criollos franceses de Nueva Orleans pronto adoptaron el mismo sabor.*

Desde 1814 a 1817, cuando Amsterdam volvió a ocupar un lugar importante en el comercio del café, el precio pasó de los 16 a los 20 centavos la libra en moneda norteamericana, algo bastante moderado en comparación con el precio de 1,08 dólares la libra de 1812. Sin embargo, la creciente demanda de consumo en toda Europa y Estados Unidos volvió a aumentar el precio a 30 centavos o más en Java. En consecuencia, se incrementaron los cultivos de café y, en zonas como Brasil, los bosques tropicales se convirtieron en nuevas áreas de cultivo de esta planta.

Pocos años más tarde, en 1823, cuando estas nuevas plantaciones empezaron a producir, surgió una nueva crisis. La guerra entre Francia y España parecía inminente. Los importadores de café de toda Europa se apresuraron a comprar, pues supusieron que las rutas marítimas pronto volverían a quedar

---

* La achicoria se había utilizado como adulterante del café ya en 1688, pero el hábito de los franceses quedó arraigado durante la era napoleónica.

cerradas. El precio de la semilla aumentó bruscamente. Pero finalmente no hubo guerra, al menos de forma inmediata. «En lugar de guerra —escribió Heinrich Jacob— hubo otra cosa. ¡Café! ¡Y llegaba de todas partes!» Las semillas procedían de México, de Jamaica, de las Antillas. Por primera vez hubo una importante cosecha brasileña. Los precios cayeron en picado. Hubo quiebras comerciales en Londres, París, Francfort, Berlín y San Petersburgo. De la noche a la mañana muchos millonarios perdieron todo lo que tenían. Centenares de ellos se suicidaron.

La era moderna había comenzado. A partir de entonces, el precio del café osciló desordenadamente debido a la especulación, la política, el clima y los riesgos de la guerra. El café se había convertido en un producto básico internacional que durante la última parte del siglo XIX transformaría totalmente la economía, la ecología y la política de América Latina.

CAPÍTULO DOS

Los reinos del café

Tal vez ustedes crean, caballeros, que la producción de café y de azúcar es el destino natural de las Indias Occidentales. Hace dos siglos la naturaleza, que no se preocupa por el comercio, no había plantado allí ni caña de azúcar ni plantas de café.

Karl Marx, 1848

En la época en que Marx pronunció estas palabras, el cultivo de café en las Indias Occidentales ya estaba disminuyendo. Sin embargo, durante el medio siglo siguiente —antes de 1900— el café no nativo conquistaría Brasil, Venezuela y la mayor parte de América Central (así como gran parte de la India, Ceilán, Java y Colombia). Entretanto, el grano contribuiría a forjar leyes y gobiernos, a retrasar la abolición de la esclavitud, a exacerbar las desigualdades sociales, a perjudicar el entorno natural y a proporcionar el motor del crecimiento, especialmente en Brasil, que durante ese período se convirtió en la fuerza dominante del mundo del café. «Brasil no respondía simplemente a la demanda mundial —comenta el historiador del café Steven Topik—, sino que ayudó a crearla produciendo gran cantidad de café a un precio asequible a las clases trabajadoras de Norteamérica y Europa.»

Sin embargo, el café no causó demasiada impresión en Brasil ni en América Central hasta que las colonias se separaron del gobierno español y del portugués, en 1821 y 1822. En noviembre de 1807, cuando las fuerzas de Napoleón capturaron Lisboa, literalmente llevaron al mar a la familia real portuguesa, que en barcos británicos llegó hasta Rio de Janeiro; allí fijó su residencia el rey Juan VI. Declaró reino el territorio de Brasil y promovió la agricultura con nuevas variedades de café, cultivadas de manera experimental en los Reales Jardines Botánicos de Rio y distribuidas como almácigos a los hacendados.

En 1820, cuando una revolución en Portugal obligó a Juan VI a regresar a Europa, dejó a su hijo, don Pedro, como regente.

La mayor parte de los países latinoamericanos, hartos del yugo colonialista, pronto se separaron, encabezados por Venezuela, Colombia y México, seguidos por América Central y finalmente, en 1822, por Brasil, donde don Pedro se había coronado emperador con el nombre de Pedro I. En 1831, bajo la presión de los populistas, Pedro I abdicó en favor de su hijo Pedro, que sólo contaba cinco años. Nueve años más tarde, después de un período de rebelión, caos y control por parte de los regentes, Pedro II tomó el mando a los catorce años de edad, a petición del pueblo. Bajo su largo reinado, el café se convertiría en el rey de Brasil.

Las fazendas *de Brasil*

Con algo más de 8.500.000 kilómetros cuadrados, Brasil es el quinto país más grande del mundo. Está situado exactamente al sur del ecuador y ocupa casi la mitad de América del Sur; limita con los 7.400 kilómetros de costa atlántica al este y los imponentes Andes al oeste, y con la Guayana al norte y la cuenca del Plata al sur. Los portugueses, que descubrieron, explotaron y sojuzgaron Brasil, estaban al principio fascinados por el país. En 1560, un sacerdote jesuita escribió: «Si existe un paraíso en la tierra, yo diría que se encuentra en Brasil.»

Lamentablemente, los portugueses se dedicaron a destruir gran parte de ese paraíso. Las plantaciones de azúcar de los siglos XVII y XVIII habían establecido la pauta de enormes *fazendas* (plantaciones) que pertenecían a una elite, y en las que los esclavos trabajaban en condiciones infrahumanas. Era más barato importar nuevos esclavos que mantener la salud de los que ya existían, de modo que éstos morían siete años después, como promedio. La caña de azúcar finalmente convirtió gran parte del nordeste en una árida sabana.

A medida que los precios del azúcar se debilitaban en la década de 1820, el capital y la mano de obra emigraron al sureste en respuesta a la expansión del café en el valle de Paraíba. La rojiza tierra virgen, la famosa *terra roxa*, no había sido cultivada debido al auge que en el siglo XVIII habían experimentado las minas de oro y diamantes. Ahora que los minerales preciosos se habían agotado, las mulas que en otros tiempos habían transportado oro podían transportar los granos por senderos ya abiertos hasta el mar, mientras los esclavos que habían sobrevivido al trabajo en las minas podían ocuparse de la recolección del café. Con el aumento del cultivo de café se produjo un aumento en la importación de esclavos a Rio, que pasó de 26.254 en 1825 a 43.555 en 1828. En ese momento en Brasil trabajaba más de un millón de esclavos, lo que suponía casi un tercio de la población de ese país.

Con el fin de apaciguar a los británicos, que por aquel entonces habían prohibido el tráfico de esclavos, en 1831 los brasileños declararon ilegal su importación, pero no cumplieron la ley. Era evidente sin embargo que los días de la esclavitud estaban contados, y los negreros, intentando aprovechar el tiempo que les quedaba, aumentaron el número de esclavos importados anualmente de 20.000 en 1845 a 60.000 en 1848.

Cuando los buques de guerra británicos empezaron a capturar barcos de esclavos, la asamblea legislativa brasileña fue obligada a aprobar la Ley Queiroz de 1850, que realmente prohibía la importación de esclavos. Aun así, alrededor de los dos millones que ya estaban en el país siguieron sometidos. Un sistema de enormes plantaciones, conocido como «latifundio», promovió un estilo de vida que recordaba las plantaciones de esclavos del sur de Estados Unidos, y los cultivadores de café se convirtieron en los hombres más ricos de Brasil.

En 1857, el clérigo norteamericano J. C. Fletcher escribió acerca de su visita a la *fazenda* de café de 16.500 hectáreas, propiedad del comendador Silva Pinto en Minas Gerais. «Él vive al estilo de un verdadero magnate», comentó con admiración. En el enorme comedor habían entrado tres sirvientes que llevaban «un cuenco de plata maciza de casi medio metro de diámetro». Más tarde escuchó a quince músicos esclavos interpretando la obertura de una ópera, después de lo cual el coro de negros cantó una misa en latín.

Pocos años más tarde, un viajero que había visitado el valle de Paraíba describió la jornada típica de los esclavos. Aunque no se trataba de la misma plantación visitada por Fletcher, las condiciones en las que trabajaban eran probablemente parecidas:

> Los negros viven sometidos a una estrecha vigilancia y el trabajo está regulado, como si se tratara de una maquinaria. A las cuatro en punto de la mañana se los llama para que recen sus oraciones, después de lo cual se marchan en fila a hacer su trabajo. [...] A las siete [de la tarde] las filas vuelven con paso cansino a la casa. [...] Después se dispersan por la casa y trabajan en los molinos hasta las nueve en punto; luego hombres y mujeres son encerrados en dependencias separadas y se los deja dormir durante siete horas, con el fin de que se preparen para la jornada de trabajo de casi diecisiete horas ininterrumpidas del día siguiente.

Aunque algunos dueños de plantaciones trataban decentemente a sus esclavos, otros los obligaban a participar en sádicas orgías privadas. Los azotes y el asesinato no estaban sujetos al escrutinio público, y los esclavos eran enterrados en las plantaciones sin que existiera certificado de defunción. Los niños esclavos con frecuencia eran vendidos y separados de sus padres. Los propietarios, constantemente en guardia contra las represalias de los esclavos, siempre iban armados. «En esta plantación —proclamó un propietario— yo soy el papa.» Los esclavos eran considerados infrahumanos.

Brasil mantuvo la esclavitud más tiempo que cualquier otro país del hemisferio occidental. En 1871 Pedro II, que hacía más de treinta años que había liberado a sus propios esclavos, declaró la «ley de libertad de vientres», especificando que todos los hijos recién nacidos de esclavos serían considerados libres a partir de ese momento. De este modo garantizaba una extinción gradual de la esclavitud. Aun así, los cultivadores y los políticos lucharon contra la abolición. «Brasil es café —declaró en 1880 un miembro del Parlamento brasileño— y el café son los negros.»

La guerra contra la tierra

En su libro *With Broadax and Firebrand: The Destruction of the Brazilian Atlantic Forest*, el historiador de temas de ecología Warren Dean documentó el devastador efecto que el café tuvo sobre el medio ambiente de Brasil. Durante los meses de mayo, junio y julio, cuadrillas de trabajadores empezaban al pie de una colina y podaban los árboles hasta dejar sólo los troncos. «Luego era tarea del capataz decidir cuál era el árbol maestro, el gigante que sería talado completamente y derribaría a todos los demás con él —escribió Dean—. Si acertaba, toda la ladera de la colina se derrumbaba con una terrible explosión, levantando una nube de escombros, un enjambre de loros, tucanes [y] pájaros cantores.» Después de dejar que se secaran durante unas semanas, los gigantes caídos eran incendiados, y una permanente cortina amarilla quedaba suspendida en el aire al final de la estación seca, oscureciendo el sol. «El terreno —observó Dean— parecía un campo de batalla, negro, humeante y devastado.»

Al final de esta conflagración, el fertilizante temporal de la ceniza sobre el suelo virgen servía de estímulo a las plántulas de café que, antes de quedar trasplantadas, eran cultivadas en viveros, a la sombra, a partir de semillas que habían sido despojadas de su pulpa. El café, cultivado a pleno sol y no a la sombra, obtenía sus nutrientes con relativa rapidez de la reducida capa de humus. Cuando la tierra estaba «esquilmada», como dice el agricultor brasileño, simplemente se la abandonaba y se abrían nuevas franjas de bosque. A diferencia de los bosques arbóreos del norte, la selva tropical —una vez destruida— tarda siglos en regenerarse.

Cómo cultivar y recolectar el café de Brasil

Los brasileños aprendieron rápidamente las nociones elementales con respecto al cultivo y la recolección del café, que son comunes a todas las variedades, al margen del lugar en que crezcan. Sus métodos agrícolas exigían el menor esfuerzo posible, y por lo general daban prioridad a la cantidad por encima de la calidad.*

El café crece con más fuerza en la roca volcánica desintegrada y mezclada con vegetación en descomposición, lo que caracteriza la tierra roja de Brasil. Una vez plantado, el cafeto tarda tres o cuatro años en dar una producción decente. En Brasil, cada cafeto produce delicadas flores blancas de tres a cuatro veces al año (en otras regiones del mundo puede haber sólo una o dos floraciones). La explosión blanca, que se produce exactamente después de una lluvia torrencial, es impresionante, aromática y breve. La mayor parte de las plantas de café se autopoliniza, permitiendo que el monocultivo prospere sin necesidad de que otras plantas atraigan a las abejas.

El momento de la floración, seguido por la aparición del pequeño fruto, resulta decisivo para el cultivador. Un viento fuerte o un granizo puede destruir toda una cosecha. El café arabica (el único tipo conocido hasta finales del siglo XIX) crece mejor entre los 900 y los 1.800 metros en zonas con una temperatura anual media de unos 20 ºC, que no baje de los 0 ºC ni supere los 30 ºC. Los cafetos cultivados a mayor altitud, que se desarrollan lentamente, dan granos generalmente más compactos y de mejor sabor que los que crecen a menor altitud.

Lamentablemente para el café de Brasil, el noventa y cinco por ciento del país se encuentra por debajo de los 900 metros, de manera que los granos de Brasil siempre han tendido a carecer de acidez y cuerpo. Peor aún, Brasil padece de heladas y sequías periódicas, cuya intensidad y frecuencia ha ido aumentando a

---

* En la actualidad, la mayor parte del café de Brasil sigue siendo arrancado, en lugar de recolectado selectivamente, y luego sometido a un proceso de secado. No obstante, algunas cosas han cambiado. El procesamiento se realiza con mucho más cuidado, y en Brasil ha surgido una próspera industria cafetera «especializada», que pone el acento en los mejores granos. Además, en las fincas situadas en terreno llano es posible la recolección mecánica, y muchas *fazendas* grandes han dado paso a parcelas más pequeñas.

medida que la cubierta protectora del bosque se ha ido destruyendo. El café no soporta una helada intensa, y además necesita mucha lluvia (1.800 milímetros). La recolección en Brasil comienza poco después del final de las lluvias, por lo general en mayo, y tiene lugar durante seis meses. Debido a que el café de Brasil se cultiva sin sombra, crece aún más rápidamente, debilitando el suelo a menos que sea fertilizado de manera artificial.

Las plantas de café suelen podarse con regularidad. Darán una buena producción durante quince años, aproximadamente. Cuando ya no producen fruto pueden ser cortadas cerca del pie y luego podadas para que sobrevivan sólo los brotes más resistentes. Como promedio, un cafeto dará dos kilos y medio de frutos por año, lo que finalmente significa alrededor de medio kilo de granos secos.

El café está maduro cuando el fruto verde adquiere un brillante color rojo (o, en variedades menos frecuentes, amarillo). Se parece un poco al arándano o a la cereza, aunque su forma es más oval. Los cultivadores aprietan el fruto entre el pulgar y el índice. Si la semilla asoma fácilmente, está maduro. Lo que queda en la mano —la piel roja, junto con una parte carnosa— se denomina pulpa. Lo que aparece es un mucílago resinoso pegado a la cubierta apergaminada. En su interior se encuentran las dos semillas, cubiertas por el transparente tegumento argentino.

El método tradicional de quitar el grano de sus múltiples envolturas naturales, conocido como «trabajo en seco», es el preferido en la mayor parte del café brasileño. Tanto los granos maduros como los inmaduros, junto con los brotes y las hojas, son retirados de las ramas y colocados sobre grandes lonas extendidas debajo de los árboles. Luego se ponen a secar en patios. Deben ser volteados varias veces al día, recogidos y cubiertos para protegerlos del rocío nocturno y, finalmente, esparcidos nuevamente para que se sequen. Si no se esparcen en capas lo suficientemente delgadas, pueden fermentar dentro del tegumento, produciendo un sabor desagradable o rancio. Cuando las pieles están marchitas, duras y casi negras, las cascarillas se quitan con suaves golpes. En los primeros tiempos se solía exportar sin quitarle el tegumento, pero a finales del siglo XIX las máquinas ya quitaban las cascarillas y el tegumento, clasificaban los granos e incluso los bruñían.

A menudo el método en seco daba pobres resultados, sobre todo en la zona de Rio. Dado que los frutos maduros y los no maduros se recogían al mismo tiempo, el sabor del café quedaba afectado desde un primer momento. Además, los frutos podían quedar en el suelo durante tanto tiempo que criaban moho o absorbían otros sabores desagradables que llegaron a ser conocidos como sabor Rioy (fuerte, yodado, maloliente, rancio).* No obstante, parte del

* Sin embargo, algunos consumidores se acostumbraron al sabor Rioy y llegaron a apreciarlo.

café de Rio era recolectado a mano, cuidadosamente seleccionado y suavemente despojado de su pulpa. Se lo denominaba «Río dorado», y tenía una gran demanda.

De esclavos a colonos

A finales del siglo XIX, las tierras de Rio dedicadas al cultivo de café estaban agotadas. Esa región era «rápidamente devastada por una planta cuya destructiva forma de cultivo arrasaba los bosques, agotaba las reservas naturales y dejaba a su paso una decadencia general», escribió Eduardo Galeano en *Las venas abiertas de América Latina*. En consecuencia, la principal región de cultivo de café se trasladó a la planicie de São Paulo.

Debido a que los precios subieron continuamente durante las décadas de 1860 y 1870, el monocultivo de café parecía una vía segura para obtener riquezas.* Los nuevos empresarios del café, los paulistas de São Paulo, se consideraban comerciantes modernos y progresistas en comparación con los antiguos magnates de Rio. En 1867 se terminó el primer ferrocarril de Santos, que llegaba a una región de cafetales. En la década de 1870, los paulistas impulsaron otras innovaciones y cambios tecnológicos, sobre todo para potenciar la venta del producto. En 1874, Pedro II envió el primer mensaje a Europa a través de un nuevo cable submarino, facilitando la comunicación con un mercado importante. Durante el año siguiente, el veintinueve por ciento de los barcos que entraban en los puertos brasileños funcionaba a vapor.

Los ferrocarriles reemplazaron en poco tiempo a las mulas como medio para transportar los frutos desde el interior hasta el mar. En 1874 había sólo 1.300 kilómetros de vías férreas; en 1889 había 9.700 kilómetros. Las líneas corrían directamente desde las regiones de los cafetales hasta los puertos de Santos o Rio.

Después de 1850, tras la prohibición de la importación de esclavos, los cultivadores de café experimentaron con planes de trabajo alternativos. Al principio, los colonos pagaban el traslado de inmigrantes europeos, les proporcionaban una casa y les asignaban una cantidad de cafetos para que los cuidaran, hicieran la recolección y el procesamiento, además de una parcela de tierra para que pudieran cultivar sus propios alimentos. La trampa consistía en que los aparceros tenían que saldar la deuda contraída por los gastos de transporte,

---

* El café era un monocultivo en relación a la exportación, pero los colonos a menudo desarrollaban cultivos de subsistencia entre los árboles de café.

junto con otros anticipos. Dado que para los inmigrantes era ilegal abandonar la plantación antes de pagar sus deudas —lo que habitualmente les llevaba años—, esto equivalía a un trabajo de peón obligado, otra forma de esclavitud. No resultó sorprendente por tanto que los trabajadores suizos y alemanes se rebelaran en 1856.

Finalmente, en 1884 los agricultores paulistas ganaron el peso político suficiente para convencer al gobierno brasileño de que pagara los gastos de traslado de los inmigrantes, de manera que los nuevos trabajadores no llegaran con una deuda anterior. Estos colonos, en su mayor parte italianos pobres, inundaron las plantaciones de São Paulo. Entre 1884 y 1914 llegó más de un millón de inmigrantes a trabajar en el cultivo de café. Con el tiempo, algunos lograron tener su propia tierra.* Otros ganaron sólo lo suficiente para regresar a su país, amargados y desmoralizados.

El legado del café de Brasil

Después de llegar a la conclusión de que el sistema de colonos resultaba mucho más barato que la esclavitud, los cultivadores brasileños de café se pusieron al frente de la abolición, que se produjo cuando el anciano don Pedro II se encontraba fuera del país. El 13 de mayo de 1888, su hija, la princesa regente Isabel, firmó la «Ley de Oro», liberando así a los casi 800.000 esclavos que quedaban. Un año más tarde, los cultivadores ayudaron a derrocar a Pedro II para instaurar una república que durante años sería dirigida por los cultivadores de São Paulo y del vecino estado de Minas Gerais.

Lamentablemente, la liberación de los esclavos no contribuyó a mejorar la suerte de los trabajadores negros. «Todo cambia en este mundo —afirmaban unos versos populares—./ Lo único que sigue igual es la vida del negro: / Trabaja para morir de hambre / ¡El 13 de mayo lo engañó!» Los cultivadores estaban a favor de los inmigrantes europeos porque los consideraban genéticamente superiores a los de ascendencia africana, que cada vez se encontraban más marginados.

En los años siguientes, con el régimen de colonos, la producción de café se disparó de 5.500.000 sacos en 1890 a 16.300.000 en 1901. La siembra de café se duplicó en la década siguiente a la abolición y, a principios de siglo, en el es-

---

* En efecto, Francisco Schmidt, un inmigrante alemán de la década de 1880, con el tiempo llegó a ser propietario de veinte enormes *fazendas* con 16 millones de cafetos, un ferrocarril privado, sistema de telefonía y miles de colonos.

tado de São Paulo crecían más de 500 millones de cafetos. Brasil inundó el mundo con café. Esta excesiva confianza en un cultivo tuvo un efecto directo en el bienestar de la mayoría de los brasileños. Un escritor contemporáneo observó que «muchos artículos alimenticios corrientes, necesarios para el consumo del pueblo [brasileño], y que podrían cultivarse fácilmente en el lugar, siguen siendo importados, sobre todo la harina... Brasil está sufriendo gravemente por haber exagerado el cultivo de café y dejado de lado el desarrollo de alimentos necesarios para su pueblo».

Guatemala y sus vecinos: trabajo forzado, café ensangrentado

Al mismo tiempo que Brasil protagonizaba el boom del café, América Central empezaba a confiar en la misma planta importada con resultados similares. Salvo en Costa Rica, donde el café quedaba a la altura de valores más igualitarios, el nuevo cultivo auguraba desastres para la población indígena mientras enriquecía a la oligarquía cafetera en ascenso. La historia de Guatemala demuestra que así fue en toda la región.

En contraste con Brasil, país muy extenso, Guatemala es relativamente pequeño. Guatemala, «la tierra de la eterna primavera», es uno de los lugares más exquisitos de la Tierra, como escribió un visitante en 1841:

> El emplazamiento era deslumbrantemente bello, al pie y a la sombra del volcán de Agua, y el paisaje estaba totalmente enmarcado por montañas de verde perpetuo; el aire de la mañana era suave y templado, pero puro y refrescante. [...] Nunca vi un lugar tan hermoso en el que un hombre pudiera pasar el resto de su vida.

Un país hermoso pero lleno de problemas. Situado al sur de América Central, las placas tectónicas se rozan unas con otras, arrojando lava desde alguno de los diversos volcanes de la zona, o sacudiendo la tierra para recordar a los humanos que el mundo —al menos el de esa región— no es un lugar estable. Sin embargo, gran parte de los problemas creados por el hombre tienen su origen en la forma en que a finales del siglo XIX se desarrolló la economía cafetera de la región.

Después de declararse independientes de España en 1821, los estados de América Central se unieron en una inestable alianza que quedó disuelta permanentemente en 1838, tras una revuelta encabezada en Guatemala por Rafael Carrera. Éste, que tenía sangre india, era el carismático líder campesino de los mayas,* que habían sido duramente tratados por el gobierno «liberal» de Mariano Gálvez. En América Central, los conservadores generalmente sostenían la Iglesia católica y la vieja guardia de descendientes de españoles mientras protegían a los indios de manera paternalista. Por otra parte, los liberales favorecían a la clase media en ascenso, desafiaban el poder de la Iglesia y pretendían «civilizar» a los indios.

Bajo el gobierno de Gálvez, se confiscaron las tierras que habían sido compartidas por poblaciones indígenas, obligando a los indios a convertirse en aparceros o peones. Muchos niños indígenas eran cedidos por sus padres a «protectores» que a menudo los trataban como a sirvientes. Como resultado de esta política, los mayas se retiraron a lo alto de las montañas y al altiplano, donde la tierra no era tan apetecible.

Carrera, que se alineaba con los conservadores, gobernó eficazmente desde 1839 hasta su muerte, en 1865. Aunque era un dictador y amasó una gran fortuna personal, gozaba de enorme popularidad entre los indígenas. Respetaba las culturas nativas, protegía tanto como podía a los indios e intentó incorporarlos a su gobierno.

En la década de 1840, la economía exportadora de Guatemala se basaba en la cochinilla, una tintura producida por un pequeño insecto que se alimenta del cactus. Los insectos secados producen una sustancia roja que era muy solicitada en Europa. Sin embargo, Carrera alentó la diversificación en la agricultura para que se abandonara la producción de la cochinilla. Estaba más preocupado por la autosuficiencia interna de Guatemala que por la excesiva confianza en los mercados extranjeros. En 1856, cuando los europeos inventaron la tintura a base de anilina sintética y resultó evidente que la cochinilla tenía los días contados, Carrera aprobó la sustitución de su producción por la del café. Pero el presidente también alentó la del azúcar y el algodón.**

Durante el gobierno de Vicente Cerna, entre 1865 y 1871, aumentaron los beneficios producidos por el café. Las laderas de los volcanes guatemaltecos —sobre todo las que daban al Pacífico— demostraron que eran muy adecua-

---

* Los mayas no eran —ni son— un grupo homogéneo. Existen 28 pueblos, entre ellos el quiche, el cakchiquel, el kekchi, el ixil y el mam. Aunque se encuentran diseminados por todo el territorio del país, la mayoría de ellos reside en las tierras altas del oeste.

** Como cultivo de exportación, el café se desarrolló relativamente tarde en América Central debido a que los buques con aparejo redondo, los que se usaban en aquel entonces, sólo podían navegar en la dirección del viento. Los vientos alisios procedentes del Atlántico empujaban los barcos en dirección oeste, hacia la costa de América Central, pero no existía una manera fácil de volver hacia el este. La aparición del clíper —que podía navegar aprovechando mejor el viento—, y luego del barco de vapor, hizo que la exportación de café resultara más factible.

das para el cultivo de café. Sólo había un inconveniente. En muchos casos, las empinadas pendientes de las colinas en las que mejor crecía el café estaban ocupadas por indios. Los cultivadores ladinos* necesitaban un gobierno que les permitiera tomar esas tierras y que les garantizara un suministro de mano de obra barata y fiable.

En 1871, los liberales derrocaron a Cerna, y dos años más tarde asumió el poder el general Justo Rufino Barrios, un próspero cultivador de café del oeste de Guatemala. Durante su gobierno se iniciaron diversas «reformas liberales» que facilitaron el cultivo y la exportación de café. Lamentablemente, estas reformas se hicieron a expensas de los indios y sus tierras.

En ese momento los liberales tomaron el poder en toda América Central y en México, todos con la misma agenda: promover el «progreso», siempre a expensas de las poblaciones indígenas. En *Nostromo*, la novela que Joseph Conrad escribió en 1904 sobre América Latina, el autor reflexionaba: «¡Liberales! Esas palabras que uno tan bien conoce tienen un significado de pesadilla en este país. Libertad, democracia, patriotismo, gobierno... todas ellas tienen sabor a locura y asesinato.»

Guatemala, ¿colonia penal?

Mediante una serie de leyes y abiertamente por la fuerza, el gobierno de Barrios comenzó a arrebatar a los indios las principales tierras cafeteras. El gobierno liberal estimulaba el desarrollo de la agricultura definiendo como baldías todas aquellas tierras que no estuvieran plantadas con café, azúcar, cacao o pastos, y reclamándolas luego como propiedad nacional. En 1873, casi 81.000 hectáreas de las regiones occidentales de Guatemala estaban divididas en terrenos de hasta 200 hectáreas y se vendían a precios bajos. Cualquier pago que se exigiera por ellos excluía automáticamente a los campesinos de la posibilidad de ser propietarios.

Al igual que los brasileños, los guatemaltecos intentaron atraer mano de obra inmigrante, pero fracasaron en la mayoría de los casos.** Tuvieron que

---

* En Guatemala, el término *ladino* por lo general hace referencia a alguien que tiene sangre europea e india, es decir, un *mestizo*. Sin embargo, los indios también podían ser ladinos si adoptaban la vestimenta y el estilo de vida europeos.

** Desde 1890 hasta 1892, mil doscientos trabajadores de las islas Gilbert (actualmente Kiribati) fueron llevados a Guatemala por *blackbirders*, o esclavistas, para que trabajaran en las plantaciones de café. Menos de 800 sobrevivieron a la travesía, y un tercio de éstos murió durante el primer año. Los últimos supervivientes fueron finalmente devueltos a las islas Gilbert en 1908.

confiar en los indios, que no se sentían estimulados con respecto al trabajo. A pesar de que los liberales quizá desearan aplicar la «solución norteamericana» —simplemente eliminando a la raza «inferior»—, no podían permitirse llevarla a cabo. Necesitaban a su población indígena como mano de obra esclava. Sin embargo, gran parte de los mayas, que vivían en poblaciones autosuficientes, se resistían a trabajar por poco dinero, salvo durante breves temporadas.

El gobierno liberal solucionó el problema mediante el trabajo forzoso y el peonaje por endeudamiento. La huida era la única alternativa que le quedaba al indio para no ser obligado a trabajar en una plantación (o en el ejército o en los caminos) o a endeudarse con un cultivador de café.

De hecho, muchos de ellos lo hicieron. Algunos cruzaron clandestinamente la frontera con México. Otros huyeron a las montañas. Para mantener el orden, los liberales crearon una milicia y un ejército permanente. Como señaló Jeffrey Paige en su libro *Coffee and Power*, «Guatemala tenía tantos soldados que parecía una colonia penal, porque era una colonia penal basada en los trabajos forzados». Así pues, el dinero del café estableció un régimen represivo que fomentó el resentimiento entre los indios. A veces se rebelaban activamente, pero tales intentos sólo daban como resultado la matanza de indios. Sin embargo, aprendieron a trastocar el sistema trabajando lo menos posible, pidiendo adelanto de su paga a varios cultivadores al mismo tiempo y huyendo.

En ocasiones, los indios pedían ayuda a los jefes políticos. Sus lastimeros ruegos resultaban desgarradores, incluso al cabo de cien años. Un trabajador alegaba que «Don Manuel, el hermano de mi actual empleador, me golpeó sin motivo [...] lo mismo que a mi esposa y a nuestro bebé, y por eso los dos murieron». Un hombre de más de ochenta años escribió que durante «la flor de mi vida el patrón se aprovechó de mi trabajo», pero ahora que estaba enfermo y tullido debía ser liberado para que pudiera «agonizar en los campos, como hacen los animales cuando se vuelven viejos e inútiles».

La forzada migración india que llegaba desde el altiplano para la recolección del café también hizo que los mayas contrajeran enfermedades tales como la gripe y el cólera y que tuvieran que regresar a sus lugares de origen, donde la muerte arrasaba comunidades enteras.

Desde el punto de vista del cultivador, asegurar una provisión fiable de mano de obra resultaba realmente difícil. Los indios huían. Otros plantadores les robaban los trabajadores. «El café se cae de los árboles, hacen falta trabajadores y lo único que tengo es su telegrama», le escribió desesperado un plantador a su proveedor de mano de obra.

Así, la economía cafetera de Guatemala, lo mismo que la de los cercanos El Salvador, México y Nicaragua, frustraba a todos, de una manera o de otra. Dependía sobre todo del trabajo forzado y la desdicha de la población indígena. Con esta desgraciada base quedaba casi asegurado un futuro de injusticia y violencia.

La invasión alemana

En la mezcla intervino una nueva clase de inmigrante, lleno de energía, seguro de sí mismo y dispuesto a trabajar duramente. Se trataba sobre todo de alemanes jóvenes que buscaban fortuna en este clima exótico. Para atraer a esos emprendedores forasteros, los liberales aprobaron en 1877 una ley que ayudaba a los extranjeros a obtener tierras, garantizando una desgravación fiscal de diez años y una exención de seis años para los derechos de importación sobre herramientas y máquinas. Durante las dos últimas décadas del siglo XIX, los emprendedores alemanes —muchos de los cuales huían del militarismo de Bismarck— llegaron en gran número a Guatemala y al resto de los países de América Central. A finales de la década de 1890 eran propietarios de más de cuarenta fincas cafeteras guatemaltecas y trabajaban en muchas otras. Pronto los alemanes cultivadores de café de la región Alta Verapaz de Guatemala se reunieron para solicitar capital privado a Alemania con el objeto de construir una línea de ferrocarril hasta el mar. Éste fue el principio de una tendencia en la que los alemanes aportaron capital y modernización a la industria cafetera guatemalteca.

Hacia 1890, veinte años después de que los liberales se hicieran con el poder, las fincas guatemaltecas más grandes —más de cien de ellas— constituían sólo el 3,5 por ciento de las fincas cafeteras del país, pero representaban más de la mitad de la producción total. Mientras que los extranjeros administraban muchas plantaciones grandes, otras seguían perteneciendo a los españoles descendientes de los primeros conquistadores. En 1890, por ejemplo, el mayor cultivador de café de Guatemala fue el general Manuel Lisandro Barillas, presidente del país y propietario de cinco fincas cafeteras, junto con una parcela de casi 30.000 hectáreas en la altiplanicie en la que vivían sus trabajadores indios.

Estas fincas a gran escala tenían su propia maquinaria de procesamiento y estaban lo suficientemente diversificadas para cultivar sus propios alimentos. Las más pequeñas y menos rentables, que sólo contaban con unas pocas hectáreas y solían ser propiedad de campesinos pobres y analfabetos, debían confiar en las más grandes para la etapa del procesamiento. A veces, ellos y sus hijos quedaban sujetos a trabajos forzados en las fincas más grandes. En algunos casos, las fincas dominantes saboteaban deliberadamente a sus vecinos más pequeños mientras que los agentes de las fincas incendiaban sus milpas (pequeñas parcelas de subsistencia, por lo general de maíz) y destruían sus plantas de café.

La obtención de un crédito siempre era un problema para los cultivadores de café, tanto grandes como pequeños. Por lo general, los bancos europeos y norteamericanos daban préstamos a las firmas importadoras de café a un interés del seis por ciento. Luego éstas prestaban a un interés del ocho por ciento a las exportadoras, que a su vez otorgaban préstamos al doce por ciento a los grandes cultivadores o a los beneficios (las plantas procesadoras). Los cultivadores más pequeños tenían que pagar al beneficio entre el catorce y el veinticinco por ciento, según cuál fuera el riesgo. La mayor parte de los empresarios que instalaban una plantación quedaban totalmente endeudados al cabo de cuatro años, antes de que madurara el primer cultivo. Los alemanes tenían ventaja, pues frecuentemente llegaban con capital y mantenían buenas relaciones con las firmas de corredores de bolsa que les asignaban menores intereses. También habían recurrido a la intervención diplomática y mantenían estrechos lazos con las firmas importadoras y exportadoras controladas por los extranjeros. No obstante, la industria cafetera de América Latina nunca resolvió satisfactoriamente el problema del crédito.

Muchos de los alemanes que llegaban a Guatemala para hacer fortuna con el café estaban lejos de ser ricos. Bernhard Hannstein, nacido en Prusia en 1869, dejó Alemania «para abandonar los hábitos militares alemanes, para huir de la tiranía de [mi] excéntrico padre y para ser un hombre libre». En 1892, Hannstein encontró trabajo en La Libertad, una de las enormes plantaciones de café propiedad del ex presidente Lisandro Barillas, donde recibía 100 dólares al mes, además de vivienda y comida gratuitas, varias veces más de lo que cobraban los indios.

Al parecer, a Hannstein —acostumbrado a las duras condiciones de trabajo prusianas— no le preocupaba que los indios fueran casi esclavos. «Los indios —escribió en una carta— son figuras menudas y regordetas que ocupan el último nivel de la plantación; son los así llamados mozos, o trabajadores, y sobreviven con un marco al día.» Describía el sistema de peonaje sin ninguna emoción: «La única manera de lograr que un indio trabaje es anticiparle dinero; entonces se le puede obligar a trabajar. Muy a menudo huyen, pero son capturados y severamente castigados.» A continuación, Hannstein comentaba sin aparente ironía: «Los propietarios de la tierra tienen un punto de vista muy distinto; si no ganan el ciento veinte por ciento, no consideran que valga la pena plantar o construir.»

Con el tiempo, Bernhard Hannstein ascendió de categoría y llegó a ser propietario de Mundo Nuevo y de otras plantaciones.

Entretanto, al norte, en Alta Verapaz, el joven Erwin Paul Dieseldorff, otro alemán, reunió lentamente las plantaciones de propiedad privada más grandes de la región. Al principio vivía entre los indios, tomaba los mismos alimentos y aprendió su lengua y su cultura. Tiempo después, Dieseldorff se convirtió en un experto en la arqueología, el folclore y la medicina mayas. En la medida en que los indios le obedecían, Dieseldorff los trataba con paternal amabilidad. Sin embargo, a menudo les pagaba una miseria y los mantenía ligados a él en un sistema feudal de peonaje por endeudamiento. Sintetizó su filosofía y la de otros alemanes cuando dijo: «A los indios de Alta Verapaz es mejor tratarlos como si fueran niños.»

Cómo se cultiva y se recolecta el café en Guatemala

Tradicionalmente, el café se ha cultivado en América Central bajo árboles de sombra de diversas clases para protegerlo del sol, favorecer la formación de mantillo y evitar que los cafetos produzcan en exceso, se agoten y empobrezcan la tierra. Estos árboles de sombra suelen podarse una vez al año para permitir que pase a través de ellos la suficiente luz del sol; su madera puede utilizarse como combustible.

A diferencia de los granos de Brasil, los cafés de América Central se recolectaban mediante el método húmedo. Según la mayoría de los expertos en café, este método permite obtener un grano superior, con menos defectos, que produce una bebida de marcada acidez y aroma definido y pronunciado. También requiere mucha mano de obra, maquinaria e infraestructura más sofisticadas y una provisión abundante de agua corriente en cada beneficio o planta procesadora. Las laderas de las montañas guatemaltecas suministran mucha agua, y los cultivadores alemanes tenían muchos conocimientos técnicos.

A finales del siglo XIX, a medida que se iba desarrollando la industria del café, los importadores comenzaron a referirse a dos tipos de café: los de Brasil y los suaves. El de Brasil se ganó la fama de café de menor calidad, fama a menudo merecida, aunque no siempre. La mayor parte de los otros cafés, procesados más cuidadosamente, eran conocidos como suaves porque una vez servidos no resultaban tan fuertes como los de Brasil.

Mientras los trabajadores brasileños pueden simplemente desnudar la rama, los recolectores guatemaltecos deben elegir sólo los granos maduros, que son despojados de su pulpa por una máquina estrujadora y luego introducidos en tanques de fermentación llenos de agua durante un máximo de cuarenta y ocho horas. Mientras el mucílago se descompone, se suelta de la pegajosa cubierta apergaminada y en el proceso deja un sutil sabor a la parte interior. Desde el tanque de fermentación, las semillas se deslizan por un largo canal en el que el mucílago suelto queda eliminado por la corriente de agua. Con la cubierta apergaminada aún intacta, las semillas son esparcidas para que se sequen al sol, o bien son secadas artificialmente en enormes cilindros giratorios calentados por la cubierta seca de las anteriores tandas, junto con carbón, gas o madera cortada de los árboles de sombra. Las mujeres y los niños seleccionan manualmente el café seco y retiran los granos rotos, manchados, enmohecidos o excesivamente fermentados.

Dado que el grano mismo de café sólo constituye el veinte por ciento del peso de la semilla, todo este proceso da como resultado una cantidad enorme de desperdicio. Los montículos de pulpa húmeda suelen reciclarse para ser utilizados como abono en el caso de que el beneficio esté situado en la finca. Si se lo deja flotar corriente abajo, el mucílago causa graves problemas de contaminación.

Mujeres y niños trabajadores

Mientras que los hombres realizaban la mayor parte de los trabajos que requieren esfuerzo físico, como limpiar, plantar, podar y cavar acequias de riego, las mujeres y los niños se ocupaban de la recolección y también de la tediosa selección.

En 1899, un observador describió a los «andrajosos recolectores, grandes y pequeños, padres y madres y una prole de niños semidesnudos» que se encaminaban a recolectar café:

> El padre y la madre nos saludan con la deferencia adquirida tras generaciones de entrenamiento. Más tarde, de las profundidades de los matorrales surgen sus cánticos, y es un coro femenino; de alguna manera, las mujeres pobres saben cómo ser más felices que los hombres. Los niños recogen todas las semillas que pueden abarcar con sus pequeñas manos. [Al anochecer], las criaturas cansadas y soñolientas se marchan a los tropezones, y durante el resto del día sus almas exhaustas pierden todo brillo de vida. No es extraño ver alguna madre con su hijo dormido en los brazos, además de la carga.

Sin embargo, de vez en cuando las mujeres guatemaltecas olvidaban lo «felices» que eran en su pobreza. Los hombres a veces pedían anticipos de su sueldo que devolvían con el trabajo de su mujer o sus hijos, prácticamente vendiendo el trabajo de éstos. Por lo general, las mujeres sufrían la explotación sexual de sus capataces. A veces, las quejas daban mal resultado, como cuando el administrador de la finca añadía a la deuda de una mujer el coste de capturar a su violador.*

Así, en Guatemala el café creó confianza en un mercado extranjero inconstante, hizo surgir un estado policial coercitivo, una enorme desigualdad social y económica y la esclavización de hecho de los indígenas. La pauta estaba creada. En las grandes fincas, propiedad de ladinos, alemanes y otros extranjeros que en los años buenos obtenían cuantiosos beneficios, trabajaban peones extranjeros que eran obligados a bajar de las tierras altas vecinas. En años posteriores, este legado de café conduciría a nuevas revueltas, descontentos y derramamientos de sangre en uno de los países más bellos de la tierra. «Las estrategias de gobierno en Guatemala —escribe un historiador latinoamericano— pueden ser brevemente resumidas así: censura de la prensa, exilio y prisión para la oposición, amplio control policial, burocracia estatal reducida y servil, asuntos de finanzas y del tesoro en manos de miembros interrelacionados de las grandes familias cultivadoras de café, y trato benévolo para las compañías extranjeras.»

El robo de la tierra en México, El Salvador y Nicaragua

La pauta instalada en Guatemala tuvo eco en los países vecinos, salvo que la típica finca cafetera era más pequeña. Al norte, en México, Porfirio Díaz atraía al capital norteamericano para su régimen «liberal» (1877-1880 y 1884-1911), en el que los trabajadores del azúcar, el caucho, el henequén (una planta utilizada para fabricar cuerda), el tabaco y las plantaciones de café eran poco más que esclavos. Un agente laboral, conocido como enganchador, podía proporcionar trabajadores incautos mediante mentiras, sobornos o directamente mediante el rapto. El índice de mortalidad entre los trabajadores de las plantaciones de henequén, situadas en el Yucatán, o entre los de las plantaciones de tabaco del infame Valle Nacional era muy elevado. Las condiciones eran en cierto modo mejores en las fincas cafeteras del sur de México, en las montañas de Chiapas, dado que los trabajadores extranjeros tenían que encontrar suficiente atractivo para regresar al año siguiente.

---

* Por supuesto, no todos los propietarios de fincas abusaban de sus trabajadores. En muchas plantaciones de Brasil, Guatemala y otros países, los propietarios progresistas trataban humanamente a sus trabajadores, les pagaban sueldos más elevados de lo habitual y les brindaban algunos cuidados médicos. No obstante, incluso en esos casos los indios seguían siendo peones pobres, con pocas esperanzas de mejorar, mientras que los propietarios vivían en un relativo bienestar.

En El Salvador, pequeño pero densamente poblado, situado en la costa del Pacífico y al sur de Guatemala, la privación del derecho al voto para los indios era aún más violenta. Mientras que en Guatemala los mayas vivían principalmente en zonas más altas que las de las plantaciones de café, en El Salvador la mayoría residía en zonas aptas para su cultivo. La expropiación de la tierra comenzó en 1879, y la legislación de 1881 y 1882 eliminó el sistema indígena de tierras comunes y comunidades. Durante la década de 1880, los indios se sublevaron e incendiaron los cafetales y las plantas procesadoras. El gobierno respondió creando un cuerpo de policía montada que recorría la zona y sofocaba las rebeliones. Un famoso grupo de catorce familias —con apellidos como Menéndez, Regalado, De Sola y Hill— llegó a poseer la mayor parte de las plantaciones de café salvadoreñas, y mediante una milicia bien entrenada mantenían una tensa paz, interrumpida por golpes militares que reemplazaban un régimen autoritario por otro.

En Nicaragua, al sur de El Salvador y Honduras, el cultivo de café comenzó pronto pero no dominó la economía como en Guatemala y en El Salvador, y la resistencia india en Nicaragua no se quebró con tanta facilidad. El cultivo de café comenzó efectivamente en las tierras altas del sur durante la década de 1860; allí se produjo con relativa tranquilidad la transición desde otra forma de agricultura comercial. Pero los principales campos de cultivo del café resultaron ser las tierras altas centrales del norte, donde los indios poseían la mayor parte de la tierra, y donde tuvo lugar el conocido proceso mediante el cual se los privó del derecho al voto. En 1881 varios miles de indios atacaron la residencia del gobierno en Matagalpa —en el corazón de la principal región cafetera— para exigir que se pusiera fin al régimen de trabajo forzado. El ejército nacional sofocó la revuelta asesinando a más de un millar de indios. Sin embargo, la resistencia campesina se mantuvo firme, incluso después de que el liberal general José Santos Zelaya, hijo de un cultivador de café, asumiera el poder en 1893. Gobernó Nicaragua hasta 1909, creó un ejército eficaz y promovió el café con éxito a pesar de los disturbios constantes, que incluyeron el asesinato del cultivador de café más importante del país.

El café en Costa Rica: ¿una influencia democrática?

Los países latinoamericanos ricos en café han sido habitualmente sacudidos por las revoluciones, la opresión y los derramamientos de sangre. La única excepción esperanzadora a esta regla ha sido Costa Rica. Robert Williams afirma en su libro *States and Social Evolution: Coffee and the Rise of National Governments in*

Central America (1994) que la manera en que evolucionó a finales del siglo xix la tierra y la mano de obra dedicada al café ayudó a conformar los gobiernos centroamericanos, creando pautas que subsisten en la actualidad:

> Junto con la expansión del café llegaron cambios en las redes comerciales, en las conexiones financieras internacionales, en las pautas de inmigración e inversión, y en las relaciones políticas internacionales, pero el café también volvió a entrar en las estructuras de la vida cotidiana de los puertos, las capitales, los centros comerciales del interior y el campo, alterando la actividad de comerciantes, prestamistas, terratenientes, tenderos, profesionales, burócratas, pobres ciudadanos y campesinos. Una atenta mirada a este sencillo producto básico proporciona una lente a través de la cual es posible observar la construcción de los estados centroamericanos.

Como hemos visto, en Guatemala y en El Salvador el cultivo de café condujo a una explosión del crecimiento, a la desigualdad social, a enormes plantaciones en manos de una elite acaudalada y al maltrato de la población indígena. En Costa Rica, sin embargo, la confianza en el café dio lugar a relaciones igualitarias, democracia, plantaciones más pequeñas y a un crecimiento lento y regular. ¿Por qué el cultivo de la misma planta dio resultados tan diferentes? La razón principal parece ser la falta de mano de obra disponible. La mayor parte de los indios de Costa Rica, que nunca fueron muchos, había muerto a manos de los primeros colonizadores españoles, o a causa de las enfermedades. En consecuencia, en la época en que los costarricenses comenzaron seriamente a cultivar el café, en la década de 1830, no pudieron establecer los enormes latifundios que tiempo después se desarrollaron en Brasil o en Guatemala. Lo habitual eran las pequeñas plantaciones familiares.* Esto dio lugar a que la industria del café costarricense se desarrollara poco a poco, sin necesidad de que interviniera un gobierno represivo.

Además, la producción de café en ese país comenzó en las ricas tierras altas del valle Central, cerca de San José, y desde allí se fue extendiendo. En los años siguientes, una frontera siempre en expansión permitiría a los nuevos empresarios del café instalar plantaciones en tierras vírgenes. Debido a esta oportuni-

---

* Costa Rica no tenía industria de la tintura (ni de la cochinilla) porque durante la época colonial los españoles no lo permitieron. Así, Costa Rica tuvo motivos para probar suerte con el café antes que Guatemala, y fue Costa Rica la que promovió nuevas técnicas de cultivo y de procesamiento. Sin embargo, los indios que permanecieron en Costa Rica, como en Orosi, fueron despojados de sus tierras, lo mismo que en Guatemala.

dad, surgieron menos luchas a causa de la tierra. Durante la época de la cosecha las familias se ayudaban mutuamente, con el mismo espíritu con que crecieron las granjas en Estados Unidos. Los propios cultivadores realizaban el duro trabajo físico y se sentían unidos a la tierra. Así se forjaron unos valores nacionales relativamente igualitarios.

El conflicto dentro de Costa Rica se desarrolló entre los pequeños cultivadores y los propietarios de los beneficios, que procesaban el café. Debido a que las plantaciones eran por lo general tan pequeñas, no podían realizar ellas mismas el procesamiento de las semillas en húmedo. Por lo tanto, los propietarios de los beneficios ejercían una gran influencia y podían fijar precios artificialmente bajos, quedándose así con la mayor parte de las ganancias. Aunque esta desigualdad causaba tensión, el estado costarricense la manejó de manera pacífica. Este pequeño país centroamericano ha tenido a lo largo de los años su cuota de revolución y derramamiento de sangre, aunque muy pequeña en comparación con sus vecinos. Muy posiblemente este fenómeno se debe a la forma en que se desarrolló allí la industria del café.

En un principio los británicos dominaron el comercio exterior con Costa Rica, pero los alemanes llegaron poco después y a principios del siglo XX eran propietarios de muchas de las plantas procesadoras y de las plantaciones más grandes del país. Sin embargo, a diferencia de Guatemala, Costa Rica ofrecía a los nativos pobres y dispuestos a trabajar duramente la oportunidad de unirse a la elite social cafetera.

Indonesios, culís *y otros trabajadores del café*

Java y Sumatra, al igual que muchas regiones cultivadoras de café, poseen una sorprendente belleza natural. Sin embargo, el paisaje contrastaba claramente con el «desprecio y falta de consideración con que son tratados los nativos», como señaló Francis Thurber en su obra *Coffee: From Plantation to Cup*, escrita en 1881. Cada familia de nativos tenía que cuidar 650 cafetos y recolectar y procesar sus granos para el gobierno holandés. «El dinero recibido por los nativos es tan poco que deja un enorme margen de beneficio en el gobierno», comenta Thurber. Así, los holandeses «han mantenido un despotismo absoluto sobre sus desgraciados súbditos, han impuesto préstamos obligatorios y saqueado a aquellos que [...] no han conseguido otra cosa que su subsistencia diaria».

La situación en la India no era mejor. En 1886, en su libro *Coffee: Its Cultivation and Profit*, Edwin Lester Arnold, un inglés propietario de plantaciones de café en ese país, explicaba cómo conseguir trabajadores. Un cultivador debía viajar a las tierras bajas del país y contratar *maistries,* o caciques, que a su vez sobornarían a *culís* (trabajadores del campo) con anticipos.

Según la descripción de Thurber, el día de trabajo de los varones *culís* comenzaba a las cinco de la mañana, cuando eran enviados con hachas y palancas para cortar y mover los troncos con el fin de abrir un nuevo camino, mientras las mujeres y los niños se destinaban a desherbar las plantaciones de café. «En cuanto salen del asentamiento y empiezan a recorrer los estrechos senderos de la selva, hacen toda clase de intentos por escapar.» A los hombres se les pagaba cinco *annas* por día —una suma miserable—, mientras que las mujeres sólo recibían tres. «Incluso los niños se acercaban, inclinaban su pequeña cabeza rapada en un cómico homenaje al gran señor blanco y tendían sus manos pequeñas y morenas para recibir el dinero que supuestamente habían ganado, a razón de un centavo por día.»

Al mismo tiempo, observaba Arnold con satisfacción, «los beneficios derivados del saludable café son tan grandes que si no fuera por los muchos enemigos que obstaculizan las luchas de los cultivadores y atrofian sus más grandes esfuerzos, su ocupación sería una de las más lucrativas del mundo». El autor daba luego una lista de las diversas pestes que atacaban el café, desde los elefantes, los búfalos de las colinas, el ganado y los venados hasta los chacales y la rata del café. (Afortunadamente, los *culís* disfrutaban comiendo la rata del café frita en aceite de coco, y la consideraban un manjar exquisito.) También había que combatir las larvas, los insectos escamosos y los gorgojos.

«Sin embargo, todas estas cargas en la prosperidad del cultivador resultaban insignificantes comparadas con un diminuto y en consecuencia casi imperceptible hongo.» Arnold se refería a la *Hemileia vastatrix,* la temible roya, que apareció por primera vez en Ceilán en 1869 y en pocos años acabó prácticamente con el cultivo del café en las Indias Orientales... precisamente cuando América Latina estaba inundando el mercado con sus semillas.

El ataque de la *vastatrix*

Incluso el nombre, *Hemileia vastatrix,* suena espantosamente amenazador y en la actualidad sigue siendo una plaga. Aparece primero como una mancha pardo amarillenta en el envés de las hojas, que con el tiempo se vuelve negra y produce unas esporas anaranjadas que se esparcen al tocarlas. Las manchas se van agrandando poco a poco hasta que cubren toda la hoja y provocan su caída. Finalmente, todo el cafeto queda deshojado y muere. En el primer año de su aparición, la roya causó graves daños en Ceilán, pero luego pareció disminuir y hubo años buenos y malos. Los atribulados cultivadores de café buscaron el asesoramiento de científicos del mundo entero. Los dueños de las plantaciones probaron con sustancias químicas, arrancaron las hojas enfermas. Pero nada sirvió.

Diversas teorías afirmaban que la roya era causada por los árboles de sombra *(dadap)* que solían utilizarse, o que el exceso de humedad favorecía la enfermedad. De hecho, el hongo prospera en un entorno húmedo. El verdadero mal, sin embargo, es el monocultivo. Cada vez que el hombre interviene y crea una riqueza artificial a partir de una planta determinada, la naturaleza encuentra la forma de vengarse. Por lo demás, el cafeto es bastante resistente. Casi todas las plantas que contienen alcaloides que alteran la mente —como la cafeína y la cocaína— crecen en las regiones tropicales. En realidad, una de las razones de que los bosques tropicales proporcionen tantas drogas singulares es que la lucha por la existencia es tan feroz que no hay invierno que proporcione un respiro en la lucha por la supervivencia. Las plantas desarrollaron las drogas como mecanismos de defensa, así como las ranas tropicales venenosas tienen una sustancia química autoprotectora. El contenido de cafeína del café probablemente fue evolucionando hasta convertirse en pesticida natural para desalentar a los predadores. No obstante, con hectáreas y hectáreas de cafetos era inevitable que algún pequeño y desagradable insecto u hongo se especializara en la superabundancia.

«Ahora sólo parece una cuestión de tiempo el que el café resulte un gran fracaso en Java, como lo ha sido en Ceilán —escribió Edwin Arnold en 1886—. En muchas plantaciones, los árboles no muestran más que ramas llenas de granos, que aún tienen aspecto fresco y verde, pero se vuelven parcialmente negros y caen.» Arnold tenía razón. Ese baluarte del café tradicional pronto pasó, fundamentalmente, al té.

Un efecto de la epidemia de roya fue una desesperada búsqueda de nuevas especies de café más resistentes que la predominante variedad arabica. La *Coffea liberica*, nativa de Liberia, al principio pareció prometedora pero también sucumbió a la roya; produjo menos que la *Coffea arabica* y nunca alcanzó popularidad, a pesar de producir una bebida aceptable. La *Coffea canephora*, mascada por los nativos de Uganda, «descubierta» por los blancos en el Congo Belga y denominada robusta por un empresario, resultó ser resistente y prolífica, y crecía en altitudes menores y en condiciones de mayor humedad y temperatura. Lamentablemente, esta resistente variedad de café daba una bebida de sabor fuerte, con el doble de cafeína que la variedad arabica. De cualquier manera, estaba destinada a desempeñar un papel importante en el futuro.

La sed norteamericana

Sin embargo, a pesar de los devastadores efectos de la *Hemileia vastatrix*, la provisión mundial de café continuó creciendo, estimulada en gran parte por la taza norteamericana de café, aparentemente sin fondo. Mientras los británicos bebían té, sus rebeldes colonias tragaban una bebida negra más fuerte, destinada a alimentar el notable espíritu empresarial norteamericano. A finales del siglo XIX, Estados Unidos consumiría casi la mitad de la producción mundial de café.

CAPÍTULO TRES

La bebida norteamericana

Hemos participado en muchas marchas en la vieja Virginia, cuando los días eran largos y calurosos, y la capacidad de los soldados para soportar la fatiga de la marcha y conservar su lugar en la fila aumentaba gracias a la posibilidad de beber una taza de café a un lado del camino.

Capitán R. K. Beecham,
Gettysburg: The Pivotal Battle of the Civil War

En Estados Unidos —un país joven cuyos bravucones ciudadanos preferían empinar el codo—, la afición por el café se desarrolló lentamente. «La mayor parte de la bebida colonial era utilitarista, el elevado consumo de alcohol era una parte normal de los hábitos personales y de la comunidad —observaban los autores de *Drinking in America*—. En los hogares coloniales, la cerveza y la sidra eran las bebidas habituales durante las comidas. [...] Incluso los niños compartían la cerveza en la cena.» Muchos colonos consideraban que el café y el té eran pobres sustitutos de las bebidas alcohólicas fuertes.

Sin embargo, el café era lo suficientemente popular para hacer que en 1777 más de un centenar de mujeres furiosas tomaran por asalto un almacén de alimentos en Boston. Durante la guerra revolucionaria, los comerciantes aprovecharon la escasez de existencias para acaparar café y subir los precios. Como le comentó Abigail Adams a John, su esposo, «hay una gran escasez de azúcar y café, artículos a los que la parte femenina del estado se resiste a renunciar, sobre todo si considera que la gran escasez ha sido ocasionada por los comerciantes, que han ocultado grandes cantidades». Luego describía cómo las mujeres asaltaron el almacén mientras «una gran concurrencia masculina observaba azorada y en silencio».

Durante la primera mitad del siglo XIX creció en Estados Unidos la afición

por el café, sobre todo después de la guerra de 1812, que cortó temporalmente
el acceso al té. En ese momento, el café de Brasil estaba más cerca y resultaba
más barato. El consumo per cápita pasó de 1.400 kilos en 1830, a 2,5 kilos en
1850 y a 3,60 kilos en 1859. Aunque había cafeterías en la ciudad, la mayor
parte de los norteamericanos bebía café en su casa o en los campamentos,
mientras se dirigía al oeste. En 1849, el café se había convertido en «el más
esencial de los manjares de la pradera», según un topógrafo de la época. «Dadle
[al hombre de la frontera] café y tabaco y soportará cualquier privación, supe-
rará cualquier dificultad; pero quitadle estos dos elementos esenciales y se vol-
verá indeciso y protestón.»

Una vez iniciados en el negro brebaje, también los nativos norteamericanos
lo adoptaron. Los sioux lo llamaban *kazuta sapa* o «medicina negra». En efecto,
los indios asaltaron muchos trenes con el objetivo específico de conseguir café...
además de azúcar, tabaco y whisky. Por otro lado, los comerciantes blancos se
aprovecharon de los indios cambiando una taza de café por una piel de búfalo.

Torrefacción, elaboración y destrucción caseras

En la Norteamérica de mediados del siglo XIX, predominantemente rural,
la gente compraba a granel los granos de café verdes (sobre todo de las Indias
Orientales y Occidentales) en el almacén general del lugar y luego los tostaba y
los molía en su casa. Para tostar los granos en una sartén en la cocina a leña hacía falta remover durante veinte minutos, y a menudo el tostado era desigual.
Las personas acomodadas contaban con una variedad de tostadores caseros que
funcionaban con manivela, o a vapor, pero ninguno de ellos era muy eficaz.
Los granos se molían en un molinillo fabricado, o con un mortero.

Las amas de casa solían preparar el café hirviéndolo en agua. Con el fin de
«clarificar» la bebida, o «depositar» el poso en el fondo, solían prepararlo con
dudosos aditivos, entre ellos huevos, piel de pescado o de anguila. Un popular
libro de cocina ofrecía la siguiente receta: «Para preparar café ponga dos cucharadas grandes cada medio litro de agua; mézclelo con la clara, la yema y la cáscara de un huevo, agregue agua caliente, sin hervir, y hierva todo durante diez minutos como máximo.» Si no se conseguían huevos, se podía utilizar bacalao.*

---

* No obstante, al menos al principio, en Estados Unidos el café se tomaba recién tostado.
«Para que resulte bueno, debe ser tostado inmediatamente antes de prepararlo —escribió Eliza
Leslie en un libro de cocina de 1837—, y no preparar más cantidad de la que se vaya a tomar en
ese momento.»

La rutinaria destrucción que los norteamericanos hacían del café debió de sorprender a los sofisticados visitantes europeos. Durante la primera mitad del siglo XIX hubo una auténtica explosión de patentes cafeteras europeas y de ingeniosos artefactos que combinaban agua caliente y café molido, incluida una popular cafetera de filtro de dos pisos, inventada aproximadamente en la época de la Revolución francesa por Jean Baptiste de Belloy, arzobispo de París.

En 1809, un brillante y excéntrico expatriado norteamericano llamado Benjamin Thompson —que prefería hacerse llamar conde Rumford— modificó la cafetera de De Belloy y creó su propia versión. También hizo una correcta declaración con respecto a la bebida: el agua para el café debía ser fresca, casi en el punto de ebullición, pero el café y el agua nunca debían hervir juntos y, una vez preparado, el café no debía recalentarse. Pero lamentablemente para los consumidores norteamericanos, la cafetera y las opiniones de Rumford no cruzaron el Atlántico. Tampoco lo hicieron los numerosos cafeteros de Francia e Inglaterra, que confiaron en el método de un vacío parcial para extraer agua caliente a través del café molido. El café norteamericano típico de la época se hervía hasta que quedaba amargo y era necesario agregarle leche y azúcar para que resultara aceptable.

La industria cafetera antes de la guerra de Secesión

Después de la crisis y de la superabundancia de café que se produjo en 1823, los precios bajaron de unos de 21 centavos la libra en 1821 a 11 centavos en 1825. Durante los treinta años siguientes, los precios permanecieron bajos (generalmente menos de 10 centavos), mientras la producción, cada vez mayor, seguía superando el creciente consumo. Java y Ceilán exportaban cada vez más café, lo mismo que Brasil. Costa Rica también había comenzado a exportarlo. Al mismo tiempo, la cosecha de café de las Indias Occidentales, tan importante hasta finales del siglo XVIII, fue mermando debido a los precios bajos, los disturbios políticos y la escasez de mano de obra. Muchas plantaciones quedaron descuidadas y se cubrieron de maleza mientras en las tierras bajas comenzó a dominar la caña de azúcar, mucho más lucrativa.

Los precios bajos que estaban perjudicando a los cultivadores de café contribuyeron a que la bebida se hiciera cada vez más popular entre las clases con menos poder adquisitivo, sobre todo en Europa continental y en Estados Unidos. En 1833, James Wilde importó el primer tostador comercial de café, de Inglaterra a Nueva York. A mediados de la década de 1840 se había desarrollado una industria de la torrefacción del café al menos en las áreas urbanas. En

Alemania, Inglaterra y Estados Unidos se otorgaron múltiples patentes para tostadores a gran escala. El tostador más popular de Estados Unidos fue el Carter Pull-Out, inventado por James W. Carter, de Boston, en 1846, con enormes cilindros perforados que giraban dentro de hornos de ladrillos. Una vez tostado el café, los trabajadores tenían que colocar el gigantesco cilindro en posición horizontal, soportando un humo sofocante, y verter los granos en bandejas de madera en las que los agitaban con palas.

La Unión (y el café) para siempre

La guerra de Secesión (1861-1865) redujo el consumo de café en Estados Unidos, ya que el gobierno de la Unión impuso un gravamen de 4 centavos sobre los granos importados y bloqueó los puertos del sur, impidiendo que los rebeldes recibieran café. Hasta el comienzo de la guerra, la producción había disminuido, desalentada por años de precios bajos, mientras que la demanda del consumidor crecía poco a poco. Ahora, los productores, alentados por el acusado aumento del precio a consecuencia de la guerra, redoblaron sus esfuerzos. Dado que el ejército de Estados Unidos era un comprador importante, cada victoria de la Unión estimulaba la activación del comercio y la subida de los precios. En 1864, el gobierno compraba 18 millones de kilos de granos de café.

La guerra de Secesión hizo que los soldados se aficionaran a esta bebida. La ración diaria de cada soldado de la Unión incluía una décima de libra de granos de café verdes, lo cual —traducido al consumo anual— suponía nada menos que 16 kilos al año. El libro *Hardtack and Coffee*, escrito en 1887 por el ex artillero John Billings, describe la abrumadora importancia que tenía esa ración de café:

> Las pequeñas fogatas, que pronto pasarían a ser centenares, aparecían a lo largo de colinas y llanuras y, como por arte de magia, varias hectáreas de tierra quedaban iluminadas gracias a ellas. Pronto se reunían a su alrededor los soldados, que invariablemente preparaban café; muchos de ellos, cansados de las fatigas del día, tomaban una cena de galletas y café, y se acurrucaban en sus mantas para pasar la noche. Si se ordenaba un avance nocturno, salvo que se intentara hacer por sorpresa, debía ir precedido por una taza de café. [...] Había café en las comidas y durante las comidas; y los hombres que entraban o salían de guardia lo bebían a cualquier hora de la noche.

Dado que el café molido se vuelve rancio rápidamente, los soldados preferían llevarlo en grano y molerlo a medida que lo necesitaban. El cocinero de cada compañía llevaba un molinillo portátil. Algunas carabinas Sharp fueron diseñadas para llevar un molinillo de café en la culata.

Los soldados solían tomar el café hervido y puro. Uno de los veteranos de Sherman describió tiempo después el café como «negro como el rostro de una plantación, lo suficientemente fuerte para hacer flotar una cuña de hierro y ajeno a toda adulteración láctea». Muchos soldados se jactaban de su capacidad para beberlo. Uno afirmaba que tomaba más de dos o tres litros al día, mientras que otro decía que a veces bebía más de seis. El café era algo más que un estimulante; también resultaba útil en otros sentidos. Cada caja de galletas llevaba una etiqueta en la que se sugería al soldado que hirviera su café, introdujera en él las galletas en trozos para eliminar de este modo los gérmenes.

Entretanto, los confederados —empobrecidos y mal alimentados— tenían que beber sucedáneos de café preparados con bellotas, raíces de diente de león, caña de azúcar, arroz tostado, semillas de algodón, cacahuetes, trigo, judías secas, boniatos, maíz, centeno, quingombó o achicoria. El café auténtico era tan escaso en el Sur castigado por la guerra que en Richmond, Virginia, costaba 5 dólares la libra mientras que un joyero de Atlanta engarzaba en broches granos de café en lugar de diamantes. Aunque el típico habitante de Nueva Inglaterra tenía mayor acceso al café, allí también resultaba bastante costoso, de manera que muchos sucedáneos encontraron un buen mercado en el Norte. «Se vendía toda clase de mezclas con nombres altisonantes —recordó un contemporáneo—, que a menudo contaban con la aprobación de personas conocidas en todo el país.»

En muchos sentidos, la guerra de Secesión marcó un hito en la historia norteamericana: fue un conflicto sangriento que catalizó la invención industrial norteamericana. La matanza hecha posible gracias a la ametralladora Gatling y a los acorazados presagiaba una nueva era en la que el barco de vapor, el ferrocarril y el telégrafo transformarían el paisaje del país. De las cenizas del conflicto surgiría Estados Unidos y crearía la sociedad capitalista más dinámica del mundo: ingeniosa, bulliciosa, cascarrabias, esforzada y alimentada por un torrente de café, gran parte del cual estaba pretostado, envasado y tenía marca.

Jabez Burns, inventor

Durante la guerra de Secesión, dos inventos revolucionaron la naciente industria del café, ambos desarrollados para sacar provecho de la economía de guerra. El primero, creado para los cacahuetes en 1862, fue una ligera, barata y durable bolsa de papel. El segundo, ideado en 1864 por Jabez Burns, fue un tostador con autodescarga. Burns, que emigró desde Inglaterra a Estados Unidos en la adolescencia, era sobrino de su homónimo, un famoso sacerdote baptista británico. Del evangelista heredó la repugnancia por el licor fuerte, la ilimitada seguridad en sí mismo, las pretensiones de superioridad moral y la devoción por el café, la bebida de la moderación.

En 1858, el aplicado joven Jabez Burns ideó una serie de inventos, entre los que se incluían una primitiva máquina de sumar, el «Addometer». Al ver una oportunidad durante la guerra, abandonó su trabajo de contable en un molino de café para perfeccionar su tostador de café. A partir de entonces se hizo llamar sencillamente Jabez Burns, inventor. «Durante la guerra —escribió tiempo después— se probaron todos los métodos y las máquinas de tostar. Sería este escritor quien inventaría el principio más usado en la actualidad.» Mediante un inteligente dispositivo de doble rosca, el invento de Burns empujaba los granos uniformemente hacia arriba y hacia abajo mientras giraba el cilindro. Lo mejor de todo era que cuando el operador abría la puerta del tostador, los granos caían en una bandeja de refrigeración.

Durante los quince años siguientes, Burns vendió cientos de tostadores mientras Estados Unidos —con sorprendente rapidez— se convertía en una sociedad de consumo que confiaba en los prácticos productos fabricados en serie. Todas las ciudades, al margen de su tamaño, tenían su tostador propio, lo que introducía a la torrefacción del café una medida de uniformidad que era un signo de los tiempos por venir. Poco después, un tendero de Pittsburgh llamado John Arbuckle revolucionaría la naciente industria del café demostrando cómo la estandarización, la colocación de marcas y la comercialización podían abaratar las mercancías.

La Ariosa de Arbuckle: el café de la gente

En 1860, exactamente antes de la guerra de Secesión, dos jóvenes hermanos, John y Charles Arbuckle se asociaron a su tío Duncan McDonald y a un amigo llamado William Roseburg para fundar en Pittsburgh la tienda de venta de alimentos al por mayor McDonald & Arbuckle. Aunque tenían la mayoría de los alimentos, John Arbuckle —que contaba veintiún años— decidió especializarse en el café, que él percibía correctamente como un producto con futuro. Cuatro años más tarde, cuando Jabez Burns inventó su tostador, Arbuckle compró uno para su tienda de Pittsburgh, donde empezó a vender café pretostado en paquetes de medio kilo. Otros de la misma profesión se burlaban de él por vender café «en bolsas de papel, como si fueran cacahuetes», pero el producto de Arbuckle tuvo un éxito inmediato. Empleó a cincuenta jovencitas para empaquetar y rotular, y luego obtuvo los derechos de una máquina automática empaquetadora que realizaba el trabajo de 500 personas. Arbuckle también aplicaba un glaseado de huevo y azúcar, supuestamente para evitar que los granos tostados se pusieran rancios, y para ayudar a «clarificar» el café.

John Arbuckle sabía que además de su innovador concepto de suministrar el café pretostado, la cuestión más importante para la venta sería una marca y una etiqueta características. Probó varios nombres antes de dar con Ariosa, que se convirtió en su marca distintiva. (La «A» probablemente por Arbuckle, «Rio» por el café que llegaba de Rio de Janeiro y «Sa» por Santos, otro puerto brasileño, o por Suramérica, o por *Sociedade Anonima*.) Gran parte del café de Rio era (y sigue siendo) notable por su particular sabor mohoso y, aunque tenía sus adeptos, era uno de los granos menos aceptados del mercado. El de Santos tenía mejor reputación.

Arbuckle se había metido en un berenjenal con sus competidores. Comenzó publicando un folleto con un grabado de la cafetería de Dilworth Brothers. En los toneles de café se veían varios insectos e inmundicia. «No me extraña que me haya puesto enfermo», comentaba un hombre. «Ahora comprendo qué es lo que mató a mis hijos», gritaba una mujer. Se produjo entonces una amarga disputa, aunque no se iniciaron acciones legales.

En 1871, mientras las ventas se disparaban en Pittsburgh, John Arbuckle dejó a su hermano Charles para abrir una fábrica en Nueva York, el centro del comercio norteamericano del café. Acababa de fallecer su tío, y rebautizaron la firma con el nombre de Arbuckle Brothers.

Al año siguiente, Arbuckle imprimió un folleto de brillantes colores en el que se veía a un ama de casa despeinada, delante de su cocina, lamentándose: «Oh, he vuelto a quemar el café.» Su invitada, sentada y bien vestida, le aconsejaba: «Compra el café tostado de Arbuckle, como hago yo, y no tendrás problemas.» El texto continuaba diciendo que «todos los granos tienen un tostado uniforme», y luego afirmaba: «No es posible tostar correctamente el café en casa.»

Los nombres «Arbuckle» y «Ariosa» pronto pasaron a formar parte del lenguaje familiar en toda la Costa Este y en la frontera, mientras John y Charles Arbuckle se convertían en multimillonarios. Con su deseo de participar en todos los aspectos del negocio, los Arbuckle habían comprado una imprenta para hacer sus propias etiquetas y empezaron a imprimir trabajos para terceros.

En la década de 1880, John Arbuckle había abierto sucursales en Kansas City y en Chicago, con más de un centenar de depósitos adicionales en todo el país. Viajó a Brasil para abrir oficinas de exportación de granos en Rio de Janei-

ro, Santos y Victoria —los tres puertos más importantes del país— y varias sucursales en México. Arbuckle incluso poseía su propia flota. Sus instalaciones,
junto a los muelles de Brooklyn, ocupaban una docena de manzanas; y tenía
además una cuadra con doscientos caballos de tiro. Cuando entró en el negocio
del azúcar, Arbuckle montó su propia fábrica de toneles, que se fabricaban con
la madera de los árboles que poseía en Virginia y Carolina del Norte. Las instalaciones de Brooklyn contaban con su propio hospital y comedor para los trabajadores. Mucho tiempo antes de que la expresión «integración vertical» se
pusiera de moda, Arbuckle había dominado el concepto.

En el Oeste norteamericano, el fuerte Ariosa hervido se convirtió en el preferido de los vaqueros. «Cariño, sírveme una taza de esa pantera condensada
que llamas café —decía un rudo vaquero—. Así es como me gusta, absolutamente descalzo [puro]. Esa cosa sin cuernos que te dan en los cafés de la ciudad
no es para mí.»

Arbuckle, hijo de un inmigrante escocés, era terco e independiente, y com-
binaba la aspereza pragmática con un aspecto más tierno. En los últimos años
de su vida dedicó grandes sumas de dinero a empresas filantrópicas, como sus
«veleros para pobres», tres embarcaciones que había acondicionado para que
los neoyorquinos pobres pudieran pasar una noche en el mar. Según decía, él
había salvado su vida gracias a un viaje por mar. «Sé lo importante que es el aire
fresco y salado del océano para la gente que vive sofocada y agotada en las ciudades superpobladas.» Convirtió otra embarcación en el «Hogar Ribereño para
Niños Lisiados» y fundó una granja de 325 hectáreas en New Paltz, Nueva
York, como un lugar de esparcimiento para los niños de la ciudad. Tiempo después abrió un hogar para ancianos.

Chase conoce a Sanborn

Hacia el norte, en Boston, después de la guerra de Secesión se formaba otra
dinastía cafetera. Caleb Chase, que había crecido en Cabo Cod, había trabajado
en la tienda de comestibles de su padre hasta los veinticuatro años. En 1864, el
mismo año en que Jabez Burns inventó su tostador, Chase —que en aquel entonces tenía treinta y dos años— entró en el negocio por sus propios medios
como tostador de café, con dos socios. En 1867, James Sanborn, cuatro años
más joven que Chase, se mudó a Boston desde su Maine natal. Después de trabajar en una tienda de maquinaria y de vender semillas de jardín, se instaló como
comerciante en café y especias. En 1878, los dos hombres unieron fuerzas bajo
el nombre de Chase & Sanborn y se especializaron en café y té.

Adquirieron fama gracias a su marca «Standard Java», de calidad superior, que envasaban en latas cerradas herméticamente, fabricadas por ellos mismos. En 1880, Chase & Sanborn se expandió a Chicago, y dos años más tarde abrieron una sucursal en Montreal. En 1882 vendían alrededor de 50.000 kilos de café al mes desde su fábrica de siete pisos en Broad Street, en Boston. Contrataron a 25.000 agentes locales de venta en casi todas las ciudades y poblaciones del sur, del oeste y de Canadá, dando a cada uno el privilegio de la exclusividad en su área comercial. Con una expansión tan agresiva, los beneficios aumentaron rápidamente y después de 1880 nunca bajaron del millón de dólares por año.

Chase, Sanborn y su socio, Charles Sias, eran comerciantes expertos además de grandes conocedores del café. Fueron los primeros en utilizar latas herméticas en un vano esfuerzo por evitar que el café se pusiera rancio con el oxígeno (el aire también quedaba en el interior del envase), y tuvieron mucho éxito con su marca «Seal Brand Java & Mocha», que comercializaron con el sello de la familia Chase (un fiero león sobre cuatro cruces), con la inscripción latina *Ne cede malis*, que significa aproximadamente «No cedáis al mal».

Sin embargo, ellos cedieron en cierto modo pues su «Java & Mocha» contenía poca cantidad de esas dos clases de café. Cuando Swift & Company —acusada de falsedad por utilizar la expresión «pura manteca en rama»— perdió el pleito, los tostadores de café de Boston abandonaron los términos geográficos y denominaron su café sencillamente Chase & Sanborn Seal Brand.

Chase & Sanborn fueron de los primeros en utilizar premios en la comercialización de su café. Gastaban 20.000 dólares al año en publicidad, gran parte de ella en forma de folletos educativos en color, como «La historia de la bandera norteamericana», o «Los pájaros norteamericanos», o «La historia de los primeros colonizadores». Otros regalos incluían carpetas, novedosas tarjetas y exhibidores. En una ocasión montaron cafeteras gigantes —que despedían chorros de vapor— en cincuenta de sus carros de reparto, tirados por caballos.

Cuando comprendieron la importancia de establecer una relación con sus clientes, los propietarios buscaron vendedores que aportaran ese «toque personal». Si un cliente enfermaba, el representante de Chase & Sanborn iba a visitarlo. En épocas difíciles, como la inundación de Vermont en 1927, todas las deudas con la compañía fueron canceladas. La empresa enviaba tarjetas de felicitación por las fiestas a todos sus clientes.

Caleb Chase y James Sanborn representaban a la aristocracia yanqui tradicional, con un digno pragmatismo y un cáustico sentido del humor. Chase preguntaba invariablemente a su socio cómo marchaban los negocios ese día porque, según explicaba, eso le ayudaba a decidir si pedía carne o judías para comer.

Los dos socios se esforzaron por comprar el mejor café por el precio que pagaban. Siempre tostaban una muestra de café a mano, luego lo molían muy fino, lo pesaban cuidadosamente y lo comparaban en la taza con otro café de buena calidad, que ofreciera «satisfacción total». Los compradores de té llevaban años probándolo en la taza, pero Chase & Sanborn fueron los primeros que hicieron lo mismo con el café, ya en la década de 1880.

Jim Folger y la fiebre del café

James Folger había iniciado una nueva dinastía del café en San Francisco, aunque el origen de la misma se remontaba a la isla de Nantucket, en Massachusetts, donde los Folger formaban un clan ballenero. En *Moby Dick*, Herman Melville habla de «un linaje de Folger y arponeros».* Pero alrededor de 1842, el esperma de ballena era tan solicitado que el cetáceo estaba al borde de la extinción. En 1849, cuando los rumores con respecto al oro de California llegaron a Nantucket, catorce embarcaciones de jóvenes ilusionados se hicieron a la vela en busca del reluciente metal. Entre ellos, en un barco con rumbo a Panamá, se encontraban tres hermanos Folger: Edward, de veinte años, Henry de dieciséis y James de catorce.

En mayo de 1850, después de una angustiosa travesía, lograron llegar a la caótica ciudad de San Francisco. Sólo dos años antes, la ciudad había albergado a 800 personas. Ahora, 40.000 aspirantes a millonarios se deslizaban por los toboganes cubiertos de barro que formaban las calles. El principal comercio de la ciudad eran las tabernas, las casas de juego y los prostíbulos. Mientras sus hermanos probaban suerte en las minas, el joven Jim se asoció a William Bovee, de veintisiete años, en la Pioneer Steam Coffee and Spice Mills (Molinos de vapor para café y especias), cuyo nombre era una expresión de deseos, pues el tostador no tenía motor de vapor que lo hiciera funcionar y debía ser accionado a mano, probablemente por el joven Folger.

Aunque sin duda ya estaba bastante rancio en el momento de beberlo, el café tuvo un éxito inmediato entre los mineros, que estaban demasiado desesperados buscando oro como para perder tiempo en remover los granos sobre una fogata. En 1851 Bovee compró un motor de vapor y se mudó a un lugar más grande. Entretanto, los hermanos mayores de Jim Folger regresaron de su aventura, en la que no habían tenido demasiado éxito. Henry, el segundo hermano, reservó un pasaje hacia el Este, pero Edward instaló un comercio especializado en aceite de ballena junto al tostadero de café de su hermano.

---

* Abiah Folger era la madre de Benjamin Franklin.

Durante un tiempo, Jim Folger —que ya tenía dieciocho años— se marchó y abrió una tienda para los mineros llamada «Yankee Jim». En el diario que un minero de la zona escribió en 1852 se lee: «El joven de Nantucket, Jim Folger, es de lo más valiente, y a sus años tiene más sentido común que la mayoría de nosotros.» Sin embargo, Folger vendió todo y se asoció nuevamente a Bovee, esta vez como oficinista y viajante de comercio. El diario del mismo minero anotaba en 1858 que Folger estaba «haciendo negocios en Frisco y vendiendo café en todas las malditas excavaciones de California».

Cuando cumplió los veinticuatro años, Folger estaba casado y era socio pleno de la compañía, junto con Ira Marden, que había comprado la parte de Bovee. La empresa floreció durante un tiempo y luego se hundió en el colapso económico general posterior a la guerra. En 1865 quebró y Jim Folger compró la parte del otro socio, decidido a reflotar la empresa y saldar sus deudas, tarea que le llevó casi diez años. «Dado lo inesperado de este pago, por la presente reconozco con agradecimiento la honorable transacción de un noble comerciante», escribió un acreedor en un recibo que extendió a Folger en 1872. La empresa prosperó durante la década de 1870 con el nuevo nombre de J. A. Folger & Co. A finales de esa década, Folger enviaba a sus vendedores a lugares tan distantes como Montana, Oregón y Washington.

A finales de la década de 1870 hubo historias similares en la mayor parte de las ciudades importantes de Estados Unidos, lo mismo que en toda Europa. La mayor parte de quienes se dedicaban a tostar café eran tenderos de alimentos al por mayor, cuyos propietarios habían imaginado que si se especializaban en el café podían ganar una fortuna. Había llegado el momento de que existiera una publicación comercial que amonestara, estimulara, sermoneara e instruyera a esta creciente industria.

Jabez Burns, editor

En 1878, Jabez Burns inició la publicación de *The Spice Mill*, el primer periódico comercial que se ocupaba del café, el té y las especias, aunque la mayor parte de sus páginas estaban dedicadas al café. Era una publicación extravagante, totalmente destinada a publicar las opiniones de su director. «Hemos llamado a nuestro periódico *Spice Mill* —escribió en el primer número— porque intentamos tratar de manera picante la vida activa del negocio de la manufactura.» Agregaba que no sólo quería ocuparse de datos y cifras, sino convertir «hábitos, tretas y fraudes en polvo».

Jabez Burns amaba el arte de la torrefacción. «Café —escribió—, te desarrollas y, por aptitud y juicio, de gusano te conviertes en mariposa.» Él recomendaba probar tostando pequeñas cantidades de granos antes de comprarlos (una innovación reciente), en lugar de juzgar sólo por las apariencias. Promocionaba una torrefacción rápida y caliente en lugar de un horneado lento y advertía que «el mejor café del mercado puede convertirse en una porquería insípida por una torrefacción insuficiente». Una vez tostado, el café duplica su tamaño pero pierde entre el quince y el veinte por ciento de su peso cuando se elimina el agua. Con el fin de reducir esta pérdida de peso, muchos tostadores recurrían a una torrefacción sumamente ligera que producía una bebida amarga y poco desarrollada.

Burns denunciaba «el abuso de agua [y] la mezcla de elementos de toda clase que se utiliza para el glaseado». Al retirar los granos, muchos tostadores los rociaban para enfriarlos rápidamente... cosa que aún es práctica común. Eso no tiene nada de malo, el rocío simplemente interrumpe el proceso de la torrefacción y el agua se desprende en forma de vapor. Sin embargo, algunos tostadores (antes y ahora) utilizan una cantidad excesiva de agua, con lo que añaden peso y empapan los granos. Otros aplican glaseados preparados con huevo, azúcar, mantequilla u otros ingredientes, supuestamente para preservar la frescura. Es posible que así suceda, pero algunos abusan de esa práctica sólo para añadir peso o disimular el aspecto defectuoso de algunos granos.

Por extraño que parezca, Burns prefería mezclar su café con achicoria. «Existe una serie de cafés preparados, mezclas bien concebidas, por supuesto, que en sabor y aspecto son realmente superiores al grano puro.» Él no lo consideraba un problema, siempre y cuando el público supiera que no estaba comprando café puro y el precio fuera consecuentemente más bajo. «El espíritu competitivo de la época aseguraría la calidad, dado que cualquier tendero sabe que los artículos que vende son comparados con los de su competidor.»

Lamentablemente, este espíritu competitivo no siempre funcionaba en beneficio del público. Algunos fabricantes norteamericanos producían café que elaboraban con harina de centeno, glucosa y agua. «A veces el minorista es engañado —comentaba un artículo de *Scientific American* de la época—, pero nueve de cada diez veces es él quien adultera el producto. Una vez molido, se le puede dar fácilmente el color adecuado, y el aroma se logra con fuertes decocciones de esencia de café.» La venta de «esencia de café» era por lo general una estafa, y se preparaba con melaza, achicoria y, tal vez, un toque de auténtico extracto de café.

«En esta ciudad, el verdadero café ha quedado casi extinguido», se quejaba un lector en una carta enviada en 1875 al *New York Times*. En su clásica obra *Coffee: From Plantation to Cup*, el experto en café Francis Thurber comentaba: «La adulteración de café y la enorme escala en la que se practica es un hecho bien conocido», razón por la cual él sugería que cada familia moliera su propio café. A diferencia de Burns, Thurber despreciaba la achicoria y repetía con deleite la historia de un amante del café que preguntaba en un restaurante:

—¿Tienen achicoria?

—Sí, señor.

—Tráigame un poco.

Y cuando el camarero le llevaba una lata pequeña de achicoria, el individuo preguntaba:

— ¿Esto es todo lo que hay?

—Tenemos un poco más.

—Tráigame el resto.

Y el camarero le llevaba otra lata.

—¿No hay más?

—No, señor.

—Muy bien. Ahora prepáreme una taza de café.*

La achicoria no era el único aditivo para el café. La lista de adulterantes es realmente sorprendente: almendras, flechas de agua, semillas y tallos de espárragos, hígado asado de caballo, berberís, cebada, fabuco, remolacha, semillas de boj, helecho, salvado, desechos de la elaboración de cerveza, polvo de ladrillo, migas de pan, trapos quemados, abrojos, semillas de algarroba, zanahorias, guisantes, achicoria, semillas de crisantemo, cenizas de carbón, cáscara de cacao, raíz de consuelda, arándanos, grosellas, tubérculo de dalia, raíz de diente de león, semillas de dátil, tierra, galletas para perro, bayas de saúco, higos, pepinillos, uva espín, baya de espino blanco, escaramujo, bayas de acebo, castaño de Indias, aguaturmas, bayas de enebro, lentejas, linaza, altramuz, mezquite, cacahuetes, moras, chirivías, cáscara de guisante, semillas de calabaza, arroz, bayas de fresno, arena, sasafrás, serrín, endrinas, semillas de girasol, colinabo, nabo, trigo, suero, astillas... y muchos más. Incluso el café usado se utilizaba como adulterante.

Al menos ninguno de estos ingredientes podía matar a nadie, a diferencia de algunos agentes colorantes que se aplicaban a los granos. «Para dar color a los granos se utilizan polvos o mezclas muy peligrosas —comentaba Francis Thurber—. A esa práctica se recurría con el fin de responder a los prejuicios de algunos consumidores con respecto a los granos de color amarillo, negro o verde oliva.» Un titular de un número de 1884 del *New York Times* anunciaba:

---

* La adulteración de café también era habitual en Europa. Mientras viajaba por el continente en 1878, Mark Twain señaló que el café europeo «se parece al verdadero, así como la hipocresía parece santidad».

«VENENO EN LAS TAZAS DE CAFÉ.» Una investigación reveló que el café guatemalteco y el venezolano habían sido «transportados a dos molinos de Brooklyn, donde habían sido tratados con colorantes para que parecieran café de Java. Hace años que se comete este engaño». La materia colorante contenía arsénico y plomo. «Tras un cuidadoso análisis se llegó a la conclusión de que cada taza de café preparada con los granos coloreados, colocada en el mercado como procedente de Java, contiene una sexagésima parte de un grano de ácido arsénico, que es un veneno virulento.» El café de Rio también era bruñido y coloreado para producir un verde excelente en lugar de un gris apagado. Los químicos aseguraban que «necesita un proceso de calentamiento al rojo blanco para destruir el arsénico, pero aun así el plomo permanece».

John Arbuckle, siempre dispuesto a aprovecharse de un competidor, imprimió un anuncio de Ariosa en el que se leía: «Ayúdenos a retirar del mercado los cafés venenosos que tanto se venden ahora; durante el año pasado se han coloreado 1.400.000 kilos de café con arsénico, azul veneciano, amarillo cromo y otras sustancias.»

El rápido incremento del café de Brasil explica el hecho de que se extendiera tanto el uso de los colorantes venenosos. Debido al clima y a las condiciones del suelo de Brasil, los granos producían un café inferior al de Java y Moka, y se vendía a un precio considerablemente más bajo. En consecuencia, muchos minoristas hacían pasar los granos de Brasil o de otros lugares de América Latina como procedentes de Arabia o Indonesia, particularmente como «Antiguo gobierno de Java», título que se refería al café que el gobierno holandés guardaba en almacenes durante siete años o más. Durante ese proceso, los granos de café envejecen, se suavizan y adquieren un tono castaño. Este café, como el buen vino añejo, alcanzaba un precio elevado y merecía la pena imitarlo.*

La bebida indispensable

Durante los quince años posteriores a la guerra de Secesión, los precios del café siguieron siendo elevados, mientras el consumo y la producción aumentaban en el mundo entero hasta quedar al mismo nivel. Como resultado, el cultivo de café creció en América Central, en Java, en Sumatra, en Ceilán, en Venezuela

---

* Son pocos los que coinciden acerca de si los granos añejos tienen o no mejor sabor. Por lo general, el tiempo reduce la acidez, o la brillantez, del café en la taza. Por lo tanto, suele considerarse poco apropiado en el caso de los cafés fuertes de América Central o los de Brasil, más suaves; pero realza el cuerpo de uno de Sumatra o de Mysore.

y en Brasil. Según Robert Hewitt Jr., en la década de 1870 el café se había convertido en «una bebida indispensable» para los ciudadanos del mundo occidental, especialmente los norteamericanos, que consumían seis veces más que la mayoría de los europeos. En su libro de 1872 titulado *Coffee: Its History, Cultivation and Uses*, Hewitt añadía: «No existe casi ningún otro artículo en el comercio que haya hecho un progreso más rápido en el mundo, o que haya conseguido por sí solo más aceptación general entre todas las clases sociales.» La industria del café se ha convertido en el Gran Negocio, como observaba Francis Thurber en 1881:

> Después de dejar la plantación y antes de llegar al consumidor, ha pagado un tributo al transporte, a los banqueros marítimos del país; a los buques que lo llevan al extranjero; a la aduana del país importador, a sus estibadores, a los depósitos de almacenamiento, a las compañías aseguradoras y a los banqueros; y a los agentes que lo prueban y lo venden, los que lo pesan, y los comerciantes al por mayor que lo compran. Luego viene el transporte por tierra o en barcazas, el tostado y la venta a los comerciantes minoristas y el transporte hasta el punto en que finalmente se distribuye y se consume. Más de 500 millones de kilos de café al año pasan por este proceso, y tal vez 100 millones de personas, además de los consumidores, se benefician de esto directa o indirectamente. Han surgido fábricas de las que salen las maquinarias necesarias para el cultivo y la preparación de este producto básico. Las grandes fábricas de algodón trabajan durante todo el año en las bolsas necesarias para el envasado; para el almacenaje se han conseguido depósitos que valen millones; se crean poderosas flotas para el traslado por mar y líneas de ferrocarril para el transporte por tierra.

En 1876, Estados Unidos importaba algo más de 150 millones de kilos de café al año, lo que representaba casi una tercera parte de todo el café que exportaban los países productores. De todo el café que se consumía en Estados Unidos, casi las tres cuartas partes procedían de Brasil, donde para dos generaciones antes el café ni siquiera había sido una exportación significativa. Mientras el flujo constante de granos de Brasil se convertía en un torrente, tres poderosos magnates norteamericanos del café —conocidos como la Trinidad— luchaban por mantener su lucrativo dominio del mercado.

CAPÍTULO CUATRO

Las grandes guerras del café de la Era Dorada

La especulación pretende pasar por alto el futuro con la esperanza de obtener ganancias cuantiosas y rápidas, y fortalece la tendencia popular a luchar contra fuerzas apenas calculables y a meterse a ciegas en operaciones en las que la previsión racional no ve más que pocas esperanzas de un bien eventual.

Richard Wheatley,
The Coffee Exchange of the City of New York, 1891

El mercado del café siempre ha sido volátil. Los rumores de heladas en Brasil ocasionan un aumento de los precios mientras cosechas sorprendentemente abundantes producen espantosas caídas, junto con desgracias para los cultivadores y los trabajadores. Las fuerzas del mercado, complicadas por la naturaleza y la codicia humana, han ocasionado enormes ciclos de gran prosperidad y bancarrota que continúan hasta ahora. Dado que el cafeto tarda cuatro o cinco años en madurar, la pauta general para los dueños de plantaciones ha sido limpiar nuevas tierras y plantar más árboles en las épocas de aumento de precios. Luego, cuando la oferta supera la demanda y los precios bajan, los cultivadores se ven inundados de café. A diferencia del trigo o el maíz, el café es una planta perenne y una plantación de café implica un gran compromiso de capital que no puede trasladarse fácilmente a otro cultivo. Así, durante unos años más, se produce una saturación del mercado. Todo esto se complica por los efectos de las enfermedades de la planta, de las guerras, de los conflictos políticos y los intentos de manipular el mercado.

Mientras la industria del café prosperaba durante la década de 1870, las grandes firmas importadoras obtenían enormes beneficios, aunque a un riesgo considerable. Una organización de importadores norteamericanos —compues-

ta por tres firmas conocidas como la Trinidad: B. G. Arnold y Bowie Dash &
Co., de Nueva York, y O. G. Kimball & Co., de Boston— dominaba el mundo del café. Estaba encabezada por B. G. Arnold, conocido como «El Napoleón del comercio del café», un ejemplo típico de la nueva generación de cafeteros, descrito por un miembro del ramo como «un comerciante nato, un
luchador, un genio del comercio, un experto en política, climatología y geografía». Durante diez años, según un contemporáneo, Arnold había «administrado el mercado del café de este país exactamente como cualquier monarca dirige su reino».

La firma de R. G. Dun evaluó el riesgo del crédito durante la Era Dorada,
y las anotaciones de su agente sobre la firma de Arnold, hacia el funesto final
de 1880, hablan por sí solas:

> *6 de enero de 1872:* Se dice que la empresa ha hecho un millón durante
> el año pasado y que tiene el monopolio del comercio de café... Lo suyo es
> meramente especulativo.
>
> *5 de junio de 1875:* El valor se calcula en al menos 1,5 millones de dó-
> lares. A largo plazo han ganado una gran cantidad de dinero en sus opera-
> ciones con el café. De vez en cuando el mercado se les volverá en contra,
> pero esto está más que compensado por el aumento posterior.

Luego, en 1878, fue evidente que el estado brasileño de São Paulo iba a
inundar el mercado con café. «Este año marcó una nueva era en el comercio del
café —escribía Francis Thurber tres años más tarde—. Fue entonces cuando las
grandes cosechas hicieron evidente que [...] había llegado el momento en que
la producción superaría el consumo.» La Trinidad luchó por conservar el dominio del mercado, pero la marea había cambiado. Dos años más tarde, el agente
de Dun escribió:

> *20 de noviembre de 1880:* Se sabe que últimamente la empresa perdió
> mucho, aunque no ha quedado seriamente afectada.

Durante muchos años, la organización de B. G. Arnold, Bowie Dash y
O. G. Kimball había aumentado artificialmente el precio del café de Java.
Mientras enormes cantidades de granos de Brasil empezaban a inundar el mercado, la Trinidad tenía cada vez más dificultades para retener una parte de las
existencias que les permitiera exigir precios favorables. Si bien hasta ese momento se habían especializado en los granos de Java, ahora empezaron a comprar los granos brasileños en un desesperado intento por mejorar los precios.

En octubre, un importador de café fracasó en su empresa, pero se sabía que tenía demasiadas obligaciones financieras. El 25 de noviembre quebró una firma importadora de té. Front Street (el barrio del café) se puso alerta, esperando el siguiente golpe.

¿Un suicidio del café?

O. G. Kimball murió en Boston el sábado 4 de diciembre de 1880. Sólo tenía cuarenta y dos años y no padecía problemas de salud. Se había retirado a dormir antes que su esposa, a las diez de la noche. Ella lo encontró muerto en la cama una hora más tarde. El lunes siguiente la noticia golpeó el mercado neoyorquino del café. «El hecho de que su muerte haya disuelto prácticamente su empresa causó considerable inquietud entre sus acreedores cuando supieron cuál era la situación exacta de sus negocios —escribió el 8 de diciembre un periodista del *New York Times*—. También supuso un golpe para el crédito de B. G. Arnold & Co.» El periódico de ese día atribuía la muerte a una «congestión pulmonar», pero añadía que «su muerte fue acelerada por las angustias y los contratiempos de los últimos meses». Circularon rumores de suicidio, aunque los amigos de Kimball negaron que hubiera acabado con su vida. Fuera como fuese, su muerte presagiaba el fin para sus dos colegas de la Trinidad.

El 8 de diciembre, el *Journal of Commerce* de Nueva York informó con incredulidad sobre la suspensión de B. G. Arnold & Co. «Al principio no se dio crédito al informe —escribió el periodista— ya que la casa siempre había tenido una gran reputación de estabilidad financiera, y sus negocios han sido a gran escala. Pero alrededor del mediodía se hizo el anuncio oficial.» Más tarde se supo que la firma había dejado una deuda de más de 2 millones de dólares.

Al día siguiente, 9 de diciembre, nadie pudo vender café. «No hubo ni un intento de hacer negocios, ya que todo el mundo sospechaba de su vecino», recordó en sus memorias Abram Wakeman, veterano cafetero. Dos días más tarde, Bowie Dash & Co. suspendió sus transacciones comerciales con deudas de 1.400.000 dólares. Las pérdidas por el café sumaban casi 7 millones de dólares en 1880, y 3 millones de dólares más al año siguiente. «La historia del comercio durante los doce meses [de 1880] es un récord de pérdida y fracaso como jamás se había conocido en el negocio del café en Estados Unidos», comentó Francis Thurber.

Crear la bolsa del café: ninguna panacea

Algunos de los que habían quedado más golpeados por la bancarrota decidieron crear una bolsa del café. Aunque se trata de un concepto sencillo, su realización es compleja. Un comprador pacta con un vendedor un contrato para comprar determinada cantidad de sacos en un momento específico del futuro. A medida que pasa el tiempo, el valor del contrato cambia según los factores del mercado. Los cafeteros más reales usaban los contratos como cobertura contra los cambios de precios, mientras los especuladores proporcionaban la liquidez necesaria, dado que cada contrato requiere un comprador y un vendedor voluntarios. Aunque un especulador puede obtener beneficio, también puede perderlo todo. Esencialmente proporciona a los comerciantes de café una forma de seguro de riesgo para los precios.

«Se afirmaba —recordó Abram Wakeman—, que si hubiera existido una bolsa [...] la quiebra no habría tenido lugar. Además, los tostadores que querían contar con un precio seguro podían, comprando futuros, saber cuánto costaría el café.» Por otra parte, para Nueva York era beneficioso concentrar allí el comercio. La bolsa podía arbitrar disputas y vigilar los abusos cada vez más frecuentes en la actividad comercial. Los que estaban a favor de crear una bolsa argumentaban que, con niveles fijos para las diversas calidades de café, los ajenos a la actividad y los banqueros se interesarían en el producto y aportarían cantidades adicionales que ayudarían al mercado.

Otros estaban en contra de crear una bolsa porque pensaban que podía convertirse en una «agencia fraudulenta» en la que los especuladores dejarían fuera a los auténticos comerciantes de café, acusación que hasta ese momento se había repetido con frecuencia. Sin embargo, la bolsa se constituyó debidamente el 7 de diciembre de 1881, exactamente un año después de que B. G. Arnold & Co. hubiera declarado la quiebra. Benjamin Arnold, uno de sus miembros, se convirtió en el primer presidente. Durante un tiempo nadie confió en la bolsa, que pasó a ser «el hazmerreír del ramo, donde se hacían pocos negocios», como observó Abram Wakeman. Pero con el tiempo, compradores, vendedores y especuladores desarrollaron en ella una actividad febril. No obstante, en lugar de hacer desalentadores intentos por monopolizar el mercado, la bolsa sólo añadió un nuevo enfoque al juego de poder, mientras la cinta teleimpresora, con su emisión de símbolos de precios, se convertía en el centro de atención.

Por ejemplo, entre 1886 y 1887 se produjo un gran auge tras la noticia de la pérdida de la cosecha en Brasil. Varias casas importantes de Brasil, Europa, Nueva Orleans, Chicago y Nueva York —encabezadas por Joseph J.

O'Donohue, un jefe de Tammany— unieron fuerzas para dominar el mercado (elevaron los precios artificialmente comprando existencias o haciendo contratos futuros) hasta lograr un objetivo de 25 centavos la libra para las opciones de diciembre. O'Donohue llevó sus beneficios a 17,5 centavos con la venta de su posición; pero una agrupación alcista, representada por B. G. Arnold, siguió elevando el mercado, y los futuros de diciembre cerraron por encima de los 21 centavos en junio de 1887. El lunes 13 de junio cientos de personas concurrieron a la bolsa para presenciar la «carnicería», dado que el precio optativo de diciembre cayó hasta los 16 centavos.

«La crisis fue inevitable y precipitó el pánico —escribió el periodista contemporáneo Richard Wheatley—. Enormes cantidades de café fueron echadas por la borda por quienes las habían retenido y no estaban en condiciones de seguir haciéndolo.» Sin embargo, los mismos que jugaban a la baja salieron en su auxilio al comprar grandes cantidades de café barato. O'Donohue se unió a Hermann Sielcken, de W. H. Crossman & Brother y tranquilamente compró 100.000 sacos a bajo precio. Después de esto fueron «calurosamente aclamados por su valentía». Por supuesto, también ganaron dinero en los dos extremos de las fluctuaciones del mercado. Sielcken, un brillante inmigrante alemán, pronto se convertiría en una importante fuerza en el mundo del café, en un hombre temido, respetado y detestado por muchos del sector. Sin embargo, en ese momento Sielcken fue el héroe que salvó el mercado al lograr que el precio volviera a subir hasta los 17 centavos.

El negocio más especulativo del mundo

A finales de siglo, la tecnología había logrado que las comunicaciones mundiales fueran casi instantáneas. Las bolsas de café de los principales puertos europeos mantenían rápida correspondencia con Nueva York. «Silenciosamente, el cable submarino emite las noticias que ágiles dedos anotan e imprimen acerca de los vapores que salen de Rio y de Santos en determinados días, y con qué carga», escribió Richard Wheatley en 1891. La Bolsa de Nueva York rastreaba el precio del día para su entrega en cada uno de los once meses siguientes, comparándolo con el precio del año anterior. Los comerciantes podían determinar las existencias de café de ocho puertos europeos importantes en cada mes de los dos años comerciales anteriores. «Estos datos y condiciones, comparaciones y síntomas del comercio mundial del café, diaria, semanal y anualmente, están bajo la atenta mirada del agente de bolsa —continuaba Wheatley—, y guían su criterio en los contratos que se hacen tan rápidamente en el parqué. Para los no iniciados, la mayor parte de lo sobreescrito resulta tan misterioso como las fórmulas algebraicas, pero para los expertos es tan significativo como el movimiento de las manos en un dial.» A pesar de semejante sofisticación —o tal vez debido a ella—, la especulación y los intentos por monopolizar el mercado continuaban incólumes.

En años posteriores, el drama del café se repitió varias veces, en diferentes e impredecibles variantes, con rumores sobre un exceso o una deficiencia en la producción, sobre guerras, enfermedad y manipulación. En la era de las cosechas brasileñas cada vez más grandes, sobre todo desde 1894, los precios cayeron durante varios años hasta llegar a los míseros 4,25 centavos la libra de granos brasileños en noviembre de 1898. En 1899 Brasil fue puesta en cuarentena debido a un grave brote de peste bubónica. Los cafeteros, optimistas y contentos con la desdicha ajena, le llamaron «el boom de la peste bubónica» debido a que el café aumentó (transitoriamente) a 8,25 centavos.

John Arbuckle, el magnate del café, resumió la situación cuando se presentó a declarar en un caso de antimonopolio en 1897: «Habrá una pérdida de cosechas [...] en Brasil, y el precio subirá repentinamente; tendrán una buena cosecha y el precio bajará; la cuestión es que desde que estoy en este negocio, es decir desde 1870, diecinueve o veinte hombres han fallado al hacer ese cálculo [...] y la cuestión parece no tener remedio; el café es el negocio más especulativo del mundo.»

Los incontrolables virajes del mercado del café cautivaron la imaginación popular, y en 1904 el novelista Cyrus Townsend Brady escribió *The Corner in Coffee*, una melodramática historia de amor, traición, mercados alcistas y bajistas y especulación en torno al café. Realizó su investigación entrevistando a comerciantes de café, agentes y miembros de la bolsa de café. «Reuní tanta información sobre las especulaciones que se hacen con el café que tomé la solemne decisión de no tener nada que ver con él, salvo para beberlo», escribió Brady irónicamente en el prólogo. En el libro, el cerebro original que se oculta tras el asunto del monopolio retrocede para salvar el dinero de su novia. Contribuye a quebrarlo en el pasaje más dramático del libro:

> ¡El monopolio se estaba quebrando, estaba quebrado!
> Él [...] se abrió paso entre una multitud para llegar a la bolsa, donde reinaba un verdadero caos. Era el centro, el vórtice de una furiosa vorágine de pasión. A una venta le sucedía otra, y el mercado empezó a caer, cada vez más, y más, y más. [...]
> Los hombres vociferantes agitaban frenéticamente las manos delante de Drewitt, el socio más joven de Cutter, Drewitt & Co., que estaba ven-

diendo con la misma actitud imperturbable con que había comprado. El parqué era un verdadero clamor. [...] Algunos se rasgaban las vestiduras, un hombre cayó y fue pisoteado por la multitud enloquecida. [...] En dos horas, el café bajó 20 centavos la libra.

Finalmente, con el cambio de siglo, cada vez fue más difícil manipular el abrumador volumen de granos que inundaban el mercado. Las cosechas del período 1901-1902 representaron 15 millones de sacos —mucho más de lo que cualquiera había previsto— y desmoralizaron el mercado del café en el mundo entero. «La situación de los países productores de café era lamentable —escribió Abram Wakeman—, pues dependían de la cosecha de café para su sustento. [...] Muchos quedaron arruinados. Esto ocurrió sobre todo en las regiones de menor producción, situadas a grandes distancias de los puertos de embarque.»

La gran guerra entre el café y el azúcar

Entretanto, mientras el siglo XIX rodaba hacia su final climatológico, los titanes del negocio John Arbuckle y H. O. Havemeyer entraron en conflicto. Todo comenzó cuando Arbuckle decidió diversificarse y entrar en el negocio del azúcar. Después de todo, utilizaba ingentes cantidades de azúcar refinado para glasear el café. ¿Por qué no envasar el azúcar en paquetes de medio kilo, como hacía con el café? Al principio encargó simplemente azúcar refinado a la American Sugar Refining Company, cuyo propietario era H. O. Havemeyer, el rey del monopolio del azúcar.

Havemeyer, franco y dictatorial, no veía nada malo en el hecho de poner precios predadores para alejar a la competencia, pero por supuesto estaba feliz de permitir que Arbuckle vendiera azúcar, siempre y cuando el magnate del café comprara su producto. Entonces Arbuckle, que siempre había buscado la integración vertical (el control de un negocio en todas sus etapas de producción), decidió construir su propia refinería de azúcar y competir con Havemeyer. A finales de 1896, Havemeyer llamó a Hermann Sielcken, agente de la bolsa de café. «Me preguntó de qué manera podía hacer un buen negocio con el café tostado», recordó Sielcken más tarde. Él le respondió que tenía que comprar una marca ya existente. «Le dije que debía ser una marca conocida, sobre todo por las mujeres, que suelen ser las que compran café.» Cuando le preguntó cuál era ese producto, Sielcken le sugirió la marca Lion, propiedad de la Woolson Spice Company, situada en Ohio, que había rendido un ciento por ciento de dividendos por año.

Havemeyer dijo que había oído rumores acerca de que Arbuckle iba a entrar en el negocio del azúcar, y que no pensaba quedarse de brazos cruzados. «Si Arbuckle Brothers tenía la intención de entrar en el negocio del azúcar —comentó Sielcken—, él entraría en el negocio del café.» Como resultado de esa conversación, Hermann Sielcken viajó secretamente a Toledo, Ohio, donde compró para Havemeyer 1.100 de las 1.800 acciones en circulación de la compañía, y luego hizo un segundo viaje y compró el resto, salvo 61 acciones que los dueños se negaron a vender.

Muchos años más tarde, John Arbuckle recordó cómo se enteró de la compra de Woolson Spice Company por parte de Havemeyer: «Nos sorprendimos una mañana al enterarnos de que Woolson Spice Co. había bajado el precio [del café], creo que 1 centavo la libra, si no recuerdo mal; y no veíamos ninguna razón, porque el café en grano no estaba más bajo; y nos sorprendió muchísimo. Ese día, más tarde, nos enteramos de que habían comprado la participación mayoritaria de Woolson Spice Co. Entonces supimos que había empezado la guerra.»

Precisamente cuando Havemeyer entró en el negocio del café, hubo una superproducción y los precios bajaron. Decidido a hundir a Arbuckle con los precios rebajados, Havemeyer dio orden a Hermann Sielcken de que comprara los granos brasileños más baratos e hiciera bajar los precios de Arbuckle, incluso a riesgo de perder su dinero.

Dejar las cosas al descubierto

H. O. Havemeyer envió a Arbuckle el mensaje de que quería verlo. Se reunieron en la casa de Havemeyer, en Nueva York. Éste fue directo al grano.

—Quiero comprar el cincuenta y uno por ciento de su refinería de azúcar —le dijo a Arbuckle.

—Señor Havemeyer, mientras yo viva y esté en mi sano juicio —respondió Arbuckle—, usted no tendrá dinero suficiente para eso. Pero el mundo es grande y en él cabemos todos.

—Bueno, tengo once mil accionistas de los que ocuparme —repuso Havemeyer— y debo cuidarlos.

—Podría hacerlo mucho mejor si tratara a los demás de manera más amable —comentó Arbuckle. La reunión concluyó en un punto muerto y la guerra continuó.

Arbuckle contraatacó destinando más dinero a la producción de azúcar. Se tomaba el capitalismo salvaje con filosofía. Aunque prefería hablar de «sentimientos más amables», Arbuckle sabía que «la persuasión moral no parece influir demasiado» en Havemeyer. En consecuencia, como dijo Arbuckle, «primero nos pone de mal humor y luego deja las cosas al descubierto».

Havemeyer y Sielcken descubrieron que un amigo de Arbuckle poseía las acciones en circulación de Woolson cuando ellos cargaban con un juicio entablado por el accionista minoritario, Thomas Kuhn. La demanda afirmaba que el trust había comprado Woolson para «aplastar a Arbuckle Brothers y obligarle a abandonar su intención de dedicarse al comercio del azúcar». Con ese fin, Woolson había bajado los precios del café en repetidas ocasiones. Como accionista, Kuhn pidió un interdicto argumentando que Woolson estaba perdiendo 1.000 dólares diarios. El tribunal falló a favor del trust del azúcar, se negó a conceder el mandamiento y rechazó una posterior apelación.

En ese punto, John Arbuckle inició un juicio por su cuenta contra la Woolson Spice Company, y como accionista exigió ver los libros de la empresa y recibir la transferencia de acciones que él poseía. Quería saber por qué nunca se habían pagado dividendos cuando habían sido tan generosos antes de la adquisición por parte de Havemeyer. El 18 de febrero de 1901, tres jueces dictaminaron que Woolson había cometido desacato al tribunal por negarse a obedecer la orden de mostrar los libros. El trust del azúcar tenía tiempo hasta el 5 de marzo para presentar una petición por error. Sin embargo, poco después se estableció un acuerdo legal secreto y el pleito quedó sin efecto. Arbuckle, al parecer, nunca llegó a ver los libros de Woolson.

Entretanto, Havemeyer y Sielcken persuadieron a Joseph E. Blackburn, el comisionado de lácteos y alimentos por Ohio, de que señalara el café Ariosa como adulterado, con la esperanza de debilitar su base legal. Según la declaración jurada de Blackburn:

> «Ariosa» consiste en un café barato y de calidad inferior, bañado y cubierto por una mezcla pegajosa cuyo propósito el declarante considera innecesario exponer, pero con el resultado manifiesto de que con semejante baño y cobertura la inferioridad del café queda disimulada y lo hace parecer mejor y de mayor valor que el que realmente tiene.

El 5 de febrero de 1901, Blackburn envió a las empresas de alimentos una circular sobre la «situación del café», en la que afirmaba que «la única firma que se ha negado y aún se niega a aceptar las reglas en este sentido... es Arbuckle Bros., de Nueva York».

Aunque la acción de Blackburn no constituía una prohibición categórica para Ariosa, hizo daño al negocio e indignó a John Arbuckle, que de inmediato inició una demanda para que Blackburn retirara sus acusaciones. Perdió ante la Corte Suprema en 1902, pero su exposición de los argumentos resultó impresionante. Harvey Wiley —jefe de la División Química del Departamento de Agricultura de Estados Unidos y el guardián más famoso de los consumidores— declaró que había inspeccionado la planta de Arbuckle y descubierto que elaboraba «un producto lo más perfecto posible».

A pesar de ese testimonio, los tribunales simplemente se negaron a intervenir en un asunto de regulación estatal. Ariosa aparentemente continuó sus ventas en Ohio, al margen de la opinión de Blackburn, y se hizo con la mayor participación en el mercado. Arbuckle vendió alrededor de 1 millón de sacos al año cuando el consumo total en Estados Unidos estaba entre los 4 y los 5 millones. Es decir que su firma sola vendió casi una cuarta parte de todo el café norteamericano.

Las firmas de Arbuckle

Tal vez la razón principal del extraordinario éxito de Ariosa fue el programa de premios de Arbuckle, lanzado exactamente antes de que comenzara la guerra entre el café y el azúcar. En cada paquete aparecía la firma «Arbuckle Bros.» en una caligrafía característica, junto con la frase «VALOR METÁLICO UN CENTAVO». Los consumidores podían canjear estas firmas por una impresionante variedad de artículos del catálogo Arbuckle, que incluía desde cepillos de dientes y tirantes hasta relojes, rodillos para escurrir la ropa, armas y joyas.

En un año típico, el Departamento de Ideas de Arbuckle quedaba inundado con más de 100 millones de firmas, por las cuales los consumidores recibían 4 millones de premios. «Uno de nuestros premios es un anillo de boda —comentó un empleado de la compañía—. Si todos los anillos cumplen la función para la que fueron creados, entonces habremos participado en ochenta mil bodas en el año.»

Havemeyer intentó contraatacar con su propio plan de premios, pero no logró hacer mella en las ventas de Arbuckle. La única ocasión en que Ariosa recibió un verdadero desafío fue cuando los vendedores de la Woolson Spice Company dijeron a los indios de Nuevo México y Arizona que gracias a la figura del león que aparecía en el paquete beber ese café les daría la fuerza de la fiera. Mose Drachman, el vendedor local de Arbuckle, rebatió enseguida este rumor reuniendo a los jefes indios locales. ¿Acaso no veían la imagen del ángel que flotaba en el paquete de Ariosa? ¿No sabían que un ángel era más fuerte que diez mil leones? El problema estaba resuelto. «Si Lion quiere vencer a mi ángel —le dijo Drachman a su esposa en tono satisfecho—, tendrá que poner en el paquete un retrato de Dios.»

En el Oeste, donde Ariosa dominaba casi por completo el mercado, los cajones de madera en los que se embalaba el café se utilizaban en infinidad de funciones. Con ellos se habían construido edificios enteros. Un bebé navajo podía ser mecido en una cuna hecha con un cajón de Arbuckle. Un médico de una reserva recordó: «He visto adultos enterrados en ataúdes hechos con la madera de las cajas de Arbuckle y con mucha frecuencia se les ponía un paquete de café en el ataúd, junto con otros efectos personales, para facilitar el viaje a la Feliz Tierra de la Cacería.»

Durante muchos años, John Arbuckle incluyó en sus paquetes de café tarjetas comerciales bellamente litografiadas y ofrecía álbumes en los que podían exhibirse. En el reverso de las tarjetas de Ariosa había, por supuesto, publicidad del café y de su glaseado de huevo y azúcar. «CUÍDESE de comprar café de baja calidad —continuaba la publicidad, apuntando a la marca Lion— supuestamente elaborado con granos de Moka, Java y Rio; ésta es una estratagema burda, empleada por los fabricantes para engañar a los consumidores incautos.»

Las tarjetas dejaban en los jóvenes coleccionistas una huella para toda la vida. En su libro de memorias *Trail Blazers of Advertising*, de 1926, el publicista Chalmers Pancoast recuerda que de niño llamaba a todas las puertas del vecindario e instaba a las amas de casa a que compraran Ariosa; así él podría coleccionar las tarjetas de viajes y de historia. «Tuve el primer juego completo de tarjetas de Café Arbuckle y me convertí en la envidia de la escuela.»

El alto el fuego entre el café y el azúcar

Aunque Arbuckle insistía en que «nunca hubo ningún armisticio», la gran guerra entre el café y el azúcar en realidad duró sólo desde 1897 hasta 1903, cuando Havemeyer renunció al intento de eliminar a Arbuckle del negocio del café y el azúcar. Arbuckle afirmó que nunca llegaron a un acuerdo formal, pero es evidente, por muchos comentarios que hizo, que se cuidó de no ser acusado de fijar los precios. En un momento, supuestamente en 1903, Arbuckle reconoció que había escrito la siguiente nota: «Señor Havemeyer, usted sabe más que yo del azúcar y yo sé más que usted del café. Por supuesto, estamos perdiendo mucho dinero...» En otras palabras, olvidemos esta locura. «He tenido muchas peleas con respecto al café, y por eso creo que conviene hacer las cosas bien, al coste que sea.» Y con este sutil acercamiento concluyó realmente la guerra del precio.

En la época en que Havemeyer renunció a su intento de apartar a Arbuckle del negocio, había perdido 15 millones de dólares. Arbuckle Brothers, que sólo había perdido 125 millones, se convirtió claramente en el ganador de la batalla.

En 1905, con el deseo de no haber intentado jamás ganar dinero con un producto tan peligroso e impredecible, Havemeyer buscó en vano un comprador para la enferma Woolson Spice Company, un floreciente negocio que él casi había destruido en menos de diez años. Dos años más tarde murió H. O. Havemeyer. En 1909, Hermann Sielcken compró por 869.000 dólares la Woolson Spice Company, una verdadera ganga en comparación con los 2 millones más que Havemeyer había pagado en 1896. Al igual que John Arbuckle, Sielcken era un hombre brusco, pero su estilo salvaje recordaba el de Havemeyer.

En realidad, Sielcken logró sacar provecho con mucha frecuencia de los reveses que los otros sufrían con el café. Durante este mismo período, a principios del siglo XX, «salvaría» la industria cafetera de Brasil al tiempo que se convertía en multimillonario.

CAPÍTULO CINCO

Hermann Sielcken
y la valorización brasileña

Los cultivadores y los productores han confiado en la creencia de que la actual crisis, al igual que las anteriores, se desvanecerá después de un breve período.

Delegado de El Salvador ante la Conferencia del Café de 1902

Si Estados Unidos dicta una ley para que el comerciante no pueda especular, éste tendrá que ser zapatero o sastre, pero los zapateros y los sastres no son quienes engrandecen el país.

Hermann Sielcken

A principios del siglo XX, la industria del café en todas sus facetas era una fuerza económica global enorme e interconectada. Necesariamente, los banqueros de Nueva York, Londres y Hamburgo estaban muy interesados en los pronósticos acerca de la cosecha brasileña, que ocupaba un lugar cada vez más grande y amenazaba con inundar el mundo de cafeína.

Durante muchos años, antes de este período de crisis, el café auguró prosperidad. Desde 1888 hasta 1895, el consumo de café —estimulado por la mejora del nivel de vida y la afición de los inmigrantes por esta bebida— aumentó con la producción.

Las grandes casas comerciales guardaban existencias reguladoras, entre 2 y 4 millones de sacos de café (a 132 libras [60 kilos] por saco), un seguro contra las malas cosechas limitadas a causa de las heladas o las sequías. Estas existencias reguladoras, conocidas como provisiones visibles —que se conservaban bien durante varios años— podían ser vendidas en épocas de malas cosechas, cuando el precio aumentaba.

Hasta 1895 los precios se mantuvieron altos, entre los 14 y los 18 centavos la libra en el mercado de Nueva York, lo que condujo a que se multiplicara el número de plantaciones. Daba la impresión de que los buenos tiempos nunca acabarían.

En 1896, los cultivadores brasileños inundaron el mercado mundial con sus granos. La oferta superaba ampliamente la demanda. El precio promedio por libra de grano cayó por debajo de los 10 centavos y permaneció así durante varios años, dando comienzo a un ciclo de auge-caída que continúa hasta nuestros días.

Al principio, los cultivadores no se preocuparon demasiado. La política fiscal de Brasil exigía dinero, y en grandes cantidades. El gobierno mandó imprimir más dinero. Aunque auguraba una catástrofe para los mercados internos, el milreis brasileño, constantemente devaluado, ayudó a los cultivadores de café durante algunos años, ya que ellos pagaban sus gastos locales en moneda brasileña y recibían sus ingresos en la moneda de los países consumidores.

En 1897 la producción mundial aumentó notablemente, a 16 millones de sacos, y los precios cayeron a 8 centavos la libra. Las provisiones visibles mundiales se elevaron a 5.400.000 sacos, lo cual se cernía sobre el mercado como una espada de Damocles a punto de suprimir los precios. Al año siguiente, Joaquim Murtinho, el nuevo ministro de Finanzas, cambió radicalmente las políticas inflacionistas. Murtinho comprendió que la constante devaluación del milreis había hecho que cada vez resultara más difícil pagar los intereses de la deuda del gobierno federal con los acreedores extranjeros. Entretanto, los precios cada vez más bajos del café también llevaron a un balance desfavorable en los pagos comerciales. A medida que el valor del milreis aumentaba, los beneficios de los cultivadores de café —ya limitados— disminuían.

Murtinho, darwinista social, creía que en los negocios y en el café sólo sobrevivían los más aptos. El mercado libre produciría resultados óptimos y, si algunas plantaciones fracasaban, eso dejaría a la industria «en manos de los mejor organizados para la lucha».

En 1901, una cosecha extraordinaria —resultado de las plantaciones creadas cinco años antes— hizo que la producción mundial total se disparara a casi 20 millones de sacos, más de la mitad de los cuales salía del puerto de Santos. El mundo consumía sólo 15 millones de sacos, aproximadamente, lo que dejaba un excedente de casi 5 millones de sacos. Las provisiones visibles ascendieron a 11.300.000 sacos, más de los dos tercios del consumo mundial de ese año. El precio de una libra de café descendió a 6 centavos.

Después de que el café se difundiera de Etiopía a Yemen, los árabes lo incorporaron a su estilo de vida, como muestra este grabado de principios del siglo XVIII.

THE

WOMENS

PETITION

AGAINST

COFFEE

REPRESENTING
TO
PUBLICK CONSIDERATION
THE
Grand INCONVENIENCIES accruing
to their SEX from the Excefsive
Ufe of that Drying, Enfeebling
LIQUOR.
Prefented to the Right Honorable the
Keepers of the Liberty of *VENUS*.

By a Well-willer———

London, Printed 1674.

THE

Mens Anfwer

TO THE

Womens Petition

AGAINST

COFFEE:

VINDICATING
Their own Performances, and the Vertues of
their Liquor, from the Undeferved
Afperfions lately Caft upon
them, in their
SCANDALOUS PAMPHLET

LONDON, Printed in the Year 1674.

Hacia 1674, las cafeterías hacían furor en Londres, hasta el punto de que las mujeres —a quienes no se permitía el ingreso en esos establecimientos— protestaron en este panfleto, asegurando que el café volvía impotentes a los hombres. En cambio ellos defendieron su bebida diciendo que gracias a ella «la erección era más vigorosa».

Kevin Knox y Judie Sheldon Huffaker, *Coffee Basics* (John Wiley & Sons, 1996), ilustración de Steve Katagiri.

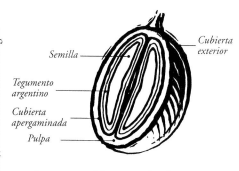

Semilla

Cubierta exterior

Tegumento argentino

Cubierta apergaminada

Pulpa

Corte transversal de un grano de café

La naturaleza ha protegido la semilla del café con varias capas: la externa, roja, el mucílago dulce, la cubierta apergaminada, y el delgado tegumento argentino. En el método «húmedo», se propicia la fermentación del mucílago en tinas para que se desprenda fácilmente.

Organización CIRMA, Antigua, Guatemala.

Desde siempre, la cosecha de café ha ocupado a familias enteras. Esta fotografía fue tomada en Guatemala en 1915.

William Ukers, *All About Coffee* (*Tea & Coffee Trade Journal Co.*, 1935).

En 1723, el teniente francés Gabriel Mathieu de Clieu cultivó una planta de café compartiendo con ella la ración de agua que le correspondía a él durante el viaje para llevarla a la Martinica. Es probable que de esa planta derive gran parte de la actual provisión mundial de café.

William Ukers, *All About Coffee* (*Tea & Coffee Trade Journal Co.*, 1935).

El trajín en una fábrica con el sistema de hileras de extracción Carter (inventado en 1846) se asemejaba al trabajo en los círculos más profundos del infierno de Dante, en medio del humo, el estrés y los granos expuestos al fuego.

En medio de una guerra comercial, Lion Coffee aseguraba que su café insuflaba la fuerza de un león, y un vendedor de Arbuckles insistía en que los ángeles eran más fuertes.

El paquete de Ariosa, de Arbuckles, y su ángel suspendido en el cielo se convirtieron en una marca universalmente reconocida a finales del siglo XIX.

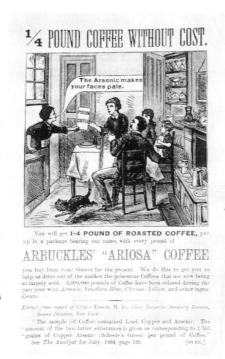

«Ayúdenos a expulsar del mercado los cafés venenosos que tanto se están vendiendo actualmente», comenzaba el texto de este anuncio de Arbuckles referido al difundido uso de agentes colorantes venenosos que se agregaban a otros cafés.

John Arbuckle, un tendero de Pittsburg, revolucionó la naciente industria del café mostrando cómo la creación de una marca y su comercialización podían difundir y abaratar las mercancías. Arbuckle, rudo, pero de buen corazón, financió obras filantrópicas como sus «hoteles flotantes».

La industria brasileña del café se levantó con el trabajo de esclavos importados de África.

Una ilustración de la novela, *The Corner in Coffee,* de 1904: «La multitud de intermediarios se agitaba, bullía y oscilaba como una marea humana. El lugar parecía un campo de batalla, y el aire estaba cargado de intensas emociones por las terribles pasiones que evocaba.»

La temida plaga de la hoja del café, *Hemileia vastatrix,* apareció en Ceilán en 1870 y prácticamente acabó con la industria cafetera en las Indias Orientales en unos pocos años. Cien años más tarde apareció en América Latina.

Esta fotografía de 1875 en la que aparecen trabajadores mayas semidesnudos revelaba la tenebrosa aquiescencia al trabajo forzado.

Joel Cheek, creador de Maxwell House, comprendió las ventajas de recurrir al esnobismo y la publicidad. También trató decentemente a sus obreros.
«Ponga el brazo sobre su hombro y háblele como si estuviera interesado en él, no sólo por el dólar que usted obtiene gracias a su trabajo.»

Hermann Sielcken, el arrogante Rey del Café, que ganó millones gracias al plan de valorización brasileño.

En Estados Unidos, las mujeres realizaban las tareas serviles en esta fábrica de café, en 1911 *(arriba)*, en tanto que las mujeres centroamericanas clasificaban los granos procesados, en 1913 *(derecha)*. Hoy podrían tomarse fotografías similares en Asia, África y América Latina.

Desde finales del siglo XIX los catadores de café han sorbido, saboreado y escupido su infusión favorita a lo largo de jornadas enteras —como en esta escena de 1909—, en un importante ritual destinado a evaluar su cuerpo, su aroma y su acidez.

El senador estadounidense George Norris arremetió contra lo que llamó «el trust del café», atacando a Hermann Sielcken y el plan de valorización. Aquí, un caricaturista de la época retrata a Norris como a un David en lucha contra el Goliat cafetalero.

C. W. Post, el brillante e irascible inventor de Postum, era un genio del marketing que llamó al café «droga bebible»; concluía sus anuncios con el eslogan: «Hay un motivo.» Después de afirmar que sus productos lo curaban todo, terminó suicidándose debido a su mala salud.

Los anuncios de Postum, como éste de 1910, con su dramática afirmación, «El café hace naufragar a algunas personas», debería haber inducido a los hombres de la industria del café a utilizar técnicas publicitarias eficaces. En lugar de ello, se limitaron a enfadarse.

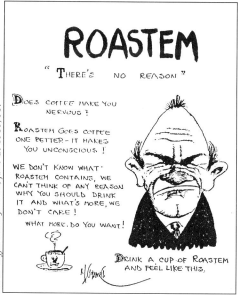

Para combatir los terrores de la gente respecto a los efectos perjudiciales de la infusión sobre la salud, a los hombres de la industria del café les encantaba encontrar consumidores como la señora Melinda P. Kyle, que aparece en esta fotografía de 1912, a sus 114 años de edad. Esta mujer bebía tres tazas de café al día desde los 14 años.

Los anuncios negativos de Postum pusieron furiosos a los hombres de la industria del café. En esta caricatura satírica de 1910, intentaron contraatacar.

Tea & Coffee Trade Journal, mayo de 1921, 611.

La imagen de Teddy Roosevelt proclamó supuestamente que el café Maxwell House era «bueno hasta la última gota», aunque Coca-Cola había empleado la frase primero. Es probable que fuera inventada por un hombre del mundo de la publicidad. La frase es utilizada en este anuncio de 1921.

Esta caricatura de un periódico de Jewel Tea ilustra el señuelo de la cafetera de filtro que ofrecían los vendedores de café como regalo.

Tea & Coffee Trade Journal, octubre de 1933, 316.

Cortesía de Jewel Tea Company.

Los «hombres de los coches» de la compañía Jewel Tea entregaban café puerta a puerta, y ofrecían «gratificaciones adelantadas» para que las amas de casa quedaran comprometidas en planes de compra.

La primera Conferencia Internacional del Café

No sólo Brasil sino todos los países latinoamericanos productores de café reconocieron finalmente que la crisis del café no se resolvería sola. En octubre de 1902, la mayoría de los productores latinoamericanos envió representantes al primer Congreso Internacional para el Estudio de la Producción y el Consumo de Café —que se iba a celebrar en la Bolsa de Café de Nueva York— para tratar «la falta de beneficios y los precios ruinosos pagados al productor».

Lamentablemente, el hecho de que todos ellos se ganaran la vida con los granos de café no significaba que pudieran ponerse de acuerdo en una acción positiva. Por supuesto, los países productores querían precios altos mientras las naciones consumidoras pretendían pagar lo menos posible por el café. Finalmente, los delegados coincidieron en unas pocas propuestas inocuas: sugirieron prohibir la exportación del café de más baja calidad, conocido como «triache», junto con una reducción de las tasas de importación del café europeo (Estados Unidos había abolido el impuesto al café en 1873).* Insistieron en realizar «una constante propaganda oral y escrita» para incrementar el uso del café. Finalmente buscaron algún mecanismo para limitar las exportaciones de café con el fin de que las provisiones visibles siguieran siendo la razonable cantidad de 3 millones de sacos, y los precios subieran... Pero los asistentes a la conferencia no lograron ponerse de acuerdo en la manera de llevar a la práctica ese sistema de cuotas.

El comité que estudiaba la causa de la crisis señaló que durante los años de auge, los cultivadores gastaban de manera exagerada, y «hacían un uso excesivo de su crédito, de manera tal que cuando se produjo la crisis, la mayoría de ellos tenía deudas». Desesperados por conseguir dinero en efectivo, colocaron sus cosechas en el mercado, elevando así el exceso de oferta y bajando el precio. Además, «el café se presta admirablemente a convertirse en el objeto de organizaciones, monopolios, especulaciones de diversa clase [y] a las ventajas de unos pocos intermediarios». En efecto, las gigantescas firmas de importación y exportación de los países consumidores de Europa y América del Norte represen-

---

* El tema de la reducción del impuesto se formuló vagamente debido a la preocupación de los representantes de Puerto Rico. Después de que este país se convirtiera en protectorado norteamericano, en 1898, su industria del café experimentó un empeoramiento, no sólo a causa de un devastador ciclón en 1899, sino porque la ex colonia española ya no podía exportar sus granos libres de impuestos a España. Durante años, los puertorriqueños, lo mismo que los hawaianos —que comenzaron a cultivar café en 1825— presionaron a los políticos estadounidenses para que se impusiera un arancel protector a los cafés «extranjeros», con el fin de estimular la industria «nacional» del café. Nunca lo lograron.

taban simultáneamente el papel de banquero (para el cultivador), exportador (desde los principales puertos de embarque), transportista, importador y, finalmente, distribuidor. «Esto es lo que en lenguaje llano se llama monopolio.»

El último día de la conferencia, J. F. de Assis-Brasil, el representante de Brasil, ofreció un sagaz resumen del ciclo auge-caída del café basado en la naturaleza humana y en el hecho de que hacen falta alrededor de cinco años para que un almácigo de café se convierta en un árbol productor. «Parece que cada diez años se debe manifestar un pico de precios demasiado altos o demasiado bajos», observó, prediciendo que los precios volverían a alcanzar el punto máximo en 1912. ¿Por qué razón? «Los precios demasiado elevados son un aliciente para extender las plantaciones de manera poco razonable; la consecuencia de eso es la superproducción. Cuando las provisiones sobrepasan la demanda, los precios caen. Muchas plantaciones quedan abandonadas; los recolectores empiezan a mermar, mientras el consumo sigue su expansión regular.» Una nueva escasez da lugar a un nuevo crecimiento, y el ciclo se repite. «Es una cadena interminable —dijo—, una cadena interminable de males.» El ciclo sólo podía romperse mediante «los esfuerzos combinados de los gobiernos interesados».

São Paulo se lanza sola a la tarea

La conferencia internacional del café no consiguió nada, y los cultivadores de São Paulo dieron rienda suelta a su frustración. En una reunión de enero de 1903, denunciaron al gobierno brasileño por la indiferencia que mostraba ante su delicada situación. Al informar sobre la reunión, la *Brazilian Review* comentó: «Las frustraciones que ahora están a punto de estallar... pueden desbordarse en cualquier momento.» En respuesta, el presidente de Brasil impuso a las nuevas plantaciones de café una tasa de 180 dólares el acre [0,405 hectáreas], lo que equivalía a una prohibición de nuevas plantaciones durante los cinco años siguientes. Sin embargo, el efecto de la ley no se dejaría sentir hasta 1907 o 1908, dado que los árboles plantados antes de 1902 no producirían hasta entonces.

Si bien la situación de los propietarios de plantaciones era negativa, el efecto en los trabajadores era peor, pues los propietarios reducían los incentivos, recuperaban tierras anteriormente asignadas a los trabajadores como parcelas de subsistencia y recortaban salarios. A raíz de esto, un periódico brasileño informó: «El éxodo de italianos es crítico. Regresan a su tierra natal pobres y desilusionados.» El ministro italiano de Asuntos Exteriores respondió prohibiendo la emigración subvencionada después de marzo de 1902.

A finales de 1902, una helada en Brasil redujo la producción de los tres años siguientes, y en consecuencia mermó la provisión visible. Sin embargo, los precios se mantuvieron bajos y la crisis continuó. Los cultivadores que habían perdido árboles con la helada los reemplazaron con nuevos almácigos. Entretanto, el milreis seguía fortaleciéndose, lo que dañaba el bolsillo de los cultivadores.

Más que culpar a la superproducción, muchos dueños de plantaciones de Brasil apuntaban a los monopolios extranjeros del café, asegurando que los vendedores a pequeña escala (los que apostaban a los precios en descenso) y los especuladores actuaban en connivencia para reducir los precios de los granos de café. Aunque no se podía declarar responsables de la crisis a las firmas extranjeras, había una dosis de verdad en las imputaciones de manipulación de los precios. Las veinte firmas más importantes exportaban casi el noventa por ciento del café, y las cinco más grandes representaban más del cincuenta por ciento. Theodor Wille & Co. de Hamburgo, en el primer lugar de la lista, exportaba casi una quinta parte del café de Santos.

En 1903, Alexandre Siciliano, un acaudalado italiano que había emigrado a Brasil, sugirió un esquema de valorización en el que el gobierno entraría en un contrato a largo plazo con una organización privada de comerciantes y financieros para comprar el excedente de café brasileño y almacenarlo hasta que los precios subieran. El éxito del plan dependía, sin embargo, del absoluto dominio del café de Brasil. Si São Paulo retenía sus excedentes de café, ¿los demás países productores se lanzarían precipitadamente a llenar el hueco del mercado? ¿Perdería entonces Brasil su posición dominante en el mercado mundial?

Para responder a estas cuestiones, el secretario de Agricultura de São Paulo envió a Augusto Ramos durante 1904 y 1905 a otros países latinoamericanos productores de café, en una misión investigadora. En su extenso informe, Ramos llegaba a la conclusión de que Brasil no tenía nada que temer de esos países. Ellos también habían sido duramente castigados por los precios bajos del café y no estaban en condiciones de expandir su producción para compensar los excedentes retenidos por São Paulo.

Los tres presidentes de los estados productores de café —São Paulo, Rio de Janeiro y Minas Gerais— se reunieron en Taubate, São Paulo, el 25 de febrero de 1906. Elaboraron y firmaron un documento en el que mostraban su acuerdo en un esquema de valorización para comprar los excedentes de café y mantenerlos fuera del mercado, en pedir ayuda federal y en solicitar al gobierno que estabilizara la tasa de cambio del milreis.

En lugar de votar para estabilizar la tasa de cambio, el gobierno federal se negó a involucrarse. El 1 de agosto de 1906, el Disconto Gesellschaft Bank of Berlin, a través de su subsidiaria brasileña, prestó a São Paulo un millón de libras por un año. Resulta irónico el hecho de que el trato hubiera sido cerrado por

Theodor Wille & Co., el exportador alemán más importante y uno de los detestados «monopolistas» que controlaban el mercado del café.

El préstamo inicial de un millón de libras resultó una miseria. Para financiar la compra de una cantidad decente de café, São Paulo necesitaba mucho más capital, y con urgencia. El estado envió rápidamente una delegación especial a Europa para obtener apoyo. Pero cuando los Rothschild de Londres se negaron, los paulistas se dieron cuenta de que ningún banco importante estaba dispuesto a ayudarlos.

Hermann Sielcken acude al rescate

Los paulistas, desesperados, recibieron ayuda de quien menos la esperaban: Hermann Sielcken, famoso por el trato despiadado que daba a sus competidores, por la manipulación del mercado y por los intentos de monopolizar el café.

Sielcken, un hombre de rostro histriónico y un titán de los negocios, hablaba un inglés excelente con leve acento alemán y no tenía el más mínimo asomo de humor ni de humildad. Sobre sus labios, en una adusta línea, exhibía un bigote canoso con las puntas ligeramente vueltas hacia arriba. Como observaba un artículo de la época, era «uno de los hombres más temidos y odiados de la bolsa del café». Sielcken era enormemente poderoso. «El káiser Guillermo es monarca de Alemania, y su gobierno está limitado al Imperio alemán. Hermann Sielcken es un monarca del comercio, y su gobierno se extiende al mundo entero.»

Sielcken salió de Alemania en 1868, antes de cumplir los veintiún años, para trabajar en una empresa alemana en Costa Rica. Un año más tarde se aventuró a California, donde trabajó como empleado naviero. Como había aprendido a hablar inglés, consiguió un trabajo de comprador itinerante de lana. En 1876, gracias al español que había aprendido en Costa Rica, encontró trabajo en W. H. Crossman & Son, una firma importadora y exportadora que comerciaba con café por encargo. Al aventurarse a América del Sur, demostró que era un excelente vendedor de «hachas, palas, platería y muchas cosas más», mientras solicitaba productos de encargo para la casa. Durante medio año, toda la correspondencia llegaba con nuevos negocios de Sielcken.

Pero de pronto se interrumpió la comunicación. Pasaron semanas y meses sin noticias de Sielcken. Crossman temía que su vendedor más brillante hubiera contraído alguna enfermedad tropical y hubiera muerto. Pero un día Sielcken apareció con un enorme paquete bajo el brazo. «Caballeros —dijo—, como resultado de mi viaje he hecho muchos negocios para ustedes, muchos más de los que imaginan.» Siguió diciendo que tenía muchos pedidos más en el paquete. «Creo que una persona que ha trabajado tan duramente como yo [...] merece ser socio de esta empresa.» Así se convirtió en socio minoritario, luego en socio mayoritario y en 1894 la empresa pasó a llamarse Crossman & Sielcken. Finalmente, el rey del café también se arriesgó con el acero y los ferrocarriles y compró una suntuosa propiedad en Baden-Baden, que incluía cuatro chalés y terrenos cuidadosamente ajardinados, cuidados por seis jardineros profesionales y cuarenta ayudantes.

Los brasileños recurrieron a Sielcken porque en agosto de 1906 él había escrito una carta abierta a los periódicos del país defendiendo la valorización. Como resultado, una misión se desplazó a Baden-Baden. Sielcken reprendió a los miembros de la delegación brasileña: «Si obtienen otra cosecha como ésta, la ayuda financiera no saldrá de ningún lado. [...] El resto del mundo no va a quedarse toda la noche despierto bebiendo café sólo porque São Paulo lo recoge durante todo el día.» Cuando le aseguraron que pronto las cosechas serían más limitadas debido a la prohibición de instalar nuevas plantaciones, Sielcken prometió hacer todo lo que pudiera.

Hermann Sielcken formó un consorcio de bancos alemanes y británicos y comerciantes de café. Durante la primera semana de octubre de 1906, el gobierno de São Paulo autorizó a la organización a comprar granos en el mercado de exportación de Santos a un precio promedio de 7 centavos la libra. Los financieros estuvieron de acuerdo en pagar el ochenta por ciento y que el estado de São Paulo proporcionara el restante veinte por ciento. Si el precio del café en el mercado libre subía por encima de los 7 centavos, las compras de valorización se suspenderían. Este arreglo significaba que los miembros de la organización nunca pagaban por el café más de 5,6 centavos la libra (el ochenta por ciento de 7 centavos), y a menudo bastante menos. No sólo eso: el dinero adelantado por la organización era técnicamente un «préstamo» por el que cobraban a los brasileños el seis por ciento de interés, con el café como garantía. Los granos eran embarcados con destino a depósitos que la organización poseía en Europa y Nueva York. São Paulo, que nominalmente aún era el propietario legal, debía pagar los costes anuales de almacenaje, además de una comisión del tres por ciento por el porte inicial.

A finales de 1906, la organización había comprado alrededor de 2 millones de sacos, cada uno de los cuales contenía 132 libras (60 kilos) de café. Dado que la extraordinaria cosecha del año ascendía a 20 millones de sacos, retirar del mercado una cantidad tan pequeña tuvo poco efecto. Pero São Paulo se había quedado sin dinero y no podía reunir su veinte por ciento para retirar algo más. Además, el préstamo de un millón de libras debía hacerse efectivo en agosto de 1907.

El 14 de diciembre, los paulistas fueron sacados de un apuro por un nuevo

préstamo de 3 millones de libras de J. Henry Schroeder & Co., de Londres, y el
National City Bank de Nueva York. Hermann Sielcken representaba al banco
norteamericano y supuestamente cubrió 250.000 dólares del crédito con su propio dinero. Después de cancelar el préstamo de 1 millón de libras, São Paulo tenía 2 millones para seguir comprando café valorizado. A finales de 1907, más de
un millón de sacos de café valorizado habían sido almacenados en los puertos
de Hamburgo, Amberes, El Havre y Nueva York, con cantidades más pequeñas
en puertos de menor importancia, como Bremen, Londres y Rotterdam. Allí los
granos quedaban en espera de que los precios subieran lo suficiente para que la
organización pudiera deshacerse de ellos con algún beneficio. Entretanto, el estado de São Paulo seguía debiendo el interés y los cargos de almacenaje. La limitada cosecha de 1907-1908 permitió que pudiera venderse una parte del café
valorizado, pero São Paulo siguió en una situación financiera nefasta.

A finales de 1908, Sielcken ayudó a acordar un préstamo de consolidación
de 15 millones de libras (75 millones de dólares). En ese momento la organización había liquidado alrededor de un millón de sacos de reservas valorizadas,
con lo que quedaban casi 7 millones de sacos en los depósitos. Éstos fueron colocados bajo el control de un comité de siete miembros, de los cuales sólo uno
representaba al gobierno de São Paulo. No resulta sorprendente que Hermann
Sielcken fuera uno de los miembros del comité. Así, São Paulo perdió el control del café valorizado sin terminar con sus obligaciones financieras. Al manipular las existencias y venderlas, los miembros de la organización habían logrado prácticamente un monopolio del mercado. Era, como admitió Hermann
Sielcken con franqueza en una sesión del Congreso algunos años más tarde, «el
mejor préstamo que he visto en mi vida».

Al principio, después de que el comité se hiciera cargo del café valorizado,
el precio por libra seguía relativamente estancado en 6 o 7 centavos la libra.
Pero en el otoño de 1910, el precio del café comenzó a subir. En diciembre se
había disparado a casi 11 centavos la libra. A lo largo de 1911 siguió subiendo
y saltó a más de 14 centavos.

El grito de Estados Unidos por el precio del café

Un grito surgió entre los consumidores y los políticos norteamericanos.
Los ciudadanos de Estados Unidos estaban indignados por el hecho de que el
precio del café hubiera aumentado unos centavos. Adictos al efecto estimulante de la cafeína, los norteamericanos parecían considerar el café barato como
un derecho de nacimiento.

En el Archivo Nacional de Estados Unidos, fuera de Washington D.C., hay una gruesa carpeta de correspondencia mantenida por el Departamento de Justicia con respecto a la valorización. Proporciona una fascinante cronología desde finales de 1910 hasta la primavera de 1913 y muestra cómo y por qué George Wickersham, fiscal general de Estados Unidos, construyó poco a poco una causa legal contra Hermann Sielcken y su café valorizado.

«Brasil se ha hipotecado con esta organización —escribió un pequeño tostador norteamericano a Wickersham en diciembre de 1910—, y a cambio ellos retienen el café para permitirse vender los 600.000 sacos a 4 centavos más por libra de lo que pagaron el año pasado.»

Unos meses más tarde, en marzo de 1911, George W. Norris, representante de Nebraska, apoyó una resolución del Congreso en la que se pedía al fiscal general que investigara «un monopolio en la industria del café». Wickersham respondió que, de hecho, ya estaba dirigiendo una investigación.

En abril, Norris arremetió contra el trust del café desde el Congreso y resumió el proceso del préstamo de valorización. Frustrado por la participación de Brasil, observó que si una conspiración para monopolizar un producto implicaba a una organización interna, a ésta se le llamaba trust y podía ser disuelto. «Pero si la combinación tiene detrás el poder y la influencia de una gran nación se le da categoría con el nuevo término "valorización". Reducido al habla común, se trata simplemente de un retraso del pueblo.»

Norris sugirió que, como solución, Estados Unidos pusiera una tasa a todas las importaciones brasileñas —alrededor de 70 millones de dólares en 1910— «hasta que deje de dar apoyo al esquema de valorización». Sin embargo, quería que se permitiera la entrada libre del café de otros países. Aunque George Norris se consideraba un idealista, a menudo originaba el antagonismo de los militantes del partido. En consecuencia, sus denuncias con respecto al trust del café no dieron lugar inmediatamente a una legislación.

Entretanto, los periódicos habían hecho suya la causa, provocando la indignación pública general. «Sería mucho mejor quedarse sin café que quedar abiertamente desplumados por el gobierno de Brasil», bramó el *Argus* de Albany, Nueva York. «Ha llegado el momento de que el Departamento de Justicia de Washington dedique su atención a esta interesante banda de ladrones», entonó otro editorial de un periódico de Nueva York. En junio de 1911, George Wickersham recibió muchísimas cartas personales. El famoso naturalista John Muir le escribió para expresarle su «indignación por el abuso del café». Se refería a «esta injusta conspiración entre una nación extranjera y un ciudadano norteamericano [Hermann Sielcken]» y preguntaba: «¿Por qué no se quiebra este trust?»

Las ventas restrictivas eran sin duda el mecanismo utilizado por Sielcken y

Arbuckle Brothers, que se habían sumado al plan. Las dos firmas juntas controlaban la mayoría del café valorizado. Con el fin de mantener altos los precios vendían el café directamente a los tostadores, a menudo del sur o del oeste, con la condición de que no fuera revendido en la bolsa. Dado que vendían el café con un pequeño descuento con respecto al precio del saco, el trato interesaba a los tostadores. De cualquier manera, eso burlaba el funcionamiento natural de la bolsa del café. Además, Arbuckle Brothers compraba enormes cantidades de café en la bolsa para aumentar el precio, y luego lo vendía junto con el café valorizado, en operaciones privadas y secretas.

El fiscal general nombró a William T. Chantland «asistente especial» para estudiar la valorización del café. En julio de 1911 Chantland sugirió interponer una acción judicial contra Hermann Sielcken. En un memorándum de septiembre escribió: «Todo este asunto parece un plan ideado en interés de São Paulo y Brasil, pero en realidad, llevado a cabo por el beneficio financiero» de los banqueros y los comerciantes de café como Hermann Sielcken... «los financieros y miembros del comité que ahora parecen hacer juegos malabares con las provisiones para su conveniencia y para aumentar sus fortunas».

Chantland señaló a Sielcken en particular. «Es el fideicomisario ilegítimo de las operaciones que en este país se hacen con contratos ilegales o sus resultados. [...] Sus actos deben considerarse delitos menores.» Recomendaba «un procedimiento de embargo y expropiación del primer café valorizado que pase al comercio nacional».

Aguijoneado por George Norris y William Chantland, el fiscal general Wickersham llegó finalmente a la conclusión de que debía procesar a Sielcken y al trust del café.

Sielcken chasquea los dedos

El 16 de mayo de 1912, Hermann Sielcken apareció como el primer testigo ante el subcomité del Congreso para la «investigación del dinero del trust». Sielcken, arrogante e impenitente, no retrocedió ni un milímetro e insistió en que el café valorizado no tenía ninguna influencia en el precio.

Durante las audiencias, Sielcken y Samuel Untermyer, abogado del subcomité, discutieron en varias ocasiones. Untermyer le preguntó a Sielcken: «La idea era mantener ese excedente [de café] fuera del mercado, ¿no es así?» Sielcken dio una respuesta increíble: «No, siempre intenté venderlo. No estaba fuera del mercado.» Cuando el magnate del café hizo esa declaración descaradamente falsa, Untermyer apenas logró mantener la compostura propia de un abogado. Logró que Sielcken dijera que había unos 4 millones de sacos de café valorizado en depósitos de Estados Unidos y Europa.

> *Untermyer:* Y el café se está vendiendo a casi 14 centavos la libra, ¿verdad?
> *Sielcken:* Sí.
> *Untermyer:* ¿Más del doble que cuando el plan se puso en marcha?
> *Sielcken:* Sí.
> *Untermyer:* Y ustedes, caballeros, estaban tan ansiosos por vender ese café que aún lo conservan, ¿no es así?
> *Sielcken:* Estamos ansiosos por venderlo.

—Supongo que el propósito de hacer estas complicadas provisiones [para valorizar el café] no tenían nada que ver con un intento de limitar el suministro de café, ¿no es así? —preguntó de nuevo el abogado.

—Sólo tenía que ver con la equiparación del suministro, no con el control —puntualizó Sielcken.

Lo que quería decir era que eso «equipararía» el suministro transfiriendo el excedente de una cosecha a la siguiente, pero evidentemente estaba recurriendo a un subterfugio semántico.

Sielcken hizo entonces una afirmación escandalosa: «Si la cantidad de café retenida hoy por esta valorización en Estados Unidos fuera vendida mañana, no causaría ni *esta* diferencia en el mercado», dijo, chasqueando los dedos.

—¿Entonces, el hecho de que el precio del café haya pasado de 5 a 14 centavos la libra no tiene nada que ver con que ustedes, caballeros, hayan dejado esos millones de sacos fuera del mercado?

—No, ni *ésta* —respondió Sielcken, chasqueando otra vez los dedos.

Más tarde, el rey del café sermoneó a los miembros del comité.

—No voy a criticar ni a dar una opinión sobre lo que hizo el gobierno brasileño, y tampoco creo que sea correcto que este comité [...] se exprese con respecto a la acción de otro gobierno, sobre el que no tenemos derecho a emitir una opinión.

—Yo creo que este comité sabe cuidarse solo, lo mismo que el gobierno —replicó Untermyer apretando los dientes.

A pesar de sus evasivas, Sielcken pareció más razonable que su interrogador. Explicó que sin el plan de valorización «habría habido una revolución en São Paulo». Untermyer respondió con sorprendente falta de sensibilidad:

—¿Usted cree que ésa habría sido una situación peor que el hecho de que nosotros paguemos 14 centavos la libra de café?

Finalmente se le dejó hacer al descontento Sielcken una extensa declaración. Su reseña de la historia y los precios del café de Brasil fue contundente y convincente. El café había costado más de 20 centavos en la década de 1870, y 15 centavos como promedio entre 1886 y 1896, antes de la época de superproducción.

Sielcken señaló que incluso con la valorización, el precio no había aumentado materialmente durante casi cuatro años, hasta 1910. Dijo luego que subió debido a que las cosechas fueron más pequeñas, no por el café valorizado. (De hecho, el precio aumentó precisamente en el momento anunciado por Assis-Brasil en 1902; alcanzó su punto máximo en 1912.)

Sielcken afirmó que, sin valorización, el precio del café habría sido más elevado en 1912. Argumentó que en 1906 y 1907 los precios habrían descendido a niveles tan desastrosos que los cultivadores habrían quedado fuera del negocio, y las cosechas posteriores habrían sido cada vez más pequeñas. «En el caso de que las plantaciones hubieran sido descuidadas, podríamos haber tenido cosechas de 2, 3 y 4 millones de sacos, a un precio de 25 centavos.»

La actitud del gobierno fue injusta y etnocéntrica, afirmó Sielcken. «Cuestiono la corrección de que Estados Unidos critique o entre en detalles sobre los actos de otro país. Supongamos que en el sur de nuestro país tuviéramos un pacto con respecto al algodón y que Brasil dijera: "Bueno, queremos estudiar ese asunto."» Como él mismo señalaba, «cualquier gobierno extranjero o partido extranjero que actuara de esa manera sería expulsado de este país». Agregó que la actitud norteamericana equivalía a decir a los brasileños: «Ustedes siempre deben vender sus productos al precio más bajo, y nosotros los nuestros al [precio] más elevado. No deben hacer combinaciones de ninguna naturaleza ni forma. Si intentan protegerse, es una conspiración. [...] Desafío al fiscal general de este país y a todos sus abogados a que me digan que, como comerciante de café, cometo una ilegalidad si acepto remesas.»

Finalmente, Sielcken salió casi indemne de las sesiones. Quedó claro, sin embargo, que había ganado fabulosas sumas de dinero con el café valorizado. Como agente de bolsa podía comprarlo y luego revenderlo, obteniendo beneficios en cada operación. Cuando en abril de 1911 el café alcanzó su punto más alto —12,75 centavos—, él dijo: «Lo compré y lo vendí.» Untermyer preguntó: «¿Quiere decir que lo vendió al comité, o que lo compró usted mismo?» Sielcken se negó a revelar los detalles y respondió simplemente: «Obtuve ganancias en esa operación.»

El juicio contra Sielcken

Un día después del testimonio de Sielcken, el fiscal general George Wickersham continuó con su plan de entablar un juicio. Solicitó una orden de restricción temporal, imponiendo la eliminación de los 900.000 sacos de café valorizado que se guardaban en Nueva York y la presentación de cargos formales contra Hermann Sielcken, la New York Dock Company y los miembros extranjeros del comité de valorización.

El secretario de Estado norteamericano, Philander Knox, se vio atrapado entre el fiscal general y el gobierno brasileño, que argumentaba que el depósito de café situado en Nueva York era propiedad del estado de São Paulo, la garantía de un préstamo, y que Estados Unidos no tenía derecho a confiscarlo. El 29 de mayo William Chantland escribió a un abogado asistente que «el fiscal general está muy interesado y [está] en la lucha hasta el final». Dos días más tarde, Wickersham escribió una carta privada al director de un periódico de Nueva York, exponiendo su caso en términos enérgicos. Ponía objeciones a «un gobierno extranjero [que entraba] en sociedad con un grupo de banqueros internacionales», y señalaba que «un aumento de 1 centavo la libra en el precio del café significa 10 millones de dólares en la cantidad utilizada en Estados Unidos. [...] Prácticamente quitaban entre 70 y 80 millones de dólares del bolsillo de los norteamericanos». Wickersham también escribió un extenso memorándum al presidente Taft, justificando el juicio.

No obstante, el tribunal se negó a autorizar un mandamiento judicial preliminar para confiscar el café. El gobierno redujo entonces la demanda y se concentró en Hermann Sielcken. Se iniciaron las negociaciones entre Sielcken, su abogado Crammond Kennedy y el fiscal general Wickersham. Éste quería que Sielcken entregara los 900.000 sacos de café a cambio de retirar la demanda; Sielcken prometió entregar sólo 700.000 sacos, la cantidad guardada en Estados Unidos al comienzo del juicio. En un telegrama enviado a su abogado, el rey del café señalaba que lo que le interesaba era vender la mayor cantidad posible, pero que al limitar la cantidad de venta estaba intentando proteger los intereses del gobierno de Brasil.

La discusión por los 700.000 o los 900.000 sacos continuó durante todo el verano de 1912.

Sielcken prometió vender los 700.000 sacos en abril de 1913. Aparentemente se llegó a algún acuerdo, pero cuando Wickersham volvió de las vacaciones que se había tomado en septiembre, se enfureció al descubrir que «los brasileños no están dispuestos a cumplir el arreglo sugerido». Insistió en que «el departamento está preparado para presentar los hechos del caso ante un gran jurado, y no tengo dudas de que de eso se desprenderá la acusación del señor Sielcken, y tal vez de algunos otros».

La oficina del secretario de Estado intentó convencer a Wickersham de que moderara o retrasara la causa para suavizar las relaciones internacionales. Wickersham postergó repetidas veces la audiencia. Cuando 1912 llegaba a su fin, George Norris presentó un proyecto de ley para forzar la venta del café valorizado.

Sielcken se burló de la interferencia del político en una transacción comercial legítima. «Si lo que el señor Norris quiere decir es que desea evitar que el precio del café siga subiendo, debe dictar leyes para evitar las inundaciones, las heladas y los fenómenos climáticos impropios de la estación.»

A comienzos del nuevo año, Sielcken y el gobierno de Brasil cambiaron repentinamente el acuerdo que se habían propuesto. En lugar de vender el café valorizado antes de que finalizara el mes de abril, ahora querían contar con todo el año. Wickersham los acusó de «absoluta falta de buena fe». En una carta enviada a Knox proponía seguir adelante de inmediato con la demanda. Knox le respondió pidiéndole que tuviera en cuenta a los brasileños.

El 21 de enero, Knox escribió que el ministro de Asuntos Exteriores de Brasil le había informado que todo el café valorizado que se encontraba en Estados Unidos había sido vendido a unos ochenta compradores de diferentes estados. Wickersham no le creyó. El escepticismo del fiscal general era comprensible, dado que los brasileños acababan de pedir un año de prórroga y además se negaban a revelar los nombres de quienes habían comprado el café. Sin embargo, es probable que la mayor parte hubiera sido vendido realmente.

El 27 de febrero Wickersham, muy frustrado, escribió a George Norris a la Cámara de Diputados. «En muchas ocasiones me he sentido como si estuviera ordenando un proceso penal contra Hermann Sielcken, pero las cuestiones internacionales implicadas lo han evitado, y temo que no podré hacer nada al respecto antes de abandonar mi cargo.»

Entretanto, los brasileños habían tomado represalias contra el juicio pendiente anulando los aranceles de preferencia del treinta por ciento para la harina norteamericana; eso hizo que los exportadores de harina escribieran a sus senadores quejándose por el pleito. «Una enorme proporción de las exportaciones de Estados Unidos a Brasil está amenazada de extinción», escribió un exportador el 28 de marzo de 1913. William Jennings Bryan también intercedió en favor del gobierno de Brasil.

En abril, Estados Unidos tenía un nuevo fiscal general, J. C. McReynolds. William Chantland, asistente especial de Wickersham, escribió un enérgico memorándum a McReynolds informándole que Hermann Sielcken estaba «manipulando la situación con respecto al café para beneficiarse», y apremiaba a

McReynolds a no descartar el juicio hasta que Sielcken o el gobierno brasileño proporcionaran detalles precisos acerca de quién había comprado el café valorizado. McReynolds pasó por alto a Chantland y no perdió el tiempo en el juicio de la polémica valorización en abril. Sielcken había salido por fin del atolladero.

La primera fase de la valorización estaba casi completa. Unos 3 millones de sacos de café quedaron en los depósitos europeos y el último se vendió en 1916. Casi 2 millones de libras se vendieron una vez iniciada la Primera Guerra Mundial, y lo recaudado quedó depositado en una sucursal bancaria de Berlín, ya que el gobierno alemán había embargado los fondos. Con el tratado de Versalles, al final de la guerra, los brasileños presionaron con éxito para lograr la devolución. En 1921 los alemanes pagaron a Brasil más de 125.000 marcos alemanes, y los registros cerraron finalmente con una manipulación de precio muy efectiva.

No cabe duda de que el plan de valorización beneficiaba a Hermann Sielcken y a sus socios más que a los cultivadores y al gobierno de Brasil. De todas maneras, esto evitó las quiebras en masa, las ejecuciones de préstamos e hipotecas y una posible revolución. Lamentablemente, el éxito percibido alentó a Brasil a buscar otros planes de valorización durante las décadas siguientes. En la euforia de 1912, mientras subía el precio del café, los políticos brasileños abandonaron el impuesto a las nuevas plantaciones, lo que unos años más tarde dio lugar a la superproducción.

Los últimos años de Hermann Sielcken

Para Hermann Sielcken todo parecía ir sobre ruedas. Mientras el juicio por la valorización quedaba finalmente descartado en 1913, su socio George Crossman murió y le dejó un legado de un millón de dólares. Poco después Sielcken —que había cumplido los setenta y tres años y hacía siete que era viudo— se casó con Clara Wendroth, cuarenta años más joven que él. En octubre de 1914 zarparon rumbo a Alemania, justamente después del estallido de la Primera Guerra Mundial.

En 1915, el *New York Times* informó de un rumor según el cual Sielcken había sido detenido en Alemania, donde el gobierno le estaba exigiendo grandes sumas de dinero. Sin embargo, como informaba el artículo, Sielcken siempre había sido «muy pro alemán en sus opiniones». La donación de dinero que hizo para paliar los efectos de la guerra fue absolutamente voluntaria. En 1915 proporcionó en secreto 750.000 dólares para comprar el *Evening Sun* de Nueva York, que enseguida apoyó la causa alemana.

En 1917 la salud de Sielcken empezó a deteriorarse y lo mismo ocurrió con su fortuna. Sólo unos días antes de su muerte, ocurrida en octubre, su propiedad de Estados Unidos, valorada en más de 3 millones de dólares, fue confiscada según la Ley de Propiedad Extranjera. A su viuda le llevó cuatro años demostrar que él había adquirido la ciudadanía norteamericana. Entonces el gobierno le devolvió el dinero.

Los litigios por el patrimonio de Sielcken, valorado en más de 4 millones de dólares, mantuvieron su nombre vivo durante años. Aparecieron dos mujeres con las que al parecer había mantenido un idilio. La Woolson Spice Company, controlada por Sielcken hasta el momento de su muerte, pasó a otras manos. Después de estudiar los libros, los nuevos administradores demandaron a la sucesión por 800.000 dólares. Al parecer, en 1913, cuando la demanda del gobierno presionó a Sielcken para que vendiera el café valorizado, él había inundado los depósitos de la Woolson Spice Company con unos 23 millones de libras (10 millones de kilos) de café de Brasil, por los que había cobrado a la compañía los elevados precios que imperaban en ese momento. Poco después, cuando se vendió el café valorizado, el precio cayó de manera considerable. El albacea testamentario de Sielcken llegó a un acuerdo extrajudicial por unos 250.000 dólares.

El estímulo de la cafeína

Mientras el café dominaba las mesas del desayuno del mundo entero, su total ubicuidad y efectividad originaba críticas. A principios de siglo, muchos reformadores estaban convencidos de que el café era una droga terrible, cuyo uso desmedido podía causar demencia o incluso la muerte. En consecuencia, los fanáticos de los alimentos puros —como John Harvey Kellogg y C. W. Post— elaboraban sucedáneos «saludables» del café, y comenzaba así un nuevo aspecto de la guerra del café.

CAPÍTULO SEIS

La droga bebida

La droga del café, la cafeína, mantiene a muchas personas despiertas por la noche, cuando deberían dormir. Si usted ha notado ese único defecto molesto en el café (tiene otros), ¿no ha llegado el momento de abandonarlo y tomar POSTUM? [...] «Hay un motivo.»

Propaganda de Postum de 1912

Los precios elevados que habían acompañado la valorización debieron de enfurecer a los consumidores y a los políticos norteamericanos, pero deleitaron a Charles William Post. Como inventor de Postum, el sucedáneo de café preferido por los norteamericanos, Charley Post, o C. W. (como prefería que le llamaran formalmente), obtenía pingües beneficios cada vez que subía el precio del café y la gente buscaba alternativas más baratas. Post aprovechó la nueva conciencia nacional con respecto a la salud y adoptó un discurso científico: prometía que bebiendo Postum, su sucedáneo de café, los consumidores estarían «en camino a Wellville», como él decía. Su enfoque campechano pero negativo de hacer publicidad revolucionó el marketing moderno.

Incluso un periodista contemporáneo que lo admiraba describió a Post como «convincente, inquieto, nervioso, ambicioso, dogmático, con prejuicios y un ego muy desarrollado». Con su omnipresente anuncio, sus pretensiones de superioridad moral, su afectada grandiosidad y su propaganda contra «los nervios del café», Post era el enemigo del café que a los hombres les encantaba odiar. En 1900 había otra media docena de firmas de Battle Creek, Michigan, que producían «saludables» sucedáneos de café. Sin embargo, Postum fue, de lejos, la más exitosa. Este sucedáneo, elaborado con cereales Grape-Nuts, convirtió a Post en multimillonario incluso antes del plan de valorización.

Charley Post, nacido en 1854 en Springfield, Illinois, abandonó la escuela a los quince años. Mientras aún era adolescente abrió una ferretería en Independence, Kansas, y la vendió un año más tarde con beneficios. Trabajó como viajante de comercio de herramientas de labranza y luego inventó y fabricó por su cuenta equipos de labranza: obtuvo patentes para un plantador de semillas, un arado con pescante, un escarificador, un palo para hacer pajares y varias cultivadoras. También inventó una olla que no producía humo y un generador de electricidad que funcionaba con agua.

No obstante, la extraordinaria inventiva de Post tuvo su coste. En 1885 había desarrollado neurastenia, una «enfermedad» de moda en la época, que supuestamente incluía un agotamiento de la limitada provisión de «energía nerviosa» del organismo. Tiempo después, Post comentó: «Los efectos combinados del trabajo y los estimulantes y narcóticos me causaron una crisis nerviosa.»

En 1888, tras una breve etapa de recuperación, Post llevó a su esposa, Ella, y a su hija, Marjorie, a California y luego a Tejas. Allí tuvo que moverse en silla de ruedas debido a que sus nervios aún estaban débiles, pero al mismo tiempo dirigía una fábrica de tejidos de lana, vendía terrenos y casas y representaba a varios fabricantes de motores eléctricos. También inventó un piano mecánico, un modelo mejorado de bicicleta y unos «tirantes científicos», que resultaban invisibles si se usaban debajo de una chaqueta.

A pesar de su fervor empresarial, Post no tenía una calidad de vida aceptable, y en 1890 las tensiones financieras le causaron trastornos digestivos y otra crisis nerviosa. Se trasladó con su familia a Battle Creek, Michigan, para recibir atención en el famoso Sanitarium, o «San» del doctor John Harvey Kellogg.

Kellogg, una combinación de curandero y genio, se había convertido con su propio esfuerzo en empresario del fanatismo por la salud, y una de sus principales aversiones era el café. Decía que «el hábito del té y el café es una grave amenaza para la salud de los norteamericanos», y añadía que causaban aterosclerosis, mal de Bright, insuficiencia cardíaca, apoplejía y vejez prematura. «El té y el café son drogas nefastas y su venta y uso deberían estar prohibidas por ley.» Incluso afirmaba que «se ha descubierto que el origen de la demencia está en el hábito del café».

Curación mental y Postum

Los nueve meses que Post pasó en el San no le curaron los problemas digestivos ni los trastornos nerviosos. Desesperada, Ella se dedicó al estudio de la Ciencia Cristiana con su prima, Elizabeth Gregory. La señora Gregory le dijo al doliente Post que debía negar su enfermedad, sencillamente, que todo estaba en su mente, y que podía comer lo que quisiera. Post siguió su sugerencia y empezó a sentirse mejor; abandonó el San y se mudó con su nueva gurú curadora.

En 1892, Post se había recuperado lo suficiente para abrir en Battle Creek su propia alternativa al Sanitarium de Kellogg, al que puso el nombre de Hostal La Vita. La señora Gregory le proporcionaba tratamientos mentales por una pequeña cuota extra. Un par de años más tarde Post publicó un libro titulado *The Modern Practice: Natural Suggestion, or, Scientia Vitae*, que volvió a publicar al año siguiente con el título más atractivo de *I Am Well!* Post afirmaba en la obra que se había curado milagrosamente solo, lo mismo que quienes se alojaban en su posada, y defendía el «Nuevo Pensamiento», o la «curación mental». Todas las enfermedades eran, sencillamente, el resultado de un «pensamiento incorrecto».

En 1895, Post manufacturó Postum, un sucedáneo de café a base de granos que tenía un sospechoso parecido con el Café Caramelizado Kellogg (que servían en el San). Cuando su nueva bebida demostró que era rentable, Post abandonó su práctica terapéutica en el Hostal La Vita y modificó sus puntos de vista para adaptarse a su nuevo producto. En *I Am Well!* había escrito que todas las enfermedades surgían de la «falta de armonía mental», y podían curarse gracias al pensamiento correcto. Sin embargo, poco después publicitaba un método más fácil: «Recuerde, usted puede recuperarse de cualquier enfermedad corriente eliminando el café y la mala alimentación, y utilizando Café Postum.»*

Post resultó ser un vendedor nato. Alto, delgado, de espalda ancha y rostro cincelado, impresionaba tanto a hombres como a mujeres con sus apariciones carismáticas y persuasivas. En 1895 visitó a los tenderos de Michigan provisto de una cocina portátil y algunas muestras de Postum. En cada una preparaba una cafetera, haciendo hervir el contenido durante los correspondientes veinte minutos, mientras elogiaba la bebida medicinal y sus deliciosas propiedades.

Post comprendió muy bien los beneficios de hacer publicidad antes que los demás fabricantes de alimentos. A mediados de 1895 gastaba 1.250 dólares al mes en publicidad. En 1897 esa suma pasó a los 20.000 dólares mensuales. A lo largo de toda su carrera gastó más de 12 millones de dólares en promocionar sus productos, el setenta por ciento en los periódicos locales y el resto en revistas de alcance nacional. Post estaba convencido de que esos cuantiosos desembolsos estaban plenamente justificados y creaban demanda para un producto

---

* En *I Am Well!*, Post escribió que «el whisky, la morfina, el tabaco, el café, las pasiones animales excesivas y otras cuestiones antinaturales» contribuyen a la mala salud. Post conoció las «pasiones animales» acostándose con la esposa de un socio y teniendo con ella dos hijos, en 1894 y 1896.

fabricado en serie y ampliamente distribuido. Gracias a las economías de escala podía bajar los costes de las mercancías para el consumidor a pesar de sus gastos publicitarios.

Al cabo de pocos años, el establo en el que Post preparó Postum por primera vez estaba rodeado de edificios industriales impecablemente pintados de blanco y se conocía con el nombre de White City. El más impresionante de esos edificios albergaba su «templo de propaganda» —como lo denominó un periodista—, en el que los redactores publicitarios ideaban nuevos eslóganes para que él los aprobara o los corrigiera.

Los feroces ataques de Post

Post creía en la apelación directa al consumidor en lugar de confiar en que los vendedores convencieran a los tenderos y a los mayoristas para que tuvieran una buena provisión de su producto. Los anuncios de Post utilizaban una jerga a veces descrita como «idioma de granjeros» para atraer al hombre común. Una de las frases más conocidas de sus propagandas, «Si el café no está de acuerdo, use café Postum», volvió locos a los empresarios del café y a los gramáticos, pero vendió el producto. Al final de cada anuncio, Post agregaba la coletilla «Hay un motivo». Nunca estuvo claro qué significaba la frase. Sin embargo, la frase pasó a formar parte de la cultura popular de la época, así como «Just Do It» u otros eslóganes han arraigado en el habla moderna.

En mayo de 1897 aumentaron las ventas, en gran parte debido a los anuncios amenazadores que mostraban a personas agobiadas y desesperadas, enviciadas con la cafeína. Advertían sobre los efectos nocivos para el corazón, las neuralgias y la fatiga cerebral.

Uno de los anuncios mostraba una taza de la que se derramaba café y un texto alarmante: «La gota que cae constantemente horada la piedra. Tal vez usted empieza a tener un agujero... Intente abandonar el café durante diez días y tome café Postum.» Otros anuncios recurrían a la intimidación personal. «¿Su rasgo cobarde es el hábito del café? —preguntaba uno de ellos—. ¿Reduce su tiempo de trabajo, mata su energía, lo arroja a un montón de perros mestizos, embota la sangre pura que le queda y neutraliza todos sus esfuerzos para ganar fama y dinero?»

Cuando no atemorizaba a sus lectores, Post los halagaba apelando a su ego. Dirigió un anuncio a «personas muy organizadas» y les decía que podían funcionar mucho mejor con Postum que bebiendo café, una bebida que destrozaba los nervios. También se dirigía al hombre moderno y le aseguraba que Postum era «la manera científica de reparar el cerebro y regenerar los tejidos gastados». El café no era un alimento sino una droga poderosa. «El drogarse constantemente destruye al hombre o a la mujer fuertes, y el estómago, los intestinos, el corazón, los riñones, los nervios [y] el cerebro... quedarán afectados.»

Post tuvo el mérito de adaptar por primera vez a una bebida los señuelos de las especialidades medicinales —con sus exageradas apelaciones a la salud, al esnobismo y al miedo, el uso de falsa jerga científica y de conjuros repetitivos—, preparando el terreno para la publicidad moderna. En realidad debió de aprender de Coca-Cola, que fue ofrecida por primera vez en 1886 como un «tónico cerebral», y que también jugaría un papel importante en la historia del café.

Aprovechar la paranoia

Post, un hombre de su época, fue alcanzado por el temor norteamericano típico del fin de siglo. El ritmo de los cambios resultaba abrumador debido al telégrafo, la electricidad, los ferrocarriles, el télex, las alzas y bajas en la economía. Además, la dieta norteamericana típica, de elevado contenido en grasas y carne, resultaba indigesta; la dispepsia fue el trastorno de salud más frecuente en la época. Estas comidas pesadas solían ir acompañadas de grandes cantidades de café mal preparado. A principios del siglo XX, el ciudadano norteamericano medio utilizaba un promedio de 5,50 kilos de café al año, una cantidad insignificante si se compara con el consumo de los holandeses, líderes mundiales con los nada despreciables 7,25 kilos per cápita. La gente solía buscar especialidades farmacéuticas para sus problemas estomacales.

En esta atmósfera turbulenta, la publicidad del nuevo producto nacional de Post —que adoptaba inteligentemente gran parte de la jerga científica y de las rimbombantes especialidades medicinales— resultaba extraordinariamente eficaz. Los anunciantes regionales de café, con excepción de las marcas Ariosa y Lion, no podían competir. Sus mensajes locales, que ponían el acento en temas familiares como el aroma y el sabor, no podían igualar el sofisticado palabrerío de Post. Lo peor de todo fue que, enfrentados a las arremetidas de Postum, muchos anuncios de café se pusieron a la defensiva, argumentando que su café (a diferencia del de otros) carecía de sustancias tóxicas y de tanino.

Post enfureció aún más a los empresarios del café con las cartas incendiarias y pseudocientíficas que enviaba directamente a los consumidores. «El café suele provocar indigestión y causa alteraciones funcionales del sistema nervioso», escribió en una de esas cartas. Afirmaba que la cafeína atacaba «el nervio neumogástrico (el décimo nervio craneano, el más largo y el más ampliamente distribuido del cerebro)», que a menudo conducía a la parálisis. «El café es un venenoso alcaloide y un desintegrador del tejido cerebral.»

El hecho de que el propio Post siguiera consumiendo la espantosa bebida (como reveló su hija tiempo después) no suavizó sus acometidas contra ella. Un periodista informó que Post había bebido en una cena «por horroroso que parezca, un poco de esa terrible bebida que destroza los nervios, ese mortal café», a pesar de ser «el defensor de unos nervios sin café».

Al descubrir que las ventas de su producto variaban según la estación —y alcanzaban su punto más alto en invierno—, Post inventó en 1898 el cereal Grape-Nuts para completar el año, y lo llamó «el alimento más científico del mundo». Las ventas de Postum también crecieron, y alrededor de 1900 llegaron a los 425.196 dólares, la mitad de los cuales fueron beneficios netos. En 1908, Postum vendió más de 1.500.000 dólares, aunque esta cifra fue superada por Grape-Nuts y Post Toasties.

Monk's Brew y otros ardides

Post vendía cajas de Postum a 25 centavos al por menor y un paquete con una docena de cajas por 2 dólares al por mayor, lo que dejaba un escaso margen de ganancias a los minoristas. No obstante, el producto tenía tanta demanda que a los comerciantes no les quedaba otra alternativa que tenerlo. Como era de esperar, surgieron los competidores que ofrecían un sucedáneo similar a un precio mucho más reducido. Post respondió a estos desafíos creando una nueva bebida, Monk's Brew, al precio de 5 centavos el paquete y comercializándola con un estilo agresivo en ciudades en las que los competidores —que vendían a bajos precios— estaban dominando el mercado. Cuando Monk's Brew eliminó a las marcas rivales, Post la retiró del mercado. «Los imitadores se han quedado arruinados», comentó Post con una carcajada de satisfacción. «Es una de las palizas más terribles que he visto en mi vida.» El astuto Post recibió las unidades de Monk's Brew que le devolvieron y volvió a envasarlas con la marca Postum... y con todo el derecho, dado que era exactamente el mismo producto.

Con el tiempo, Post dejó el proceso diario de fabricación en manos de sus administradores y se dedicó a llevar una vida nómada e inquieta que repartía entre Washington D.C., Tejas, California, Connecticut y Londres. No obstante, siguió pendiente del tema de la publicidad. A menudo llevaba un anuncio publicitario en el bolsillo durante semanas y cada día añadía un nuevo toque, consciente de que cada palabra llegaría a unos 30 millones de lectores. «Jamás pude encontrar a alguien que escribiera los anuncios mejor que yo —comentó Post—, y nunca pude enseñarle a nadie cómo escribirlos a mi manera.»*

Observó con satisfacción que infinidad de competidores de Postum habían quedado por el camino. «Es bastante fácil vender un alimento puro y de buen sabor, y cualquier otra cosa.» Post fue uno de los primeros anunciantes que enfocaban su producto psicológicamente. «Observe los actos de los hombres día tras día —recomendaba—, sus hábitos, sus gustos y disgustos, sus métodos, esperanzas, decepciones, valentía, debilidad y, sobre todo, estudie sus necesidades.»

Mediante anuncios en revistas populares, Post solicitaba cartas testimoniales y prometía a cambio «muchos verdes». Seleccionaba las mejores y las reescribía dándoles un estilo más incisivo. «Yo fui una esclava del café —comenzaba diciendo una carta corregida—. Me dolía la cabeza todos los días.» Cuando la mujer dejaba el café y bebía Postum, todos sus problemas se terminaban. «El reumatismo ha desaparecido completamente, tengo la sangre limpia, los nervios casi totalmente bien y estables, la digestión casi perfecta, y no he vuelto a padecer dolores de cabeza.»

Una enfermera de Wilkes Barre, Pensilvania, escribió: «Yo solía beber un café fuerte, y me sentía muy mal»... hasta que adoptó Postum, por supuesto. «Naturalmente, desde entonces lo he recomendado a mis pacientes y he notado un evidente bienestar en los que han abandonado el café y adoptado Postum. Observo algo curioso entre las madres que toman Postum. Aumenta enormemente el flujo de leche.»

Un hombre de St. Joseph, Misuri, afirmó: «Hace unos dos años se me empezaron a endurecer las rodillas, y las piernas y los pies se me hincharon tanto que apenas podía caminar, y luego lo hacía con gran dificultad porque el dolor era constante.» ¿Su problema? El café. ¿La solución? Postum.

Los comerciantes de café reaccionan

C. W. Post había amasado una fortuna mucho más rápidamente que cualquier norteamericano de esa época. A principios de 1895 trabajaba esforzadamente como dueño de un hostal para personas con trastornos mentales. Siete años más tarde era millonario.

---

* En los últimos años de su vida, Post dejó que otros se ocuparan de la invención de nuevos productos. Su primo Willis Post, que dirigía la avanzada británica, inventó en 1911 el Postum instantáneo, evitando así el tener que hervir la bebida durante veinte minutos.

En 1906, el resentimiento por el éxito de Postum había llegado a su punto culminante entre los empresarios del café. William Ukers, director del *Tea & Coffee Trade Journal*, escribió un desagradable editorial en el que hablaba de la boda de Marjorie Merriweather Post. «Resulta interesante notar —escribió Ukers— [que] se haya anunciado [...] el cariñoso padre había entregado 2 millones de dólares a su hija y la había instruido en los métodos comerciales. [...] Pero ¿qué son 2 millones para Post, que todos los años gasta uno y medio sólo en publicidad? ¡Vaya, qué comentario sobre la credulidad de los norteamericanos!»

Muchas propagandas de la época sólo sirvieron para empeorar las cosas. «Te dije que trajeras el paquete de Arbuckle», advertía un anuncio en el que aparecía una mujer golpeando a su marido en la mandíbula y derramando un paquete de café. «Enfádese de verdad si le dan un sucedáneo —aconsejaba a continuación—, que nunca es tan bueno y a la vez puede arruinarle la digestión y los nervios.» Semejante señuelo pudo haber sido bueno para Ariosa a corto plazo, pero daba la impresión de que casi todos los demás cafés eran dañinos. Otro anuncio de café Dern afirmaba que «si el café hace estragos con sus nervios y su digestión es porque no lo consume recién tostado, perfectamente limpio y correctamente curado y mezclado especialmente para el agua de Colorado Springs». En consecuencia, el café Dern «le proporciona la fuerza y el aroma del café sin las cualidades nocivas para los nervios».

Durante la primera parte del siglo, una de las estratagemas preferidas de los empresarios del café era citar anécdotas para ilustrar los efectos benéficos de la bebida para la longevidad. Por ejemplo, el día que cumplió noventa y dos años, la señora Hannah Lang bailó con gran agilidad una serie de danzas folclóricas. «La señora Lang se jacta con orgullo de que no ha estado enferma ni un solo día de su vida. [...] Casi la única regla que ha seguido con respecto a su salud es beber cuatro tazas de café fuerte cada día.» La señora Christine Hedin de Ironwood, Michigan, celebró su centenario «bebiendo café todo el día», como era su costumbre (entre cuatro y diez tazas diarias). A un francés centenario le dijeron que el café bebido en exceso, como él hacía, era un veneno. «Si es un veneno —respondió—, yo soy un buen ejemplo de que es un veneno muy lento.»*

En julio de 1906, Ukers, el director del *Tea & Coffee Trade Journal*, hizo un llamamiento a las armas. «En todas partes los fabricantes y comerciantes toman

---

* En el siglo XVIII, unos mellizos suecos fueron condenados a muerte por asesinato. El rey Gustavo III les conmutó la pena por la de cadena perpetua con el fin de estudiar los entonces polémicos efectos del té y el café. Uno de los hermanos bebía abundantes dosis diarias de té y el otro de café. El que bebía té murió primero, a los ochenta y tres años.

conciencia de que quienes preparan sucedáneos de la bebida les han ganado por la mano y ahora están decididos a recuperar el terreno perdido —escribió—. La Postum Company ha tenido sin duda una maravillosa oportunidad y la ha aprovechado. Los minoristas de café de todo el país no hicieron nada para alterar sus planes. [...] La publicidad de este sucedáneo ha atacado al café enérgica y amargamente y con verdadera habilidad, y el resultado es que miles de personas que tenían el hábito de beber café regularmente, lo han abandonado.»

Evidentemente, el anuncio de C. W. Post era mucho más eficaz que cualquier anuncio de café. Harían falta diez o veinte años más para que los anunciantes de café aprendieran la lección que Post les había dado, que una imagen positiva era al menos tan importante como el sabor.

La demanda por difamación del Collier's

Una destacada publicación periódica nacional, *Collier's Weekly*, rechazó deliberadamente los cuestionables anuncios de especialidades medicinales después de publicar la serie de escándalos de 1905, «El gran fraude norteamericano», que arremetía contra los anuncios engañosos y que contribuyó a que se discutiera durante el año siguiente la legislación sobre alimentos. Sin embargo, como dijo un enojado lector ese mismo año, *Collier's* publicaba los anuncios de Post, que invariablemente promocionaban las curas con especialidades medicinales. Profundamente herido, el responsable de publicidad de la publicación le escribió a Post explicándole que no podía seguir publicando esos anuncios. En 1907, la revista publicó un editorial en el que criticaba la propaganda de Grape-Nuts por afirmar que dicho cereal podía curar la apendicitis. «Esto es una mentira y, potencialmente, una mentira mortal.» El artículo citaba recomendaciones de Postum hechas por médicos y supuestos funcionarios de salud.

Post respondió con un venenoso artículo de propaganda de 18.000 dólares que publicó en los periódicos de todo el país. Aseguraba que el autor del artículo del *Collier's* tenía «la materia gris cuajada». Post tenía el descaro de afirmar que era él quien se había negado a publicar en la revista, y que por eso había sido atacado. Además, defendía a quienes lo recomendaban. «Jamás hemos publicado una propaganda anunciando la opinión de un médico destacado o de un funcionario de salud sobre Postum o Grape-Nuts sin tener su carta en nuestras manos.»

En 1907, *Collier's* entabló una demanda por difamación contra Post. Cuando llegó el momento del juicio, tres años más tarde, Post tuvo que defender sus escritos anteriores —como *I Am Well!*—, en los que reivindicaba milagrosos poderes curativos para casos como un absceso molar o un inválido confinado en una silla de ruedas, por ejemplo. «¿Y ahora ha llegado al punto en que se propone aliviar dolores, no con el empleo de la sugestión mental sino con Grape-Nuts y Postum? —preguntó el fiscal—. ¿Y por 15 centavos la libra?» «Sí», respondió Post. El abogado logró que Post admitiera que daba premios por los testimonios a favor y que no tenía tiempo de investigar si todos eran auténticos.

En su exposición final, el abogado del demandante señaló de manera teatral a Post y rogó al jurado: «Ayúdennos a hacer de este hombre una persona honesta.» Ellos accedieron y encontraron a Post culpable de difamación y le impusieron una multa de 50.000 dólares. Finalmente, el veredicto fue revocado por el Tribunal de Apelaciones de Nueva York, pero Post había aprendido la lección. A partir de entonces moderó sus afirmaciones. Al cabo de unos años, una propaganda de Postum decía que aliviaba el estreñimiento, en lugar de la fatiga mental o la apendicitis.

La ambivalencia del doctor Wiley

«Si aparece un caso aislado de un hombre que ha vendido guisantes y achicoria por café, todo el mundo pone el grito en el cielo —escribió William Ukers en la primavera de 1906—. Y sin embargo, cuando el millonario Post ofrece cereales quemados en lugar de café, nadie dice una palabra. ¿Y dónde está el doctor Wiley mientras tanto?» Harvey Wiley, que entonces presionaba a favor de la nueva ley de alimentos que se aprobaría al mes siguiente, se había convertido en un influyente portavoz de la verdad en la publicidad y en los rótulos. Wiley había montado una cruzada moral contra el fraude y el vicio. «El daño a la salud pública —decía— es la cuestión menos importante, [y] debería considerarse en último lugar. El verdadero mal de la adulteración en los alimentos es el engaño al consumidor.»

La obsesión de Wiley por el engaño más que por los temas de salud quedaba reflejada en su ley. La Ley de Drogas y Alimentos Puros no declaraba ilegales las sustancias venenosas; simplemente decía que tenían que estar identificadas en el rótulo. La cafeína no se encontraba en la lista de sustancias venenosas que debían ser calificadas como tales. Con un consumo de 5,50 kilos por parte de todos los hombres, mujeres y niños, el café se había convertido en la bebida más popular de Estados Unidos; la mayor parte de los empresarios del café debió de sentir entonces que estaba relativamente a salvo y abrigó la esperanza de que Wiley centrara su atención en el rotulado incorrecto de productos como Postum.

Finalmente lo hizo, obligando a Post a eliminar la palabra café de los rótulos y de las propagandas. Pero la ley de los alimentos puros también ocasionó problemas a los empresarios del café. Si los agentes del gobierno descubrían en el café achicoria u otros sucedáneos, interponían una acción judicial. Si encontraban granos para la exportación descoloridos o mohosos a causa del añublo o de un procesamiento inadecuado, los retenían. Durante los años siguientes, cientos de acciones judiciales limpiaron la industria del café y los sucedáneos.

Dado que Harvey Wiley había defendido la ley de alimentos puros que había ayudado a limpiar su industria, William Ukers y otros expertos en café quisieron creer que Wiley estaba a favor de ellos. Sin embargo, en 1910 el químico se dejó llevar por el entusiasmo durante un discurso del que informaron los periódicos. Wiley afirmó que «la borrachera de café es un defecto más común que el hábito del whisky. [...] Este país está lleno de borrachos de café y té. La droga más común en este país es la cafeína».

Los empresarios del café deberían haber sabido que, en el mejor de los casos, Wiley abrigaba sentimientos encontrados con respecto al café y la cafeína. Poco después de que se aprobara la ley de alimentos puros, inició un ataque contra la Coca-Cola. Wiley desaprobaba las bebidas cafeinadas, pero pensaba que el café y el té estaban a salvo del ataque legal porque su contenido de cafeína era natural, así como los melocotones y las almendras contienen naturalmente ácido cianhídrico. La Coca-Cola, sin embargo, era consumida regularmente por niños y adultos, y la cafeína era algo que se agregaba deliberadamente. Wiley convenció entonces a sus renuentes superiores de que le permitieran confiscar cuarenta toneles y veinte barriles pequeños de jarabe de Coca-Cola que habían cruzado la frontera del estado.

En 1911, en Chattanooga, el gobierno llevó a juicio a Coca-Cola y la acusó de adulterar la bebida que, según la ley de alimentos puros, contenía un ingrediente nocivo. En consecuencia, el gobierno tuvo que demostrar que la cafeína, según la ley, era un ingrediente dañino y añadido. Los empresarios del café debieron de seguir el impresionante juicio con una mezcla de sentimientos encontrados. Por un lado se indignaron cuando testigos expertos atacaron la cafeína como algo venenoso. Por otro lado, reconocían que el popular refresco empezaba a debilitar su propio mercado.

A pesar de sus excelentes referencias, el testimonio de la mayoría de los expertos se basaba en experimentos viciados y teñidos por sus propias opiniones. Los innovadores experimentos de doble ciego llevados a cabo por Harry y Leta Hollingworth con respecto a los efectos de la cafeína en los humanos —clásicos aún citados en la literatura científica— fueron la excepción. Los experimentos indicaron que la cafeína, en cantidades moderadas, mejoraba las habilidades motoras y dejaba los hábitos de sueño relativamente intactos.

Finalmente, Coca-Cola ganó el juicio, aunque no con argumentos científicos. Todos los testimonios demostraron ser poco importantes. El juez Sanford emitió su opinión desde el estrado y ordenó al jurado que emitiera un veredicto a favor de Coca-Cola. Sin decidir si la cafeína era o no un veneno, Sanford dijo que no se trataba de un ingrediente añadido, según la ley, sino que había sido parte integrante de la fórmula desde la invención de la bebida. El juicio también afectó al doctor Wiley. Sus superiores, que buscaban una excusa para deshacerse de él, lo acusaron de haber comprado a un testigo para que declarara. Wiley renunció en marzo de 1912, en la cima de su popularidad nacional.

Ese mismo año los empresarios del café le pagaron a Wiley para que pronunciara el discurso de apertura en la Asociación Nacional de Tostadores de Café, con la esperanza de obtener su apoyo. En su intervención, Wiley atacó a la Coca-Cola como «el primer primo artificial del café, porque la droga que los hombres ponen en la Coca-Cola es la droga que el Señor pone en el café... la cafeína». Y luego afirmó: «No daría a mi hijo café ni té, como tampoco le daría veneno.» Sin embargo, avergonzado, Wiley reconoció que, al igual que C. W. Post, él bebía café. «Sé que es dañino, que causa dispepsia y miles de trastornos nerviosos, y sin embargo todas las mañanas me siento a la mesa y me tomo un café. Me gusta.»

El nacimiento de los descafeinados

Debido a la polémica pública con respecto a la cafeína, los empresarios empezaron a buscar un café naturalmente libre de cafeína. Se identificaron cuatro variedades, casi todas en Madagascar. Lamentablemente, la bebida elaborada a partir de esas semillas tostadas era amarga y desagradable.

Convencido de que su padre, catador profesional de café, había muerto prematuramente como resultado de un consumo excesivo de cafeína, Ludwig Roselius —comerciante de Bremen, Alemania— logró extraer cafeína de los granos sin tostar, recalentándolos con vapor y luego impregnándolos del solvente benzol. Patentó el proceso y constituyó su compañía anónima en 1906. Al cabo de pocos años, su café descafeinado se conseguía en Alemania como Kaffee Hag, en Francia como Sanka *(sans caffeine)*, y en Estados Unidos como Dekafa, elaborado por el laboratorio Merck. Surgieron competidores a ambos lados del Atlántico. En 1911, Robert Hübner, otro alemán, introdujo su Hübner Health Coffee en el mercado norteamericano y aseguró que extraía la cafeína mediante un proceso que utilizaba agua pura en lugar de un solvente químico. Al año siguiente salieron a la venta dos marcas de café «instantáneo» (partículas condensadas de una preparación corriente).

El último acto de Post

Los cafés descafeinados y los instantáneos hicieron poca mella en el consumo de café corriente y no perturbaron demasiado a los empresarios del café. Al menos ésos eran café de verdad, a diferencia de Postum, cuyos anuncios seguían difamando su producto. C. W. Post aparecía regularmente en el *Tea & Coffee Trade Journal* como el Anticristo del café.

En enero de 1914, Post sufrió un colapso nervioso y físico. Los periódicos informaron debidamente que se había trasladado a su rancho de Santa Bárbara para hacer «reposo absoluto». William Ukers, director del *Tea & Coffee Trade Journal*, no resistió la tentación de escribir que Post, que siempre hablaba de los «nervios destrozados por el café», había sucumbido a una crisis nerviosa. «No vamos a regodearnos con su sufrimiento —escribió Ukers haciendo precisamente eso—. En realidad, si su problema es consecuencia de beber Postum, tiene nuestra más sentida compasión.» Ukers deseaba al millonario una rápida recuperación y le sugería que una enfermera le diera a «beber de vez en cuando una taza de café durante su convalecencia».

En marzo, el médico de Post le diagnosticó apendicitis, lo cual resultaba muy irónico ya que sólo cuatro años antes Post había declarado repetidas veces durante el juicio de *Collier's* que Grape-Nuts prevenía o curaba la apendicitis. Admitir que necesitaba una operación podría haber creado una crisis de fe para el hombre que había escrito: «Enfermedad y pecado son creaciones del intelecto humano, y existen sólo en un estado hipnótico o anormal.»

Post tomó un tren privado de California a Minnesota, donde lo operarían los médicos de la Clínica Mayo. La prensa escribió acerca de su «carrera con la muerte»; pero después de una rutinaria y exitosa operación, Post regresó a Santa Bárbara, donde cayó presa de una profunda depresión que casi le impedía abandonar la cama. «Tener una salud perfecta es como estar en el paraíso —comentó Post en una ocasión—, y estar enfermo es vivir en el infierno.» El 9 de mayo de 1914 Post envió a su esposa, Leila, a que se ocupara de algunos asuntos. Le dijo a su enfermera: «Estoy muy nervioso. Tengo la mente perfectamente clara, pero no puedo controlar los nervios.» Poco después, a los cincuenta y nueve años, C. W. Post, el multimillonario gurú de la salud, despidió a su enfermera, se puso una escopeta en la boca y apretó el gatillo.

Algunos pensaron que Leila —casi treinta años más joven que Post— lo había engañado, y él se había suicidado al descubrirlo. Lo más probable es que el hombre que después de muerto valía 20 millones eligiera abandonar este mundo a causa de su magullado ego. La disciplina mental, Postum y Grape-Nuts no le habían hecho ningún bien, como había proclamado claramente en el título de su libro. Post murió, pero su fortuna y la propaganda anticafé de Postum lo sobrevivieron. Su hija, Marjorie Merriweather Post, y su segundo esposo, el financiero E. F. Hutton, continuaron el negocio y lo expandieron considerablemente creando General Foods y comprando, por irónico que parezca, Maxwell House Coffee en 1928. Post debió de revolverse en su tumba... o tal vez se echó a reír, regocijado, al ver que su hija ganaba dinero gracias a la droga que él disfrutaba en secreto.

SEGUNDA PARTE

Estimulante envasado

Yuban, la primera marca de Arbuckle —aquí aparece en un anuncio de 1916—, podría haber revivido la deteriorada suerte del magnate del café. Sin embargo, debido a su negativa a pagar una campaña nacional, Arbuckle desapareció de la vista y con el tiempo vendió Yuban a General Foods.

CAPÍTULO SIETE

Dificultades iniciales

[En 1915], el entusiasmo por el consumo extendido, los nuevos ri-
tuales de la compra y la venta —universalizados por marcas de prestigio,
marcas nacionales de fábrica y cadenas de comercios— se volvieron característicos de la vida cotidiana que millones de personas —al margen de su
posición— compartían. El materialismo se convirtió en americanismo.

Thomas J. Schlereth,
Victorian America: Transformations in Everyday Life, 1876-1915

Las semillas de la moderna industria del café en Estados Unidos crecieron
junto con un país cada vez más urbano e industrializado. Antes que el café,
muchos otros productos de consumo —Ivory Soap, Coca-Cola, Listerine—
reclamaban un mercado nacional, con la ayuda de complejas estrategias de propaganda. Sin embargo, resultaba difícil distribuir ampliamente el café. Una vez
tostado, se ponía rancio en poco tiempo y eso desalentaba la realización de
campañas nacionales agresivas. No obstante, algunas compañías cafeteras visio-
narias —Folger's, Hills Brothers, Maxwell House, Chase & Sanborn, Arbuckle
Brothers— aprendieron las lecciones de Postum con respecto a la publicidad,
mientras cientos de tostadores de café luchaban por sobrevivir en un mercado
competitivo y difícil ante el inminente estallido de la Primera Guerra Mundial.

La proliferación de marcas

En la era anterior a la Primera Guerra Mundial, la batalla por un lugar en
el mercado del café se libraba principalmente a nivel regional. Aun así, en un
período de tiempo increíblemente breve se produciría una revolución en la co-

mercialización de este producto. En 1908 apareció en el *Tea & Coffee Trade Journal* un anuncio que mostraba un «Nuevo caso de café a granel», con cuatro cajones rotulados como Santos Extra fino, Antiguo Gobierno de Java, Moka árabe y Rio dorado. Diez años más tarde, semejante anuncio habría resultado completamente anacrónico. El café de marca reemplazó rápidamente al café a granel en las tiendas.

Con una carrera de treinta años a sus espaldas, el minorista J. C. Reid comentó en 1915: «He visto cómo las galletas, el arroz, las uvas pasas, los espaguetis, los macarrones, la avena arrollada, el maíz, el bórax, el bicarbonato de sodio, el café, etc., se sacaban de una caja, de un barril o de un saco para venderlos, y con el tiempo se vendían en paquetes, con una marca de fábrica.» Era verdad, reconocía, que había una compensación. Los consumidores obtenían algo menos que cuando compraban a granel, pero recibían la misma calidad y cantidad, protegidas por un paquete a prueba de humedad. El café ya no tenía el olor (ni el sabor) del barril de encurtidos que había junto al café a granel, y el aroma de la mezcla solía mantenerse dentro del paquete.* En las «tiendas modernas de alimentación —concluía Reid— se puede ver enseguida que son pocas las mercancías que no están ya envueltas y en paquetes que se manipulan limpia y fácilmente, a prueba de gérmenes, con marcas de fábrica y de buena calidad».

Viniera en paquete o no, el consumidor norteamericano siguió estropeando la bebida al hervirla. Ahora, sin embargo, podía hacerlo convenientemente con una cafetera eléctrica con sistema de bombeo. Aunque la cafetera eléctrica utiliza un sistema de goteo, en Estados Unidos, por ejemplo, consistía en un recipiente con un tubo central y una tapa de cristal. Cuando el agua se calentaba lo suficiente, subía por el tubo rociando varias veces el café. A principios del siglo XX, estas cafeteras funcionaban con electricidad y se convirtieron en electrodomésticos habituales en todas las cocinas. Debido a que con este sistema se obtenía una bebida muy concentrada —porque filtraba componentes de sabor desagradable—, las amas de casa podían estar casi seguras de preparar una taza de café amargo, más suave o más fuerte según la cantidad de café y de agua que usaran.

En 1908, Melitta Bentz —un ama de casa alemana— revolucionó la manera de preparar el café cuando hizo varios orificios en la base de un recipiente de hojalata, lo forró con el papel secante de su hijo y creó un método de goteo

---

* «El aire estaba impregnado de un olor intenso —escribió Gerald Carson en *The Old Country Store*—, un aroma compuesto por hierbas secas y perros mojados, o tabaco fuerte, cuero sin curtir y humanidad cruda.» El café tostado y a granel absorbía todos esos olores.

directo que se extendió rápidamente por toda Europa y creó una dinastía para la marca Melitta. La mayoría de los norteamericanos no descubriría las virtudes del sistema de goteo hasta finales de ese siglo.

A & P muele su propio café

Aunque proliferaban las marcas norteamericanas, se enfrentaron a una severa competencia que adquirió dos modalidades: las cadenas de tiendas que vendían a precios rebajados y los vendedores puerta a puerta. De las cadenas nuevas, la que representaba la mayor amenaza era Great Atlantic and Pacific Tea Company, también conocida como A & P. Al principio la compañía, fundada en 1859 por George Francis Gilman, vendía pieles de animales. Pero en 1869, con la codirección del vendedor y posterior socio George Huntington Hartford, recibió el nombre de Great Atlantic and Pacific Tea Company. Gilman y Hartford prescindieron de los intermediarios y compraban café y té directamente en los barcos. En 1871, tras el incendio de Chicago, la compañía envió personal y alimentos y se quedó para abrir tiendas en la región central.

En 1878, Hartford se hizo cargo oficialmente de la operación mientras Gilman se retiraba a disfrutar de una vida de despilfarro. Hartford se fue extendiendo y en 1901 supervisaba más de doscientas tiendas, además de enviar más de cinco mil vendedores puerta a puerta en furgonetas rojas y negras de A & P para hacer las entregas a domicilio. Poco a poco, bajo la dirección de George L. y John —los hijos de George H. Hartford—, la compañía ofreció también otras provisiones. Imitando a Arbuckle, la A & P ofrecía premios y cupones para atraer a los consumidores. En 1907, las ventas de A & P habían alcanzado los 15 millones anuales.

El hermano mayor, más conservador —el «señor George», como le llamaban los empleados—, se ocupaba de los libros. También servía muestras de café y de té todas las tardes, a las tres, tarea que continuó haciendo hasta cumplir los noventa años. El extravagante «señor John» se ocupaba del marketing y la expansión de la empresa. Fue él, por ejemplo, quien hizo salir coches pintados de rojo y dorado y tirados por ocho caballos enjaezados con arreos de lentejuelas y campanas doradas. Los ciudadanos del lugar que más se acercaran al peso exacto del equipo ganaban 500 dólares en oro.

En 1913, John Hartford rompió su práctica tradicional e introdujo la primera «Tienda económica» de la empresa, una tienda de venta al por mayor, sin entregas a domicilio, ni pedidos telefónicos ni premios. Al eliminar a los intermediarios, A & P podía vender alimentos de calidad a precios bajos y sin agregados innecesarios. En una increíble expansión empresarial, John Hartford abrió 7.500 tiendas de esa clase (aproximadamente 3 por día), entre 1914 y 1916, y luego eliminó más de la mitad. Como buscaba algún reconocimiento de marca para las tiendas, uniformó su arquitectura y su diseño para que se pudiera encontrar el café en cualquiera de ellas con los ojos vendados. Cada tienda necesitaba sólo un empleado administrador. En una época en la que los habitantes de las ciudades gastaban la mitad de su salario en alimentos, la nueva A & P tuvo un éxito arrollador.

Después de un roce con Cream of Wheat, que se negaba a venderle a A & P si la cadena vendía por debajo del precio minorista, John Hartford confió cada vez más en las marcas propias, algunas conocidas como productos Ann Page. A través de una filial de entera propiedad, la American Coffee Corporation, colocó a sus propios compradores en Brasil, Colombia y en otros lugares, compraba directamente, tostaba los granos e introdujo molinillos en cada tienda, donde vendía el Eight O'Clock Coffee, junto con Red Circle y Bokar, su variedad de primera calidad.

Los vendedores puerta a puerta de primera calidad

Mientras los vendedores de A & P que se trasladaban en furgonetas cedían poco a poco el paso a la cadena de tiendas económicas de la empresa, otros vendedores puerta a puerta, sobre todo los de la Jewel Tea Company, desafiaron al café de marca. A finales del siglo XIX, unos cuantos comerciantes de poca monta se ganaban la vida a duras penas entregando café tostado a granel con coches tirados por caballos. Estos «hombres de los coches» realizaban su tarea sobre todo en las ciudades más importantes, donde los lugares de entrega estaban cerca unos de otros. En 1899, cuando Frank Skiff —que había ahorrado 700 dólares— abandonó su trabajo de vendedor para entregar té, café y especias por su cuenta, era sólo uno de los varios centenares de vendedores puerta a puerta en la zona de Chicago y sus suburbios. Tampoco era una rareza su Jewel Tea Company, ni los premios que ofrecía a los clientes, que conseguían un determinado número de cupones con cada compra y podían canjearlos por artículos selectos para el hogar.

Al año siguiente, Frank Ross, cuñado de Skiff, se asoció a Jewel. Pero en 1901 el emprendedor Ross tuvo un fatídico encuentro con una tal señora Scannon, que abrió la puerta con un jarro de té caliente en la mano. Ross apenas pudo comenzar su perorata. «¡Salga de mi porche o le quemaré los ojos!», lo amenazó la mujer. Resultó que la señora Scannon había ahorrado cupones durante casi un año con la intención de ganar una alfombra. Pero justamente cuando estaba a punto de conseguirla, el «hombre del coche» se había marchado de viaje. Por esa razón ella tenía muy mala opinión de esas estratagemas.

Ross pensó rápidamente y, desde la seguridad de la acera, le gritó: «¿Qué diría si le dijera que hoy le dejo estos hermosos platos Haviland y que puede usarlos para saber si le gustan?» Así nació el programa de «premios por anticipado», que tuvo un éxito impresionante. En 1916, quince años después de ofrecer su primer premio por anticipado a la señora Scannon, la Jewel Tea Company —que en ese momento vendía una variedad de artículos para el hogar— salió a la bolsa con 16 millones de dólares de capitalización. La compañía contaba con 850 vehículos de reparto que servían a 2 millones de familias, una gigantesca planta de torrefacción en Chicago y una elaborada jerarquía de ventas basada en vendedores de primera línea que visitaban a cada cliente cada dos semanas. Alrededor de la mitad de los ingresos de la empresa provenían de las ventas de café.

El éxito de la Jewel Tea Company dio lugar a imitadores y competidores. En la época en que ofrecía acciones ordinarias al público había 400 empresas similares. *The Interstate Grocer* calculaba en 1915 que los «vendedores ambulantes» —como llamaban con desprecio los minoristas a los hombres de los coches— habían obstaculizado el sesenta por ciento de su comercio de café.

El nicho institucional

Los que fraccionaban el café directamente para los consumidores recibían la mayor publicidad y luchaban por un espacio en las tiendas o en las despensas. Pero otros tostadores regionales se especializaban en suministrar café a hoteles, hospitales, restaurantes, clubes privados y buques de vapor. Conocidos como tostadores institucionales, también eran ferozmente competitivos. Frederic A. Cauchois de Nueva York, por ejemplo, entregaba diariamente mediante una furgoneta su Private Estate Coffee recién tostado, en bolsas con fecha. Los granos que quedaban sin vender más de dos semanas eran canjeados por producto fresco. Cauchois preconizaba el método de preparación por goteo y suministraba a sus clientes excelentes filtros de papel y recipientes japoneses que eran inspeccionados una vez por semana. En 1904 había establecido plantas de torrefacción en Filadelfia, Washington, Pittsburgh y Chicago, además de Nueva York.

Otros tostadores institucionales maximizaban los beneficios vendiendo todas las variedades de café a granel. Philip Wechsler, inmigrante de Europa del

Este, prosperó prestando dinero a otros que querían abrir restaurantes, hoteles y cafeterías; se quedaba con una comisión por corretaje, cargaba el seis por ciento sobre los préstamos y estimulaba a los nuevos empresarios a que compraran su café.

En las primeras décadas del siglo, Harry y Jacob Cohn, dos inmigrantes lituanos, fundaron en Chicago sus propias compañías de café. Harry, el hermano mayor, fundó Superior Tea & Coffee Company en 1908 con su primo Walter Katzoff. Después de trabajar en Superior durante un tiempo, Jacob Cohn fundó Continental en 1915. Mientras su hermano mayor se especializaba en entregas a domicilio, Jacob eligió el camino institucional y se dedicó al reparto en restaurantes y cafeterías. Vendía los equipos de preparación de café a los dueños de restaurantes prácticamente al precio de coste y les entregaba bolsas sin cargo. Superior también pasó a servir a restaurantes, y ambas compañías se convirtieron en feroces competidoras institucionales, expandiéndose desde el centro del país en un esfuerzo por ser la vencedora.

¿Café sexy?

Los aburridos empresarios del café fueron aprendiendo lentamente de las ruidosas tácticas de venta de competidores como Jewel y Postum. En 1907 resultó evidente que la publicidad y las técnicas de venta se habían convertido en componentes cada vez más importantes de cualquier negocio floreciente. Sin embargo, la mayor parte de los tostadores se esforzaban por comprender nuevos métodos de marketing. Observaban, por ejemplo, que las ventas de leche aumentaban en un punto de venta de Boston cuando la bebida era servida por una joven atractiva. «Era bonita, pechugona, de pelo castaño, ojos pardos y una piel que habría hecho avergonzar a un melocotón maduro», comentó una publicación especializada en café. Sin embargo, muy pocos anuncios de café intentaban alguna forma de atracción sexual para la tradicional y digna bebida. La única que lo hizo, aunque de una manera torpe y pueril, fue muy criticada. Un anuncio de 1912 para Satisfaction Coffee mostraba un envase con piernas femeninas que huía de un hombre que las perseguía. «Vale la pena perseguirla a cualquier hora —decía el texto—. Siempre pura. Nunca se vende a granel.» Según una publicación comercial, este anuncio era «de dudoso gusto».

En 1909, Sigmund Freud y Carl Jung llegaron a la Universidad de Clark de Massachusetts para dar unas conferencias que tuvieron un profundo efecto en la psiquis norteamericana. Pronto los empresarios del café se preguntaron cómo «entrar en la mente de las personas» para influir en sus decisiones de compra. Cinco años más tarde, el doctor Hugo Muensterberg, profesor de psicología de Harvard, dio una conferencia sobre el tema «Aplicación de la psicología a los negocios». Hizo afirmaciones extraordinarias y aterradoras. «Con el tiempo, los hombres de negocios se darán cuenta de que los clientes son simplemente manojos de estados mentales y de que la mente es un mecanismo que podemos dirigir con la misma precisión con que controlamos una máquina en una fábrica.»

Cuando los expertos en publicidad ajenos a la industria intentaron decir a los tostadores lo que debían hacer, éstos no escucharon. En su convención de 1915, los tostadores oyeron hablar de St Elmo Lewis, «consejero de ventas», que les dijo que una campaña negativa y defensiva nunca funcionaba. «No llegarán lejos llamando mentirosos a los sustitutos.» En lugar de campañas de ese tipo, él quería que los tostadores promovieran una publicidad cooperativa. Debían crear un fondo publicitario considerable para sacar a la industria de la «edad de piedra de la publicidad».

Al año siguiente, H. H. Clark, un hombre de la publicidad, escribió un artículo incisivo para un periódico especializado en el negocio del café. Insistía en el tema de que ya no se podía considerar responsable al minorista por promover una marca determinada. «Al consumidor no le vende un hombre que está detrás de un mostrador sino un individuo que se encuentra en un despacho, quizás a miles de kilómetros del lugar de venta real, inventando una publicidad.» Clark señalaba que el consumo per cápita norteamericano había caído desde casi 6 kilos al año en 1901 a menos de 4,5 kilos. «La actual situación es sencillamente el resultado de [...] una política según la cual no había que meterse con las cosas —ni meterse con el tendero, ni con los vendedores a domicilio, ni con la competencia— y sólo luchar unos con otros por lo que queda del negocio.» También los exhortaba a unirse en una publicidad cooperativa.

El artículo de Clark sólo suscitó una carta al director, en la que se comentaba lo acertado de la propuesta. En Nueva Orleans, el tostador Ben Casanas habló de un minorista que le había expresado la siguiente queja: «Estoy vendiendo demasiados artículos; cree una demanda para su mercancía, y yo la venderé.» En lugar de seguir su consejo, Casanas comentó enojado: «¡Imaginaos! Él la venderá aunque no sea de buena calidad, sólo porque nosotros creemos una demanda.» Dado que los tostadores locales adoptaban actitudes tan provincianas, la publicidad cooperativa pareció condenada al fracaso. Sólo los tostadores grandes con una visión amplia y la ambición de conseguir una distribución nacional montaron campañas publicitarias realmente efectivas. Estos tostadores y sus marcas —Hills Brothers, MJB, Folger's, Cheek-Neal's Maxwell House, Chase & Sanborn, Arbuckle— estaban destinadas a dominar el comercio del café en Estados Unidos.

Hills Brothers llena un vacío

Mientras Arbuckle controlaba la región vaquera y la mayor parte de la zona este, tres marcas —todas instaladas en San Francisco— se disputaban el control del negocio del café en la costa del Pacífico. Al mismo tiempo que James Folger se había asegurado una ventaja en 1849, a principios del siglo xx Hills Brothers y MJB desafiaban a los tostadores más viejos.

Al igual que los Folger, los hermanos Hills procedían de Nueva Inglaterra. Su padre, Austin Hills —nacido en Rockland, Maine, en 1823—, construía clíperes. En 1863 se unió a otros amigos de Maine para ir en busca del fabuloso oro de California. Pero no logró hacer fortuna y tuvo que conformarse con un trabajo de capataz de una compañía naviera de San Francisco. Dejó a su esposa y a sus hijos en Maine y fue a buscarlos en 1873, cuando su hijo mayor, Austin Herbert Hills, tocayo suyo, tenía veintidós años y Reuben Wilmarth Hills, diecisiete.

Tres años más tarde, los dos hermanos se asociaron bajo el nombre de Hills Brothers en un puesto del San Francisco's Bay City Market para vender mantequilla, huevos y queso. En 1881 compraron una tienda minorista de café: Arabian Coffee & Spice Mills. Tostaban café en la parte delantera de la tienda, con la certeza de que el aroma y la actividad misma atraerían a los clientes. Al año siguiente, un folleto proclamaba que su producto era «¡El café más selecto del mundo!», y añadía: «Nuestro café se tuesta en nuestro local, y a la vista del cliente.» Además de café vendían té, especias y extractos aromáticos. Reuben se ocupaba de todo lo relacionado con el café, y su hermano mayor, Austin, seguía vendiendo productos lácteos.

La década de 1880 se inició con precios elevados para el café, y A. H. y R. W. (como preferían ser llamados los comerciantes en ciernes) supieron aprovechar la situación. En 1884 habían abandonado la venta al por menor para dedicarse al negocio mayorista. Hacia 1886, R. W. adoptó el sistema de degustación, que había sido promovido en la costa del Pacífico por su colega de San Francisco, Clarence Bickford. Como un catador de vinos, el degustador de café lo sorbía en un arranque explosivo, formaba con él un remolino en su boca y lo escupía en un recipiente destinado a ese fin. Esta ceremonia sobrevive hasta nuestros días como uno de los ritos más serios —y graciosos— relacionados con este producto.

En 1897, un artista ambulante se detuvo en la tienda de Hills Brothers. R. W. le sugirió que le dibujara una figura que representara su Arabian Roast Coffee, como se conocía entonces. La figura resultante, un árabe con turbante y barba, vestido con una túnica larga y suelta, ha bebido el café de Hills Brothers desde entonces, aun cuando el café moca como variedad preferida había empezado a decaer a principios del siglo XX y la mayor parte de los granos que comercializaba Hills Brothers procedía de América Central y de Brasil.

Durante la guerra entre España y Estados Unidos, Hills Brothers vendió enormes cantidades de mantequilla al ejército norteamericano para su consumo en Filipinas. Conservada en salmuera, su sabor dejaba mucho que desear. En 1899, R. W. se detuvo en Chicago durante un viaje transcontinental para preguntarle a Norton Brothers —que preparaban expendedores al por menor para los granos de café a granel— si podían sugerir un método más adecuado para empaquetar mantequilla. Casualmente, Norton Brothers acababa de perfeccionar un proceso de envasado al vacío. Funcionó a la perfección y no fue necesario conservar la mantequilla encurtida.

R. W. sabía que una vez tostado, el café enseguida se volvía rancio debido al contacto con el oxígeno. ¿El envasado al vacío funcionaría también con el café? Así fue. Hills Brothers pronto negoció un contrato para tener los derechos exclusivos durante un año del proceso de Norton en la costa del Pacífico. Sin embargo, aún pasarían trece años antes de que otra firma de San Francisco adoptara el sistema de envasado al vacío, y mucho más tiempo para que lo hiciera el resto del país.

Resulta extraño que ninguna otra empresa cafetera aprovechara la nueva tecnología. El envase al vacío original de Hills Brothers, comercializado en julio de 1900, llevaba la exagerada afirmación de que sus variedades Java de primera calidad y moca «se conservan frescas para siempre si el cierre hermético no se altera». Aunque esta afirmación no era verdadera, el envasado al vacío mejoraba notablemente la calidad y la frescura del producto. «El café envasado en un recipiente corriente, aunque esté cerrado herméticamente, contiene aire suficiente para oxidar el aceite esencial y hacer que el café se vuelva rancio —escribió R. W. en un lado del envase—. La única forma de evitar esto es quitar el aire del paquete.»

El envasado al vacío permitió que el café Hills Brothers se distribuyera mucho más rápidamente en la zona de la costa del Pacífico y que llegara justo a tiempo para servir a otra generación de buscadores de oro en el Klondike. Poco después, el café Hills Brothers había llegado prácticamente a todos los rincones al oeste de las Montañas Rocosas.

R. W. eligió el color rojo como el más atractivo y el que más llamaba la atención y llamó a su café molido de primera calidad la Marca de la Lata Roja. En 1912, la empresa también envasaba marcas como Caravan (moca), Santola (sucedáneo de moca), Timingo (Indias Orientales) y Saxon (guisantes).

MJB: ¿por qué?

Pronto una tercera empresa cafetera de San Francisco competía con Hills Brothers y Folgers por la supremacía. En 1850, Joseph Brandenstein, de diecisiete años, huyó de Alemania para no tener que hacer el servicio militar y buscar fortuna en las minas de oro de California. Pero en lugar de encontrar fortuna, en la mina le robaron y terminó en San Francisco vendiendo hojas de tabaco y cigarros con un socio. Tenía once hijos con su esposa (porque también tenía una amante). Sus tres hijos mayores, Max, Mannie y Eddie se asociaron en 1899 para formar una empresa dedicada al café, el té y las especias; más tarde se les unió Charlie, un hermano más joven. M. J. Brandenstein & Co. (llamada así por Max) pasó a ser MJB para minimizar los conflictos entre los hermanos y la identificación con sus orígenes judeogermanos. La empresa pronto alcanzó gran importancia en el mundo californiano del café bajo el astuto liderazgo de Mannie.

Tal como su hija Ruth lo describió tiempo después, Mannie Brandenstein era un «supervendedor, un contador de anécdotas y aspirante a actor». Era bajo, delgado, prematuramente calvo y, en muchos sentidos, parecía el polo opuesto a R. W. Hills. Los Hills descendían de los primeros colonizadores, en cambio Brandenstein pertenecía a la segunda generación de inmigrantes, cuyo peluquín solía deslizarse hacia los costados cada vez que se ponía nervioso. Sin embargo, los dos hombres conocían bien su café. En 1913, Mannie fue el primero en adoptar el sistema de envasado al vacío promovido por Hills Brothers.

Brandenstein bautizó su primera marca como Climax Coffee. Un enorme cartel en cuatro colores mostraba a una seductora mujer reclinada en la cama, sosteniendo su taza de café matinal, con una sonrisa satisfecha en sus labios de rosa. Debajo de su imagen aparecía impresa la palabra «clímax» en letras negritas. En la atrevida era de la minería, un enfoque tan subido de tono podría haber resultado inapropiado, pero Brandenstein pronto lo moderó. Se le había ocurrido algo más para atraer la atención del público hacia el café insulsamente llamado MJB. Decidió seguir el ejemplo de C. W. Post, cuya misteriosa frase «Existe un motivo» había sido un éxito para Postum, e hizo famosa la marca MJB con la simple pregunta «¿Por qué?», con la que concluía cada anuncio. «¿Por qué pone por qué?», preguntó su hija. «¿Qué importancia tiene, siempre y cuando la gente se lo pregunte? —respondió su padre—. Eso es lo que vende.»

El gran terremoto de San Francisco

Durante todo este tiempo siguió prosperando la firma de San Francisco promovida por Jim Folger en la década de 1850, a pesar de la creciente competencia. Folger había muerto en 1889 a causa de una oclusión coronaria. Su hijo James A. Folger II, de veintiséis años —que llevaba siete años trabajando para la empresa cuando murió su padre—, se hizo cargo de todo. Bajo su dirección, Folger's se especializó en café tostado a granel, que entregaba a las tiendas de alimentación en sacos o bidones. Para atraer más clientes, incluía una cuchara medidora de café en los sacos de su marca Yosemite. Buscando mejorar el valor del premio, pasó a las cucharas de metal, lo que originó un torrente de protestas y juicios. Para muchos tenderos las cucharas de madera habían pasado inadvertidas, y las molían junto con los granos de café, pero las de metal rompían sus molinillos.

En 1898, Folger contrató a Frank P. Atha, que pronto se convirtió en el vendedor más importante de la empresa. En 1901, Atha sugirió que instalaran un punto de venta de Folger's en Tejas, enfrentándose a la difícil tarea de introducir un producto desconocido y relativamente caro. Los gastos de transporte desde el oeste hasta el este eran más altos que en la dirección opuesta, y el Ariosa de Arbuckle ya ocupaba una posición destacada en Tejas. Atha decidió promover el Golden Gate Coffee de primera calidad, ofreciendo un liderazgo exclusivo a una tienda de cada zona. Convirtió en una virtud el hecho de que no podía darse el lujo de competir con los premios de Arbuckle, y acuñó este eslogan: «Ni premios, ni cupones ni vajilla. Nada más que satisfacción obtendrá con el Golden Gate Coffee de Folger's.» Frank Atha se encaramaba al elevado asiento de la furgoneta de reparto, charlaba con las amas de casa y les entregaba muestras gratuitas de café. También diseñaba e instalaba escaparates para las tiendas. Al cumplir su tercer año, había contratado a dos vendedores más.

Entretanto, en San Francisco, James Folger II construía cerca del muelle una fábrica de cinco plantas. Quedó terminada en 1905, y se asentaba sobre pilares enterrados profundamente en el terreno de la bahía, cuya consistencia fangosa se debía a que era un terreno recientemente ganado a la cala Yerba Buena. Al año siguiente, en las primeras horas del 18 de abril de 1906, el edificio de Folger fue la única construcción que sobrevivió al famoso terremoto e incendio. Mientras ardía el resto de San Francisco, los marines instalaban su cuartel general en el edificio de Folger y bombeaban agua desde la bahía. Folger's hizo «un rápido negocio durante e inmediatamente después de la gran conflagración», según el relato de un contemporáneo. Cabe decir en su favor que, a pesar de que podría haberse aprovechado de la situación, James Folger mantuvo los viejos precios.

Hills Brothers y MJB no tuvieron tanta suerte. Sus fábricas quedaron hechas cenizas, pero las reconstruyeron rápidamente y reanudaron la tarea del tostado. MJB recibió un pago anticipado de casi 15.000 dólares por un pedido de Kamikowa Brothers, una firma local de propietarios japoneses que así mostraba su fe en la castigada empresa cafetera. «Los japoneses comprendemos los terremotos», decía el telegrama.

Chase & Sanborn: ¡Arre!

En la Costa Este, Chase & Sanborn seguía comercializando agresivamente su Seal Brand. Caleb Chase y James Sanborn, que entonces rondaban los sesenta años, se retiraron en 1899 y entregaron las riendas a su socio Charles Sias, que había trabajado para ellos desde 1882. A Sias, el «Barnum del café», le gustaba el espectáculo. Era un hombre alto y usaba una larga capa de color púrpura que flotaba al viento cuando iba al trabajo en su calesa de dos asientos tirada por caballos. Cuando estos coches fueron reemplazados por los automóviles, Sias compró una flota de coches extranjeros, incluido un Renault conducido por un chófer. Aunque Chase seguía pasando por la oficina de Boston todos los días, hasta que le sobrevino la muerte en 1898 a causa de una larga enfermedad, el indomable Sias disfrutaba claramente al mando del timón.

En 1900, Charles Sias publicó un pequeño folleto titulado *Trucos para después de cenar y rompecabezas con su café Seal Brand*, una ingeniosa colección de treinta y seis acertijos. ¿Cuántos huevos duros puede comer un hombre hambriento con el estómago vacío? Respuesta: Sólo uno, porque después de comerlo su estómago ya no está vacío. En el mismo folleto aparecía una ilustración racista: un negro de labios enormes, con un ojo cerrado en un guiño exagerado, sujetaba un pergamino con una propaganda de Chase & Sanborn: «El café aristocrático de Estados Unidos, que supera a todos los demás por su suntuosidad y la delicadeza de su sabor.» Una caricatura aún peor de 1898 mostraba a un anciano negro, con la boca abierta casi desdentada que decía: «Mi ama dice que no hay buen café por aquí. Creo que va a cambiar de idea cuando pruebe Seal Brand.»

Sias también apelaba al sexismo de la época, un enfoque de la venta de café que marcaría la tónica del siglo. Elogiaba al ama de casa como «el principal encanto y ornamento» de la mesa, porque «una comida es siempre un festín si hay una mujer hermosa a la cabecera de la mesa». Y qué mejor manera de garantizar el supremo éxito de la comida que con el café de Chase & Sanborn, «delicioso, aromático, cuyo olor es como el de un raro incienso que flota en la habitación». Tras esta referencia religiosa, el redactor se volvía aún más bíblico: «En verdad, la mujer que puede llevar a la mesa la felicidad para su esposo no es sólo un ama de casa... también es el ama de su esposo.»

Chase & Sanborn, que ya tenían plantas tostadoras en Boston, Montreal y Chicago, prosperaron en las primeras décadas del siglo XX sin tener que recurrir a los regalos. No obstante, más de la mitad de las ventas de la firma derivaban de sus marcas más baratas. En 1906 se expandió el comercio de Chase y Sanborn en el oeste, en parte por la influencia de los escandinavos, amantes del café. Al año siguiente Chase & Sanborn construyeron en Montreal una nueva fábrica que funcionaba totalmente con electricidad. El negocio iba camino de triplicarse.

Joel Cheek crea Maxwell House

Joel Owsley Cheek, un recién llegado al escenario nacional del café, había nacido en la población rural de Burkesville, Kentucky, el 8 de diciembre de 1852. Después de concluir sus estudios, en 1873 se trasladó a Nashville, Tennessee, para buscar fortuna. Contratado como vendedor ambulante por una firma de venta al por mayor de productos alimenticios, regresó a Kentucky para abrir nuevos frentes, por lo general trasladándose a caballo de una tienda a otra.

El joven Cheek hizo su primera venta a un tendero —pariente suyo— que le preguntó qué café era el mejor. En esta zona rural, en la década de 1870, la gente aún compraba los granos crudos para tostarlos en su casa. Lógicamente, el vendedor recomendaba su marca más cara, aunque en realidad no sabía nada de los méritos comparativos de los granos que vendía. Esa noche, mientras le remordía la conciencia, Joel Cheek tostó muestras de cada variedad en la cocina de la casa de su madre y decidió que una de las marcas más baratas producía una bebida de mejor aroma y sabor. Al día siguiente volvió a ver al tendero y le explicó por qué iba a enviarle la variedad más barata.

Mientras experimentaba con las muestras, Cheek descubrió que algunas variedades ofrecían más cuerpo, otras más sabor y otras más acidez. Creía que combinándolas encontraría una mezcla óptima. Pasaron los años y el vendedor se convirtió en un visitante esperado en los aislados valles de Kentucky, adonde llevaba noticias y chismes además de alimentos. Cheek, casado en 1874, pasó en su casa el tiempo suficiente para engendrar ocho hijos y una hija.

En 1884, la extensa familia se trasladó a Nashville, donde el exitoso vendedor se convirtió en socio de la empresa, ahora llamada Cheek, Webb & Company. Allí conoció y trabó amistad con Roger Nolley Smith, un británico, agente de la bolsa del café, que había dirigido una plantación en Brasil y, según se decía, podía distinguir entre el café colombiano, el mexicano y el brasileño simplemente oliendo los granos sin tostar. Cheek y Smith trabajaron juntos en una mezcla de cafés de los tres países en la que el de Santos, más barato, proporcionaba la base, y dos cafés suaves aportaban más sabor y acidez.

En 1892 Cheek pensó que había encontrado la mezcla perfecta. Se acercó al señor Bledwell, que compraba los productos alimenticios para Maxwell House, un prestigioso hotelero de Nashville. Cheek lo convenció de que se llevara 10 kilos sin cargo, a modo de prueba. Al cabo de varios días el café se había terminado, y el hotel volvió a consumir la marca de siempre. Cuando Bledwell se enteró de las quejas le preguntó al chef si había habido algún cambio en los métodos de preparación. No, respondió el chef, simplemente la mezcla de Cheek era de mejor calidad. A partir de entonces, Maxwell House compró el café de Cheek y después de un juicio de seis meses logró usar el nombre del hotel para denominar la mezcla.

Inspirado en su éxito, Joel Cheek —que rondaba los cuarenta años— abandonó en 1893 su trabajo y, tiempo después, formó la Cheek-Neal Coffee Company con su socio John Neal, un sujeto de Kentucky que en otros tiempos había trabajado como vendedor para Cheek. Su empresa prosperó en la zona de Nashville. En 1905 abrieron una planta de tostado en Houston, Tejas. Cinco años más tarde construyeron una nueva planta en Jacksonville, Florida, y luego otra en Richmond, Virginia, en 1916. Uno a uno, seis de los ocho hijos de Cheek se unieron a la firma.

El mayor de los Cheek demostró ser un genio de la promoción y la publicidad, como indicaba su esfuerzo por asociar su café con un punto de referencia socialmente destacado. Sus anuncios, que empezaron a circular en 1907, utilizaban mucho espacio en blanco e ilustraciones de buen gusto. Uno de ellos mostraba una taza de café llena y humeante y la frase «La taza de calidad». El texto principal rezaba: «Todas las amas de casa que conocen el valor del café apreciarán la calidad única de la Mezcla Maxwell House.» El atractivo de una bebida de primera calidad funcionaba particularmente bien para diferenciar Maxwell House en el sur, donde tradicionalmente predominaban las mezclas más baratas rebajadas con café de Rio y cereal.

Ese mismo año, mientras regresaba de una cacería de osos en los cañaverales del Misisipí, el presidente Theodore Roosevelt visitó The Hermitage, el famoso balneario de Nashville, donde tomó una taza de Maxwell House Coffee. «Bueno —dijo supuestamente el vivaz Roosevelt—, bueno hasta la última gota.» Años más tarde, Joel Cheek convertiría la frase en sinónimo de Maxwell House Coffee. En 1908 apareció un anuncio del café en el listín telefónico de Nashville; allí se afirmaba que la bebida «fue servida al presidente electo Taft y a un millar de invitados en Atlanta», además de deleitar a Teddy Roosevelt en el Hermitage. Para que el mensaje —que apuntaba a un público socialmente en ascenso— surtiera efecto, el anuncio mostraba a una mujer voluminosa, vestida con un traje de noche, que se servía una enorme taza de café en el último piso del Maxwell House Hotel.*

A diferencia de la mayor parte de los tostadores, Cheek reparó en el artículo sobre la joven «bonita y pechugona» que vendía tanta leche. Contrató a Edna Moseley, una beldad de voz suave, para demostrar las virtudes del Maxwell House Coffee en las ferias estatales al sur de la línea Mason-Dixon. «La señorita Moseley —comentó el *Tea & Coffee Trade Journal*— parece tener la dichosa facultad de ganar amigos, además de clientes, entre todos los visitantes de su puesto.»

Al igual que sus competidores, la Cheek-Neal Coffee Company también produjo muchas variedades de café de menor calidad —más de cincuenta marcas—, incluidas mezclas con achicoria. En 1910, la compañía fue multada por «adulteración y falsedad en el rotulado» del café, que contenía un diez por ciento de achicoria. En realidad había un rótulo que atravesaba la tapa, en el que se leía «Mezcla Golden Hours, café y achicoria», pero la letra era pequeñísima; en cambio el rótulo principal proclamaba, en letras grandes: «Café de calidad Cheek & Neal.»

Sin embargo, el problema legal afectó muy poco a la empresa. En 1914, Joel Cheek —de sesenta y un años— se había convertido en un hombre muy rico, y consideraba el café como algo bendito. «No existe nación bajo el sol que no tenga en su sangre el deseo de un estimulante de alguna clase —comentó—. Creemos que este artículo que preparamos es de origen divino.»

---

* Probablemente, Teddy Roosevelt jamás pronunció las palabras «Bueno hasta la última gota». Si lo hubiera hecho, ¿por qué este anuncio de 1908 no utilizó la frase? En cambio, el primer anuncio de Maxwell House Coffee que empleó el eslogan apareció en la década de 1920. Fue Coca-Cola la que en 1908 calificó su bebida como «buena hasta la última gota».

¿Gift, Guest o Yuban?

En 1910, Arbuckle Brothers seguía dominando incuestionablemente el mundo del café a escala nacional. Su marca Ariosa representaba una de cada siete libras vendidas en Estados Unidos. Pero el anciano John Arbuckle y su sobrino, Will Jamison, reconocían que su porción en el mercado se estaba debilitando debido a la creciente competencia de otras marcas.

John Arbuckle murió en marzo de 1912, a los setenta y cuatro años, sin haber abandonado nunca su puesto de trabajo, y dejó un patrimonio valorado en 20 millones de dólares. Murió sin hacer testamento, algo sorprendente para un empresario tan pragmático. La empresa recayó finalmente en Will Jamison y en las dos hermanas de Arbuckle, la esposa de Robert Jamison y Christina Arbuckle.*

Jamison reconoció que había que hacer algo para hacer frente al debilitamiento de la porción del mercado que correspondía a Ariosa. Como medida provisional presentó un café molido, pero también decidió un cambio más radical. Al igual que Joel Cheek, ofrecería un café superior, una marca de la mejor calidad para atraer a los paladares refinados. La empresa se acercó cautelosamente a una firma publicitaria para que la ayudara a dar nombre y lanzar la nueva marca. Hasta ese momento, Arbuckle Brothers había confiado principalmente en el boca a boca, en los precios bajos y en los cupones de premio para vender su café.

Después de meses de coqueteos, Jamison contrató finalmente a la Agencia J. Walter Thompson (JWT), en la que dinámicos creativos buscaban utilizar la investigación y la psicología, y dar un enfoque «científico» a la publicidad. En 1912, Stanley Resor y su principal redactora, Helen Lansdowne, llegaron desde la sucursal de Cincinnati para ocuparse de las actividades de la empresa en Manhattan. Una de sus primeras tareas fue crear una campaña para la nueva mezcla de Arbuckle. Se enteraron de que en realidad no era nueva sino que había sido la bebida preferida de John Arbuckle, que la había ofrecido tradicionalmente como regalo de Navidad a un pequeño círculo de amistades.

En noviembre de 1912, Stanley Resor escribió una carta de catorce páginas en la que describía el enfoque de JWT a la campaña para lo que él provisional-

---

* Aunque es pura especulación, no parece imposible que Arbuckle dejara su considerable fortuna para obras de caridad, y que el testamento desapareciera convenientemente. Sin embargo, no cabe duda de que las hermanas de Arbuckle se movieron rápidamente para cerrar los hoteles para personas sin hogar, a pesar de las desgarradoras súplicas de sus ocupantes. «Es el único hogar que tiene la mayoría de nosotros, y casi todos somos huérfanos.»

mente llamaba Café Aro. ¿Podría Aro dominar el mercado nacional del café, tal como habían hecho Jabón Ivory, Crisco, Polvo de hornear Royal, Bizcochos Uneeda, Cream of Wheat y Baker's Chocolate? ¿Cuáles eran las características de esas marcas? Resor señalaba cinco factores: 1) primera calidad, 2) absoluta uniformidad, 3) nombre y marca fáciles de recordar, 4) amplia distribución y, como resultado, 5) la compra del producto se convierte en «un acto inconsciente, un hábito nacional».

La nueva creación de Arbuckle aparentemente no tendría problemas con los dos primeros puntos. Arbuckle ya contaba con una excelente red de distribución. Lamentablemente, aunque la creación de Arbuckle podía ser superior, «el producto mismo carece de rasgos radicalmente diferentes». Por lo tanto, la publicidad debía provocar la crucial demanda del consumidor; debía apelar a las emociones, más que al intelecto. Resor citaba al filósofo y psicólogo William James: «Nuestra opinión con respecto al valor de las cosas, sea buena o mala, depende de los sentimientos que esas cosas despiertan en nosotros.»

Resor reconocía que los anuncios deben apelar principalmente a las mujeres, que son las que compran alimentos y café. «Incluso antes de probarlo, la mujer habrá decidido que es extraordinariamente bueno y que es el café que ha estado buscando.» El café ofrecía un campo fértil para esa clase de publicidad, afirmaba Resor. «El hecho de que la gente gaste mucho dinero en café en proporción a sus ingresos... a pesar de los elevados costes y de la propaganda sensacionalista hecha por Postum», era un buen augurio para Aro.

Al encarar el fundamental «nombre que llevará», los responsables de Arbuckle sugirieron que la nueva marca fuera Arbuckle's Christmas, Gift Coffee o Guest Coffee, pero Resor y sus colegas los convencieron de que nombres tan genéricos nunca funcionarían. Además, poca gente pedía la marca Ariosa. Debido a que los cupones llevaban la firma «Arbuckle Bros.», la mayoría de los consumidores pensaba en esa marca barata como «Arbuckle», y JWT no quería que la nueva marca canibalizara las ventas de Ariosa, o que lo hiciera caer por su imagen de poca categoría.

No está claro cómo llegaron finalmente a «Yuban». Una versión dice que era una variación de «Yuletide Banquet». Sin embargo, es posible que fuera creada simplemente como un nombre sin significado, de sonido aristocrático.

A continuación, Resor explicó resumidamente las características del envase. Debía ser atractivo, distinguido y memorable. «El envase hermético, que debe ser abierto por primera vez por la mujer», ayudaría a «crear la idea de que el café que se encuentra en el interior está absolutamente intacto y fresco». Remataba su argumento en la última página. «La publicidad es un método de venta económico, que ha evolucionado hasta encontrar nuevas condiciones de comercializa-

ción. Colocar la mercancía en las estanterías de los comerciantes no es vender.»
Los periódicos, las revistas, las vallas publicitarias, los tranvías y otros medios de
propaganda ofrecían maneras de apelar directamente al consumidor. Había llegado el momento de una campaña nacional para el café, como quedaba demostrado por «el crecimiento de la idea del envasado en toda línea, e incluso la propaganda intermitente e irregular hecha por los tostadores de café».

Durante el verano de 1913, la administración de Arbuckle puso a prueba a
JWT al aceptar una campaña publicitaria de 74.000 dólares para el mercado
metropolitano de Nueva York, que incluía anuncios en periódicos, vallas publicitarias en las líneas ferroviarias periféricas y en letreros del metro. El Día de
Acción de Gracias apareció un anuncio en la primera página doble de doce periódicos de Nueva York, Nueva Jersey y Connecticut. Yuban era promocionada
como «El café que toman en privado los grandes comerciantes de café», la mezcla que antes reservaban «para su uso personal y sus regalos» de Navidad. Yuban producía «la más deliciosa y selecta taza de café que puede conseguirse, al
margen de su precio». Finalmente, el anuncio prometía que el 1 de diciembre
«su tendero estará en condiciones de proporcionarle este famoso café».

Con una campaña bien planificada y en marcha, las ventas de la nueva
marca fueron extraordinarias. Al cabo de diez semanas, Yuban vendía más que
cualquier otro café envasado de Nueva York. En febrero de 1914, JWT publicó en los periódicos de Nueva York un anuncio a toda página en el que afirmaba que más de cinco mil tenderos de la zona metropolitana tenían Yuban entre
sus existencias. Luego JWT llevó a cabo una campaña similar en Chicago con
resultados igualmente satisfactorios.

Como informó un periodista con admiración, el anuncio del periódico, los
carteles en los tranvías, los carteles en paredes y los escaparates estaban cuidadosamente diseñados para transmitir «esta atmósfera de refinamiento y "clase"». No obstante, pronto fue evidente que el atractivo no estaba limitado a la
flor y nata. Una semana después de publicado el primer anuncio de Yuban, los
tenderos de las zonas pobres de Brooklyn empezaron a fraccionar los paquetes
de 35 centavos la libra en unidades de 10 centavos, que era todo lo que los consumidores podían permitirse.

El (lento) ascenso de las mujeres

Aunque Stanley Resor se había llevado la mayor parte del reconocimiento
por el éxito increíble de la campaña de Yuban, no era él el autor del texto sino
Helen Lansdowne. En realidad, la joven empresaria de Covington, Kentucky,

había escrito todos los anuncios que habían salido de la sucursal de Cincinnati, donde había comenzado su carrera publicitaria en 1904, cuando tenía dieciocho años. Resor se aseguró de que ella lo siguiera a la oficina de Nueva York. Allí, comentó ella tiempo después, «yo aportaba el punto de vista femenino. Miraba el anuncio para cuidar que la idea, el texto y la imagen fueran efectivos para las mujeres».

En 1917, Stanley Resor se casó con Helen Lansdowne. No cabe duda de que se amaban, pero la unión también debió de aliviar cualquier ansiedad que el novio pudiera sentir con respecto a su carrera. Como observó tiempo después James Webb Young, redactor de JWT, Resor «no tenía verdadero talento para la publicidad», y en cambio la señora Resor «era un verdadero as en la materia». Ella también contrató a otras mujeres —Ruth Waldo, Augusta Nicoll, Aminta Casseres— como redactoras de JWT.

Sin embargo, aunque Lansdowne y sus colegas dejaban su impronta en la publicidad y la comercialización del café, las mujeres tardaban mucho más en introducirse en el negocio del café, salvo para ser explotadas en tareas de poca importancia y mal remuneradas. Hasta 1917, la fábrica Hills Brothers, administrada por el bondadoso R. W. Hills, pagaba 50 centavos la hora a los trabajadores, mientras las mujeres recibían 23 centavos. A principios del siglo trabajaban diez horas diarias, durante seis días por semana, con una semana al año de vacaciones.

Sin embargo, hubo una mujer que se introdujo en el mundo de la torrefacción. Alice Foote MacDougall obtuvo riqueza y fama gracias a su perseverancia como tostadora de café y, con el tiempo, como propietaria de una cafetería. En 1888 se casó con Allan MacDougall, catorce años mayor que ella e importador en Front Street de Nueva York. Su esposo murió de cáncer de garganta en 1907, dejando a su esposa, de cuarenta años, con tres hijos pequeños y 38 dólares en el banco.

Con una estatura de poco más de un metro cincuenta, aquejada de insomnio, de aversión a la comida y de lo que ella misma llamaba «histeria», decidió escalar posiciones en el mundo del café porque sabía algo del tema y lo consideraba un comercio limpio y digno. Alquiló una pequeña oficina en el 129 de Front Street y se hizo imprimir papel de correspondencia a nombre de A. F. MacDougall. «No consideré oportuno revelar que era mujer, firmando con mi nombre completo.» Aun así, en Front Street no podía ocultarlo y encontró una abierta hostilidad. Sin embargo, tiempo después admitió que «tenía gracia invadir precisamente este distrito en el que dominaban los hombres y donde podían sentirse claramente los potentes latidos de un mundo en pleno funcionamiento».

Consiguió una provisión de café, hizo su mezcla y escribió quinientas cartas a amigos y parientes explicándoles sus problemas y pidiéndoles que compraran su café. Mientras iba construyendo poco a poco su empresa, cada día enviaba cien cartas más. El insomnio le venía muy bien, pues a menudo se levantaba a las seis de la mañana y no volvía a su casa hasta las ocho y media de la noche. En 1909 tenía unos ingresos brutos de 20.000 dólares al año, pero su beneficio neto era de sólo 4 centavos la libra. Sin embargo perseveró. «Creo que la única manera de triunfar es meterse donde la batalla es más encarnizada y luchar, luchar, luchar hasta vencer —escribió en su autobiografía—. Es esta clase de determinación la que el hombre ha adquirido a lo largo de varias generaciones, y la mujer que quiera conquistar el mundo empresarial también debe adquirirla para poder conseguirlo.»

También necesitó unas papilas gustativas exigentes, una rica imaginación e instinto para las ventas. Decidida a entrenar su paladar, MacDougall probaba muestras y aprendía lentamente a distinguir «el sabor del café de Santos, Peaberry, Maracaibo viejo y nuevo, Buch y Bogotá, y al mismo tiempo mi ojo aprendía a distinguir las diferencias de aspecto de los granos». Se deleitó promocionando su marca Emceedee (M.C.D., por MacDougall). «¿Está usted plenamente conforme con su actual proveedor? —preguntaba—. ¿El objetivo de él es ganar dinero, o proteger los intereses que usted tiene en el negocio? ¿Siempre es satisfactoria la calidad que le ofrece? La mía sí.» Explicaba que el precio de su producto estaba apenas por encima del coste. «Sin intermediarios, sin comisiones. Compro aquí directamente y lo entrego directamente. [...] Compro el café sin tostar. Sé cómo mezclarlo, cómo tostarlo y cómo enviarlo para darle a usted una bebida más deliciosa al precio que usted quiere pagar.» También ofrecía como garantía la devolución del dinero.

Sus clientes privados y de venta por correo tenían la desalentadora costumbre de viajar al sur durante el invierno y a Europa en verano, de manera que MacDougall recurrió a las instituciones: clubes, hoteles, hospitales y escuelas. Y consideraba una parte normal de su trabajo el hecho de eludir las insinuaciones lascivas de los agentes de compra.

Los lectores modernos pueden suponer, naturalmente, que Alice Foote MacDougall era una ardiente feminista. Después de todo dedicó su libro «A las mujeres... a quienes amo y querría ayudar», y en el texto del libro añadía: «Es inútil pedir a las mujeres que no se dediquen a los negocios. [...] No es posible detener el movimiento del mundo.» Sin embargo, curiosamente, esta menuda e indomable mujer se calificaba a sí misma de «antifeminista». Pensaba que las mujeres debían tener derecho al voto. Y su consejo definitivo a las mujeres que querían dedicarse a los negocios era: No lo hagáis. Es demasiado duro. «Si fuera por mí, las mujeres serían un elemento decorativo», declaró. No obstante decidió «utilizar la gran ola de emoción femenina» inspirada por el movimiento de liberación de la mujer, y en 1912 empezó a utilizar su nombre completo, Alice Foote MacDougall. Cuando su hijo Allan —que trabajaba con ella en la empresa— se marchó para luchar en la Primera Guerra Mundial, dio empleo a quince personas.

En la época de la Gran Guerra, las actitudes del mundo y las formas de hacer negocios empezaban a cambiar rápidamente. El conflicto, aunque no logró hacer del mundo un lugar seguro para la democracia, aceleró otros cambios —el sufragio femenino, la prohibición del alcohol, la industrialización, la automatización, la fusión de empresas— y demostró ser además un catalizador para el cambio en la industria del café.

CAPÍTULO OCHO

El mundo: un lugar seguro para el café

Toma un café cuidadosamente mezclado, con cuerpo, muy aromático, y prepáralo con cuidado... obtendrás una bebida fuerte, delicada y placentera. Dáselo al bebedor corriente de café y dirá: «No es bueno.» Luego toma ese mismo café, hiérvelo hasta que sus delicadas características hayan desaparecido y consigas obtener un líquido semejante a la lejía y dáselo al mismo hombre, que lo aceptará gozoso y exclamará: «¡Ah! ¡Esto es café!»

Charles Trigg, investigador del café, 1917

En muchos sentidos, la Primera Guerra Mundial marcó el inicio del mundo moderno. Introdujo la matanza tecnológica y el término «neurosis de guerra», pero también aceleró una visión global y aumentó el comercio internacional. Para los empresarios del café, la guerra cambió el foco de América Latina a Estados Unidos como el consumidor más fiable e impuso el hábito de tomar café —a menudo en forma de granos rancios y de calidad inferior— entre una generación de veteranos.

Mientras Europa sufría su primera matanza moderna a gran escala, los tostadores de Estados Unidos sacaban provecho de una situación comercial favorable creada por la guerra. Hasta que se produjo el conflicto, los puertos de Hamburgo y El Havre —y en menor grado Amberes y Amsterdam— habían predominado sobre la mitad del mundo del café. Debido a que los cultivadores y exportadores de café alemanes dominaban gran parte de América Latina, los importadores alemanes habían recibido, tradicionalmente, los mejores granos. Los europeos también estaban dispuestos a pagar más por el buen café, dejando a los norteamericanos las variedades de menor calidad. Sin embargo, con el estallido de la Primera Guerra Mundial, en agosto de 1914, esa situación cambió.

Hasta entonces, la mayor parte del café que llegaba a los puertos estadounidenses se transportaba en buques extranjeros. La legislación para reafirmar la marina mercante norteamericana —prácticamente inexistente— se había archivado, y Estados Unidos dependía de los buques de otros países. Con la declaración de hostilidades, cada barco que llevara la bandera de una nación en guerra debía quedar en puerto para evitar que fuera hundido. Una ley provisional rápidamente aprobada permitía el registro norteamericano de buques de construcción extranjera. Las empresas que nunca habían transportado café —como W. R. Grace & Company, que había hecho fortuna transportando guano desde América Latina— se incorporaron al nuevo negocio.

En septiembre de 1914, un editorial de una publicación especializada pedía a los empresarios del ramo que actuaran. «El comercio en Suramérica, justamente nuestro en virtud de la proximidad», había sido absolutamente controlado por el capital europeo. «Sólo ahora, cuando luchan por preservar intactos sus territorios y su independencia, la mayor parte de las naciones que abarca Europa ha sido obligada a descuidar el comercio establecido en Suramérica.» Había llegado la época de los agresivos vendedores norteamericanos. Más aún, los precios del café tendrían que bajar, ya que Estados Unidos representaba ahora el único mercado importante para el producto.

«Nueva York se ha convertido, al menos temporalmente, en el centro comercial y financiero del mundo», informó un banquero a los tostadores en 1915. Inglaterra cedió paso a Estados Unidos como cámara de compensación para el comercio mundial, y el National City Bank de Nueva York abrió rápidamente sucursales en Buenos Aires, Montevideo, Rio de Janeiro, Santos, São Paulo y La Habana, mientras Estados Unidos desarrollaba un equilibrio comercial favorable.

Los cultivadores latinoamericanos se quejaban amargamente de que mientras su café obtenía precios bajos, los costes de la maquinaria importada para procesar los granos, lo mismo que otros artículos, se habían duplicado con el estallido de la guerra. Richard Balzac, un experto en café especializado en importarlo desde Colombia, insistía en que «el inteligente productor de café» debía recordar que él necesitaba plantaciones latinoamericanas saludables. Brasil, que ya padecía una crisis financiera, buscaba en Europa otro préstamo de 25 millones de libras cuando estalló la guerra. Los cultivadores pidieron desesperadamente que el gobierno interviniera con un segundo plan de valorización, pero éste no actuó hasta casi el final de la guerra. Los brasileños calificaron la época de la guerra de «quinquenio siniestro».

El importador J. Aron, que tenía sus bases de operaciones en Nueva Orleans y Nueva York, anunció con regocijo: «La guerra ha trastornado los negocios hasta tal punto que los productores de café se ven obligados a comercializar su producto a precios por debajo de los costes de producción. Esto ofrece una oportunidad para que los compradores anticipen futuras necesidades y aprovechen los actuales precios bajos.» Aunque Brasil mantuvo la neutralidad a lo largo de la mayor parte de la guerra con la esperanza de vender su café a ambos bandos, el consumo europeo disminuyó de manera regular. El transporte de productos «no esenciales» como el café era poco frecuente. Los británicos establecieron un bloqueo relativamente firme de las rutas desde América Latina. El precio del café, que durante 1912 y 1913 había sido elevado, cayó repentinamente en el primer año de la guerra.

Sin embargo, el café circuló abundantemente en los países en guerra, en gran parte a través de Estados Unidos. «Las tropas inglesas normalmente beberían té, pero se dice que el café lo sustituye debido a su efecto más estimulante. Las otras naciones también proveen grandes cantidades de café a los soldados», comentó un tostador norteamericano. En 1915, los británicos incautaron 12.000 sacos de café de trece barcos de vapor diferentes despachados por la firma norteamericana J. Aron & Company, a la que acusaron de destinarlo al consumo alemán.

Dos años antes, Estados Unidos había reexportado menos de 2 millones de kilos de café. En 1915, esa cifra se disparó por encima de los 500 millones de kilos, en su mayor parte despachados al otro lado del océano. La casi totalidad fue a Escandinavia —donde las importaciones se multiplicaron por diez— y finalmente llegaron a los tostadores alemanes.

Al mismo tiempo, más consumidores de Estados Unidos estaban descubriendo el sabor intenso del café de Guatemala, de Colombia y de otros cafés «suaves» de América Latina. «Durante un tiempo —escribió un periodista de Guatemala en junio de 1915—, el panorama pareció poco halagüeño, pues Alemania siempre se había quedado con los dos tercios de la cosecha del país.» Ahora, sin embargo, California se había convertido en el comprador más grande de café guatemalteco.

Para muchos alemanes que se encontraban en América Latina, la guerra resultó una pesadilla. Como el gobierno federal brasileño temía un levantamiento teutónico, suprimió los periódicos en lengua alemana y recluyó a varios alemanes prominentes. La neutralidad norteamericana se debilitó a la vista de los ataques de submarinos alemanes como el que hundió el *Lusitania* en 1915; en abril de 1917, Estados Unidos entró en la guerra. Brasil también declaró la guerra a los países del Eje, pero sólo después de que Estados Unidos prometiera comprar medio millón de kilos de café para sus fuerzas expedicionarias.

Estados Unidos aprobó rápidamente la legislación para confiscar «propiedades extranjeras» y presionó a los países productores de café para que hicieran lo mismo. En febrero de 1918 Guatemala aprobó una ley similar. Con anterioridad a la guerra, los cultivadores alemanes en Guatemala, que poseían el diez por ciento de las plantaciones, habían representado el cuarenta por ciento de la cosecha total y controlaban el ochenta por ciento de la producción del país. Ahora, bajo la presión de Estados Unidos, el control de muchas plantaciones, cuyos propietarios eran alemanes, quedó bajo la supervisión de Daniel Hodgson, un ciudadano norteamericano que vivía en Guatemala. El gobierno de Estados Unidos insistió en que casi dos tercios de las plantaciones de propietarios alemanes fueran consideradas «propiedad enemiga». El dictador guatemalteco Estrada Cabrera aprovechó la situación para aumentar su patrimonio inmobiliario personal.

El café y el soldado de infantería

Con la entrada de los norteamericanos en la guerra, el fervor patriotero convirtió rápidamente a los alemanes en monstruos. «Es un momento solemne, un destino importante —entonaba el director de una publicación especializada—. Sin embargo, la lucha entre autocracia y democracia, ahora extendida al mundo entero, debe continuar para la preservación de la libertad humana y la civilización.» Estos nobles sentimientos no impidieron que las firmas cafeteras norteamericanas reexportaran café a los países escandinavos, sabiendo que la mayor parte de los granos terminaría en Alemania. El mismo día que Woodrow Wilson declaró su intención de hacer del mundo un lugar seguro para la democracia, los precios del café en la bolsa de valores se dispararon ante la suposición de que la paz llegaría muy pronto, junto con los precios más altos, estimulados por la demanda europea renovada.

La guerra no terminó tan pronto, y dio lugar a una mayor demanda de café; en 1917, el Departamento de Intendencia General requisó más de 13 millones de kilos. Como señaló un periodista contemporáneo, el café era «la bebida más popular del campamento» y se bebía con cada comida.

Lamentablemente, la mayor parte del café que consumía el ejército —Santos de baja calidad— era tostado y molido en Estados Unidos y, además, mal envasado. En el momento en que llegaba a las tropas, ya estaba rancio. Además, las regulaciones del ejército exigían utilizar sólo 5 onzas (unos 140 gramos) de café por cada galón (3,80 litros de agua). El poso del café se dejaba en el fondo del jarro hasta la siguiente comida, cuando se añadía un galón de agua y tres onzas de café. El resultado, se quejaban los soldados, era una «porquería desabrida, rancia e inútil parecida al agua de lavar los platos». E. F. Holbrook, un tendero de New Hampshire destinado al Departamento de Intendencia para comprar todo el café del ejército, juró modificar las espantosas instrucciones para preparar el café e instalar tostadores detrás de las líneas. Según él, si el pan se podía hornear en el lugar, lo mismo se podía hacer con el tostado del café.

Holbrook presionó a los militares, insistiendo en que si se despachaban los granos sin tostar se ahorraría bastante espacio, ya que el café se expande una vez tostado. El general Pershing envió por cable la autorización para que se enviara al campo de batalla maquinaria para tostar y moler, junto con el café y personal capacitado para tostarlo.

Cuando terminó la guerra, el ejército de Estados Unidos tostaba 350.000 kilos de granos al día.

Al comienzo la guerra exigió poco sacrificio de los tostadores, más allá de usar recipientes de fibra en lugar de los de hojalata. A principios de 1918, los especuladores del algodón se introdujeron en el mercado del café. La Administración de Alimentos de Herbert Hoover decidió controlar el mercado del café y congelar los precios para evitar la especulación.

Una taza de George para los chicos

La guerra proporcionó un impulso importante a los nuevos cafés solubles o «instantáneos». En 1906, mientras vivía en Guatemala, un belga llamado George Washington —supuestamente descendiente indirecto del primer presidente norteamericano— concibió la idea de refinar cristales de café a partir de café elaborado.* En 1910, Washington —a la sazón un ciudadano norteamericano que vivía en Nueva York— sacó su Café Refinado G. Washington. Aunque no poseía el aroma, el sabor ni el cuerpo del café elaborado a partir de granos recién tostados, el sabor de la milagrosa versión instantánea se parecía bastante al original, y proporcionaba la misma calidez y el mismo contenido de

---

* Existen otros pretendientes para la invención del café soluble. Ya en 1771, los británicos concedieron una patente para un «concentrado de café». A finales del siglo XIX, R. Paterson & Son de Glasgow inventaron Camp Coffee, una «esencia» líquida. En 1900, Sartori Kato —un químico de Tokio— presentó su versión a un grupo de empresarios del café de Chicago, la vendió en la Exposición Panamericana de 1901 y la patentó en 1903. Alrededor de 1906, mientras se encontraba en el Faust Café, Cyrus F. Blanke —tostador de Saint Louis— vio una gota seca de café en su plato e inventó el Café Instantáneo Faust. Finalmente, el germano guatemalteco Federico Lehnhoff Wyld desarrolló de manera independiente un café instantáneo y con el tiempo instaló una empresa en Francia. Poco después quebró, a causa de la Primera Guerra Mundial.

cafeína. Gracias a la publicidad insistente y a las promociones inteligentes, el café instantáneo dejó su impronta incluso antes de que Estados Unidos entrara en la guerra. Aun así, el café instantáneo anterior a la guerra había apelado sobre todo a la gente que acampaba y a las familias pequeñas que buscaban comodidad.

En el verano de 1918, el ejército de Estados Unidos requisó toda la producción de G. Washington. La empresa enseguida usó este hecho publicitariamente: «El Café Refinado G. Washington ha ido a la guerra.» El café instantáneo encontró consumidores agradecidos. «Soy muy feliz a pesar de las ratas, la lluvia, el barro, las corrientes de aire, el rugido de los cañones y el estallido de los obuses —escribió en 1918 un soldado de infantería desde su trinchera—. Me lleva sólo un minuto encender mi pequeño calentador y preparar un poco de Café George Washington. [...] Todas las noches ofrezco una oración especial por la salud y el bienestar [del señor Washington].» Otro soldado escribió: «Hay un caballero al que iré a buscar apenas termine de dar su merecido al káiser, y es George Washington, de Brooklyn, el amigo de los soldados.» Los soldados de infantería solían pedir una taza de «George», en lugar de café, y a veces lo bebían frío, no por el sabor, sino por el estimulante.

Otros tostadores de café intentaron crear su propio café instantáneo. En octubre de 1918, el ejército pedía 17.000 kilos de café instantáneo al día, mientras toda la producción nacional era de sólo 3.000 kilos. La guerra concluyó en noviembre de 1918, eliminando bruscamente el mercado del café soluble y dejando fuera del negocio a muchos de sus productores. Aunque el café G. Washington sobrevivió, nunca tuvo muchos seguidores, y haría falta otra guerra mundial para reavivar la buena suerte del café instantáneo.

La paz llevó la prosperidad temporal a los productores de café, pero no a los tostadores norteamericanos. A medida que se hacía evidente que la guerra terminaría pronto, los comerciantes brasileños —que anticipaban una renovación de la demanda europea— llevaron los precios futuros de Santos a cotas sin precedentes. Al mismo tiempo, la Administración de Alimentos de Estados Unidos ordenó la liquidación de todos los contratos futuros para evitar la inflación de precios sin control. Los agraviados empresarios del café telegrafiaron a Hoover: «Los precios en los condados productores se están disparando y nuestros comerciantes están poco dispuestos a importar debido a que no existe mercado libre en el que proteger sus compras.» Pedían un «contrato absolutamente libre de restricciones». Hoover se mantuvo inflexible. Cuando terminó la guerra, el confundido y congelado mercado norteamericano del café no participó en la celebración.

Las Fuerzas Expedicionarias de Estados Unidos habían utilizado 34 millones de kilos de café durante la guerra, y el Ejército de Ocupación Norteamericano en Alemania siguió pidiendo 1.000 kilos de café todos los días. Aunque la guerra no hizo del mundo un lugar seguro para la democracia, había creado veteranos adictos al café. «No se debe olvidar —se regodeaba un tostador de café—, que una buena taza de café es una de las bendiciones más importantes de la vida cotidiana y que no se le debe negar a nuestros muchachos, los invencibles y felices guerreros de una nación amante del café.»*

Entretanto, allá en las fazendas...

La Primera Guerra Mundial agravó la tendencia que continuaría durante las décadas siguientes: mientras mantenía su abrumador dominio de la producción mundial de café, Brasil hacía frente a una dura oposición de otros países productores, sobre todo de los de América Central y Colombia. Mientras Brasil luchaba con la superproducción crónica de sus variedades de menor calidad, los países del así llamado café «suave» aumentaban poco a poco su producción, que podían vender con un recargo del precio impuesto por Santos.

Golpeados por los precios desastrosamente bajos de la época de guerra, los brasileños financiaron una segunda valorización en 1917 retirando 3 millones de sacos del mercado. Al año siguiente, con el final de la guerra, los precios subieron vertiginosamente, empujados por la noticia de una terrible helada en Brasil, el limitado espacio en los buques, los especuladores y las restricciones de la Administración de Alimentos de Estados Unidos. El gobierno brasileño vendió rápidamente su segunda remesa de café, valorizado por un beneficio considerable.

Durante cuarenta años, el café había representado para Brasil más de la mitad del valor de todas sus exportaciones. En 1918, a pesar de los beneficios del café valorizado, esa cifra se redujo a un tercio, en parte debido a la mayor demanda de otros productos agrícolas esenciales —como alubias, azúcar y carne vacuna— por parte de los aliados. Además, la industrialización brasileña —que había quedado a la zaga de la de Estados Unidos— se duplicó con el impulso de la guerra, y en 1923 se triplicó. Entre 1915 y 1919 surgieron casi 6.000 empresas industriales nuevas, en su mayoría de alimentación y textiles.

---

* Mientras la guerra concluía, a finales de 1918, una terrible epidemia de gripe mataba a 40 millones de personas en el mundo. Algunos pensaban que el café curaba la gripe, pero el puerto de Rio de Janeiro estaba paralizado, con abundantes embarques de café detenidos en los muelles debido a que los estibadores —bebedores de café— morían a causa de la epidemia.

Mientras la mayor parte del capital para estas empresas procedía de los cultivadores de café de São Paulo, esta tendencia señalaba la disminución gradual del poder político absoluto de los tradicionales magnates del café.

Colombia alcanza la mayoría de edad

Aunque la publicidad que presenta al mítico Juan Valdez ha logrado que el café de Colombia se hiciera famoso en Estados Unidos, las exportaciones de este país sólo tuvieron un impacto notable en el mercado después de la Primera Guerra Mundial. Mientras que Brasil retenía en diversas ocasiones parte de su cosecha, la producción colombiana aumentó a pesar de dificultades casi insalvables.

Si bien el paisaje volcánico se adaptaba al cultivo del café, la geografía de Colombia también hacía casi imposible introducir los granos en el mercado. Las mejores regiones cultivadoras de café resultaban casi inaccesibles, salvo a través de los rápidos y los bajíos que abundan en el río Magdalena. «La región sólo es apta para que se instalen en ella los locos, las águilas y las mulas», había señalado en tono exasperado uno de los primeros exploradores españoles. Además, los colombianos parecían resueltos a matarse entre ellos más que a cultivar café. Hubo guerras civiles en 1854, de 1859 a 1861, de 1876 a 1877, en 1885, en 1895 y, finalmente, la «guerra de los Mil Días, entre 1899 y 1903, que dejó al país en ruinas. «Cuando no estamos en medio de una revolución, la estamos esperando», se lamentaba un cultivador de café a finales del siglo XIX.* «Colombia aún cuenta con vastas extensiones para el cultivo del café —aseguró en 1905 el investigador brasileño Augusto Ramos—, pero a pesar de todo la industria del café está condenada.»

Sin embargo, cuando finalmente llegó la paz, Colombia se volcó hacia el café con el grito de batalla «¡Colombianos, a sembrar café!». Cuando los precios del café se duplicaron, en 1912 y 1913, un escritor colombiano notó «una verdadera fiebre que está poblando nuestra tierra de cafetos». Mientras las plantaciones más grandes, las llamadas haciendas, dominaban las regiones de Cundinamarca y Tolima, en la parte superior del río Magdalena, los campesinos pobres

---

* Colombia no fue la única que sufrió repetidas revueltas militares. Muchos países latinoamericanos —sobre todo aquellos en los que el café creaba gran bienestar junto con una abyecta pobreza— sufrieron trastornos de esta clase. Un cronista escribió en 1914 que «muchos de los países en los que se cultiva el café» eran aquellos «en los que siempre se está tramando alguna revolución». En efecto, informó, a veces se exportaban balas junto con el café... y tal vez no precisamente por accidente.

pero decididos reivindicaban sus derechos sobre las regiones montañosas del oeste, en Antioquía y Caldas. Debido a la escasez de mano de obra, estos pequeños hacendados —la mayoría de los cuales se convirtieron en los cultivadores de café— solían ayudarse mutuamente en la época de la recolección. Esta costumbre de *la minga*, común entre los indios, exigía que el cultivador anfitrión alimentara a su trabajador invitado y que le diera albergue durante la noche, y que luego se invirtieran los papeles para la cosecha en la finca del vecino.

En las haciendas más grandes de la parte superior del río Magdalena (con 20.000 árboles o más), los arrendatarios vivían en pequeñas parcelas en las que podían cultivar sus propios alimentos. Aunque las condiciones nunca eran tan malas como en Brasil, Guatemala y El Salvador, los arrendatarios estaban cada vez más descontentos en las plantaciones más grandes. Los conflictos se centraban en los contratos, en las condiciones de trabajo y en el derecho a vender productos cultivados en las parcelas de los trabajadores. Las plantaciones más grandes empezaron a disminuir a medida que proliferaban las pequeñas plantaciones de café familiares. Por lo general, cada plantación separaba la semilla de la carne del fruto y secaba su propio café, pero vendía los granos a plantas procesadoras grandes para que se ocuparan de eliminar la cubierta apergaminada.

Incluso en períodos en que bajaba el precio del café, el tenaz cultivador colombiano conservaba la fe en su cosecha tradicional, y el café quedó tan incorporado a la cultura de la montaña que los ramitos de bayas rojas y hojas de color verde brillante se usaban para decorar las tumbas de los familiares. En 1915, un cultivador colombiano de café profetizó: «Es necesario impulsar el cultivo de café, porque en esa bendita semilla se encuentra la salvación.»

En una relación simbiótica, los nuevos ferrocarriles, que confiaban en el café para obtener beneficios, permitieron que se cultivara y se transportara más café, aunque gran parte de éste aún se abriera paso desde las distantes montañas a lomo de mula. En 1914, con la apertura del canal de Panamá, también fue posible exportar el café desde la costa del Pacífico —anteriormente inaccesible—, y su puerto Buenaventura adquirió cada vez más importancia a través del comercio en la salida atlántica tradicional del río Magdalena.

Un visitante contemporáneo habló elogiosamente de la región cafetera de Antioquía. «Hasta donde alcanza la vista se extienden ondulantes laderas de un verde profundo y brillante, salpicadas con bananos que sirven de sombra, de un verde esmeralda más suave. El espacio entre las matas de café es siempre el mismo, y el terreno [...] cultivado y sin maleza. [...] ¡Piensen en el cuidado, las angustias y la infinidad de energías que todo eso supone en un suelo de intensa fertilidad, donde las malas hierbas invaden y dominan como la espuma!»

En 1905, Colombia sólo exportó 500.000 sacos de café. Diez años más tarde las exportaciones se habían duplicado. Años después, mientras Brasil intentaba desesperadamente controlar su superproducción, las cosechas de Colombia continuaron con su firme expansión, mientras los granos desarrollados y aromáticos del país tenían buena acogida entre los consumidores norteamericanos y europeos.

Aunque la Primera Guerra Mundial cerró la mayor parte de los mercados europeos, proporcionó un enorme impulso al consumo norteamericano de los cafés colombianos, centroamericanos y otros de variedad suave. En 1914, Brasil había suministrado las tres cuartas partes de las importaciones norteamericanas de café, con 337 millones de kilos; pero en 1919 suministró 260 millones, apenas la mitad de esas importaciones. Entretanto, los importadores colombianos habían pasado de los 41 millones a los 55 millones de kilos. Los consumidores norteamericanos, comentó el *Saturday Evening Post* en 1920, se habían acostumbrado a las variedades más delicadas de café. «Al margen del precio, estos consumidores tal vez nunca más usen el café de Santos —brasileño— en las cantidades anteriores a la guerra. Los cafés colombianos que recibían el nombre de determinadas localidades —Bogotá, Bucaramanga, Cúcuta, Santa Marta, Manizales, Armenia, Medellín— adquirieron fama entre los expertos en café e incluso entre los consumidores corrientes. Al cabo de unos años, Maxwell House mencionaría los cafés bucaramanga y manizales en sus anuncios comerciales.

Durante ese mismo período, las exportaciones centroamericanas a Estados Unidos habían pasado de los 18 millones de kilos a los 72 millones. En Guatemala, los negocios volvieron a la normalidad después de la guerra, cuando el dictador Estrada Cabrera vendió la mayor parte de las plantaciones confiscadas a los alemanes a sus anteriores dueños, que recuperaron su tradicional predominio en la industria del café. (El dictador también celebraba subastas semanales para vender granos de café confiscados a los propietarios alemanes.) Haití, recuperada de la insurrección que había arruinado su industria cafetera, protagonizada mucho tiempo atrás por los esclavos, proporcionó a Estados Unidos 20 millones de kilos al final de la guerra, prácticamente desde la nada. Incluso las Indias Orientales Holandesas —sobre todo Java y Sumatra— se habían recuperado lo suficiente de la plaga de roya y habían aumentado las exportaciones a Estados Unidos.

Robusta o el desastre

En 1920, el ochenta por ciento de la cosecha de café de Java eran granos de robusta, la alternativa con mayor contenido de cafeína, resistente a las enfermedades, que había sido descubierta en el Congo Belga en 1898, precisamente cuando la *Hemileia vastatrix* estaba diezmando la cosecha de arabica en las Indias Orientales.* A diferencia de su prima arabica, la variedad robusta —llamada así por su fortaleza— prosperaba en cualquier lugar, desde el nivel del mar hasta los mil metros de altitud, y producía sus pequeños granos de manera mucho más abundante. También comenzaba a dar frutos durante el segundo año, más temprano que la arabica. Su única desventaja se reflejaba en la taza: incluso el mejor café preparado con robusta tenía un sabor áspero y amargo. Debía ser utilizada en una mezcla con la variedad arabica, en perjuicio de esta última. Sin embargo, los holandeses —que supervisaban el crecimiento de la robusta entre los árboles del caucho de Java y Sumatra— le tomaron el gusto a esta variedad, sobre todo durante la Primera Guerra Mundial, cuando su consumo en los Países Bajos superó el de la arabica brasileña.

En 1912, la Bolsa de Café de Nueva York nombró un comité de tres miembros para que estudiara la robusta. Llegaron a la conclusión de que se trataba de un grano prácticamente sin valor», y lo prohibieron en la bolsa.

Aunque algunas plantas de robusta fueron durante un tiempo exportadas a Brasil, ese país tampoco tardó en prohibirla, pues temía la importación de la espora de roya, que aún no había llegado al hemisferio occidental. Sin embargo en otros lugares, sobre todo donde la *Hemileia vastatrix* había vuelto problemáticas otras variedades de café, prosperaron las plantaciones de robusta, dado que los holandeses ofrecían un mercado para esos granos. En la India, Ceilán y África la planta de robusta se desarrolló en plantaciones abandonadas de té y café, o en tierras bajas en las que nunca se había cultivado café.

Entre Cáncer y Capricornio

Etiopía, el lugar de origen del café, exportaba ahora una cantidad insignificante de granos, en gran parte debido a la corrupción que incluía desde el rey Menelik hasta los agentes de aduana del país, y la situación en Yemen no era mucho mejor. Harrar y Moka aún producían uno de los mejores granos del mundo, pero su calidad era muy variable. En ese momento, el café Blue Mountain de Jamaica era famoso por su aroma y sabor intensos. Aunque los británicos consumían principalmente té, también apreciaban los cafés más finos del

---

* En 1862, los exploradores blancos habían reparado en el uso que los nativos de Uganda hacían de la robusta, pero en ese momento nadie pensó en usarla comercialmente. Los miembros de la tribu baganda separaban dos mitades de la misma semilla, las embadurnaban con su sangre y, a partir de ese momento, declaraban la hermandad de sangre.

mundo; pero la mayor parte del que tomaban era el Blue Mountain, así como gran parte de la cosecha costarricense de primera calidad. Los norteamericanos, al igual que los europeos, apreciaban el sabor dulce y suntuoso del café cultivado en el distrito Kona, en Hawai.

Poco a poco, el café llegó a otras regiones montañosas del mundo, entre el trópico de Cáncer y el de Capricornio. Los británicos fomentaron la joven industria en el África Oriental británica, que pronto pasó a conocerse como Kenia y Uganda. Resulta irónico que el café haya trazado un círculo completo al llegar a África. Aunque la variedad arabica era originaria de la cercana Etiopía, la semilla fue importada en 1901 por misioneros desde la isla de Reunión (anteriormente Bourbon), seguida de la importación de existencias del Blue Mountain jamaicano. A pesar de la llegada de la temida roya en 1912, las exportaciones de café del África Oriental británica se duplicaron todos los años hasta los tardíos acontecimientos de la Primera Guerra Mundial. Después de la guerra, los cultivadores de Kenia y Uganda —todos ellos blancos— siguieron expandiendo el cultivo del café, estimulados por los ferrocarriles recién construidos por los británicos.

No obstante, Brasil seguía dominando la industria del café. Los nerviosos peones colombianos cantaban mientras recolectaban los granos:

> *Cuando está verde, está a cien;*
> *Cuando maduro, está a mil.*
> *Cuando vamos a cogerlo...*
> *Gran cosecha en el Brasil.*

En otras palabras, no importaba si los colombianos trabajaban duramente, o si sus granos eran de primera calidad: una gran cosecha en Brasil hacía bajar los precios. Sus frustraciones y temores tenían eco sin duda en otros idiomas del mundo del café, desde el amárico al hindi, mientras el comercio se enfrentaba inquieto al mundo de la posguerra.

CAPÍTULO NUEVE

La venta de una imagen en la Era del Jazz

El profesor Prescott habla de la influencia del café como un «estimulante beneficioso» y como algo tendente a aumentar la capacidad de realizar un trabajo muscular, así como la capacidad de concentración en el esfuerzo mental. [...] En un mundo triste, y especialmente en un país como el nuestro, reciente y constitucionalmente privado de vino... la función del café para dar sereno deleite es importante.

Boston Transcript [periódico], 18 de octubre de 1923

Mientras Brasil y otros países cafeteros competían por suministrar su dosis de cafeína a los países industrializados del norte, los alegres norteamericanos entraban en una edad dorada de febril actividad en la que los negocios, la publicidad y el consumo definían una década. El café surgía como una bebida ampliamente aceptada, considerada un azote sólo por los más ardientes fanáticos de la salud, y estimuló la energética década de 1920.

La ley seca y los locos años veinte

La ley seca dio esperanzas a los productores y tostadores de café del mundo entero. Durante la Primera Guerra Mundial, el movimiento antialcohólico norteamericano había convencido al Congreso de que el uso de cereales para fabricar alcohol era un antipatriótico derroche de alimentos. Junto con la presión a largo plazo del movimiento antialcohólico, este argumento obligó a la asamblea legislativa a aprobar la Decimoctava Enmienda a la Constitución en 1917, prohibiendo la manufactura y venta de bebidas alcohólicas en Estados Unidos. En enero de 1919, la enmienda fue ratificada por los estados y entró en vigor al año siguiente, junto con la Ley Volstead para hacerla cumplir.

La mayor parte de los empresarios del café acogieron esta ley con satisfacción, pues supusieron que su bebida reemplazaría el alcohol como el estimulante preferido en los actos sociales. «Creo que existen grandes posibilidades de que las cafeterías sucedan a las tabernas como centros de reunión», dijo en tono esperanzado un tostador. Otro ripio escrito para celebrar el acontecimiento:

> *Cuando existe una bebida como ésta,*
> *no echamos de menos el licor.*
> *Repetimos todas sus virtudes:*
> *¡Café! ¡Café! ¡La bebida del primor!*

De hecho, el consumo de café aumentó lentamente a lo largo de la década de 1920. «La ley seca ha creado una situación favorable para que aumente el consumo de café —escribió William Ukers en el *Tea & Coffee Trade Journal*—. Muchos consumidores de estimulantes alcohólicos que rara vez bebían café, ahora lo toman con regularidad. La idea de la cafetería no se ha expandido tan rápidamente como algunos anticipaban; en cambio los bares donde tomar café y comer han suplantado a cientos de tabernas.» La modificación de los hábitos alimentarios también ayudó, y las comidas ligeras del mediodía en los bares exigían un bocadillo y una taza de café. Algunas fábricas empezaron a ofrecer café gratuitamente como incentivo laboral. A medida que los norteamericanos tuvieron más movilidad al expandir las carreteras, eligieron el café como la bebida adecuada para conducir. La parada del camión era la pausa para tomar café. «Los dos millones de soldados norteamericanos que se fueron al otro lado del océano —continuaba Ukers—, y tomaban café tres veces al día, aprendieron a tener una apreciación más aguda de los beneficios de esta bebida, y desde que regresaron a la civilización están consumiéndola más que nunca.»

Sin embargo, la influencia más positiva fue quizá la primera campaña publicitaria nacional. Esta campaña financiada por los cultivadores brasileños mediante un impuesto interno sobre cada saco exportado, pero ejecutada por N. W. Ayer —una empresa publicitaria norteamericana—, comenzó en 1919 con anuncios en publicaciones populares semanales. La mayor parte de los anuncios eran anodinos y predecibles. «Tu Tío Sam llevó café a sus muchachos.» El café era «la bebida de los intelectuales». Todo terminaba con el eslogan: «Café... la bebida esencial.»

Cuando un tostador neoyorquino se quejó de que los anuncios eran «débiles, lánguidos y terriblemente circunspectos», el texto se volvió más agresivo y rechazaba a Postum y otros rivales del café. «Es muy fácil tener falsas ideas, pero, por supuesto el café es saludable.» Los anuncios se colocaban no sólo en revistas dirigidas a las mujeres sino también en publicaciones médicas. «No nos quiten la alegría del desayuno —rogaban los cafeteros a los médicos—. Pero, ¿no es precisamente eso lo que hacen cuando restringen el café de la dieta de los pacientes?» La comisión publicitaria mixta incluso produjo anuncios genéricos destinados a ayudar a los tostadores individuales. «Buen café significa (la marca de café). Es fresco y puro, tiene buen cuerpo y una fragancia deliciosa y única. ¡Quedará fascinado por su sabor!»

Quizás el contenido de la propaganda no tenía tanta importancia como el hecho de que se repitiera y resultara visible. Al menos existía una publicidad nacional para el café... aunque financiada por cultivadores de otro país. El primer año, los brasileños pagaron 250.000 dólares por los anuncios en revistas y periódicos, mientras que los empresarios norteamericanos contribuyeron con sólo 59.000 dólares, lo suficiente para financiar una película, *The Gift of Heaven* (El regalo del paraíso), que mostraba el cultivo y el consumo de café; el filme se proyectó en más de doscientas salas de todo el país y se donaron copias a facultades y escuelas secundarias. También se distribuyó un equipo dirigido a los alumnos de los últimos cursos, cuyo uso se sugería en geografía, historia, clases de cocina, reuniones escolares e incluso en clases de redacción, con la esperanza de inculcar en los más pequeños las virtudes del café. Un boletín informativo mensual llamado *Coffee Club* presentaba las últimas novedades (favorables) relativas al producto, junto con una tira cómica que narraba las hazañas de Kernel Koffee, una combinación de magnate y caballero sureño. «Los hombres de negocios hablan de sus asuntos frente a una taza de café —explicaba—. Los inspira.»*

La campaña publicitaria nacional ayudó sin duda a mejorar la imagen y las ventas de café, pero al principio causó algunos problemas. Los brasileños argumentaron que aunque pagaban los anuncios publicitarios ninguno de ellos mencionaba el café de Santos ni el de Rio. A partir de entonces Brasil empezó a aparecer en los textos publicitarios, aunque el café de ese país solía bajar la calidad de las mezclas. Además, fueron pocos los tostadores que aportaron dinero a la campaña, a pesar de que los beneficiaba. Para castigarlos por su falta de participación, los anuncios de los periódicos se limitaban a las regiones en las

---

* El boletín de noticias *Coffee Club* a veces incluía ilustraciones. En una portada de 1924 se veían tres jóvenes con expresión de aburrimiento, vestidos con traje y corbata, con la mirada perdida, frente a sus tazas de café. La leyenda rezaba: «Un rincón del Club Yale... y una fiesta a todo trapo.»

que los tostadores contribuían. En consecuencia, en 1921 los anuncios sólo aparecieron en treinta y seis estados. El desesperado comité publicitario de la Asociación Nacional de Tostadores de Café redactó una petición a los odiados vendedores ambulantes, cadenas de tiendas y empresas de venta de café por correo. «Esta campaña es tan vuestra como la de cualquiera que tenga algún interés en el café. Vosotros habéis participado en los beneficios.»

La década de 1920 también fue testigo del primer esfuerzo de la industria del café por influir en la opinión pública con una investigación científica. En 1921 la Asociación Nacional de Tostadores de Café contrató al profesor Samuel C. Prescott, del MIT (Instituto Tecnológico de Massachusetts), para que revisara los estudios existentes sobre los efectos del café en la salud, además de llevar adelante sus propios experimentos. Al cabo de tres años llegó a la conclusión (nada sorprendente) de que su «desapasionado estudio de la vasta literatura sobre el tema», combinado con sus «estudios ininterrumpidos», le llevaban a creer que «para una abrumadora mayoría de adultos, el café es una bebida digna de confianza y deseable». Prescott también aseguraba que el café «refuerza las energías que flaquean [y] mejora la resistencia». El comité publicitario de la asociación pregonó las conclusiones de Prescott en anuncios de periódicos de todo el país, y así llegó a 15 millones de lectores. Los periodistas y escritores de todo el país especializados en el tema le sacaron el jugo al estudio.

Una muestra de lo mucho que había cambiado en veinte años la actitud del público hacia el café fue la caída de las ventas de Postum. Los anuncios maliciosos en contra del café que habían sido característicos de C. W. Post ya no surtían efecto. Las nuevas propagandas mostraban a personas radiantes de salud y alegría, que disfrutaban con la bebida. «No se trata de una imitación del café, ni nada parecido —proclamaba un anuncio publicado en 1924 en el *Saturday Evening Post*—. Es una bebida excelente por derecho propio.» Al mismo tiempo, el ejecutivo John Orr Young descartó definitivamente el viejo eslogan «Existe un motivo». Los nuevos anuncios frenaron temporalmente la caída de las ventas de Postum, pero la bebida jamás volvió a poner en peligro la supremacía del café.

El resurgimiento de las cafeterías

Debido a la ley seca, a la publicidad positiva y al ansia del público por hacer vida social, a lo largo de la década de 1920 se abrieron cafeterías en las ciudades más importantes de Estados Unidos. Un artículo publicado en 1923 en el *New York Times* anunciaba una «Nueva York borracha de café». El subtítulo explicaba: «Por eso es tan despiadadamente tensa o, por así decirlo, tiene ese ritmo sincopado.» El café entró oficialmente en la Era del Jazz, y ayudó a crearla. «Los hombres que bebían una taza de café antes de la ley seca, ahora beben dos —afirmaba el artículo—. Cada vez son más los hombres y mujeres que sólo desayunan con café. Y se recurre al café de manera ininterrumpida como estimulante después de momentos de tensión en los negocios.»

Ese mismo año, el consumo per cápita en Estados Unidos pasó a 6 kilos —durante años la cifra había oscilado entre los 4 y los 5 kilos—, que representaban la mitad del consumo mundial. «Eres la crema de mi café —decía una popular canción de amor de 1928—. Siempre te necesitaré, estaría perdido sin ti.» En esa época, el café se había convertido realmente en un ingrediente básico de la vida norteamericana.

Alice Foote MacDougall publicó su autobiografía ese mismo año. Después de abrirse paso en el mundo masculino de los tostadores de café, durante la década de 1920 hizo fortuna con sus cafeterías. Exactamente antes de la Navidad de 1919 abrió su Little Coffee Shop en Grand Central Station. Al principio, en su diminuto local de cuatro metros por cinco sólo vendía granos enteros de café... y no demasiado. Después incorporó una enorme cafetera eléctrica para atraer posibles compradores con el aroma. Mientras buscaba crear «un lugar de descanso y belleza, un pequeño paraíso para estimular al fatigado trabajador a sentarse», empezó a vender café en tazas que servía en pequeñas mesas.

Entonces, un tormentoso día de febrero de 1921, MacDougall tuvo una idea. «Cuando entré en Grand Central vi que los pasillos estaban atestados de personas empapadas y desdichadas.» Llamó a su apartamento y pidió que le llevaran su gofrera y los ingredientes necesarios, y colocó en la puerta un pequeño letrero que rezaba: «Gofres.» Cobraba el café y regalaba los gofres. El sábado siguiente volvió a hacer lo mismo, pero esa vez cobrando los gofres. «Casi sin darnos cuenta empezamos a servir café y gofres todos los días, a toda hora, y la gente entraba y salía sin parar.»

En 1922 MacDougall abrió una segunda cafetería en la calle Cuarenta y tres y el primer día atendió a 250 clientes. Contrató a mujeres negras para que cocinaran los gofres en las mesas, creando así un clima que «sugería la idea de los gofres sureños servidos por un ama negra en una cabaña de troncos». Poco después añadió a la lista bocadillos y después «todas las cosas deliciosas que se nos ocurrieron».

En marzo de 1923 su cafetería servía tres comidas completas con el local totalmente lleno; pero la jornada de dieciocho horas resultaba agotadora y se tomó unas merecidas vacaciones en Europa. «La belleza de Italia y de su gente amable y risueña me inundó, y la vida volvió a comenzar.» De regreso en Nueva York, MacDougall alquiló la tienda contigua, y antes de un año de abrir sus puertas había duplicado la cantidad de mesas. El nuevo local era estrecho y largo y tenía más de cinco metros de altura. Inspirada por las paredes de Italia, «rotas y desmoronadas a causa de los años... con las grietas cubiertas por diminutas enredaderas o pequeñas flores», MacDougall transformó la alta pared del anexo, y el espacio de abajo se convirtió en un pequeño patio, o *cortile*, nombre con el que rebautizó a su restaurante. Convirtió sus cafeterías en «lugares de descanso en Nueva York, así como Italia había sido una experiencia reparadora para mi espíritu».

A finales de ese año, en pleno auge de su negocio, MacDougall abrió una tercera cafetería, la Piazzetta, en la calle 43 Oeste, inspirada en una pequeña plaza de Nápoles. La cuarta, Firenze, abrió en 1925 en la calle Cuarenta y seis, imitando la atmósfera florentina. Allí reprodujo una callejuela italiana y creó tranquilos rincones en los que «los amantes pueden disfrutar de la mutua compañía apartados de la multitud», mientras beben café y comen. En 1927 abrió en la calle 57 Oeste la quinta cafetería, la más grande, llamada Sevilla; firmó un contrato de arrendamiento con opción de compra de la propiedad (50.000 dólares al año durante veinte años). En 1928, cuando publicó su libro, las cafeterías de MacDougall empleaban a 700 personas, atendían a 6.000 clientes al día y tenían unos ingresos brutos de 2 millones de dólares anuales. En 1929 abrió la última cafetería en Maiden Lane. Aunque el extraordinario éxito de Alice Foote MacDougall era poco habitual, durante esa década abrieron muchas otras cafeterías en ciudades norteamericanas importantes.

Eight O'Clock se estremece y Jewel brilla

En la década de 1920 prosperaron las cafeterías, y lo mismo ocurrió con la venta directa a los consumidores, encabezada por A & P. Durante la Primera Guerra Mundial, John Hartford abrió centenares de tiendas, que llegaron a ser millares después de la guerra. Las ventas totales aumentaron notoriamente, de 193 millones en 1919 a 440 millones en 1925, momento en el que había 14.000 tiendas A & P en todo Estados Unidos.

A & P se había convertido en la cadena de tiendas más grande del mundo. Hartford Brothers se había descentralizado en seis divisiones, cada una con su propio presidente y su propio personal. Una oficina central de compras supervisaba las corporaciones subsidiarias. Berent Johan Friele dirigía la American Coffee Corporation, la sección de la empresa que se ocupaba de las compras. Friele, noruego educado en Alemania, había crecido en el negocio de café de su familia. En Brasil, mientras se ocupaba de la exportación, hizo algunos trabajos para A & P. En octubre de 1919, a los veinticuatro años, fue contratado a tiempo completo para supervisar las compras de A & P en Brasil. Durante los veinte años siguientes, Friele se convirtió en el comprador de café más poderoso y experto del mundo. En 1929, A & P vendió más de 1.000 millones de dólares en comestibles, de los cuales el café —recién molido, a la vista del consumidor— ocupaba el primer lugar.

Los vendedores de la Jewel Tea Company que se trasladaban en coche también prosperaron durante la década de 1920, aunque a principios de esa década la empresa había estado a punto de quebrar. En 1916, con 850 coches y un beneficio neto de 1.400.000 dólares durante el año anterior, la firma se había embarcado en un importante programa de expansión con el que había duplicado el número de coches y abierto tres nuevas plantas de torrefacción. Inmediatamente después de que la gigantesca planta Hoboken —destinada a suministrar la mayor parte del café para Jewel— empezara a funcionar, el Departamento de Guerra de Estados Unidos la requisó. Al mismo tiempo, con tantos jóvenes en el frente de batalla, Jewel tenía dificultades para encontrar nuevos vendedores.

En 1918, los beneficios cayeron a 700.000 dólares, y en 1919 la compañía perdió 1.800.000 dólares. Los vendedores de Jewel fueron a la huelga para conseguir mejores salarios, pues la mayoría de ellos no ganaba comisión. Dado que la compañía tenía problemas, sus fundadores, Frank Skiff y Frank Ross, se retiraron, y John M. Hancock, un joven de treinta y seis años que había trabajado como agente de compras de la Marina, dirigió la reducción de gastos financieros. En 1922, Hancock, flamante presidente de la empresa, contrató a Maurice H. Karker —antiguo compañero de la Marina— como gerente general de ventas de Jewel.

Hancock y Karker llevaron su luz inspiradora a la firma. Los beneficios netos ascendieron a 624.000 dólares en 1923 y a 855.000 dólares en 1924. Ese año Hancock se retiró para incorporarse a Lehman Brothers, y Karker se hizo cargo de la presidencia. En 1926 había aumentado los beneficios a 1.200.000 dólares, y el último coche tirado por caballos que quedaba había sido reemplazado por un camión de reparto.

Jewel se benefició con la motorización de Estados Unidos, tal vez más que ninguna otra empresa cafetera. Mientras que las poblaciones habían prosperado en otros tiempos sólo a lo largo de las vías férreas, ahora se formaban en la confluencia de las carreteras. A lo largo de esos caminos recién pavimentados surgían estaciones de servicio, puestos de perritos calientes, cafeterías, restaurantes y cámpings... y en todos ellos se compraba y se bebía café. En una nación motorizada se podía llegar más fácilmente a una cadena de tiendas para cerrar alguna transacción, aunque eso significara gastar más en gasolina; pero las carreteras en mejores condiciones y la mayor cantidad de suburbios también permitían que los conductores de Jewel cubrieran un nuevo terreno fértil.*

A finales de esa década, Jewel se había recuperado maravillosamente y contaba con un activo de 7 millones de dólares, 1.200 coches, 2.400 empleados y casi un millón de clientes fieles. El café representaba más de la mitad de las ventas de la compañía. Jewel se había convertido en parte integrante de la vida de los leales consumidores, y todos los empleados estaban adoctrinados en el «estilo Jewel» y se les exhortaba a pensar como los vendedores, que decían: «Si puedo llegar al punto en que alguien se refiera a mí como el típico hombre de Jewel, me sentiré absolutamente satisfecho.»

Las marcas de la Costa Oeste se trasladan al este

En San Francisco —que ahora se especializaba en los cafés suaves de primera calidad procedentes de Colombia y América Central—, Hills Brothers, Folgers y MJB seguían disputándose la supremacía mientras expandían sus territorios de ventas hacia el este. Siguiendo el ejemplo de Hills Brothers, MJB y Folgers habían adoptado finalmente el envasado al vacío.

Hills Brothers había surgido como el café regional líder, y sus ventas superaban las de otras marcas en la mitad de las tiendas de comestibles. Los dos hermanos Hills, A. H. y R. W., ya ancianos, seguían dirigiendo el negocio, pero eran sus hijos los que tomaban las decisiones en las cuestiones cotidianas. La empresa contrató a N. W. Ayer para que diseñara sus campañas publicitarias. En 1921 colocaron anuncios de Red Can (Lata Roja) en todos los tranvías que circulaban al oeste de las Montañas Rocosas. «De sabor intenso y con cuerpo: seleccionado de las mejores plantaciones y envasado al vacío.» En septiembre de ese año Eddie Hills, hijo de R. W., escribió a su tío que «todo marcha muy bien este mes. [Durante dos semanas] nos hemos visto obligados a tener la planta abierta hasta las diez de la noche. [...] Las cosas se han desarrollado tranquilamente y sin complicaciones».

Sin embargo, las cosas terminaron por complicarse. Para aumentar las ventas, las crecientes cadenas de tiendas de comestibles a veces vendían cafés de marca por debajo de su coste. Las tiendas pequeñas no podían competir. Varias

---

* La aparición del automóvil afectó también la industria de Venezuela. Sus montañas reunían las condiciones ideales para el cultivo del café. En 1920, el café representó los dos tercios de las exportaciones del país, pero durante la década de 1920 sus ricos depósitos de petróleo ofrecieron una alternativa más lucrativa y disminuyó el cultivo de café.

empresas cafeteras, encabezadas por Hills Brothers, establecieron un «precio mínimo de reventa» para proteger a los minoristas tradicionales. A partir del otoño de 1920, Hills Brothers se negó a vender a ninguna firma que no revendiera el café al menos a 1 centavo por encima del precio al por mayor. Eso permitía un aumento del precio de alrededor del once por ciento, generalmente lo suficiente para cubrir los gastos indirectos y dar al minorista un pequeño beneficio. La cadena Piggly Wiggly —que se expandía rápidamente— puso objeciones y se jactó de vender sólo a precios rebajados. «Basta de Hills Coffee —pregonaba el titular de uno de sus anuncios—. ¿Acaso el consumidor debe ser la víctima? ¡No! ¡Jamás! ¡Mil veces no!» El anuncio explicaba que Hills Brothers insistía en que la cadena aumentara los precios 1 centavo por libra.

Gracias a su firme postura, Hills Brothers se convirtió en el héroe de los vendedores minoristas. El periódico comercial de California, *Retail Grocers Advocate*, apremió a los lectores a «aumentar el consumo de Hills Bros. Coffee en cada oportunidad: mañana, mediodía y noche». El editor elogiaba a Hills Brothers por resistir a Piggly Wiggly, «esta cadena capaz de revolcarse en el barro, de chillar y de recortar los precios».* Atacaba a MJB, a Folgers y a Schilling como «tostadores bandidos» por vender a las cadenas y no hacer respetar un precio minorista mínimo. Un ejecutivo de Hills Brothers declaró que se trataba de «una guerra, no una batalla», y juró luchar hasta el final.

A pesar del precio mínimo de reventa, el triunfo de las cadenas pareció inevitable. Por irónico que parezca, el desenlace fue acelerado por la Comisión de Comercio Federal (FTC), que había sido creada en 1914 con el propósito de asegurar una competencia justa. En 1925, la FTC puso un juicio a Hills Brothers por fijación de precios y limitación del comercio. Aunque los informes de Hills Brothers señalaron que su política de precio mínimo de reventa fomentaba la competencia al proteger a la pequeña tienda de comestibles contra la depredadora política de precios rebajados, la FTC falló en contra del plan de precio mínimo de reventa.

El contratiempo legal no detuvo el agresivo avance de Hills Brothers hacia el este. En 1925, la empresa vendió casi el cincuenta por ciento de su café fuera de California, y ese porcentaje aumentó sustancialmente en los años siguientes. Su anuncio publicitario exageraba sus toscos orígenes. «El robusto Oeste adora su

---

* En cambio otros periódicos comerciales ridiculizaron a Hills Brothers. «El miserable margen de 1 centavo que Hills pretende imponer es peor que ninguna protección.» El margen no era suficiente para permitir un beneficio decente. «Creemos que a Hills Brothers le importa un bledo el minorista, salvo que pueda capitalizarlo para beneficiar su propio bolsillo.»

bebida vigorosa», proclamaba el texto y una ilustración mostraba a un rudo jine-
te. Otro anuncio representaba una escena en la montaña, con «magníficas alturas
y profundos barrancos... y Red Can Coffee de Hills Bros». En ese territorio, «un
desfiladero es un desfiladero, imponente y de vértigo. ¡Y el café es café!».

En 1926, Hills Brothers gastaba un cuarto de millón de dólares en publicidad, sobre todo en periódicos de California, Oregón, Misuri y Utah. En 1927
abrió una división de ventas en Mineápolis, y pronto se impuso como la marca
líder de la zona de las Ciudades Gemelas. En diciembre de ese año, N. W. Ayer
llevó a cabo una encuesta industrial en más de doscientas ciudades del Medio
Oeste. Los resultados describían una industria en transición, preparada para
una importante campaña publicitaria. Con frecuencia aparecían las marcas pu-
blicitadas a escala nacional —como Chase & Sanborn y Maxwell House—,
pero rara vez como marca líder; en general, predominaba una marca local. En
cincuenta y cinco tiendas de Aurora, Illinois, por ejemplo, la encuesta descubrió ochenta marcas diferentes. Además, el café a granel sin marca aún vendía
más que el de marca en una considerable minoría de las tiendas. Los tenderos
de las zonas rurales informaban que los vendedores ambulantes de Jewel Tea se
habían quedado con el veinte por ciento de todo el negocio del café.

En 1928, Hills Brothers abrió una oficina en Chicago. Durante dos años
promocionó sistemáticamente su producto en las zonas que rodean la gran ciudad del Medio Oeste, preparándose para la gran campaña en la propia Chicago. Para estimular las ventas, Hills Brothers empezó una «campaña de mues-
treo», para lo cual entregaba media libra (200 gramos) de café envasado al
público de una pequeña población escogida mientras instalaba exhibidores en
las tiendas y publicaba anuncios a toda página en el periódico local. Los resultados a menudo eran increíbles. En Milwaukee, donde la campaña comenzó en
octubre de 1928, Hills Brothers era prácticamente desconocida. Dos meses
más tarde era la marca de café más vendida en la ciudad, aunque la marca Eight
O'Clock, de A & P, aún llevaba la delantera.

A finales de esa década, Hills Brothers era una empresa muy bien administrada. Aunque aún era de propiedad familiar, estaba dirigida con precisión casi
militar por administradores profesionales de segunda generación. En efecto,
las analogías con la guerra aparecían con frecuencia en los boletines de ventas. «Las armas están cargadas, caballeros, ... el fuego ha comenzado... las pilas
de municiones son enormes y están a nuestro alcance... a partir de ahora, en
la batalla no habrá pausa hasta que la bandera de Hills Bros. ondee en las alturas.»

El declive de Arbuckle

Mientras Hills Brothers y otras marcas tenían el sentido común de encarar la expansión agresiva y las campañas publicitarias masivas, el declive increíblemente rápido de la casa de Arbuckle resultó aleccionador. En 1921, como escribió el ejecutivo M. E. Goetzinger en una breve historia de la empresa, Arbuckle era «la mayor empresa cafetera del mundo». Su Terminal de Jay Street, en Brooklyn, estaba equipada con su propia estación de carga, con locomotoras, remolcadores, gabarras de vapor, barcazas con carriles. Era propietaria de camiones y caballos, de una enorme prensa y de una fábrica de toneles, además de tostadores a gran escala y de una refinería de azúcar. Entre su personal había médicos, químicos, capitanes de buques de vapor, chóferes, camioneros, fabricantes de carros, fabricantes de arreos, maquinistas, dibujantes, herreros, hojalateros, caldereros, carpinteros, albañiles, pintores, fontaneros, aparejadores, componedores, impresores, chefs y camareros. Había ingenieros de todas las especialidades: mecánicos, civiles, en electricidad, químicos y ferroviarios.

Después de la muerte de John Arbuckle en 1912, su sobrino, Will Jamison, había lanzado con éxito la marca Yuban de primera calidad, con su madre —la señora Catherine Arbuckle Jamison— y su tía —Christina Arbuckle— como socios financieros. Según Goetzinger, las dos hermanas mayores tenían «el mayor interés en nuestros problemas más importantes», pero no participaban activamente en la administración.

En 1921 Arbuckle Brothers tomó una decisión funesta. Los redactores publicitarios de J. Walther Thompson, encantados con el rápido ascenso de Yuban en Nueva York y Chicago, querían que la marca fuera reconocida a nivel nacional. El 30 de abril presentaron un amplio informe de treinta y tres páginas que documentaba «la oportunidad para un café promovido a escala nacional, y ninguno como Yuban está en una posición tan adecuada para aprovecharla». JWT sugirió una importante campaña publicitaria a toda página en el *Saturday Evening Post*, el *Ladies' Home Journal* y el *Pictorial Review*. La campaña de cinco años costaría a Arbuckle Brothers aproximadamente 1,5 centavos por libra de café.

Pero Arbuckle Brothers rechazó el plan. Un memorándum de JWT ofrece una sola frase de explicación: «Después de algunas consideraciones, decidieron que el esfuerzo y el coste de hacer algo de alcance nacional era demasiado grande para ellos.» Resulta sorprendente que Will Jamison no hubiera reconocido lo acertado de la campaña, ya que él había sido el responsable de la presentación triunfal de Yuban en 1912. Aunque sólo se trata de una conjetura, parece probable que su madre y su tía, que poseían la mayoría de las acciones, vetaran lo que les parecía un cometido caro y peligroso.

Al margen de los motivos, Arbuckle Brothers detuvo su crecimiento. A finales de la década de 1920, el otrora poderoso imperio Arbuckle aún era propietario de la Terminal de Jay Street, pero su café había sido desterrado de las estanterías por marcas cuya publicidad había tenido alcance nacional.

Los monstruos empresariales se tragan el café

En el verano de 1929, con meses de diferencia, aparecieron en escena dos nuevos gigantes empresariales, señalando una nueva era en la producción de bienes de consumo y la muerte definitiva de las empresas familiares. En febrero, la Compañía Royal de Polvo de Hornear no dejó escapar el Café Chase & Sanborn, cuyas ventas brutas superaban los 12 millones de dólares anuales. Unos pocos meses más tarde, la Fleischmann Company compró Royal, junto con Chase & Sanborn, y volvió a constituirse como Standard Brands. La nueva dirección de la empresa, que ya entregaba levadura perecedera a los tenderos dos veces por semana, cargó el café en los mismos camiones, añadiendo la fecha de envasado. «Tiene fecha», proclamaban los anuncios, supuestamente para asegurar la frescura de Chase & Sanborn.*

En julio de 1929 Postum, que ya había absorbido a Maxwell House Coffee, cambió su nombre por el de General Foods. Maxwell House había sido una adquisición muy atractiva. Bajo el liderazgo de Joel Cheek y su numerosa descendencia, había seguido expandiéndose a lo largo de la década de 1920. En 1927, el café de Joel Cheek tuvo un beneficio de 2.700.000 dólares y se convirtió en la marca nacional líder. El café también llamó la atención de Edward F. Hutton, *Lucky Ned*, el agente de bolsa multimillonario que se había convertido en segundo esposo de Marjorie Merriweather Post, y en 1923 en presidente de la Postum Cereal Company.

Con Hutton al timón y Colby M. Chester, hijo —asesor financiero de Marjorie Post— como presidente, el cuartel general de Postum se mudó de Battle Creek a la ciudad de Nueva York. Sin apartarse de la senda abierta por C. W. Post, Postum había continuado generando dinero efectivo, pero no crecía. Hutton, Chester y otros ejecutivos hicieron una lista de unas treinta empresas

* La Levadura Fleischmann proporcionaba el ochenta y seis por ciento de los beneficios de Standard Brands. La agencia publicitaria J. Walter Thompson la vendió no sólo como un producto comestible sino también como remedio para el acné, el estreñimiento, la fatiga, el reumatismo, el dolor de cabeza, la vejez, y el constipado común. Los hombres de JWT pagaron a médicos europeos para que dieran fe de los mágicos efectos de la levadura.

que se adaptarían a sus criterios. Querían comprar marcas que ya tuvieran buena publicidad, que fueran destacadas en todo el país y rentables. En 1925 comenzaron con Jell-O, seguida por una serie de adquisiciones más durante el resto de la década de 1920.

En 1928, Hutton hizo su mayor compra: pagó 42 millones de dólares por la Cheek-Neal Company, la mitad en efectivo y la mitad en acciones.* Joel Cheek repartió lo recaudado entre sus nueve hijos y sus dos sobrinos, convirtiéndolos a todos en millonarios. Al año siguiente, Hutton volvió a constituir la empresa y la llamó General Foods. En el colmo de la ironía, las empresas enemigas del café de C. W. Post se habían convertido en el proveedor de la marca de café más importante del país.

En la época en que E. F. Hutton y Marjorie Post compraron Maxwell House, en 1928, el capitalismo norteamericano había alcanzado la mayoría de edad. Hasta la década de 1920, las sociedades anónimas y las empresas que más éxito habían tenido, seguían siendo básicamente de propiedad familiar. Con el tiempo, la segunda o la tercera generación —que carecía de ese fuego en las venas— liquidó el negocio, y los fríos financieros, los cínicos publicitarios y los gerentes profesionales se hicieron cargo de la situación. Las encuestas y las estadísticas reemplazaron a la intuición. El hombre de las relaciones públicas, el del firme apretón de manos y la sonrisa eterna, merodeaba por los vestíbulos de las empresas.

El gran derrumbe del mercado de valores y el café

El 29 de octubre de 1929, pocos meses después de la formación de General Foods y Standard Brands, el mercado de valores norteamericano cayó en picado y marcó el fin de una delirante expansión económica que había hecho que la creciente prosperidad pareciera infinita, no sólo en Estados Unidos sino en muchas otras regiones del planeta, incluido Brasil. Sin embargo, sólo dos semanas antes del colapso, el café había lanzado una inquietante advertencia.

Durante la década de 1920, los empresarios brasileños del café habían hecho frente a la superproducción retirando millones de sacos del mercado. En 1921 financiaron una tercera valorización mediante un préstamo conjunto británico-norteamericano por un total de 9 millones de dólares, con la garantía

---

* Un año antes, en 1927, Postum adquirió los derechos de Estados Unidos para comercializar Sanka, un café descafeinado. Un «ama» negra sureña ilustraba el rótulo, en un claro intento por sacar provecho de las mismas asociaciones sureñas que vendían Maxwell House.

de 4.500.000 sacos de café colocados en Brasil, Londres y Nueva York. A medidados de esa década, cuando se duplicaron los precios, los brasileños vendieron la mayor parte y cancelaron el préstamo. Pero los cultivadores y los políticos de Brasil reconocieron que almacenar el café en el extranjero implicaba gastos añadidos. El presidente Artur da Silva Bernardes, elegido en 1922, ordenó la construcción en São Paulo de once almacenes de gran tamaño, capaces de contener 3.500.000 sacos. Luego instauró la política de despachar sólo el café suficiente para cubrir la demanda del mercado. Así, los cultivadores serían responsables de financiar la retención de sus propias cosechas.

Los intermediarios —exportadores, importadores, comerciantes, especuladores y tostadores— detestaban la nueva política, dado que ahora ignoraban exactamente cuánto café había en los almacenes, esperando inundar el mercado en un momento inoportuno. A principios de 1924, a medida que aumentaban los precios, los importadores y los tostadores intentaron quebrar el sistema mediante una política de compras cuantiosas, con la esperanza de dejar al descubierto el excedente; pero fracasaron. Como de costumbre, el aumento de los precios del café provocó la enérgica protesta de Estados Unidos. A finales de junio, Emmet Beeson, agente de bolsa de Nueva York, publicó en el *New York Times* un mordaz artículo acerca de la situación, bajo el titular «El bebedor norteamericano de café a merced de Brasil». Sugería que Estados Unidos aumentara el consumo del café hawaiano y puertorriqueño cultivado en esas posesiones. «En un análisis final, parecería que las tácticas codiciosas de Brasil servirán para fomentar el desarrollo de vastas extensiones cafeteras que ahora se desperdician en distintas partes del mundo.»

En 1925, una delegación de empresarios del café —que representaban a la Asociación Nacional de Tostadores de Café, a las cadenas de tiendas y a los vendedores de comestibles al por mayor, y que incluía a Berent Friele de A & P— visitó a Herbert Hoover, ministro de Comercio, y le solicitó que se instalara en São Paulo una comisión norteamericana permanente para controlar la producción de café de Brasil y las existencias almacenadas. Aunque no era amigo de los cultivadores brasileños, Hoover no podía permitirse el lujo de suscitar antagonismos en el gobierno con semejantes exigencias. Sin embargo, en enero de 1926 el ministro atacó ante el Congreso los planes internacionales con relación a los productos básicos. Reconoció «una creciente amenaza en las relaciones y el comercio internacionales» y se quejó de los esfuerzos por fijar precios, que representaban una «intromisión de los gobiernos en las operaciones comerciales a gran escala». Nueve productos sin refinar estaban sujetos a esos acuerdos, pero el problema central lo constituían el caucho (cuyos precios afectaban a Estados Unidos, donde existía el furor de los automóviles) y el café.

Julius Klein, director del Departamento de Comercio Interior y Exterior que dependía de Hoover, declaró con respecto al café e hizo hincapié en el secreto sobre las reservas existentes en los almacenes. «Existe una enorme cantidad de café que podría perderse en cualquier momento o bajo cualquier circunstancia... política o de otra clase.» El propio Hoover reconoció que «si todas estas combinaciones habían sido satisfechas con rendimientos justos», sus objeciones podían ser menos enérgicas. Pero debido a la «cualidad inherente a los monopolios», los especuladores subían los precios a niveles poco razonables.

Las espectaculares declaraciones de Hoover durante las sesiones fueron titulares de la primera plana del *New York Times:* «Hoover advierte al mundo de una guerra comercial.» Sin embargo, era poco lo que él podía hacer con respecto al café de Brasil, salvo impedir que los banqueros norteamericanos siguieran financiando el plan de retención del producto. El gobierno de São Paulo se burló de Hoover solicitando a Londres un préstamo de 4 millones de libras (19.200.000 dólares). El 6 de enero de 1926 —el mismo día que Hoover intervino ante el comité del Congreso— los banqueros británicos corrieron presurosos a entregar el dinero, y la demanda superó los bonos al cabo de cinco minutos. El problema del caucho se resolvió finalmente gracias a la invención del caucho sintético, pero nadie pudo reproducir en un laboratorio el humilde grano de café.

Los brasileños estaban furiosos por la fanfarronería de Hoover. Poco después de que se conocieran sus palabras, un periodista brasileño criticó duramente la postura de los norteamericanos, destacando su «monopolio del azúcar, su alianza en el tema del petróleo, los monopolios de los cigarros y el tabaco, las alianzas en la extracción y refinamiento del metal, los monopolios de las drogas y las bebidas frescas, los productos cárnicos, [y] el trust cinematográfico». Los cultivadores norteamericanos de algodón y trigo tenían un sistema de depósitos aduaneros de tránsito. ¿Por qué no lo tenían los brasileños? Además, en el caso del café, el aumento de precio más importante se producía después de la exportación. ¿Por qué los consumidores norteamericanos tenían que pagar 50 centavos la libra por un café que se importaba a 20 centavos?

Con el dinero que acababa de recibir en préstamo, el Instituto del Café de São Paulo abrió su propio banco, el Banco do Estado do São Paulo, y empezó a prestar dinero basándose en recibos de bienes raíces (sobre todo plantaciones de café), almacenes y en conocimientos de embarque de café. En 1926, con la elección como presidente de Washington Luís Pereira de Sousa, un paulista, los cultivadores de café tenían asegurada la continuidad del apoyo federal. Aunque la cosecha del período 1926-1927 había sido relativamente escasa, el instituto decidió retener más existencias en un intento de levantar los precios que caían.

Ahora los almacenes albergaban unos 3.300.000 sacos. Al año siguiente, la cosecha extraordinaria, que casi llegó a los 30 millones de sacos, sorprendió a todos. En 1927, el Instituto del Café de São Paulo convocó dos conferencias con otros estados brasileños que cultivaban café y se pusieron de acuerdo en unirse al plan de retención, limitando el envío de café a los puertos.

A finales de 1927 pareció que el instituto no podía cometer un error al asegurarse una línea de crédito de 5 millones de libras por un año con Lazard Brothers en Londres, seguida por un préstamo hipotecario de 5 millones de libras en oro al Banco do Estado. A pesar de la cosecha extraordinaria, los precios subieron. En 1928, Lazard renovó su préstamo por otros veinte años.

Sin embargo, en medio de la euforia general, hubo algunos brasileños que expresaron preocupación por los 100 millones de nuevos cafetos de São Paulo que estaban a punto de dar fruto. Los paulistas también estaban inquietos ante la posibilidad de que su archienemigo Herbert Hoover pudiera ser elegido presidente de Estados Unidos.* Pero, en general, los cultivadores brasileños eran optimistas con respecto al futuro. Afirmaban que la nueva producción quedaría compensada por la decreciente fertilidad de las plantaciones antiguas, por el envejecimiento de otros cafetos y por el continuo aumento del consumo mundial. Además, nunca había habido dos cosechas extraordinarias consecutivas. «No hay crisis en la industria del café», afirmó a finales de 1928 Sebastiao Sampaio, el nuevo cónsul general de Brasil.

En medio del optimismo de la década de 1920, sólo unos pocos brasileños protestaron por la continua aniquilación de su bosque tropical. Durante esa década, la destrucción de la selva en São Paulo avanzaba a un promedio de 3.000 kilómetros cuadrados al año. Sin embargo, a la mayoría de los brasileños no les importó que la selva quedara destruida. Según un cronista, sólo se trataba de «un increíble exceso de plantas trepadoras, un trágico desorden de troncos [en el que] el hombre [está] prisionero en el laberinto de una vegetación demencial». Otra imagen literaria elogiaba la «alineada belleza del árbol que produce oro, [la] Ola Verde del Café». En una típica celebración del Día del Árbol en Brasil, los escolares solían plantar cafetos no autóctonos; según observó un crítico con ironía, esta manera de celebrar era similar a ensalzar los pollos durante una celebración del «día de la fauna».

---

* Herbert Hoover, que puso objeciones a la prosperidad artificial de los cultivadores de café, no logró ver ningún paralelismo con la economía norteamericana, inflada por la compra especulativa de acciones. «En la actualidad, en Estados Unidos estamos más cerca que nunca del triunfo final sobre la pobreza —afirmó en un discurso durante una campaña—. Pronto, con la ayuda de Dios, veremos el día en que la pobreza quedará desterrada de esta nación.»

Sin embargo, la producción de café continuaba, y los brasileños construían más almacenes. Herbert Hoover, recién elegido presidente de Estados Unidos, advirtió que «Brasil está abriendo un paraguas protector para los países productores de café», permitiéndoles expandirse y obtener beneficios a expensas de él. En una visita a São Paulo, Berent Friele presionó al gobierno para que entregara más café y bajara el precio para alentar una mayor exportación a Estados Unidos. Los prósperos hacendados brasileños pasaron por alto las palabras de Friele y de Hoover, a pesar de las señales de que había problemas. El crédito se hizo más restringido. Los bancos extranjeros, nerviosos, se negaron a enviar capital al país.

Pero los reyes del café no podían ser molestados. Muchos de ellos eran millonarios y se habían acostumbrado a un estilo de vida lujoso: pasaban seis meses en sus plantaciones y los otros seis meses se los pasaban entre París y sus mansiones en la capital; enviaban a sus hijos a las universidades norteamericanas. Habían demostrado su capacidad para controlar las cosechas y los precios del café en el mundo. ¿Por qué iban a preocuparse?

Los dueños de plantaciones de América Central prosperaron bajo el paraguas protector proporcionado por el plan de retención de Brasil. La estabilidad de la región, importante para los empresarios norteamericanos, estaba garantizada por la «diplomacia del dólar» que enviaba a los marines norteamericanos a Haití y Nicaragua para proteger los intereses comerciales norteamericanos.* En 1929, el profesor norteamericano Parker Thomas Moon se quejó del «imperialismo norteamericano» y criticó el hábito estadounidense de «confundir el altruismo con la estrategia naval y la de Wall Street». Dos años más tarde, el general retirado Smedley Butler reconoció que había pasado los treinta últimos años como un «atleta de los grandes negocios» mientras prestaba servicios como marine de Estados Unidos. «Colaboré en el expolio de una docena de repúblicas centroamericanas para beneficiar a Wall Street.» Aunque eran pocos los empresarios norteamericanos que poseían plantaciones de café, muchos bancos de Estados Unidos proporcionaron créditos a la industria del café. Así,

---

* En Nicaragua, el dictador José Santos Zelaya recibió el apoyo del gobierno norteamericano, mientras los estadounidenses tenían la esperanza de negociar un canal a través de su país. Sin embargo, después de 1903, cuando Estados Unidos fraguó un golpe en Panamá y se aseguró los derechos de tener un canal en ese país, las luchas de Zelaya contra los intereses comerciales norteamericanos resultaron más complicadas, y en 1909 fue obligado a renunciar. Desde 1909 hasta 1933, con excepción de un breve período, de 1926 a 1927, los marines norteamericanos establecieron en Nicaragua un protectorado para asegurar la dominación de los intereses norteamericanos en ese país. Los estadounidenses controlaban los bancos, el ejército y a los cultivadores de café. Como consecuencia de esto, la economía nicaragüense del café quedó estancada en comparación con sus vecinos centroamericanos.

resulta pertinente que Butler hablara de ayudar a los «muchachos del National City Bank».

En general, el apoyo de Estados Unidos al *statu quo* latinoamericano proporcionó un entorno comercial beneficioso, sobre todo para los cultivadores de café. Las famosas «catorce familias» de El Salvador (ahora más bien 40), junto con los cultivadores de Guatemala y Costa Rica, prosperaron durante la década de 1920. «Los magnates del café vivían rodeados de gran esplendor, coleccionando coristas en Manhattan, y se convirtieron en figuras conocidas en las mesas de bacará de la Riviera», comentó el historiador Tom Buckley en su libro *Violent Neighbors*. Sin embargo, al margen de la prosperidad de los propietarios, los trabajadores ganaban los mismos 15 centavos al día. Incluso James Hill, uno de los fundadores de una dinastía cafetera de El Salvador, reconoció las desigualdades. «Los trabajadores dicen: "Nosotros cavamos la tierra para plantar los árboles, limpiamos la maleza, podamos los árboles, recolectamos el café. ¿Entonces quién gana el dinero? Nosotros." Sí, un día de éstos habrá problemas.»

Con este agitado telón de fondo, la prosperidad de la década de 1920 se desmoronó. La cosecha brasileña de 1928-1929 fue mucho más reducida que la del año anterior: 10.600.000 sacos. No obstante, los almacenes seguían abarrotados de café, y en julio de 1929, una vigorosa floración de cafetos nuevos indicaba que la cosecha de 1930 sería abundante, a menos que alguna catástrofe natural lo impidiera. Finalmente, en septiembre, los hacendados se pusieron nerviosos. Corrió el rumor de que pronto trasladarían un millón de sacos de café a mercados extranjeros, y de que estaban negociando con Berent Friele y otros compradores para firmar un contrato por 10 millones de sacos, aunque los expertos empresarios del café veían con escepticismo que esa cantidad de café fuera absorbida por el mercado sin provocar una mayor caída de los precios.

Cuando los paulistas trataron de conseguir otros 9 millones de libras, Lazard Brothers —que había renovado el antiguo préstamo en julio— les informó que no podían esperar más dinero. Frenéticos, los brasileños buscaron la ayuda de los Rothschild. Pero no hubo manera. Tampoco podían esperar créditos de los bancos norteamericanos, menos aún con Hoover en la Casa Blanca.

El 11 de octubre de 1929, la Bolsa de Santos abrió como de costumbre. La actividad fue moderada. El agente del Instituto de Café de São Paulo se pasó toda la mañana sentado en su silla, en silencio. Nadie prestó demasiada atención. Por la tarde, como seguía sin comprar, los vendedores ofrecieron precios mucho más bajos, pero él siguió sin comprar. El terrible secreto quedó revelado. El Instituto estaba en bancarrota. Los precios del café cayeron en picado.

En un desesperado intento por tranquilizar a la Bolsa de Café de Nueva York, el cónsul general Sebastiao Sampaio mintió descaradamente: negó que Brasil hubiese pedido alguna vez un crédito y se jactó de las enormes reservas de oro de Brasil. El mercado del café se recuperó temporalmente. El 29 de octubre se derrumbó el mercado de valores de Nueva York, y con él cualquier esperanza.

No es casual que el café sufriera un colapso dos semanas antes que el mercado de valores norteamericano, pues estaba íntimamente ligado al comercio internacional. Al igual que sus prósperos homólogos empresariales de Estados Unidos, los arrogantes reyes brasileños del café habían pensado que la prosperidad nunca terminaría. Dado que el café que tenían en los almacenes alcanzaba en la bolsa precios cada vez más altos, lo utilizaban como garantía para obtener créditos que cada vez eran también más altos, precisamente cuando los inversores norteamericanos compraban a crédito. Finalmente todo se fue a pique y quedó hundido bajo el peso de todo ese café. La Gran Depresión mundial de la década de 1930 fue el preludio de años de precios bajos para el café y para todo lo demás, junto con el desempleo masivo. Pero nadie abandonó la oscura bebida.

CAPÍTULO DIEZ

Granos en llamas, campesinos hambrientos

El café es nuestra desdicha nacional.

Cultivador brasileño de café,
1934

El derrumbe en 1929 del entrelazado sistema económico mundial arrastró consigo a toda la humanidad, y varios millones de personas que dependían del café no podían ser una excepción. La historia de cómo los cultivadores, los importadores y los tostadores de café sobrevivieron a la Depresión ofrece un panorama microcósmico de cómo el caos económico afectó al mundo. Para algunos, la crisis creó oportunidades; para otros significó la bancarrota, la desesperación o, incluso, la muerte. Pero para miles de millones de granos de café de Brasil representó un holocausto.

El infierno del café

El colapso económico mundial de la década de 1930 resultó nefasto para los productores de café. En Brasil señaló el final de la Antigua República y de la indiscutible dominación de la oligarquía del café. En octubre de 1930, después de que una amañada elección llevara a Julio Prestes al poder, un golpe militar lo reemplazó por Getúlio Vargas, un político del sur del país. Por sorprendente que parezca, incluso los reyes del café de São Paulo dieron la bienvenida a la revuelta, dado que el tambaleante gobierno no había logrado apoyar la valorización del café a toda costa. El precio del café bajó de 22,5 centavos la libra en 1929 a 8 centavos dos años más tarde. En 1930, en los almacenes brasileños había 26 millones de sacos de café, es decir, un millón más de lo que el mundo entero había consumido el año anterior. En esa desesperada situación, cualquier cambio parecía mejor que continuar por la misma senda.

Vargas, un abogado bajo y fornido, de sonrisa fácil e inclinación por lo pragmático, ofrecía la apariencia de persona tranquila, que sabe escuchar y que se preocupaba auténticamente por el país y los problemas de éste. A diferencia de otros dictadores latinoamericanos, Vargas solía practicar la moderación más que el terror. Rápidamente prohibió las nuevas plantaciones de café, aunque la medida no parecía necesaria, pues ningún plantador sensato quería cultivar más café a precios tan bajos.

Vargas también nombró un gobernador militar en São Paulo que inmediatamente perdió el apoyo de los paulistas al decretar un cinco por ciento de aumento en los salarios y distribuir tierras entre los veteranos de la revolución. Vargas enfureció a los propietarios de cafeterías al reducir a la mitad el precio de la taza de café. Para conciliar a los cultivadores con los vendedores de café, Vargas designó como ministro de Finanzas a José María Whitaker, un paulista banquero y empresario del café. «Es absolutamente necesario volver al comercio sin restricciones —anunció Whitaker—, eliminando primero la pesadilla de las extraordinarias existencias de café.» El gobierno intentó quemar el excedente de café, pero sólo para que el mercado pudiera «regresar a la ley de la oferta y la demanda, consagrada por la tradición». Durante el primer año, los brasileños destruyeron más de 7 millones de sacos de café, por valor de 30 millones de dólares, y aún tenían más millones de sacos que abarrotaban sus almacenes.

A principios de la década, el periodista e historiador alemán Heinrich Jacob descubrió el café en llamas desde un avión que volaba a poca altura. «Un olor aromático aunque acre se elevaba desde abajo e impregnaba la cabina —escribió—. Embotaba los sentidos y era al mismo tiempo realmente doloroso... El olor ya se había vuelto insoportable, y el humo me había causado un zumbido en los oídos. Parecía socavar mis fuerzas.»

Los científicos e inventores brasileños trabajaron para encontrar usos alternativos para el excedente de café. El Ministerio de Obras Públicas autorizó un proyecto para comprimir los granos en cubos, que se utilizarían como combustible para el ferrocarril. Otros experimentos buscaron extraer alcohol, aceite, gas, cafeína o celulosa como productos derivados. Un periódico de Rio sugirió que se podía elaborar un pan nutritivo «de excelente sabor y aspecto» con harina molida en parte a partir de granos de café sin tostar. Los vinateros hacían con la pulpa un vino blanco aceptable, mientras que el perfume se elaboraba con las flores machacadas. Unos años más tarde, un inventor creó una nueva clase de plástico a partir de los granos.

Los brasileños también se acercaron a los gobiernos extranjeros con innovadoras propuestas relacionadas con el café. Reconocieron a la Rusia soviética e intercambiaron café por trigo o pieles. Planearon abrir miles de cafeterías brasileñas en toda Asia, creando nuevos mercados para sus granos. Esos planes dieron pocos resultados, pero a principios de 1931 lograron cambiar café por excedentes de trigo de Estados Unidos.* Aunque la rica tierra roja de Brasil podría haber dado trigo suficiente para el consumo interno, el país cultivaba sólo una octava parte de sus necesidades, otra consecuencia de la miope devoción al monocultivo del café.

El intercambio de café y trigo, sin embargo, causó problemas. Los consignatarios norteamericanos se quejaron de que las compañías navieras brasileñas transportaban todo el trigo y el café. Los argentinos, que anteriormente habían suministrado trigo a Brasil, pusieron objeciones. A los empresarios norteamericanos del café no les gustaba la idea de que el gobierno se introdujera en el mercado del café con uno de menor calidad, que podía bajar el precio. Las empresas harineras norteamericanas se preocuparon cuando supieron que el trato incluía un embargo sobre las importaciones de harina a Brasil.

En julio de 1932, precisamente cuando en Estados Unidos la Junta Estabilizadora de Granos comenzaba a vender el café que habían recibido a cambio del trigo, los frustrados paulistas se rebelaron contra Vargas exigiendo el restablecimiento del gobierno constitucional. El puerto de Santos estaba cerrado. «Se avecinan desayunos sin café», advertía un titular del *New York Times*. Aunque los puertos alternativos de Rio y Victoria se apresuraron a exportar más café, las abundantes provisiones de granos de mejor calidad de São Paulo fueron repentinamente inaccesibles. La Junta Estabilizadora de Granos tenía más de un millón de sacos de café, pero estaba limitada por contrato a vender sólo 62.500 sacos por mes. Parecía por tanto que iba a haber escasez de café, pero la revuelta paulista fracasó al cabo de tres meses, y los precios volvieron a bajar.

«Almacenes de São Paulo llenos rechazan otros envíos del interior —informaba hacia finales de noviembre de 1932 un cable desde Brasil—. No hay dónde descargar. Sótanos y casas se utilizan como almacén. La situación no puede continuar. [...] No es posible hacer frente a la avalancha que llega desde el interior. La quema continúa rápidamente.»

---

* Los brasileños también abrieron cafeterías en Gran Bretaña, Francia, Dinamarca, Rusia y Japón.

Dictadores y matanzas en América Central

La Gran Depresión y los bajos precios del café también provocaron revolución, dictadura e inquietud social a los países centroamericanos. El colapso de 1929 exacerbó las condiciones ya difíciles para los trabajadores y, excepto en Costa Rica, las amenazadas oligarquías del café se apresuraron a designar líderes de mano dura para restablecer «el orden y el progreso». Todos los dictadores siguieron confiando en el capital extranjero y en el apoyo de Estados Unidos mientras aplastaban cualquier protesta. Tras el colapso de 1929, la elite del café se tragó plantaciones más pequeñas mediante la ejecución de la hipoteca o la compra, ensanchando aún más la brecha entre ricos y pobres.

En El Salvador, los militares derrocaron al presidente electo y, a finales de 1931, instaló al dictador Maximiliano Hernández Martínez. Durante los veinte años siguientes gobernó El Salvador con mano de hierro y con políticas cada vez más extrañas. Hernández Martínez, conocido como El Brujo debido a sus creencias relacionadas con la teosofía y el ocultismo, compartía sus puntos de vista con el pueblo por la radio. «Es bueno que los niños anden descalzos —decía a los oyentes—. De esa manera pueden recibir mejor los beneficiosos efluvios del planeta, las vibraciones de la tierra.» Afirmaba que él estaba protegido por «legiones invisibles» en comunicación telepática directa con el presidente de Estados Unidos. El dictador creía en la reencarnación para los seres humanos, pero no para los insectos. «Es un crimen más grande matar a una hormiga que a un hombre, porque un hombre que muere se reencarna, mientras que una hormiga muere para siempre.»

En la década de 1930, el café representaba más del noventa por ciento de las exportaciones de El Salvador. Los indios trabajaban diez horas al día por 12 centavos. Como observó un cronista de esa época, sufrían por los «bajos salarios, la mugre increíble y la absoluta falta de consideración por parte de sus empleadores, [en] condiciones de hecho no muy alejadas de la esclavitud».

Incapaces de cumplir con los pagos de las hipotecas y nominalmente en mora, los propietarios de las plantaciones rebajaron drásticamente los salarios, postergaron el mantenimiento de rutina y despidieron a muchos trabajadores permanentes. Se dejó de hacer la recolección. «Llegó un momento —le comentó un trabajador a un periodista tiempo después—, en que no nos daban tierra ni trabajo. [...] Yo tuve que abandonar a mi esposa y mis hijos. No conseguía trabajo suficiente para poder darles de comer, menos aún vestirlos o educarlos. No sé dónde están. La miseria nos ha separado para siempre... Por eso me hice comunista.»

El 22 de enero de 1932, apremiados por el carismático líder comunista

Agustín Farabundo Martí, los indios de las tierras altas del oeste (donde se cultivaba la mayor parte del café) mataron a cerca de cien personas, la mayor parte capataces y soldados. Haciéndose eco de la rabia reprimida de los trabajadores oprimidos, el cercano volcán Izalco entró en erupción esa misma noche. Armados apenas con palos, tirachinas, machetes y algunos rifles, los rebeldes no tenían posibilidades contra las usurpadoras tropas del gobierno. Hernández Martínez autorizó una brutal represalia mientras ordenaba la creación de las Guardias Cívicas, compuestas principalmente por ciudadanos de clase alta.

El baño de sangre que se produjo fue conocido simplemente como La Matanza. Los militares, ayudados por la ultrajada y aterrorizada clase dirigente, mataron indiscriminadamente. Grupos de cincuenta hombres fueron atados unos con otros por los pulgares y fusilados frente al paredón de una iglesia. Otros tuvieron que cavar fosas comunes antes de que las ametralladoras los hicieran caer dentro de ellas. Los cadáveres se amontonaban a los lados de los caminos. Cualquier persona vestida con el atuendo tradicional indio era asesinada, práctica que, en algunas regiones, se convirtió casi en un genocidio. Los cadáveres putrefactos se convertían en alimento de cerdos, perros y buitres. Farabundo Martí murió frente a un pelotón de fusilamiento. En el curso de unas pocas semanas fueron asesinadas unas treinta mil personas.* El partido comunista estaba prácticamente liquidado, así como cualquier resistencia que pudiera surgir en el futuro. El recuerdo de la matanza influiría en la historia de El Salvador durante el resto del siglo. «Todos nacimos medio muertos en 1932», escribiría uno de sus poetas.

En una edición de julio de 1932, la Asociación del Café de El Salvador habló en su publicación del alzamiento y la posterior matanza. «En todas las sociedades siempre ha habido dos clases esenciales: los dominadores y los dominados. [...] Ahora se les llama ricos y pobres.» Esta división, afirmaban, era inevitable, y los esfuerzos por poner fin a la división de clases lograrían «quebrar el equilibrio y provocar la desintegración de la sociedad humana». Así justificaba el sufrimiento de los campesinos la elite salvadoreña del café. Convencido de que las fábricas sólo servían para proporcionar terreno fértil a los comunistas, Hernández Martínez aprobó leyes que desalentaban la industrialización. El Salvador se volcó aún con mayor firmeza en el café como su principal fuente de ingresos.

En Guatemala, Nicaragua y Honduras los dictadores subieron al poder durante la Depresión y tomaron medidas drásticas ante cualquier señal de descon-

---

* Los cálculos de personas asesinadas durante la famosa matanza oscilan entre las 2.000 y las 50.000. En su clásica obra titulada *Matanza* (1971), Thomas Anderson aceptaba el cálculo de 10.000, aunque muchos eruditos coinciden ahora en la cifra de 30.000.

tento por parte de los campesinos. Cuando Jorge Ubico Castañeda se hizo con el poder en Guatemala en 1931, enseguida se ocupó de sofocar toda oposición mediante el encarcelamiento, el asesinato, la ejecución o el exilio. Como reconocía la necesidad de apaciguar a los indios trabajadores oprimidos, abolió la esclavitud pero instauró una ley de vagancia que representaba más o menos lo mismo. Nada cambió la atroz pobreza de los campesinos guatemaltecos ni la dependencia del país del capital extranjero y las exportaciones de café. Después de 1933, cuando Ubico hizo fusilar a un centenar de líderes sindicales, estudiantiles y políticos —y aprobó un posterior decreto permitiendo a los dueños de plantaciones de café y plátanos matar a sus trabajadores con absoluta impunidad—, los peones del café ya no se atrevieron a rebelarse.

El general Anastasio Somoza García llegó al poder en Nicaragua en 1934, tras el asesinato del líder guerrillero Augusto César Sandino, ordenado por el propio Somoza.* Somoza, elegido oficialmente en 1936, creó una dinastía familiar basada sobre todo en importantes sociedades cafeteras que incluían cuarenta y seis plantaciones. Mediante la intimidación y la corrupción, Somoza se convirtió en el propietario más importante del país. También ordenó matanzas de supuestos rebeldes.

En Honduras, el dictador de la época de la Depresión, Tiburcio Carías Andino, resultó menos despiadado que los del resto de América Latina. Fomentó la producción de café para que Honduras se uniera a otros países centroamericanos como potencia cafetera, aunque el plátano siguió siendo su principal exportación.

Entretanto, en Costa Rica y Colombia, la Gran Depresión y los precios más bajos del café también crearon problemas, aunque los compromisos legislativos de los gobiernos democráticamente elegidos ayudaron a resolver el conflicto. En Costa Rica predominaban los minifundistas, que trabajaban sus propias fincas. Había por tanto pocos problemas laborales, pero los dueños de las plantaciones se veían obligados a vender rápidamente sus bayas maduras de café a los centros de procesamiento que, durante la Depresión, fijaban precios muy bajos. En 1933, el estado intervino finalmente con regulaciones que obligaron a los procesadores a pagar por las bayas un precio decente.

Los dueños de plantaciones colombianos, que generalmente procesaban sus propios granos, luchaban contra los elevados intereses de las instituciones financieras y por una reducción del precio por parte de los exportadores extranjeros

---

* Sandino, hijo ilegítimo del acaudalado dueño de una plantación de café y uno de sus trabajadores, encabezó una rebelión contra los marines norteamericanos que ocuparon su país, a los que llamaba «bestias rubias» y «el enemigo de nuestra raza y nuestra lengua».

—la American Coffee Corporation de A & P, Hard & Rand, W. R. Grace—, que dominaban la industria colombiana del café.* Las protestas de los trabajadores en las grandes haciendas se intensificaron. Los colonos y los arrendatarios se negaban a pagar las deudas pendientes con el argumento de que la tierra les pertenecía a ellos. Estos ocupantes ilegales, conocidos con el peyorativo apelativo de «parásitos», reclamaban tierras no utilizadas de las haciendas. La legislatura colombiana aprobó leyes que hicieron que las tierras desocupadas quedaran sujetas a expropiación, lo que llevó al declive de las plantaciones grandes. La acaudalada elite del café ya se estaba diversificando en industrias como las plantas de cemento, las fábricas de calzado, la propiedad inmueble y los transportes.

Sin embargo, el café colombiano siguió vendiéndose en cantidades cada vez más grandes. La Federación Nacional de Cafeteros (FNC), la Federación Colombiana de Café, se había establecido en 1927 y rápidamente había conseguido gran influencia política al convertirse en «un Estado privado dentro de un Estado no muy público», según dijo un observador. En Estados Unidos, la federación promovía el café colombiano como «supremo entre los cafés suaves».

Brasil abre las compuertas

Aunque en la década de 1930 el consumo per cápita en Estados Unidos se mantuvo firme —alrededor de 6 kilos al año—, el origen de esos granos cambió mientras la Depresión se extendía. Al mismo tiempo que Brasil quemaba una parte cada vez más grande de su cosecha, Colombia, Venezuela y los productores centroamericanos estaban en condiciones de vender cantidades proporcionalmente mayores. Desesperado, Brasil convocó en 1936 una conferencia multinacional en Bogotá. Los países latinoamericanos participantes acordaron fundar una Agencia Panamericana del Café, que promovería el consumo de café en Estados Unidos. Tras la conferencia, los representantes colombianos y brasileños negociaron un acuerdo de mantenimiento de precios: el Manizales colombiano de primera calidad se vendería a más de 12 centavos la libra, y el mediano Santos brasileño número 4 a 10,5 centavos.

En 1937, Brasil quemó la impresionante cantidad de 17.200.000 sacos, en un momento en que el consumo mundial total fue de 26.400.000 sacos. Ese año sólo llegó al mercado mundial el treinta por ciento de la cosecha brasileña. Sin embargo, Colombia no mantuvo el acuerdo diferencial de precio con el ar-

---

* En 1927, A & P compraba una décima parte de toda la producción colombiana y tostaba un promedio de 4.000 sacos de café colombiano por semana.

gumento de que era «demasiado oneroso»; el Manizales se vendía a 11,6 centavos la libra. Con un recargo tan exiguo con respecto al Santos, de calidad inferior, Colombia no tuvo dificultad para vender su café.

Los brasileños, indignados, convocaron otra conferencia, que se celebró en La Habana en agosto de 1937. En su discurso de apertura, el representante brasileño Eurico Penteado dijo a los otros cultivadores que «pocas de las resoluciones votadas en Bogotá se llevaron a cabo y nada queda del acuerdo de precios». A diferencia de Brasil, otros países continuaron exportando sus cafés de calidad inferior. «Con respecto a la defensa de los precios, Brasil es el único que sigue llevando toda la carga.»

En el comienzo de la Depresión, Brasil había suministrado el sesenta y cinco por ciento de las importaciones de café de Estados Unidos. En 1937 esa cifra era apenas más de la mitad, mientras Colombia dominaba el veinticinco por ciento del mercado. Sin embargo, la dependencia de Brasil con respecto al café había disminuido. En 1934 el café había representado el sesenta y uno por ciento de las exportaciones de Brasil, y dos años más tarde era sólo el cuarenta y cinco por ciento. «Por lo tanto, caballeros —concluyó Penteado—, se verá que por el bien de Brasil, mientras nuestra capacidad para seguir destruyendo el café ha llegado al extremo del agotamiento, ya no nos enfrentamos a la necesidad de más sacrificios.» A menos que los demás países estuvieran de acuerdo en no seguir creando nuevas plantaciones, en no exportar los cafés de inferior calidad y en lograr algún sistema de soporte de precios, Brasil —amenazó— no renunciaría al programa de apoyo al café.

No obstante, nadie creyó que Brasil fuera realmente a poner fin a una práctica que había comenzado más de treinta años antes con la primera valorización. Además, los otros productores latinoamericanos tampoco estaban ansiosos por detener la exportación de sus cafés de calidad inferior, dado que la variedad robusta africana, más barata, empezaba a abrirse paso en Estados Unidos y Europa. «Hace unos años, los agentes de bolsa del café se resistían a probar una taza de robusta —observó un tostador en 1937—. Después de repetidos sorbos, sin embargo, uno descubre que se acostumbra a él.» Los cultivadores asistentes a la conferencia de La Habana temían que la variedad robusta reemplazara las exportaciones de cafés latinoamericanos de inferior calidad.

De hecho, una razón importante para que los países latinoamericanos estuvieran dispuestos a considerar un sistema de cuotas era la creciente amenaza de las colonias africanas. Durante la Depresión, los cultivadores kenianos de la variedad arabica crearon una Junta del Café y una agencia de investigación. A finales de la década de 1930, las plantaciones kenianas comenzaron a hacer propaganda en los periódicos comerciales estadounidenses. La producción total de café en África se duplicó en el plazo de diez años, y este continente superó a Asia y se convirtió en el segundo exportador continental de café. No es de extrañar por tanto que los productores latinoamericanos empezaran a lanzar miradas ansiosas al otro lado del Atlántico... y que deliberadamente dejaran a los productores africanos, hindúes y asiáticos fuera de la conferencia.*

No obstante, la conferencia de La Habana concluyó sin resolver el tema de la superproducción, aunque los países participantes coincidieron en que se financiara una campaña publicitaria en Estados Unidos con una tasa de exportación de 5 centavos por saco. La campaña comenzó al año siguiente. Aunque de mala gana, también acordaron limitar la exportación de algunas variedades de calidad inferior. Remitieron el insoluble problema de los diferenciales de precio y las cuotas de exportación a la Agencia Panamericana del Café, en Nueva York, a la que se le dieron sesenta días para encontrar una solución.

El tiempo límite expiró sin que se hubiera alcanzado una solución, y en noviembre Getúlio Vargas sacudió el mundo del café declarándose dictador benigno de lo que él llamaba el *Estado Novo*, o Estado Nuevo, y anunciando simultáneamente la nueva política de «libre competencia» de Brasil. Prometió abrir las compuertas del café precisamente antes de que el representante brasileño Eurico Penteado se presentara a hablar en Nueva Orleans ante la reunión anual en las Industrias Asociadas del Café de Estados Unidos (ahora rebautizada con el nombre de Asociación Nacional del Café). Penteado defendió las medidas de su país al explicar que «Brasil estaba quedando desplazado de manera alarmante de los mercados mundiales». Los medios de comunicación norteamericanos reaccionaron favorablemente, informando que «Brasil está cansado de sostener la bolsa del café para otros países que no cooperan».

La nueva política de libre comercio representaba «un rayo de luz en la oscuridad de una larga noche», según un hacendado de São Paulo; pero cuando los precios cayeron repentinamente a 6,5 centavos la libra, los dueños de las *fazendas* no estuvieron tan seguros. Y cuando su crédito se agotó, se pusieron frenéticos. Se volvió a aplicar el programa de quema, aunque con moderación. En 1938, Brasil exportó una cantidad superior a los 140 millones de kilos más de café a Estados Unidos que el año anterior, pero recibió por el total 3.150.000 dólares menos que en 1937.

---

* Los británicos poseían tres excelentes colonias cafeteras: Kenia, que cultivaba la variedad arabica; Tanganica, que producía la arabica y la robusta, y Uganda, que se especializaba sobre todo en la robusta. Los franceses, portugueses y belgas poseían las colonias africanas que cultivaban la variedad robusta, es decir: África Ecuatorial Francesa, África Occidental Francesa, Somalia, Costa de Marfil, Camerún, Madagascar, Angola y el Congo Belga. Los italianos estaban a punto de tomar Etiopía, la cuna del café.

Sin embargo, los brasileños siguieron inundando el mercado de café, con la vista puesta en el futuro. Estaban decididos a recuperar la parte del mercado que les correspondía. Además, sabían que si ese escurridizo cártel internacional del café alguna vez establecía un firme sistema de cuotas, éste estaría basado en la cuota de mercado de un país durante los últimos años.

Sin embargo, mientras los cultivadores latinoamericanos luchaban por conseguir beneficios mínimos en un mundo de precios bajos para el café, la Depresión dio nuevas oportunidades de venta a muchos tostadores norteamericanos que finalmente habían aprendido las virtudes de vender una imagen... y un sonido.

CAPÍTULO ONCE

La Depresión exagerada

A la vuelta de la esquina
hay un arco iris en el cielo.
Así que tomemos otra taza de café
y comamos otro trozo de pastel.

© 1932, Irving Berlin Inc, USA*

Aunque los ciudadanos de Estados Unidos soportaron privaciones durante la Depresión, su sufrimiento no se puede comparar sin duda con el de los campesinos latinoamericanos. Por lo general, los estadounidenses contaban con suficiente comida y bebida, aunque algunos tuvieran que hacer cola para recibir alimentos y café gratuitamente. Para divertirse en su hogar también tenían un milagroso medio de comunicación nuevo, la radio, que representaba una nueva manera de vender café.

Pegados a la radio

En la infancia de la radio, a principios de la década de 1920, los anunciantes no se atrevían a apelar a los consumidores directamente a través de marcas específicas, pues habría parecido burdamente comercial. En lugar de eso buscaban un tono elevado y pedagógico. En 1923, por ejemplo, John Watson —de J. Walter Thompson— adoptó su mejor actitud profesional para hablar por la WEAF de «Las glándulas, el misterio del cuerpo humano». Aunque el anunciante aclaró que la charla se ofrecía por gentileza de pasta dentífrica Pebeco,

* Reproducido con autorización de Francis Day and Hunter Ltd., Londres WC2H 0QY.

Watson no mencionó el producto. Como conclusión dijo que «para mantener las glándulas de la boca activas y saludables [...] es aconsejable cepillar los dientes después de cada comida con una pasta dentífrica que limpie y pula los dientes sin rayar el delicado esmalte». Después Watson comentó que esa charla «ilustra bastante bien la técnica de la publicidad comercial por radio. [...] El locutor no tiene que decir nada acerca del producto que se anuncia».

Poco a poco, los anunciantes se volvieron más agresivos y empezaron a patrocinar programas enteros. En 1924, A & P empezó a anunciar por radio sus tres marcas de café con el *A & P Gypsies*, y pronto fue seguido por la *Everready Hour*, la *Lucky Strike Orchestra*, la *Wrigley Review*, la *Jewel Tea Hour* y la *Maxwell House Hour*. En el Oeste, Folgers patrocinó *Folgeria*, con un abanico musical de marimbas, números satíricos y actos musicales. Sin embargo, el anuncio, como señaló Erik Barnouw en su historia de la radiodifusión, era «breve, parco y sumamente correcto».

Todo eso cambió en 1929. Ese año los norteamericanos gastaron 842 millones de dólares en radios nuevas, bastante más del mil por ciento de siete años antes. A principios de 1929, prácticamente todas las radios de Chicago estaban sintonizadas en *Amos 'n' Andy*, un programa que presentaba a dos negros interpretados por dos blancos, Freeman Gosden y Charles Correll. Una calurosa y pesada noche de mayo, cuando todo el mundo tenía las ventanas abiertas, William Benton —un joven que trabajaba en publicidad con la firma de Lord & Thomas— regresaba caminando a su apartamento. «Oí esas voces coloridas que llegaban a la calle desde todos los apartamentos. Me giré y volví sobre mis pasos. Había diecinueve radios encendidas y diecisiete de ellas estaban sintonizadas en *Amos 'n' Andy*.» A la mañana siguiente, Benton convenció al jefe de la agencia, Albert Lasker, de que Pepsodent —la pasta dentífrica cliente de su compañía— debía patrocinar el programa en todo el país. En consecuencia, el programa de radio se convirtió en una obsesión nacional y las ventas de Pepsodent se dispararon. Como recordó el cómico Bob Hope, «no había un solo teatro en el país que abriera sus puertas antes de las siete y media de la tarde. ¿Por qué? Porque sabían que nadie iba a salir de su casa antes de que terminara *Amos 'n' Andy*. Nadie».

Benton & Bowles sobrevive al crac

El 15 de julio de 1929, William Benton y Chester Bowles abrieron una nueva empresa de publicidad en la ciudad de Nueva York. Pocos meses más tarde el mercado sufrió un colapso y la flamante compañía luchó por sobrevivir a

COFFEE

Tea & Coffee Trade Journal, febrero de 1921, 205.

Como se ve en este anuncio de 1921, el café siempre ha procurado el estímulo que ayuda a los trabajadores a completar la jornada, lo que según algunos críticos no es más que ingerir una droga cuando lo que se necesita es un descanso.

"Coffee An Aid to Factory Efficiency"

Tea & Coffee Trade Journal, febrero de 1920, 266.

G. Washington, el primer café instantáneo importante, fue tan popular durante la Primera Guerra Mundial que los soldados de infantería pedían «una taza de George».

Tea & Coffee Trade Journal, julio de 1905, 35.

GOOD COFFEE THATS ALL

Los vehículos motorizados revolucionaron la entrega del café a principios del siglo XX.

Colección del autor.

Hacia la década de 1930, el café ganaba altura.

Alice Foote MacDougall, *The Autobiography of a Business Woman* (Little, Brown and Company, 1928).

Alice Foote MacDougall alcanzó el éxito en el mundo masculino del café, creando una cadena de cafeterías en Nueva York en la década de 1920. «Lucha, lucha y lucha, hasta ganar —escribió—. Es éste el tipo de determinación que el hombre ha adquirido a través de las generaciones, y que la mujer que quiere triunfar en el mundo de los negocios debe adquirir si quiere tener éxito.» No obstante, pensaba que las mujeres no deberían tener derecho al voto.

Alice Foote MacDougall, *The Autobiography of a Business Woman* (Little, Brown and Company, 1928).

En la década de 1920, Alice Foote MacDougall se sintió inspirada por un viaje a Italia y reprodujo la decoración italiana en las sofisticadas cafeterías que instaló en Nueva York.

Colección del autor.

En este anuncio en forma de historieta de 1934 (aquí se reproduce sólo una viñeta), Chase & Sanborn aportan una prueba alarmante de que golpear a las mujeres era un comportamiento al parecer aceptable y comprensible durante la era de la Depresión, en especial si al marido no le gustaba el café. La esperanza que las compañías alentaban era que las aterrorizadas esposas compraran Chase & Sanborn para evitar estos enfrentamientos.

Tea & Coffee Trade Journal, mayo de 1936, 390.

En las viñetas de la era de la Depresión, el señor «Nervios de café» hizo estragos, lo que sería «realzado nuevamente» por Postum.

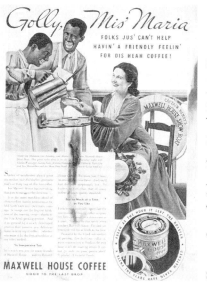

Hartman Center for Sales, Advertising & Marketing History, Universidad de Duke.

Este anuncio racista ayudó a vender el café Maxwell House, del mismo modo que los personajes del popular programa de radio. Los efectos de sonido y la actuación eran tan convincentes que muchos oyentes esperaban con impaciencia en los muelles al mítico «Barco del Espectáculo».

Al concluir la Depresión, Chase & Sanborn se identificó con el nuevo furor del *jitterbug* (un baile muy popular por entonces) en la Feria Mundial de Nueva York, en 1939.

En 1937, Mae West apareció en la *Chase & Sanborn Hour*, y apostrofó sensualmente al títere Charlie McCarthy, diciéndole que era «pura madera y un metro de largo». Pero el programa estuvo a punto de ser cancelado cuando ella elogió a la serpiente del Paraíso diciendo que era «una pitón palpitante».

El café redescubrió su hogar en África durante la década de 1930, aunque en Kenia la mayoría de los productores eran blancos. De ahí este anuncio racista de 1937.

En 1941, la primera dama Eleanor Roosevelt llegó a millones de oyentes a través de su programa de radio *Over the Coffee Cups*, auspiciado por la Oficina Panamericana del Café.

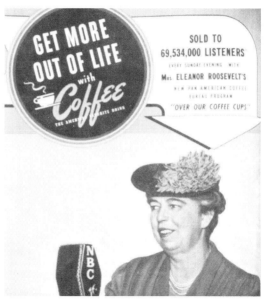

Tea & Coffee Trade Journal, septiembre de 1941, 16.

Coffee, 1948.

Para los exhaustos reclutas destinados al frente en la Segunda Guerra Mundial, el café fue esencial. No es de extrañar que el consumo per cápita en Estados Unidos alcanzara su cota más alta inmediatamente después de la guerra.

Bill Mauldin, ilustrador, *Up Front* (H. Holt & Company, 1945).

«¿Sabes? Por la mañana no valgo un comino si no tomo una taza de café.»

Durante la Segunda Guerra Mundial, los soldados norteamericanos eran capaces de cualquier cosa por no perderse un café, lo que incluía la posibilidad de gastar todas las cerillas que hiciera falta.

¡No es café en polvo! ¡No es café molido! Son más bien millones de minúsculos «BROTES DE SABOR» de verdadero café [...] listos para convertirse instantáneamente en ese famoso ¡SABOR MAXWELL HOUSE!

Durante la década de 1950, el café instantáneo procuró a las clases medias norteamericanas un estimulante rápido, práctico y barato, de cuya calidad no tenían que preocuparse.

La «pausa para el café» (el *coffee-break*) —como frase y concepto— fue inventada en 1952 por la Oficina Panamericana del Café. Pronto se incorporó al lenguaje, como muestra esta viñeta.

En sus años de adolescente enamoradizo, Frank Sinatra cantaba *La canción del café*, que inmortalizaría «la impresionante cantidad de café que hay en Brasil».

James P. Quinn, *Scientific Marketing of Coffee* (*Tea & Coffee Trade Journal Co.*, 1960).

Chock Full o'Nuts se convirtió en uno de los cafés más vendidos en Nueva York a través de anuncios como éste, que ponían en juego una vez más el tema sexista.

Colección del autor.

Durante la década de 1950, el café se convirtió en un elemento aceptado en la vida norteamericana, y la policía lo promovía como una ayuda para la seguridad.

Time, 1 de marzo de 1954, 33.

En 1954, cuando los indignados norteamericanos culparon a Brasil de elevar artificialmente los precios del café, el gobierno brasileño trasladó en avión a Paraná a amas de casa norteamericanas para que vieran con sus propios ojos el daño que había causado la helada.

Tea & Coffee Trade Journal, enero de 1966, 38.

Durante la década de 1960, en un intento desesperado por competir con las grandes corporaciones, la empresa familiar Hills Brothers decidió recurrir a los anuncios publicitarios en los que aseguraba que su café podía recalentarse sin que por ello perdiera sus virtudes.

A partir de 1960, el mítico Juan Valdez fue la imagen que se utilizó para vender el café colombiano en Estados Unidos. Hoy el actor que lo encarna es propietario de una fábrica de camisetas serigrafiadas y de una plantación de café en la que paga para que otros lo cultiven.

Tea & Coffee Trade Journal, enero de 1960, 24.

James P. Quinn, *Scientific Marketing of Coffee* (*Tea & Coffee Trade Journal Co.*, 1960).

Jim Henson, el creador de los Muppets o Teleñecos, comenzó su carrera en 1957 con anuncios de café para Wilkins Coffee en los que el títere Wontkins, que se negaba a beber el café adecuado, era baleado, asfixiado, apaleado, acuchillado, congelado y reventado.

la Depresión. Los dos graduados de Yale, que sólo contaban veintinueve y veintiocho años respectivamente, eran amigos de Charles Mortimer, que trabajaba en el departamento de publicidad de General Foods. Mortimer consiguió que Benton y Bowles se entrevistaran con su jefe, Ralph Starr Butler. Impresionado por los brillantes y jóvenes socios, Butler les dio Certo y Mayonesa Hellman's, dos cuentas más pequeñas.

Los dos socios decidieron concentrar sus energías en los alimentos y las drogas, que ellos percibían correctamente como impermeables a la Depresión. El 1 de abril de 1932, cuando Benton cumplió treinta y dos años, Ralph Starr Butler y Clarence Francis —gerente de ventas de General Foods— citaron a Benton para explicarle que estaban muy descontentos con las ventas de Maxwell House Coffee, que en ese momento estaba a cargo de Erwin Wasey.* Le preguntaron si su agencia podía ocuparse no sólo de Maxwell House sino también de Baker's Chocolate, Post Toasties, Post Bran Flakes, Diamond Crystal Salt y Log Cabin Syrup. Bill Benton respondió honestamente que consideraba que no estaban preparados para hacerse cargo de todas las cuentas. Entonces la gente de General Foods sugirió que Benton y Bowles incorporaran un tercer socio, Atherton Hobler, el inquieto administrador de Erwin Wasey.

Benton, Bowles y Hobler formaron una equitativa sociedad. Hobler, diez años mayor que Benton y Bowles, aportó a la compañía su experiencia junto con una faceta agresiva y competitiva. «Hobe», como le llamaban habitualmente, era exigente consigo mismo y con sus subordinados. Los socios enseguida contrataron nuevos colaboradores, algunos de otras agencias, que estaban ansiosos por unirse a la estimulante y joven empresa.**

Aceites rancios y nervios a causa del café

La tarea más urgente de los hombres de la publicidad era revivir las ventas de Maxwell House. Desde los beneficios netos de casi 3 millones de dólares al año sobre las ventas de 20 millones de kilos antes del crac, la marca práctica-

---

* Erwin Wasey se había hecho cargo de la cuenta de Maxwell House en 1929, cuando J. Walter Thompson renunció a ella con el fin de ocuparse de Chase & Sanborn. En la década de 1920, Fleischmann's Yeast y Maxwell House Coffee eran dos de las cuentas más grandes de JWT. Cuando Fleischmann se transformó en Standard Brands y absorbió Chase & Sanborn, los hombres de JWT tuvieron que elegir entre conservar la enorme cuenta de Fleischmann y cambiar las cuentas de café, o perder el negocio con Standard Brands si se quedaban con Maxwell House.

** El novelista Sinclair Lewis solicitó un puesto, pero Benton lo rechazó diciéndole: «No quiero ser el Babbitt ni el Gantry de su próxima obra.»

mente no generó beneficios sobre las ventas de 17 millones de kilos de tres años más tarde. El desesperado gerente de General Foods adjudicó la friolera de 3.100.000 dólares a Benton & Bowles para que promovieran Maxwell House.

En la década de 1920, Maxwell House había sido la única marca que realmente podía afirmar que tenía distribución nacional. Entonces Chase & Sanborn, con la distribución y la propaganda agresiva de Standard Brand, afirmó que su café era más fresco que otros. «El aceite rancio en el café pasado», anunciaba un titular de Chase & Sanborn, era «causa de indigestión, dolores de cabeza, insomnio». La empresa afirmaba que evitando otras marcas y ciñéndose a su Café Fechado, los consumidores podían beber sin riesgos hasta cinco tazas de café al día. Según Traver Smith, vicepresidente de Standard Brand, el enfoque del «café como alimento fresco» aumentó las ventas más de un trescientos por ciento en poco más de un año.

Bajo la creativa dirección del equipo JWT de Stanley Resor, Chase & Sanborn había comenzado patrocinando en 1929 una orquesta coral de veintidós voces. Después de algunos tropiezos, en 1931 se decidieron por el popular actor cómico y cantante Eddie Cantor, que promocionaba el café eficazmente.

En el tema del empaquetado, eran muchos los competidores que al final estaban descubriendo el envase al vacío. En 1931, General Foods presentó su envase al vacío Vita-Fresh, que supuestamente eliminaba el noventa y nueve por ciento del aire, y no sólo el noventa por ciento como los de Hills Brothers, MJB y Folgers. General Foods también instaló un enorme cartel eléctrico en Times Square. El cartel, diseñado por Norman Rockwell, mostraba a un caballero sureño que bebía café servido por un mayordomo negro de algo más de cinco metros de estatura.

Todos a bordo del salón flotante de Maxwell House

A pesar de su nuevo envase al vacío y de la presencia en Times Square, Maxwell House siguió perdiendo su cuota de mercado. En octubre de 1922, Atherton Hobler se reunió con los gerentes de General Foods y habló con ellos sinceramente. El café de Maxwell House era demasiado caro, su sabor no era muy bueno y necesitaba un enfoque publicitario radicalmente nuevo. Propuso lo que él llamaba «la recomendación más sorprendente que jamás he conocido en publicidad y comercialización». Mejorar la mezcla utilizando menos café de Brasil y más granos del tipo suave. Rebajar el precio 1 centavo. Y, finalmente, reducir el presupuesto de publicidad en 2 millones de dólares —es decir, asignarle 1 millón de dólares—, pero aplicar su totalidad a la radio. Era una apuesta importante; las ventas tendrían que aumentar un veinte por ciento, sólo para recuperar los gastos. Pero los hombres de General Foods estaban dispuestos a probar cualquier cosa. Días más tarde salió al aire el primer programa semanal *Maxwell House Show Boat*, al inaudito coste de 6.500 dólares cada uno.

Inspirada en el musical de Jerome Kern de 1927 (que a su vez estaba basado en una novela de Edna Ferber), la serie de radio volvía al tema popular de *Dixieland Maxwell House*, pero literalmente plagado de nuevas campanas y silbatos. «Suban a bordo, amigos —invitaba el gerente de producción Tiny Ruffner mientras sonaba el silbato del barco—. Su billete de admisión es simplemente su lealtad a Maxwell House Coffee.» Entonces el jovial capitán Henry, interpretado por Charles Winninger (que había creado el mismo papel en Broadway), presentaba una hora de música, teatro y comedia.

El programa de radio tuvo un éxito impresionante. Los efectos de sonido —el agua que surgía de las paletas del barco, el chapoteo contra la plancha— y la actuación eran tan convincentes que muchos oyentes creían que el barco existía realmente. Dos mil personas esperaban en vano en los muelles de Nueva Orleans cuando, según el guión, el espectáculo se desarrollaba allí.

A comienzos de 1933, el *Maxwell Show Boat* era el principal programa de radio del país, condición que mantendría durante los dos años siguientes. En el programa del 1 de enero, Tiny Ruffner anunció la reducción de 5 centavos en el precio y la mejora de la mezcla. Al cabo de dos meses, las ventas habían aumentado un setenta por ciento. En abril, Chase & Sanborn también redujeron el precio. Hacia finales de año, las ventas de Maxwell House habían crecido un ochenta y cinco por ciento.

Con el éxito del *Maxwell House Show Boat*, Benton & Bowles agregaron rápidamente otros dos programas de radio, *Palmolive Beauty Box* y *Town Hall Tonight*, de Fred Allen. En 1934, sus programas ocupaban tres de las cuatro primeras posiciones en la radio.* Aunque este medio carecía del impacto visual de la publicidad tradicional impresa, podía llegar al norteamericano adulto analfabeto —proporción que en aquel momento era de uno cada veinte— y a los niños que no habían alcanzado la edad de escolarización. La propaganda de radio era maravillosamente inevitable si uno quería escuchar un programa determinado. Mientras los lectores del *Saturday Evening Post* podían pasar la página de un anuncio de café, a los oyentes de *Show Boat* les resultaba imposible evitar el palabrerío de Maxwell House a menos que se levantaran y giraran el dial.

---

* Ese mismo año, si hubieran aceptado fusionarse con la agencia D'Arcy, podrían haber tenido la cuenta de radio de Coca-Cola. El jefe de Coke, Robert Woodruff, acostumbrado a la obediencia instantánea, ordenó la fusión, pero sus socios se negaron a aceptarla.

Como observó tiempo después Bill Benton, «Maxwell House no sabía que existía la Depresión. Las cadenas de tiendas vendían un café que era casi tan bueno como el suyo —la diferencia era imperceptible— a un precio mucho más bajo. Pero la publicidad daba tanto encanto y brío a Maxwell House que hacía que todo el mundo pensara que era muchísimo mejor. Las ventas se duplicaban y se cuadruplicaban». Benton sabía que también ayudaba el hecho de que la cafeína producía adicción. «Todos los empresarios quieren un producto que cree hábito. Por eso los cigarrillos, la Coca-Cola y el café funcionan tan bien.»

Arbuckle y MacDougall caen en el olvido

Si bien la Depresión no afectó a Maxwell House ni a Chase & Sanborn, arruinó a varias firmas de café norteamericanas. En 1932, C. King Woodbridge, presidente de la Dictaphone Company y destacado experto en la solución de crisis, fue contratado para supervisar Arbuckle Brothers, el tambaleante gigante de la industria. En los años siguientes, la venerable firma Arbuckle intentó una serie de tácticas diferentes, como conseguir metálico vendiendo su marca Yuban a otra compañía. No obstante, sin la propaganda en todo el país, Arbuckle estaba condenada. En 1937, sin hacer demasiado ruido, Woodbridge vendió el negocio a General Foods. Allí se le permitió a Ariosa tener una muerte tranquila. Unos años más tarde, General Foods compró Yuban, que se unió a Maxwell House como una marca hermana.

Cuando se produjo la Depresión, fueron menos los amantes despreocupados que buscaron la atmósfera italiana de las refinadas cafeterías de Alice Foote MacDougall. En 1930 renunció al control activo, y dos años más tarde la cadena se declaró en suspensión de pagos. MacDougall, que entonces tenía sesenta y cinco años, volvió a tomar el control personalmente. Al cabo de cuatro meses había aumentado el negocio en un cincuenta por ciento y había vuelto a comprar las tiendas Cortile y Grand Central; pero nunca igualaron su antigua gloria, y la Revocación de la ley seca fue la gota que colmó el vaso.

La presión de la granada de mano del café en Chicago

La Gran Depresión no afectó a la industria norteamericana del café en su conjunto, aunque promovió otras fusiones e intensificó la competencia. Desaparecieron los cómodos márgenes de beneficios, que en otros tiempos habían sido lo habitual en la industria. Las grandes marcas, como Maxwell House, Chase & Sanborn, Eight O'Clock y Jewel siguieron sumando cuotas de mercado, mientras las compañías regionales de café luchaban por conservar su posición. Muchos tostadores pequeños abandonaron el negocio.

En 1936, el presidente de la asociación nacional lamentaba que mientras el café había sido tradicionalmente un «negocio de caballeros», ahora estaba siendo secuestrado por «operadores que eran hábiles especuladores» que utilizaban el café —más que ningún otro producto— como un «artículo de gancho». La idea era ofrecer un producto básico popular a precios bajos, o incluso con pérdidas, para atraer a los consumidores a la tienda, donde también comprarían otros productos. «Muchas empresas medianas o pequeñas, deprimidas por cuatro años de constante martilleo, empiezan a preguntarse si merece la pena realizar un esfuerzo continuado.» Sin embargo, los tostadores regionales, más innovadores, lograron sobrevivir gracias a una propaganda inteligente y a la lealtad de los clientes. Muchos de ellos se especializaron en el mercado institucional de los restaurantes y las oficinas, donde los contactos locales y el servicio especial aún podían competir con éxito. Otros tostaban café de «marcas privadas» y lo envasaban con nombres diferentes para que otros comerciantes —por ejemplo las cadenas de tiendas— pudieran revenderlos como propios. Además había tostadores «comerciales», o que pagaban derechos, y tostaban el café de otros, a tanto la libra.

Dos de esos tostadores regionales lograron lo aparentemente imposible al lanzar marcas de consumo. Joseph Martinson había construido un próspero negocio institucional en la zona metropolitana de Nueva York: suministraba su Café Martinson de primera calidad a hoteles, restaurantes y líneas marítimas de categoría. A finales de la década de 1920 ingresó en el campo del café envasado, ofreciendo sólo una mezcla de calidad superior a un sobreprecio y haciendo una propaganda constante. Como se negaba a rebajar los precios, creó un envío postal mensual a 10.000 minoristas y cadenas de tiendas. El gran rival de Martinson era Sam Schonbrunn, que producía la marca Savarin de primera calidad («el café que sirven en el Waldorf Astoria»). Martinson y Schonbrunn demostraron que los cafés de calidad podían estar por encima de la lucha de las firmas con respecto a la reducción de precios, lección que tendría que ser aprendida periódicamente en los años siguientes. Durante la Depresión sobrevivieron y prosperaron.

En San Francisco, las empresas familiares —Hills Brothers, Folgers y MJB— se expandieron con éxito al oeste del río Misisipí; Hills Brothers contaba con la cuota más grande del mercado. En 1930 se jactaba de tener una reserva en metálico de 5 millones de dólares. Dado que había afinado su aproximación

a los nuevos mercados en otras noventa poblaciones del Medio Oeste, el personal de ventas de Hills Brothers entró en acción en Chicago con precisión militar
en septiembre de 1930, casi un año después del descalabro bursátil. Durante algunos meses, los tenderos recibieron una lluvia de postales extra grandes como
anticipo de la campaña. Luego, en febrero de 1931, la compañía contrató a la
Donnelley Corporation para remitir por correo paquetes de muestra de media
libra de Red Can Coffee para todos los abonados al servicio telefónico de Chicago. Simultáneamente enviaron notas por correo a más de 10.000 tenderos independientes, anunciando el programa de muestras. En los meses siguientes, más
de medio millón de familias recibirían un regalo de café con el correo. «La batalla ha empezado —anunciaba el boletín de ventas de Hills Brothers—. El botín
pertenece al vencedor.» Al cabo de un año, Hills Brothers adelantó a Maxwell
House y a Chase & Sanborn para convertirse en el café más vendido de Chicago, posición que conservaría durante los veinte años siguientes.

Sin embargo, a pesar de su éxito en Chicago, las ventas globales de Hills
Brothers descendieron durante los primeros años de la Depresión. Los gastos
de publicidad habían superado el millón de dólares por primera vez, pero las
ventas bajaron de 18 a 17 millones de kilos. E. E. Hills reiteró el compromiso
familiar con la empresa y se negó a vender a un conglomerado. «El espíritu de
nuestra organización no debería verse mermado por las interferencias externas.
[...] Es nuestra intención mantener nuestra política, nuestros ideales, nuestra
calidad de propietarios y nuestra independencia de pensamiento y operación.»

No obstante siguieron mermando las cifras de ventas y en 1932 cayeron a
los 10 millones de kilos. La compañía se ciñó a su antigua campaña, «Un poco
por vez», poniendo el acento en la superioridad de su «tueste controlado», su
envasado al vacío y sus granos de primera calidad. Sin embargo, los consumidores siguieron alejándose, atraídos por las marcas más baratas. En 1933 prestaban menos atención a los anuncios de Hills Brothers que aparecían en los
periódicos, y en cambio, toqueteaban los botones de la radio para encontrar su
programa preferido, que tal vez ya no era el *Maxwell House Show Boat*.

El sonido del gong y los problemas en el Edén

En 1935, Standard Brands lanzó la *Major Bowes Amateur Hour* para Chase
& Sanborn Coffee. El espectáculo viajó de ciudad en ciudad, presentando números locales y llamando la atención sobre Chase & Sanborn en esas zonas. Se
pedía a los oyentes que llamaran y votaran para decidir quiénes eran los gana-
dores del concurso de talentos. Los anuncios pedían al público que comprara

más café de Chase & Sanborn para que más aficionados tuvieran éxito con Major Bowes. «La oportunidad de ellos depende de usted —afirmaban los titulares—. Sus compras de Café Fechado de Chase & Sanborn ayudan a los norteamericanos a obtener fama y fortuna.» Las organizaciones cívicas, las asociaciones de minoristas de comestibles y otros grupos animaban a sus miembros a comprar Chase & Sanborn. A finales de ese año, la *Amateur Hour* había superado el *Show Boat* para convertirse en el programa número uno en el aire.

En mayo de 1937, después de que Bowes se pasara a Chrysler a cambio de un salario mejor, el ventrílocuo Edgar Bergen y su descarado muñeco, Charlie McCarthy, se ocuparon del discurso de Chase & Sanborn, elevando sistemáticamente los índices de audiencia según las encuestas. Gracias a la habilidad y la inteligencia de Bergen, el muñeco —que supuestamente tenía catorce años— a menudo parecía más real que su dueño por la forma en que discutía con los invitados. Un enfadado crítico le llamó «pequeño vulgar, chabacano, bravucón, tonto burlón». Sin embargo, no fue McCarthy el que causó problemas a su patrocinador, sino Mae West. El domingo 12 de diciembre de 1937, la reina del sexo flirteaba con el «bajo, moreno y apuesto» muñeco, llamándolo lascivamente «todo madera, de un metro de largo».

Esas bromas eran simplemente el preludio de una picante parodia del Jardín del Edén. Eva (Mae West) engatusaba a la «larga, oscura y provocativa» serpiente (Edgar Bergen) para que se deslizara al otro lado de la valla para llegar hasta el manzano. Estaba bastante claro que la serpiente —«mi palpitante pitón», como Mae West le llamaba— era un símbolo fálico, y que la lucha por pasar al otro lado de la valla representaba el acto sexual.

> *Serpiente:* Lo... lo haré *(risilla sibilante).*
> *Eva:* Así me gusta. Ven... entre esas estacas.
> *Serpiente:* Estoy... estoy atascado.
> *Eva:* Oh... menea las caderas. Así, ya está, ya has pasado.
> *Serpiente:* No debería hacer esto.
> *Eva:* Sí, pero lo estás haciendo muy bien. Tráeme una gran... Tengo ganas de tener una manzana muy grande... Hummm... oh... eso está muy bien, qué contoneo de caderas.

Cuando Mae West pronunciaba la frase «Tengo ganas de tener una manzana muy grande» con su voz inimitable y sensual, el público del estudio aullaba. Pero muchos oyentes se sintieron ofendidos. «Mae West contamina los hogares», escupió un editorial del *Monitor*, una publicación católica. El profesor Maurice Sheehy de la Universidad Católica afirmó en tono airado que Mae West, «la personificación misma del sexo en su connotación más baja» había «introducido su propia filosofía sexual» en la Biblia. Un político leyó la declaración de Sheehy en el Congressional Record. Frank McNinch, jefe de la Comisión Federal de Comunicaciones, manifestó que la sátira era «ofensiva para la gran masa de ciudadanos norteamericanos bienpensantes y que no tienen la mente corrompida».

Los ejecutivos de Standard Brands se apresuraron a presentar sus disculpas en nombre de Chase & Sanborn. Edgar Bergen y el descarado Charlie McCarthy sobrevivieron a toda aquella polvareda, debido al aumento que se produjo en los índices de audiencia después de la picante emisión. Siguieron vendiendo el café de Chase & Sanborn durante años, sobre todo después de que un estudio demostrara que los oyentes habituales usaban esa marca cuatro veces más que los que no lo escuchaban.

En 1933 se pidió a unas mil quinientas amas de casa que nombraran la marca que llevaba «la fecha en el envase»; el sesenta y nueve por ciento la identificó como Chase & Sanborn, y hacia finales de esa década lo hizo casi el ciento por ciento, junto con la capacidad para nombrar el café que era «bueno hasta la última gota».

Bestias del café y contusiones

La batalla por la cuota del mercado en Estados Unidos se intensificó a mediados de la década de 1930, cuando los contrincantes empezaron a hacer anuncios que agredían a sus rivales. Aumentaron los ataques impresos de Chase & Sanborn contra las otras firmas. «El café rancio pierde aroma... irrita los nervios», proclamaba un anuncio de finales de 1934. Una tira cómica mostraba una terrible y alarmante ilustración. «Aquí tienes tu café, cariño», decía la esposa a su ceñudo esposo, un hombre de negocios, en la mesa del desayuno. «Pensé que ya estábamos viejos para jugar a los castillos de arena», gruñe el hombre. Seguidamente le arroja encima el café caliente y grita: «¿Qué le has puesto esta vez? ¿Ladrillos o pólvora? ¡Ahora dime si te gusta!»

Aunque los anuncios del café de Hills Brothers no eran tan negativos ni violentos, también eran sexistas.* «Detén esa patada —rezaba el titular de

---

* Los dos patriarcas originales, los hermanos Austin Herbert y Reuben Wilmarth Hills, murieron en 1933 y 1934 respectivamente, pero sus hijos utilizaron un estilo agresivo. Aproximadamente en esa misma época, el liderazgo de los Folger pasó a la segunda generación. Frank Atha murió en 1935, seguido por Ernest Folger en 1936, y se hicieron cargo Russell Atha y los hermanos Peter y James Folger III, de la tercera generación.

un anuncio de 1933—. Si su Alteza Real, el hombre de la casa, empieza a dar patadas por el café... deténlo de inmediato con Hills Bros. Coffee.» El anuncio seguía asegurando a la esposa que «no hay nada que calme más rápidamente el salvaje corazón masculino que una taza humeante de esta magnífica bebida».

Para detener la caída de las ventas —sobre todo después de que Maxwell House bajara 1 centavo su precio—, en 1934 Gray Hills (que prefería los periódicos) autorizó a regañadientes una serie de cuñas publicitarias por radio. Las ventas totales de ese año volvieron a subir a más de 13 millones de kilos y siguieron creciendo a lo largo de esa década. En 1939 Hills Brothers vendía más de 27 millones de kilos al año.

Entretanto, los anuncios de Postum de General Foods habían vuelto a sus inicios en la atmósfera publicitaria cada vez más negativa. Roy Whittier de Young & Rubicam creó una tira cómica que presentaba a «Mr. Coffee Nerves», un villano que retorcía su largo y puntiagudo bigote, usaba chistera y provocaba infinidad de problemas hasta que Postum lo desterraba, en otro intento frustrado. Ovaltine, otra bebida saludable preparada con huevos, cebada y extracto de malta, también buscaba atraer a los bebedores de café.

Los dos cafés descafeinados más importantes, Kaffee Hag y Sanka, habían sido inventados por el alemán Ludwig Roselius a principios de siglo, pero cada uno había seguido su camino. Kaffee Hag, propiedad de Kellogg, presentaba una tira con la Ingeniosa Annie, una empleada que no soportaba la irregular actuación de su patrona ante el volante. «Por favor, señorita Mary, es tanto café lo que le hace conducir nerviosamente.» Sin que ella lo sepa, Annie sustituye el café por Kaffee Hag. El resultado es que la señorita Mary conduce con serenidad y cree que sigue tomando café corriente. Otros titulares de Kaffee Hag advertían sobre los «problemas cardíacos a causa del café», el «ácido úrico», la «neuritis» y el «insomnio provocado por el café». «¿Le late el corazón tanto que le molesta? Será mejor que se enfrente a la verdad. Consulte a su médico. Pero no se rebele cuando él le diga: "¡Basta de café!"»

Sanka, propiedad de General Foods, no empleaba tácticas tan abiertamente atemorizantes, pero su publicidad también era negativa con respecto al café. Uno de sus anuncios mostraba una ilustración de una manzana. «En su interior hay semillas. Nadie las come. No hacen que la manzana tenga mejor sabor. [...] Éste es un grano de café. En su interior hay cafeína. La cafeína tiene poco que ver con las bondades del café, lo mismo que las semillas con las bondades de la manzana. Por eso quitamos la cafeína del café Sanka. Pero el aroma acre permanece.» En 1939, General Foods compró Kaffee Hag, consiguiendo la posesión exclusiva del reducido mercado norteamericano de los descafeinados.

La publicidad negativa enloqueció a muchos empresarios del café. Cuando el *Tea & Coffee Trade Journal* pidió a los miembros del ramo que hicieran sugerencias para aumentar el consumo de café, más de la mitad respondió al año siguiente que debía interrumpirse la propaganda falsa y engañosa. «Pensamos que una determinada e importante firma cafetera ha hablado tanto de los efectos negativos del café que muchos consumidores se han sentido asqueados y están abandonando el café para pasarse a otras bebidas», comentó uno de los encuestados. Por supuesto, se refería a Chase & Sanborn.

Probablemente las «otras bebidas» eran las gaseosas. Coca-Cola, la «pausa que refresca», ofrecía un gracioso atractivo sureño para igualar a Maxwell House, y por primera vez en 1931 un Santa Claus de traje rojo empezó a beber Coca-Cola en anuncios absolutamente populares. Pepsi-Cola, que ofrecía «dos veces más por un centavo», se apoderó de la cuota del mercado como una alternativa más barata en la era de la Depresión. En efecto, «la competencia más temida del café [es] la Coca-Cola —escribió un periodista de *Business Week* en 1936—. En el sur, la Coca-Cola a veces es la bebida del desayuno, y ahora la práctica de una "Coke" y una rosquilla por la mañana está invadiendo Nueva York».

Además, el café era estacional. «La caída de las ventas de café del invierno al verano es sorprendente», señaló un estudio de 1932. «Como bebida de media mañana y de media tarde —admitió un participante de la convención del café de 1938—, [el café] ha sido casi totalmente reemplazado por otras bebidas cada vez más abundantes.»

Para bien o para mal

De todas maneras, mientras las gaseosas devoraban la cuota de mercado y Chase & Sanborn, los sucedáneos y los descafeinados daban un duro golpe al atractivo del café, éste seguía recibiendo señales esperanzadoras. Debido a la creciente popularidad del envasado al vacío y a los anuncios acerca del café rancio, cada vez eran más los consumidores que sabían que el café recién tostado y recién molido era el ideal, y que el café debía guardarse en un recipiente fresco y hermético, y utilizarse rápidamente. Lo más importante era que la cafetera eléctrica era desplazada cada vez más por el método de goteo —infinitamente mejor— o por el recientemente popular de la cafetera al vacío. La cafetera Glass Silex al vacío apareció en las cocinas y restaurantes de primera categoría, donde el método de preparación —en el que el agua del recipiente inferior pasaba, gracias al hervor, al recipiente superior y era absorbida nuevamente, filtrándose a través del café cuando se producía el vacío parcial— podía impresionar al club de bridge.*

Los estudios realizados durante la Depresión mostraron que un creciente número de amas de casa estaba pasando del método del filtro a los de goteo y de vacío. Muchos tostadores aprovecharon la situación para promover diferentes molidos para distintos métodos (grueso para la cafetera eléctrica, mediano para el método de goteo, más fino para el método de vacío) mientras otros, como Hills Brothers, promovían el «molido correcto» para todos los métodos.

El efecto global, según Helen Woodward, ex redactora de textos publicitarios, era sencillamente confundir al consumidor. «El ama de casa experimenta con cafeteras eléctricas, con el método de goteo, con la cafetera Silex y, aun así, la mayor parte de las veces el café no sale bien», escribió Woodward en 1937.

En general, la Depresión tuvo en Estados Unidos un efecto paradójico en la calidad del café. Debido a los precios más bajos y a la mejor formación, los consumidores estaban desarrollando la capacidad de apreciar los cafés de mejor calidad del mundo, como los de Colombia o los de Kenia. También se preocupaban más por evitar los granos rancios, por utilizar un molido adecuado y por prepararlo con el método de goteo o de vacío. Sin embargo, nada podía vencer al café recién tostado y recién molido, al margen del hermoso envasado y del despliegue publicitario. Al mismo tiempo, la feroz competencia hizo que muchos tostadores descuidaran los detalles con el fin de reducir los costes. Hacían mezclas con granos de calidad inferior y, después del tueste, volvían a agregar intencionadamente los residuos para después molerlo.

Romper las cadenas

Entretanto, Jewel Tea, A & P y otras cadenas prosperaban. Debido a la entrega directa en el domicilio que ofrecía Jewel, promovida a través de premios anticipados que mantenían atados a los consumidores, la firma rara vez recurría a la publicidad, salvo mediante *Jewel News*, su boletín informativo. En 1936 Jewel operaba con una flota de 1.500 vehículos de reparto que atendían a más de un millón de clientes en 6.000 comunidades norteamericanas.

---

* En 1909, dos hermanas de Salem, Massachusetts, crearon la cafetera Silex, basada en el sistema francés de vacío inventado por madame Vassieux en la década de 1840. La Silex utilizaba cristal Pyrex, resistente al fuego, lo que la hacía más duradera, y pronto se ofreció con un dispositivo eléctrico para calentar el café.

Los repartidores aparecían puntualmente cada dos semanas, siempre a la misma hora y el mismo día de la semana.

Sin embargo, el competidor más serio de Maxwell House y Chase & Sanborn seguía siendo A & P, cuyas marcas representaban el quince por ciento del consumo total de café en Estados Unidos. A & P vendía tres marcas de café, Eight O'Clock, Red Circle y Bokar, en orden ascendente de calidad. El Bokar ofrecía una taza realmente superior, «vigorosa y vinosa», compuesta sólo por cafés suaves y maduros. Los granos enteros y tostados eran «molidos a la vista», como aseguraba la publicidad, directamente en la tienda. Además, todas las marcas A & P se vendían entre 12 y 20 centavos menos la libra que la mayoría de sus competidoras.

En 1929, el año del crac, las ventas de la compañía habían superado los 1.000 millones de dólares por primera vez, y A & P —que contaba con casi 41 millones de dólares en metálico y bonos del gobierno— no quedó afectada. Durante los peores años de la Depresión, desde 1929 hasta finales de 1932, A & P ganó más de 100 millones de dólares en beneficios libres de impuestos.

No obstante, los hermanos Hartford observaron con preocupación cómo sus ventas disminuían a mediados de la década de 1930 a consecuencia del mayor número de supermercados. Esos espacios grandes, con precios bajos, muy pronto se volvieron rápidamente disponibles debido al fracaso de muchos negocios. En 1930 Michael Cullen, anteriormente ejecutivo de A & P, abrió una gigantesca tienda de alimentos en Jamaica, Long Island, y la llamó King Kullen, el Destructor de Precios, y luego agregó otro punto de venta en el edificio de un garaje que no se utilizaba. En 1933 la cadena Big Bear Supermarket abrió sus puertas en el abandonado edificio de cinco pisos de una fábrica; allí ofrecía alimentos a precio de coste para atraer a los clientes a los otros departamentos, como la panadería, la charcutería, los artículos para automotores, el taller de reparación de calzado y la barbería. Pronto le siguieron otras tiendas, incluidos los mercados Streamline de Pittsburgh.

Estos nuevos supermercados fueron un desafío para los complacientes A & P, Kroger y las cadenas Safeway, a quienes derrotó con sus propias armas. Mientras que las cadenas más antiguas habían prosperado ofreciendo descuentos sin entrega a domicilio, los supermercados rebajaban drásticamente los precios dando canastas a los compradores para que retiraran de las estanterías los productos que querían y luego los registraran en la caja de la parte delantera de la tienda. También ofrecían aparcamiento gratuito al público que iba en automóvil. En 1936, cuando las ventas de la compañía cayeron a 800 millones de dólares, John Hartford, de A & P, convenció finalmente a su conservador hermano George de que empezaran a cerrar las tiendas más pequeñas y las que daban menos beneficios mientras abrían 100 supermercados nuevos, grandes y de autoservicio. En 1938 la compañía había abierto más de 1.100 supermercados, cada uno diseñado para quedarse con al menos el veinticinco por ciento de la cuota de mercado en su área, mientras el número total de tiendas se había reducido de casi 16.000 a 10.800.

Sin embargo, el verdadero desafío para A & P y otras cadenas de alimentos, llegó desde otra dirección. El rápido crecimiento de las cadenas de tiendas en las décadas de 1920 y 1930 despertó olas de protestas de los tenderos y farmacéuticos. Los políticos eran rápidos para captar los temas populares de cada lugar. La legislación contra las cadenas de tiendas proliferó a nivel estatal después de 1931, cuando el Tribunal Supremo de Estados Unidos resolvió que los impuestos especiales contra las cadenas eran constitucionales. Sólo en 1933 fueron trece los estados que promulgaron esa clase de legislación.

Surgió entonces un nuevo y ruidoso movimiento de consumidores. En 1933, *100.000.000 Guinea Pigs* se convirtió en best seller con un subtítulo que advertía contra *Los peligros de los alimentos, las drogas y los cosméticos de todos los días.* «A pesar de los gritos de rabia y dolor de los pequeños comerciantes —escribían los autores—, no se toma ninguna medida para impedir el gradual desplazamiento de los pequeños minoristas norteamericanos por parte de A & P, Woolworth y otras cadenas de tiendas.»

Para combatir este movimiento contra las grandes tiendas, las cadenas y los grandes almacenes formaron en 1935 la American Retail Federation bajo la dirección de un ex ejecutivo de Kroger. La nueva asociación fracasó al ser calificada de «grupo de presión» de las cadenas, y una investigación del Congreso estudió las operaciones de las cadenas de tiendas. El presidente del comité, Wright Patman, de Tejas, anteriormente fiscal del distrito, lanzó contra las cadenas una cruzada personal que duraría treinta años.

La investigación del Congreso presidida por Patman dejó al descubierto el funcionamiento interno de A & P, que admitió recibir anualmente 8 millones de dólares en los llamados complementos de publicidad y honorarios de corredores de bolsa. Para asegurarse de que sus productos ocupaban el lugar más destacado en las estanterías, General Foods pagaba un total de 360.000 dólares al año a A & P, sin especificar qué cantidad se aplicaba a Maxwell House. Standard Brands pagaba casi 100.000 dólares al año por los complementos de publicidad de Chase & Sanborn. En esencia, el testimonio revelaba que A & P obtenía un descuento extra del cinco por ciento, además de los descuentos al por mayor que ya recibía.

En gran medida como resultado de la investigación, el Acta Robinson-Patman —que se proponía eliminar esos complementos de publicidad y otros «discriminatorios» recortes de precios para las cadenas— se convirtió en ley en 1936, aunque demostró que era de difícil interpretación. John Hartford, furioso por lo que percibía como legislación injusta, anunció que estaba considerando la posibilidad de vender todas las tiendas minoristas de A & P, y concentrarse sólo en la manufactura y la venta al por mayor. General Foods y Standard Brands se aterrorizaron ante la posibilidad de que Eight O'Clock Coffee desafiara cara a cara a Maxwell House y a Chase & Sanborn en todos los supermercados. Se sintieron aliviados cuando Hartford dio marcha atrás. Los abogados le dijeron a Hartford que el Acta Robinson-Patman estaba tan vagamente expresada que él podía volver a pedir con absoluta seguridad los complementos de publicidad y los honorarios de corretaje. Y así lo hizo. Además empezó a presentar de manera más destacada en los anuncios las marcas de café y pan de A & P. En 1937, la compañía publicó *Woman's Day*, una nueva revista mensual que cobraba más de mil dólares la página por un anuncio de Maxwell House.

En 1938, Wright Patman patrocinó una legislación federal aún más dura contra las cadenas. Su proyecto de ley proponía un impuesto progresivo, que en el caso de A & P habría significado un total de 471 millones de dólares, lo que reduciría las ganancias de la compañía durante ese año en apenas 9 millones de dólares. Se trataba realmente de un «Proyecto de Ley de Sentencia de Muerte», como lo apodaron los medios de comunicación. Patman hizo una dura campaña por su impuesto, en la que atacó la fortuna amasada por los hermanos John y George Hartford. «¿Qué ayudará más a nuestro país? —preguntó Patman retóricamente—. ¿Un sistema que construya enormes fortunas en manos de hermanos ricos sin infancia [...], o un sistema que distribuya privilegios y oportunidades entre toda la gente?»

Para contraatacar, los Hartford contrataron al asesor en relaciones públicas Carl Byoir y su firma. En 1939, A & P publicó una «Declaración de Política Pública», un anuncio de dos páginas, en 1.300 periódicos. George y John Hartford podían «retirarse sin inconvenientes personales ni financieros y vivir confortablemente si las cadenas de tiendas quedaban fuera del negocio», explicaba el largo anuncio. Pero 85.000 empleados de A & P perderían su puesto de trabajo. Los posibles consumidores renegaban de los precios un veinticinco por ciento más bajos que los que ofrecía el tendero individual promedio. Con semejante pérdida, «en millones de hogares tendrían que descartar la carne de la mesa un día más por semana», para no hablar del café, que era más caro. Además, 8 millones de familias granjeras quedarían afectadas, dado que el treinta por ciento de su producción se vendía a través de cadenas de alimentación.

La campaña tuvo éxito. Carl Byoir planificó organizaciones de falsa fachada, financiadas por A & P, como la Comisión Nacional de Impuestos a los

Consumidores, o Propietarios de Empresas. Durante las sesiones del Congreso, los expertos en relaciones públicas organizaron un impresionante desfile de 150 testigos —granjeros, fabricantes, sindicalistas, autoridades en marketing, consumidores— para que atestiguaran a favor de las cadenas. El proyecto de ley de Patman murió en 1940.

El escenario europeo del café

Durante las décadas de 1920 y 1930, la industria europea del café se desarrolló paralelamente a la de Estados Unidos, pero con mucha menos centralización, publicidad y guerra de precios. Por un lado, los consumidores del norte de Europa en general (Alemania, Suecia, Noruega, Dinamarca y Finlandia) bebían aún más café per cápita que los norteamericanos y exigían mayor calidad. Por otro lado, los franceses, italianos, portugueses y españoles disfrutaban con el tostado más oscuro que ocultaba algunas de las amargas robustas que ahora añadían a la variedad arabica. Cuanto más hacia el sur, más oscuro tendía a ser el tostado, de manera que los italianos del sur casi convertían sus granos en carbón mientras que los del norte preferían un tueste moderado. A lo largo y ancho de la mayor parte de Europa predominaba el superior método de goteo. «*Café bouillu, café foutw*», advertía el adagio francés (café hervido, café jodido). Muchas amas de casa seguían tostando los granos crudos en el hogar.*

En Italia, y en menor medida en Francia, el nuevo método *espresso* («hecho en el momento») se hizo más popular durante la década de 1930. El café exprés, creado inicialmente a principios de siglo en respuesta a la demanda de un café de preparación rápida, pronto tuvo devotos seguidores. Este café se prepara sometiendo el agua caliente a una fuerte presión a través de los granos molidos muy finos, y tarda menos de treinta segundos en estar listo. Es oscuro, rico, complejo, concentrado y satinado, con una abundante crema de color avellana en la parte superior y un aroma irresistible.

En 1901, un italiano llamado Luigi Bezzera inventó la primera máquina exprés comercial, un imponente, maravilloso y complicado artilugio, con una gran variedad de grifos, asas e indicadores, rematado todo él por un águila res-

---

* Aun así, la familia Von Gimborn siguió vendiendo tostadores industriales de café en Emmerich, Alemania, como había hecho desde 1868, y en 1893 introdujo la línea Probat de quemado de coca y tostado rápido, seguida en el siglo XX por un tostador a tambor calentado con gas. En la época de la Depresión, la firma había vendido más de 25.000 tostadores.

plandeciente.* Desiderio Pavoni compró la patente de Bezzera y, junto con otros inventores italianos como Teresio Arduino, pronto fabricaron máquinas a presión de vapor capaces de obtener miles de tazas de café exprés en una hora. En la década de 1930 se habían extendido a los cafés de toda Europa y a los restaurantes italianos de Estados Unidos. Una de las ventajas de esta rápida y concentrada bebida era que disimulaba toda clase de granos de calidad inferior; de hecho, con las mezclas baratas de robusta se obtenía una crema más rica.

La cultura del café impregnó Europa. En los cafés con terraza, en los restaurantes elegantes, en las cafeterías subterráneas llenas de humo, en los comedores y las cocinas, los habitantes del Viejo Continente disfrutaban del café, ya fuera puro o con leche, nata montada, especias, azúcar o alcohol. De Viena a Amsterdam, los europeos frecuentaban sus cafeterías preferidas para leer el periódico, jugar al ajedrez o simplemente observar la vida por encima del borde de una taza de café.

Miles de tostadores familiares regionales, muchos de ellos con varias generaciones de antigüedad, calmaron la sed europea de café. Ninguno de ellos era propiedad de un conglomerado, como en Estados Unidos. Sin embargo, algunos estaban forjándose una gran cuota de mercado. En 1938, el tostador noruego B. Friele & Sons —fundado en 1800— abrió una nueva planta de siete pisos en Bergen, en la que instaló tostadores eléctricos y otros refinamientos modernos. La firma holandesa Douwe Egberts había pertenecido a la misma familia desde 1753. Cien años más tarde, en 1853, en Gävle, Suecia, el joven Victor Theodor Engwall empezó a vender puerta a puerta granos de café crudo; con el tiempo fundó la firma tostadora Gevalia, proveedores de café de la familia real. En Finlandia, a finales del siglo XIX, Gustav Paulig estableció la primera planta tostadora del país.

En Alemania, en 1895, Johann Jacobs había abierto una pequeña tienda de café con tostadero propio. En 1930 se unió a la firma su sobrino Walther Jacobs, recién llegado de Estados Unidos, donde había aprendido el valor de la publicidad. Con un estilo de venta agresivo, un envase elegante y eslóganes como «Café Jacobs... Satisfacción hasta el último grano», la compañía se expandió durante el Tercer Reich. Muchas firmas italianas también presumían de una larga historia, como Café Vergnano —fundada en 1882 por Domenico Vergnano— o Lavazza, que había comenzado en Turín en 1895.

Años después se fundaron otras firmas. En 1924, en Bremen, Alemania —que ya era el hogar de Jacobs Kaffee—, Eduard Schopf creó Eduscho (una combinación de su nombre de pila y su apellido), que trabajaba con pedidos

---

* Las primeras cafeteras a presión se habían inventado en Europa en el siglo XIX.

por correo, en esa época la única manera de lograr una distribución en todo el país. A finales de la década de 1930, Eduscho era el tostador más importante de Alemania.

A pesar de su éxito durante la Depresión, todas las firmas cafeteras europeas temían por su negocio dado que la guerra parecía cada vez más probable. En 1938, como parte de un programa para limitar las importaciones con vistas a preparar la guerra, Hitler ordenó la suspensión de toda la publicidad del café. En enero de 1939 las importaciones alemanas de café se redujeron en un cuarenta por ciento, y exactamente antes de que comenzara la guerra el partido nazi confiscó las existencias de café de todo el país con el fin de reservarlas para los militares.

A finales de la década de 1930, una firma europea establecida mucho tiempo atrás ingresó en el mundo del café. En 1867 Henri Nestlé, un químico alemán radicado en Vevey, Suiza, había inventado un preparado para lactantes cuyas madres no podían amamantarlos. En 1900 había instalado centros de producción en varios países, incluido Estados Unidos, donde también preparaba leche condensada. Durante los treinta años siguientes, la compañía internacional agregó chocolates y productos de confitería mientras abría fábricas y adquiría subsidiarias en el mundo entero.

En 1938, después de ocho años de experimentación, Nestlé lanzó Nescafé, un café instantáneo en polvo, perfeccionado, destinado a revolucionar la manera de beber café de muchos consumidores del mundo. En lugar de usar el método de tambor en el que el café ya preparado quedaba reducido a cristales, Nestlé pulverizaba el líquido en torres calentadas, donde las gotas se convertían casi instantáneamente en polvo. Los fabricantes también añadían igual cantidad de hidratos de carbono (dextrina, dextrosa y maltosa) que, según ellos, ayudaba a conservar el sabor. Al año siguiente, la compañía empezó a comercializar el Nescafé en Estados Unidos.

El mundo del futuro

Mientras la década de 1930 y la Depresión llegaban a su fin, Estados Unidos miró el futuro con mucho mayor optimismo que Latinoamérica o Europa. En la mitad de su segundo mandato, Franklin Roosevelt representó la estabilidad y la confianza mientras inauguraba la Feria Mundial de Nueva York en 1939.

En Estados Unidos mejoraba la situación del café. En 1939, una importante campaña publicitaria nacional —finalmente financiada por seis países latinoamericanos que habían formado la Agencia Panamericana del Café— gastó

35.000 dólares para promover el consumo de café helado durante el verano. Dichos países patrocinaron una campaña de marketing otoño-invierno que llegó a 25 millones de familias a través de periódicos y revistas, ofreciendo concursos bajo la clave verdadero/falso, como «El café facilita el trabajo físico» (verdadero) y «El café hace que el cerebro trabaje mejor» (verdadero). La agencia también publicaba un pequeño folleto titulado *Realidades y fantasías del café*, destinado a combatir la creencia de que el café era una droga. Informaba sobre un experimento realizado en la Universidad de Chicago, en el que un grupo de estudiantes recibía café y otro recibía leche. No era de extrañar que el grupo que tomaba café se quejara de problemas para dormir, y el otro grupo no. Sin embargo, los alumnos no sabían que el café era descafeinado y que en cambio la cafeína había sido añadida a la leche. En consecuencia, concluía el folleto, su reacción era claramente psicológica y no fisiológica.

Entretanto, el café había salido al aire no sólo gracias a la radio. G. Washington promovía sus existencias en los vuelos de Eastern Air Transport: «Cada taza es una obra de arte a bordo de estos gigantescos aviones para dieciocho pasajeros»... y sólo llevaba tres segundos remover los pardos cristales instantáneos. Para no ser menos, Pan American Airways llevó a cabo un «experimento científico» —que recibió mucha publicidad— para demostrar que su café instantáneo era satisfactorio.

La American Can Company, que producía la mayor parte de los envases al vacío para café, creó su propia Agencia de Economía Interna con el fin de aleccionar a los escolares sobre las maravillas del café. La compañía le pagó a la famosa fotógrafa Margaret Bourke-White para que pasara un mes en Brasil tomando fotografías del cultivo y la recolección del café, y luego envió paquetes instructivos a 700.000 alumnos.* Las escuelas estaban encantadas de recibir el material en forma gratuita, pues no lo enviaba directamente una compañía cafetera. Miles de niños de la escuela primaria escribieron canciones y poemas al café, como el siguiente, escrito por un joven alumno que debió de observar a sus padres:

> *Energizante por la mañana,*
> *estimulante por la noche.*
> *Si no tomas tu café*
> *Lucharás por conseguirlo.*

---

* Los impactantes retratos que realizó Bourke-White en Brasil en 1936 de los trabajadores negros del café reflejaban su recién descubierta conciencia social. Cuando regresó de América Latina fotografió los rostros de los trabajadores rurales del sur para *You Have Seen Their Faces*, un trabajo en colaboración con Erkine Caldwell.

Estudios realizados en todo el país revelaron que el noventa y ocho por ciento de las familias estadounidenses bebía café de una u otra forma, lo mismo que el quince por ciento de los niños entre seis y dieciséis años, y el cuatro por ciento de los menores de seis años. Las marcas de A & P llevaban la delantera con el quince por ciento del mercado, mientras Maxwell House y Chase & Sanborn ocupaban el trece por ciento y el once por ciento respectivamente. El resto del mercado estaba dividido entre unas 5.000 marcas más que habían logrado sobrevivir a la Depresión. El consumo anual de café en Estados Unidos había superado finalmente los 6 kilos per cápita. Un periodista del *Time* creía que «la presión de la publicidad más los bajos precios minoristas» habían contribuido al mayor consumo, junto con «el nervioso ritmo del país». También conjeturaba que «cuando la Depresión alcanza el poder adquisitivo del hombre medio, éste considera una taza de café de 5 centavos como un sustituto emocional de cosas más costosas».

Como remate al satisfactorio año 1939, los dueños de las tiendas de comestibles presentaron un «Desfile del Progreso» de marcas nacionales, en el que el café encabezaba la lista. En medio de este alboroto eufórico y publicitario en el que todo era más grande y mejor, la cafeinada nación no tuvo muy en cuenta las nubes cada vez más negras de la guerra que se avecinaba. A los empresarios norteamericanos del café les preocupaba más el hecho de que Mussolini le había declarado la guerra al café por considerarlo una bebida insalubre. «Suponiendo que los nazis y los fascistas estén desarrollando una raza de superhombres —manifestaba un editorial del *Tea & Coffee Trade Journal*—, la manera segura de hacerlos invencibles es sin duda alimentarlos con café en cantidades cada vez más grandes y no negarles la única bebida que ha sido siempre indispensable para las naciones fuertes.»

CAPÍTULO DOCE

Una taza de Joe

Estados Unidos, la nación líder en el hábito de beber café, se adapta en general a las pautas de esa bebida: nada conservadora, segura de sí misma, dinámica... El café ha [...] ampliado el día de trabajo del hombre de doce a quizá veinticuatro horas. El ritmo, la complejidad y la tensión de la vida moderna piden algo que pueda realizar el milagro de estimular la actividad cerebral sin causar efectos negativos ni crear hábito.

Margaret Meagher, 1942

El 1 de septiembre de 1939, la *Blitzkrieg* de Hitler irrumpió en la frontera polaca. Europa estaba en guerra, y repentinamente se cerró un mercado de 10 millones de sacos de café, un poco menos que el consumo mundial en ese momento. Como en la anterior guerra mundial, en un principio los países escandinavos compraron grandes cantidades para revenderlo a las naciones en guerra, pero la rápida marcha de Alemania sobre Europa a principios de 1940 pronto clausuró esos puertos. Además, los submarinos alemanes hacían muy peligroso cruzar el Atlántico, o incluso ir en vapor de Santos a Nueva York.

De pronto, la vieja idea brasileña de un acuerdo con respecto al café no pareció tan repugnante para otros productores latinoamericanos, ni para el gobierno de Estados Unidos... al menos para el ala que se ocupaba de la política exterior. Colombia, amenazada por la política de puertas abiertas de Brasil y el cierre de los mercados europeos a causa de la guerra, pidió ayuda al Departamento de Estado norteamericano para poner en práctica un acuerdo. Entretanto, los precios del café crudo caían en picado.

El paso de ganso en Guatemala

Con los sorprendentes triunfos militares de Alemania a comienzos de la guerra, la perspectiva de que los vecinos del sur adoptaran el nazismo parecía demasiado real. En muchos países latinoamericanos, los alemanes ya ocupaban una posición significativa en la industria del café. Un mapa de Guatemala de esa época, por ejemplo, identificaba las plantaciones de café de propiedad alemana con esvásticas rojas, que dominaban la cartografía.

Muchos de los 5.000 alemanes residentes en Guatemala eran abiertos simpatizantes del nazismo. En la provincia norteña de Cobán, los alemanes eran propietarios del ochenta por ciento de la tierra cultivable. Además, los alemanes controlaban la destacada casa Nottebohm Brothers, de banca y exportación, y gran parte de las firmas exportadoras de café del país. Según el periodista contemporáneo guatemalteco Mario Monteforte Toledo, los alemanes «hablaban sobre todo su propia lengua; enviaban a sus hijos a sus escuelas, [y] estaban dispuestos, casi sin excepción, a ayudar por todos los medios posibles a que Hitler conquistara el mundo».

Es probable que Monteforte Toledo exagere la cuestión. Había una serie de alemanes guatemaltecos que a Hitler no le resultaban útiles. Walter Hannstein, por ejemplo, nacido en Guatemala en 1902, había cultivado café durante toda su vida adulta. Sólo le interesaba la plantación familiar, no los fascistas megalómanos que se encontraban en otro continente. También, Erwin Paul Dieseldorff y su hijo Willi, que había heredado la enorme empresa cafetera guatemalteca en 1937, eran contrarios al régimen nazi.

Los miembros locales de la Gestapo hicieron cada vez más presión para influir en los alemanes guatemaltecos que no simpatizaban con el nazismo, amenazándolos con violencia si no se sometían. Los nazis llevaban una lista secreta de cuarenta alemanes «antipatrióticos» que serían ejecutados una vez que Alemania ganara la guerra y dominara Guatemala.

Gerhard Hentschke, el agregado comercial a la embajada alemana en Ciudad de Guatemala, abrumaba a los guatemaltecos con propaganda nazi (redactada en castellano) a través de los periódicos, la radio y las bibliotecas. Los distribuidores de productos alemanes incluían literatura nazi en las cajas de mercancías. Los simpatizantes del nazismo marcaban con esvásticas la parte inferior de los puentes estratégicos para hacer saber a las fuerzas invasoras alemanas que había que hacerlos volar.

Negociar un acuerdo para el café

Dado este contexto, resulta fácil comprender la prontitud con que el Departamento de Estado norteamericano aseguró a los cultivadores de café que apoyaría un acuerdo que salvara las economías y las industrias del café latinoamericanas. Estados Unidos era ahora el único mercado para su producto. Si ese país se aprovechaba de la situación para obtener precios cada vez más bajos, prácticamente dejaría a una América Latina amargada y empobrecida en manos de los nazis o los comunistas.

El 10 de junio de 1940, cinco días después de que Hitler invadiera Francia, se reunió en la ciudad de Nueva York la Tercera Conferencia Panamericana del Café, con delegados de catorce países productores. Después de largas discusiones, la conferencia asignó la tarea de las divisiones en cuotas a un subcomité de tres hombres que llegaron a un compromiso. El Acuerdo Interamericano del Café, que debía ser renegociado el 1 de octubre de 1943, permitía que ingresaran en Estados Unidos 15.900.000 sacos, casi un millón más que el consumo norteamericano en esa época, lo que aseguraría a los ciudadanos suficiente café y proporcionaría al menos una cuota límite para que los precios no bajaran hasta niveles absurdos. Brasil se llevaría la parte del león de la cuota —no precisamente el sesenta por ciento— y Colombia se quedaría con poco más del veinte por ciento. El resto se dividía entre otros productores latinoamericanos, con una cantidad simbólica de 353.000 sacos para «otros países», que incluían a los productores de Asia y África.

Aunque la conferencia se clausuró el 6 de julio, llevó casi cinco meses lograr un acuerdo entre todos los participantes. México y Guatemala eran los que más se resistían al acuerdo y pedían una porción más grande del pastel. El 9 de julio, el dictador guatemalteco Jorge Ubico le dijo a John Cabot —el encargado de negocios norteamericano— que la cuota de 500.000 sacos propuesta por su país era absolutamente inaceptable. Dadas las victorias de los nazis, el progermano Ubico pensaba que estaba negociando desde una posición de fuerza. «La simple publicación del plan, aunque fuera localmente —le informó a Cabot—, llevaría a Guatemala a quedar comercialmente en manos de Alemania en cuanto puedan reanudarse las relaciones comerciales con ese país.»

Entretanto, mientras el acuerdo de cuota pendiente parecía correr peligro, los precios del café continuaban su caída libre, alcanzando finalmente, en septiembre de 1940, los 5,75 centavos la libra, el precio más bajo de la historia.*

---

* En 1903, el precio del grano nº 7 de Rio cayó a 5 centavos la libra, pero el dólar valía más en esos tiempos, y los granos Rio eran inferiores a los Santos nº 4, la variedad estándar en 1940.

Finalmente, Eurico Penteado de Brasil y Sumner Welles de Estados Unidos —trabajando a través del ya establecido Comité Económico y Financiero Interamericano— se pusieron de acuerdo en ajustar las cuotas en un compromiso que llevó a todos los firmantes a la mesa de negociación.

Welles se reunió el 20 de noviembre de 1940 con representantes de catorce países latinoamericanos productores de café para firmar el acuerdo en inglés, castellano, portugués y francés. El *New York Times* informó que se trataba de un «acuerdo sin precedentes» que levantaría «un baluarte económico contra la totalitaria penetración comercial». Ese acuerdo era percibido por muchos líderes como el primer paso hacia una gran unión económica del hemisferio occidental para hacer frente a una comunidad europea fascista.

Sobrevivir a la primera cuota anual

El primer año del acuerdo, que fue desde el 1 de octubre de 1940 (cuando la nueva recolección brasileña empezó a llegar a Estados Unidos) hasta el 30 de septiembre de 1941, estuvo marcado por la polémica y un incómodo compromiso. Durante los primeros meses de 1941, los precios del café subieron rápidamente en respuesta al acuerdo recién firmado. Al principio, las compañías norteamericanas de café no estaban demasiado alarmadas. W. F. Williamson, secretario de la Asociación Nacional del Café, lo expresó sucintamente: «Los consumidores norteamericanos no exigen, y no insistirán en obtener el café a unos precios que signifiquen la quiebra para los países productores de América Latina.» *Business Week* señaló que los precios más altos del café «amortiguarían el impacto de la guerra en la economía de los países latinoamericanos» y al mismo tiempo les permitiría comprar más productos norteamericanos.

Pero la generosidad del consumidor norteamericano tenía sus límites, y en junio los precios casi habían duplicado los bajos niveles del año anterior. En las reuniones de la Junta de Café del Acuerdo Interamericano del Café, los países productores se resistían a la sugerencia propuesta por Paul Daniels, el representante norteamericano, de aumentar las cuotas. Tanto Brasil como Colombia desoyeron el pedido de Daniels y aumentaron el precio mínimo oficial al que venderían su café.

Leon Henderson, jefe de la recién creada Oficina de Administración de Precios de Estados Unidos (OPA), tomó nota. El abogado del New Deal, famoso por su fiero temperamento y sus intransigentes opiniones, nunca había aprobado el acuerdo de la cuota del café y pronto chocó públicamente con el Departamento de Estado por esa cuestión. En julio, cuando Brasil anunció otro aumento del precio mínimo, Henderson estalló. «La inequívoca actitud de los países productores hasta el momento —escribió Henderson—, era: "Aquí hay una posibilidad de hacer un gran negocio."» Amenazó con suspender completamente el acuerdo de cuota. En consecuencia, Daniels invocó el derecho de Estados Unidos, según el acuerdo del café, a aumentar unilateralmente las diversas cuotas, sin el consentimiento de los productores. El 11 de agosto las cuotas quedaron oficialmente incrementadas en un veinte por ciento. La estratagema funcionó, ya que los precios empezaron a bajar.

A pesar de los numerosos problemas que surgieron durante el primer año del acuerdo del café, era evidente que dicho acuerdo había salvado la industria cafetera latinoamericana, y las relaciones entre Estados Unidos y América Latina rara vez habían sido más amigables. «El comercio del café ha sido y es la gran fuerza de unión del hemisferio», declaró Roberto Aguilar, de El Salvador. Durante 1941, el consumo per cápita de café en Estados Unidos había aumentado a los 7,5 kilos, un nuevo récord.

El café va a la guerra... una vez más

Precisamente cuando los precios y la política del café habían alcanzado un precario equilibrio y el consumo estaba aumentando, los japoneses atacaron Pearl Harbor el 7 de diciembre de 1941. El zar de la OPA, Leon Henderson, congeló inmediatamente los precios del café a sus niveles del 8 de diciembre, explicando que la entrada de Estados Unidos en la guerra «creaba una situación en la que las tendencias inflacionarias en el precio del café podían ser intensificadas nuevamente».

La guerra resultó de gran ayuda para la industria del café. El ejército requisó 140.000 sacos al mes, diez veces la cantidad del año anterior, para abastecer lo que llegaría a ser una adicción militar de 15 kilos anuales per cápita. «Los muelles de Santos pueden compararse ahora con las cintas transportadoras de Detroit —escribió un periodista de la época de la guerra—. Ambos trabajan para la defensa de Norteamérica. El café no es una bebida de lujo. Resulta esencial en la guerra.» Una parte del gobierno mencionaba el café como una materia prima esencial, «sumamente importante para ayudar a mantener la moral, tanto en el ejército como en el hogar».

Aunque abundaban los granos latinoamericanos, el espacio de embarque era limitado debido a que cada buque disponible se dedicaba a las campañas solidarias. Además, una vez que Estados Unidos había entrado en guerra, los submarinos alemanes suponían algo más que una amenaza. El 27 de abril

de 1942, la Junta de Producción para la Guerra limitó a los tostadores a sólo el
setenta y cinco por ciento de las entregas del año anterior. La Junta de Embarcaciones de Guerra tomó el control de toda la flota de la marina mercante
norteamericana, y en junio los brasileños también entregaron sus barcos para
destinarlos a las campañas solidarias, a cambio de las promesas de que la Corporación Norteamericana de Crédito a los Productos Básicos compraría toda la
cuota brasileña de café, incluso aunque no hubiera barcos disponibles. La Junta de Producción para la Guerra tomó entonces el control de todo el café que
entraba en Estados Unidos, poniendo efectivamente fin al mercado libre.

En septiembre de 1942 la situación del abastecimiento había alcanzado
proporciones críticas, pues la cuota de café para los tostadores se redujo al sesenta y cinco por ciento. El 26 de octubre Leon Henderson anunció que dentro
de un mes comenzaría el racionamiento del café para los civiles y se asignaría
medio kilo cada cinco semanas a cualquier persona mayor de quince años. Al
dar el aviso con un mes de tiempo se produjo una avalancha de compras. Largas filas de supuestos consumidores de café esperaban en las puertas de las tiendas. En los escaparates abundaban los carteles de «No hay más café», pero en
las bolsas de la compra de algunos consumidores favorecidos se deslizaban pequeños envases de café, casi como si se tratara de contrabando de drogas.

Henderson intentó aliviar el temor del público asegurando que su asigna-
ción de café significaba 4,7 kilos por adulto, no mucho menos que el consumo
per cápita durante la Depresión. Sin embargo, los empresarios del café señalaron que las cifras per cápita oficiales incluían a los niños. Limitadas sólo al consumo de los adultos, las cifras revelaban que el racionamiento reducía las adju-
dicaciones de café a la mitad.

El racionamiento amenazaba con inutilizar todas las directivas con respecto a la preparación que los tostadores habían estado tratando de inculcar a los
consumidores norteamericanos. Aparecieron artículos que instruían a las amas
de casa en el delicado arte de adulterar un buen café. Jewel Tea afirmaba en
sus propagandas que el consumidor podía «obtener hasta sesenta tazas fragan-
tes por libra». El presidente Franklin Roosevelt aterrorizó a los empresarios del
café sugiriendo que el poso se utilizara dos veces. «Los periódicos están llenos
de nombres de lo que se puede usar en lugar de café —se quejaba un agente de
bolsa del café de Chicago—, de modo que lo que tomamos es malta, guisantes,
cebada, un brebaje de melaza cocinado hasta que se convierte en una pasta de
color pardo, o en un jugo de color.» Postum experimentó un renacimiento. Las
mezclas de gran calidad como las de Hills Brothers y Martinson también prosperaron. Mientras los granos de Brasil necesitaban un largo transporte, el café
colombiano y el centroamericano tenían que recorrer una distancia más corta

para viajar en barco, y también podían llegar en tren cruzando la frontera mexicana.

El 2 de febrero de 1943 los alemanes fueron derrotados en Stalingrado. A partir de ese momento, la guerra tomó un claro giro a favor de los Aliados. Los submarinos alemanes ya no suponían una gran amenaza para los buques de carga del Atlántico, y el café de Brasil circulaba con mayor fluidez. El 28 de julio el presidente Roosevelt anunció el fin del racionamiento de café. Mientras la etapa de restricción obligatoria del consumo de café había contribuido a que los norteamericanos se habituaran a una bebida poco cargada, también había acentuado el ansia por ese producto, como suele ocurrir en épocas de escasez. Durante la etapa de racionamiento, la poetisa Phyllis McGinley escribió una elocuente elegía en la que hablaba de «las riquezas que disfrutaba en la vida»:

> *Dos tazas de café para beber con mi tostada,*
> *el querido café matinal,*
> *el conmovedor café,*
> *el abundante café*
> *que tomaba con mi tostada.*

El café en el frente

Mientras los civiles ansiaban aquellas tazas abundantes, los militares suministraban a las tropas y a sus trabajadores todo el café que querían. La producción aumentó cuando a los trabajadores de las fábricas se les permitió hacer un descanso para tomar una taza de café. Jewel Tea y Maxwell House transformaron parte de sus fábricas para preparar raciones «10 en 1»: paquetes impermeables y a prueba de golpes que incluían alimentos y café suficientes para que diez personas pudieran comer un día. El Cuerpo de Intendencia, la sección militar que se ocupa de las provisiones, tostaba, molía y envasaba el café al vacío en cuatro centros diferentes, además de subcontratar a diecinueve tostadores comerciales.

Después del Día D, los militares despacharon granos crudos a ultramar. Los expertos en café del ejército improvisaban tostadores con bidones de gasolina cuando no podían conseguir máquinas industriales; tostaban 5.500 kilos de café al día en una antigua fábrica de Marsella. Más de cincuenta unidades móviles suministraban café y alimentos horneados. En el teatro de operaciones del Pacífico, el sargento primero Douglas Nelson, ex empleado de Maxwell House, levantó una planta en Noumea, la capital de Nueva Caledonia, donde tostaba el café cultivado en el lugar. En Europa, 300 «clubmóviles» de la Cruz

Roja distribuían café y rosquillas a las tropas, junto con libros, revistas, cigarrillos y discos.

El beber café se convirtió en una actividad competitiva dentro de las ramas del ejército, y los marines norteamericanos presumían de tener el más elevado nivel de consumo. «Muchos marines beben cinco tazas metálicas de café en una sola comida, o el equivalente de veinte tazas corrientes, como si tal cosa», se jactaba un teniente. Lejos de las comodidades del hogar, el soldado haría casi cualquier cosa por tener una taza de café caliente en una fría trinchera, aunque fuera instantáneo. El ejército suministraba paquetes ligeros de papel de aluminio con café soluble en raciones de emergencia. En 1944, además de Nescafé y G. Washington, había otras diez empresas —incluida Maxwell House— que hacían café instantáneo, y todo era requisado por los militares. «Los soldados informan que las cápsulas son fáciles de manipular y el café es de preparación sencilla —escribía el *Scientific American* en 1943—. Donde no hay un fuego disponible, el polvo se puede mezclar con agua fría.»

Pero para el exhausto soldado que se encontraba en el frente, algo caliente significaba mucho. Bill Mauldin, cronista de la guerra a través de sus caricaturas, describió un pelotón de infantería atascado en el barro, la lluvia y la nieve de las montañas del norte de Italia. «Durante ese período, los soldados no comieron nada caliente. A veces tenían pequeños hornillos a gasolina y podían calentar paquetes de café "predigerido", pero la mayor parte de ellos lo hacía con cerillas... cientos de cerillas que apenas eliminaban la gelidez de la bebida.» El soldado norteamericano se identificó tanto con el café que el soldado Joe dio su nombre a la bebida, una «taza de Joe». Los militares también tenían algunas otras denominaciones para el café —según su concentración o viscosidad—, entre los que se incluían java, cieno, sentina, lodo, barro o estímulo.

El soldado norteamericano tuvo que adaptarse al café instantáneo y frío, pero al menos tenía café real, a diferencia de las potencias del Eje y los países ocupados. En el verano de 1943, en los Países Bajos, ocupados por los nazis, el café auténtico costaba 31 dólares la libra, cuando se conseguía. Muchos ciudadanos holandeses se veían obligados a arrancar, tostar y moler los bulbos de los tulipanes para obtener un sucedáneo. Aunque hubieran podido conseguir granos de café auténticos, muchos tostadores europeos no habrían podido hacer demasiado con ellos. En Alemania, Francia, Países Bajos, Bélgica e Italia, las bombas habían reducido a escombros las plantas de torrefacción.

Por si fuera poco, los británicos enviaron escuadrones de la Real Fuerza Aérea que, en una parodia de bombardeo, arrojaban pequeñas bolsas de granos de café sobre el territorio ocupado por los nazis. La idea era, según un periodista de la época, que «allí donde cayeran los granos de café floreciera el descontento». Aunque era una manera diabólica de burlarse de los necesitados habitantes, las bombas de café no lograron poner fin a la guerra.

La desnazificación de América Latina

Entretanto, bajo la coacción de Estados Unidos, los residentes alemanes, italianos y japoneses en América Latina, muchos de ellos cultivadores de café, estaban cada vez más sujetos a las listas negras oficiales. En muchos casos eran deportados o encarcelados y sus plantaciones y empresas confiscadas. Había habido mucha publicidad con relación a los campos de concentración para los japoneses norteamericanos, aunque poca gente estaba enterada de que el gobierno de Estados Unidos extraditaba a cultivadores de café de América Latina para que fueran internados en campos similares.

En Brasil, donde había una población importante de las tres nacionalidades, el dictador Getúlio Vargas había tardado un tiempo en ponerse del lado de los norteamericanos. Antes de Pearl Harbor, en diversas ocasiones había logrado —con verdadera maestría— que Alemania y Estados Unidos se enfrentaran.

En la primera parte de la guerra, cuando los alemanes acumulaban una victoria tras otra, Vargas pronunció un discurso protofascista en el que elogió a «las naciones que se imponen mediante la organización, que está basada en el sentimiento de la patria y sustentada por la convicción de su propia superioridad».

Sin embargo, Pearl Harbor hizo que Vargas se volcara decididamente hacia Estados Unidos, y cuando los submarinos alemanes hundieron barcos brasileños, la gente estalló de ira. En marzo de 1942, Vargas ordenó la confiscación del treinta por ciento de los fondos de todos los individuos del Eje residentes en Brasil, aunque sólo unos 1.700 eran miembros del partido nazi. En agosto, Brasil declaró oficialmente la guerra a las potencias del Eje.

En Guatemala, el pragmático dictador Jorge Ubico abandonó a sus amigos cafeteros alemanes tras el ataque a Pearl Harbor. Dado que Ubico asumía repentinamente una clara postura pronorteamericana, el 12 de diciembre de 1941 entró en vigor una lista negra de empresas cafeteras alemanas, preparada meses antes gracias a la presión del Departamento de Estado norteamericano. Los «interventores» se apoderaron de haciendas cuyos propietarios eran alemanes nativos e incluso, en algunos casos, guatemaltecos de ascendencia alemana. El gobierno administraba las firmas exportadoras de propiedad alemana. A partir de enero de 1942, muchos alemanes —incluso ancianos— fueron arrestados y enviados a campos de concentración de Tejas. Los alemanes fueron expulsados de toda América Latina. Muchos de ellos fueron enviados a Alemania (donde tal vez nunca habían vivido) e intercambiados por civiles norteamericanos atrapados tras las líneas enemigas.

Un total de 4.058 alemanes latinoamericanos fueron secuestrados, enviados a Estados Unidos y recluidos, en gran medida para «tenerlos bajo custodia con el fin de negociar», como señaló un memorándum interno del Departamento de Estado norteamericano.* Otro motivo pudo haber sido eliminar la competencia comercial.

Nelson Rockefeller, que dirigía la Oficina del Coordinador de Asuntos Interamericanos y supervisaba los servicios de contrainteligencia, destacó la necesidad de evitar la expansión alemana en «el patio trasero de Norteamérica». Berent Friele, el zar del café, abandonó A & P para convertirse en el agente brasileño de Rockefeller y como tal lo ayudó a estudiar el Amazonas para un futuro desarrollo.

En una extraordinaria demostración de lógica, los alemanes latinoamericanos eran arrastrados a Estados Unidos y luego encarcelados por «entrar ilegalmente» en el país.** Walter Hannstein estuvo a punto de perder La Paz, su plantación de café en la región de San Marcos, en el oeste de Guatemala, a pesar de que había nacido en ese país, se había casado con una ciudadana norteamericana y había manifestado opiniones contrarias al nazismo. Un agente del FBI interrogó no sólo a Hannstein y a su esposa, Marley, sino también a sus dos pequeñas y aterrorizadas hijas. «¿Habláis alemán? ¿Sabéis quién es Hitler? ¿Alguna vez habéis dicho *Heil Hitler?*» La libertad y la plantación de Hannstein se salvaron cuando mostró al agente la lista de cuarenta alemanes guatemaltecos que los nazis pensaban eliminar. El nombre de Hannstein ocupaba el puesto treinta y seis en la lista.

---

* Durante la Segunda Guerra Mundial no se trasladó a ningún alemán desde Brasil a Estados Unidos, dado que el programa se consideraba un insulto a la soberanía nacional brasileña. En general, sólo los países más pequeños —como los de América Central— podían ser obligados a aceptarlo. (Estos gobiernos también se aprovechaban de la situación para ganar tierras o librarse de rivales políticos que eran convenientemente etiquetados de nazis.) En la época de la guerra, Vargas creó su propio campo de concentración para alemanes y japoneses en el Amazonas brasileño.

** En total, más de 31.000 «extranjeros enemigos» fueron recluidos durante la guerra, arrancados de sus hogares en América Latina y Estados Unidos, entre ellos 16.849 japoneses, 10.905 alemanes y 3.278 italianos.

La industria norteamericana sobrevive a la guerra

Entretanto, la industria cafetera de Estados Unidos se adaptaba a las condiciones de la guerra. Dado que la mayoría de sus empleados estaba en el frente, Jewel contrató por primera vez a mujeres para que condujeran los coches de reparto y descubrió que eran tan buenas vendedoras como los hombres. Myrtle Gutwein, por ejemplo, ganó premios de ventas durante la guerra. Además de su habilidad para las ventas, era muy humanitaria y de vez en cuando pagaba de su bolsillo el café y el arroz de una madre soltera y su hijo minusválido. Jewel incluso publicó *Mujeres en el trabajo*, un folleto que incluía consejos como: «La delantera y la espalda de algunas damas sencillamente no están hechas para los pantalones.» Las mujeres también demostraron su valor en las plantas elaboradoras de café de todo el país, no sólo en trabajos menores y rutinarios sino también como maestras tostadoras y supervisoras.

En 1942, Maurice Karker se unió al Departamento de Guerra (aunque siguió siendo presidente de la junta) y dejó la presidencia de Jewel a Franklin Lunding. Debido a la influencia de Karker y al contrato de Jewel para preparar paquetes de raciones «10 en 1», la compañía tenía prioridad en lo relativo a las restricciones del trabajo y los recambios de la maquinaria para mantener en actividad los coches de reparto. En la época de la guerra, el sesenta y cinco por ciento de las ventas totales de Jewel procedían de las ventas minoristas, pero más del sesenta por ciento de sus beneficios aún derivaban de las lucrativas furgonetas.

Maxwell House hacía llamamientos patrióticos para su café. «¡El café también lucha! Con los paracaidistas... en los bombarderos... a bordo de los buques de nuestra Marina... las tripulaciones recurren a una humeante taza de café caliente para levantar el ánimo.» General Foods apremiaba a las amas de casa a poner frutas y verduras en los botes vacíos de Maxwell House, para poner «su granito de arena por el Tío Sam».

Las otras compañías cafeteras hacían llamamientos patrióticos similares aunque menos estridentes. Los dos Folger de la tercera generación también fueron a la guerra, cada uno a su manera. James Folger III fue destinado a la Junta de Producción de Guerra, mientras su hermano Peter se incorporó a los marines. Entretanto, el gerente de planta de Folger se encontró —según una historia de la compañía— «en medio de una pesadilla de café sin envases, botellas sin tapón, montañas de cupones de racionamiento para contar, y la cadena normal de producción y entrega totalmente rota». Sin embargo, la guerra hizo crecer el número de consumidores de café en California, pues muchos que se habían trasladado allí para trabajar en las plantas durante el conflicto acabaron por quedarse. Los veteranos que se habían embarcado en San Francisco rumbo al teatro de operaciones del Pacífico regresaron para establecerse en esa ciudad. La población del estado casi se duplicó en diez años.

En 1940, Hills Brothers había abierto una octava planta de torrefacción en Edgewater, Nueva Jersey, desde la que planeaba abastecer al Medio Oeste, y con el tiempo a todo el este. Lamentablemente para la empresa, la guerra interrumpió sus planes de expansión. Debido a la escasez de mano de obra, Hills Brothers permitió la entrada de las mujeres en el salón de café, hasta ese momento un templo sagrado, masculino e íntimo. Elizabeth Zullo y Lois Woodward, dos empleadas de Hills, aprendieron a sorber ruidosamente y a escupir como ellos.

Chase & Sanborn había estado luchando por mantener los beneficios incluso antes de la guerra. Su empresa matriz, Standard Brands, tradicionalmente había podido confiar en la levadura Fleischmann's como su producto de gran venta. Pero para esa época, el ama de casa norteamericana había dejado de hornear pan; la revocación de la ley seca había acabado con el mercado de la levadura entre quienes elaboraban bebidas clandestinamente, y la reivindicación de la levadura como especialidad medicinal fracasó. El mercado de café, enormemente competitivo, no ofrecía los mismos márgenes de beneficio. La frescura de Chase & Sanborn, anteriormente basada en las dos entregas semanales junto con la levadura, se volvía discutible a causa del envase al vacío utilizado por otras marcas.

Dado que los márgenes de beneficio habían caído por debajo del diez por ciento y la cuota de mercado de Chase & Sanborn había caído varios puntos por detrás de la de Maxwell House, en noviembre de 1941 la compañía optó finalmente por las latas al vacío. Un mes después, la firma incorporó como presidente a James S. Adams, de Colgate-Palmolive-Peet, justo a tiempo para Pearl Harbor. Adams reorganizó completamente la empresa, reemplazó a ejecutivos clave y suspendió el pago de dividendos. Intentó aumentar las ventas de café mediante la adopción de un envase de vidrio cerrado al vacío, pero el entorno bélico no favoreció los cambios en las preferencias por una u otra marca.

La guerra dejó esencialmente a la industria del café en suspenso mientras los tostadores simplemente conservaban su posición y aguardaban el momento de que terminara el conflicto y el control de precios. Los tostadores importantes como Maxwell House dominaban una industria que había conocido una considerable consolidación. En 1915, más de 3.500 tostadores suministraban café a los consumidores norteamericanos. En 1945 sólo había 1.500 tostadores. De ésos, sólo cincuenta y siete —menos del cuatro por ciento del total— tostaban más de 50.000 sacos al año.

Se acabaron los buenos vecinos

Mientras la guerra llegaba a su fin, el precio tope del café que ingresaba en Estados Unidos —que se mantenía a 13,38 centavos la libra desde 1941— se volvió cada vez más oneroso para los países productores. Estimulada por la economía de guerra, la inflación había hecho subir los salarios, la maquinaria, los envases, los seguros y los costes de expedición. Aunque la Oficina de Administración de Precios (OPA) había permitido aumentos para los artículos de consumo cultivados en el país, se negaba tenazmente a subir los precios del café. En el otoño de 1944, la situación en América Latina se había vuelto crítica. En el *Journal of Commerce* de Nueva York, Roberto Aguilar —de El Salvador— pedía con insistencia un aumento del precio para los cultivadores pobres. «En la actualidad no obtienen ningún beneficio, ni siquiera pueden defenderse.» Como no podían pagar mejores salarios, los cultivadores estaban perdiendo a los trabajadores, que buscaban trabajos industriales mejor remunerados. «Toda la industria del café está gravemente enferma, al borde del colapso», decía finalmente.

El 20 de noviembre de 1944, Eurico Penteado, de Brasil, envió una carta abierta a George Thierbach, presidente de la Asociación Nacional del Café, que la Agencia Panamericana del Café publicó como un anuncio pagado en más de 800 periódicos norteamericanos. Penteado explicaba que el precio tope seguía estando 5 centavos por debajo del promedio de los treinta años anteriores. «Este estado de cosas ya está dando como resultado el abandono de millones y millones de árboles de café en toda América Latina», la mayoría de los cuales eran brasileños. La producción de café de São Paulo había disminuido a un tercio del nivel de 1925. Lo mismo ocurría con los precios. Sin embargo, los costes de producción se habían duplicado. Finalmente había concluido el programa brasileño de quema del café —que había convertido en cenizas 78 millones de sacos desde 1931— y ahora apenas quedaba algún excedente.

Los cultivadores centroamericanos atravesaban una situación igualmente apurada. «Los trabajadores pagan ahora 14 dólares por unos zapatos que antes se vendían a 4,50 dólares —se quejaba un cultivador de café de El Salvador—. Los salarios, que ya son el doble de lo que eran, tendrán que aumentar aún más.» Sin embargo, estas realidades no parecían preocupar al consumidor norteamericano. «Estados Unidos no hace nada más que hablar de un café a 5 centavos la taza, como si fuera algo inalterable.» Los países que cultivaban variedades suaves de café no podían permitirse el lujo de despachar su mejor café a los precios de la OPA, de modo que empezaron a enviar cafés de calidad inferior que no habían sido correctamente procesados o seleccionados. Muchos cultivadores retenían la totalidad de la cosecha en espera de mejores precios.

La OPA hacía oídos sordos a estos angustiados argumentos. Como recordó un ex miembro del Departamento de Estado, «después de la caída de Francia y durante los oscuros días que siguieron a Pearl Harbor, Estados Unidos había cortejado ardientemente a América Latina». Ahora, sin embargo, «no teníamos tiempo para [sus] problemas». Los funcionarios norteamericanos consideraban que el Acuerdo Interamericano del Café —iniciado como una aventura altruista para salvar a los cultivadores— se había convertido en un incómodo lastre.

Incluso cuando terminó la guerra, en 1945, los precios tope se mantuvieron intactos. La economía brasileña entró en crisis, y el 29 de octubre de 1945 el dictador Getúlio Vargas —que ya llevaba varios años en el poder— fue obligado por los militares a presentar la dimisión. Aunque los precios del café no fueron directamente responsables de la caída del dictador, aumentaron el descontento popular. Durante esta etapa, Brasil abolió su Departamento Nacional del Café y redujo su compromiso a la publicidad del producto. Otros miembros de la Agencia Panamericana del Café siguieron el ejemplo.

El 17 de octubre de 1946, la OPA cedió finalmente y eliminó los precios tope. «Liberados», anunciaba el titular del *Tea & Coffee Trade Journal*. El primer contrato libre de Santos se vendió por 25 centavos la libra. Durante los años siguientes, el precio fue aumentando regularmente, junto con la inflación.

El legado de la Segunda Guerra Mundial

Durante la Segunda Guerra Mundial, Estados Unidos importó más de 4.000 millones de dólares en granos de café, lo que representaba casi el diez por ciento de todas las importaciones. En 1946, el consumo anual norteamericano per cápita se elevó al sorprendente nivel de 9 kilos, dos veces la cifra de 1900. «En Brasil crecen miles de millones de granos de café —cantaba Frank Sinatra, el nuevo ídolo de los adolescentes—, por eso tienen tantas tazas que llenar. En Brasil tienen una cantidad increíble de café.» Además, según la letra, en Brasil no era posible encontrar «un refresco de cereza» porque «deben llenar su cuota» de café.

En el transcurso de la guerra, la población civil norteamericana había limitado el acceso a las bebidas no alcohólicas debido a que el racionamiento de azúcar obligaba a reducir el ingrediente principal de la Coca-Cola y la Pepsi. Pero los siempre ingeniosos gigantes de los refrescos de cola seguían encontrando maneras de promover sus bebidas. Pepsi abrió Centros de Soldados en los que se podía conseguir Pepsi gratuita, hamburguesas por 5 centavos y un afeitado, una ducha y el planchado de los pantalones de forma gratuita. Pero fue la Compañía Coca-Cola, mediante las presiones y los contactos internos, la que dio el golpe más importante de la época de la guerra al lograr que su bebida fuera reconocida como el estimulante esencial para las tropas. Como tal, la Coke para consumo militar quedó eximida del racionamiento de azúcar. No sólo eso, sino que algunos hombres de Coca-Cola fueron nombrados «observadores técnicos» (TO), ataviados con uniformes del ejército y enviados a ultramar, a expensas del gobierno, para instalar plantas embotelladoras tras las líneas de combate. El hecho de conseguir una Coca-Cola en botella en las trincheras proporcionaba al soldado un convincente recuerdo del hogar, más fuerte aún que el de una taza de café. «Estrechan la Coke contra su pecho, corren hasta su tienda y la miran, sencillamente —escribió un soldado desde Italia—. Ninguno de ellos la ha bebido todavía, porque una vez que la bebes se acabó.»

Los empresarios del café tenían plena conciencia de que Coca-Cola y Pepsi preparaban un nuevo ataque para después de la guerra. «La industria de los refrescos de cola cuenta con un aumento inmediato del veinte por ciento en el volumen de ventas en cuanto termine la guerra », escribió Jacob Rosenthal en 1944, y agregó que la preferencia de los adolescentes por la Coca-Cola sobre el café era abrumadora. «En la actualidad, para unos 30 millones de jóvenes en edad escolar beber significa tomar leche, cacao, refrescos de cola. Estamos afectados por... la propaganda contraria al café entre el público joven, a pesar de que los refrescos de cola, el cacao y el chocolate tienen casi tanta cafeína como el café cuando se sirven con crema y azúcar.»

«En miles de tiendas, heladerías, bares y puestos de refrescos de cola —continuaba diciendo Rosenthal—, estos jóvenes se reúnen a conversar, escuchar música, tal vez a bailar.» La mayoría de ellos compraba algo para beber. «¿Con qué frecuencia piden... café? Sabéis perfectamente bien que casi nunca.» Instaba a los empresarios del café a montar una campaña que igualara el atractivo de refrescos de cola. «La cuestión es que, como grupo, a estos adolescentes les gusta pensar y actuar como adultos... y lo que beben los adultos es café.» Entonces, ¿por qué no sacar partido de esas ansias de alcanzar la categoría de adultos?

Lamentablemente para ellos, fueron pocos los empresarios del café que escucharon el aviso, y la generación del *baby boom*, que nacía en ese momento, se consagraría a la Coke y la Pepsi; entretanto, la calidad del café sería cada vez más baja dado que las compañías usaban granos cada vez más baratos. Estaba a punto de abrirse un triste capítulo en la historia del café, en un momento en que el producto parecía triunfar.

TERCERA PARTE

Brebajes amargos

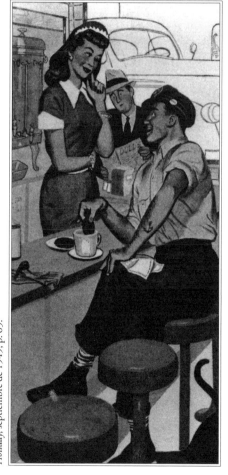

Holiday, septiembre de 1949, p. 65.

*En las cafeterías de la posguerra, las camareras
servían enormes tazas de café poco cargado.*

CAPÍTULO TRECE

Caza de brujas del café y falta de gratificación instantánea

En la segunda y la tercera tazas surgen los temas de altas finanzas, alta política, chismes vulgares y farsa. [El café] es un aglutinante social, ayuda a soltar la lengua, a serenar la mente, a estimular el ingenio y, si así lo desea, a eliminar el sueño. Desde la jarra de viaje hasta la clásica y elegante taza, es el demócrata perfecto.

New York Times, 14 de noviembre de 1949

Existen muchas señales de que el café seguirá siendo en todo momento la bebida líder del país.

Coffee Anual, 1952

A finales de la Segunda Guerra Mundial, el café norteamericano se había convertido en un producto estandarizado como cualquier otro. Maxwell House, Chase & Sanborn y los demás ofrecían café tostado y molido, con una mezcla realizada principalmente con granos brasileños corrientes, y todos tenían más o menos el mismo sabor. Las latas de arabica típico no eran malas, pero tampoco demasiado buenas. A pesar de las promocionadas virtudes del envasado al vacío, el café molido previamente se ponía rancio mientras esperaba en las estanterías. Como señaló en 1945 el escritor M. F. K. Fisher, especialista en alimentos: «Viene en botes uniformes que compramos fielmente según qué programa de radio contrata a los mejores escritores, de modo que tanto si el rótulo es verde como si es rojo, el contenido es moderadamente parecido y corriente.» Y aunque el método de goteo estaba ganando popularidad, los norteamericanos volvían de la guerra con el paladar hecho al café filtrado. «El gusto en nuestro país —escribió un angustiado amante del café— sigue siendo el café pálido, de poso manchado, un agua sucia hervida.»

Desde este estado de mediocridad, en los veinte años siguientes el café pasó de ser «moderadamente corriente» a horrible. ¿Qué ocurrió? Confluyeron factores económicos, políticos y tecnológicos que produjeron una bebida amarga.

La caza de brujas de Guy Gillette

Los precios del café subieron lenta pero firmemente después de que quedaran liberados de los controles, en 1946. En 1947, el café tostado se vendía al por menor a más de 50 centavos la libra; sin embargo, los economistas y los expertos esperaban en cualquier momento una recesión típica de la posguerra. «La popularidad de la taza de café por 5 centavos la ha convertido en una arraigada institución», declaró un profético periódico. Al año siguiente, cuando muchos restaurantes empezaron a cobrar 7 centavos, los airados parroquianos rompieron tazas, robaron cubertería de plata y lanzaron crema y azúcar sobre los mostradores, a modo de protesta. Algunas empresas cafeteras empezaron a decir que su marca necesitaba menos poso para preparar una taza de café cargado. Un contrariado empresario del café llegó a la burlona conclusión de que si los precios continuaban subiendo «tal vez el café nos parezca tan fuerte que no tendremos que usar ni una pizca para obtener una taza aromática y de buen sabor».

El precio aumentó principalmente a causa de las legítimas fuerzas del mercado libre, la oferta y la demanda. Después de años con excedentes de café, Brasil se encontró súbitamente con que no tenía suficientes granos. El otrora fértil terreno de São Paulo había perdido sus nutrientes para la producción de café, y los cafetos debilitados habían sido atacados por la plaga de la broca, un insecto del café. Desde la cifra sin precedentes de 9 millones de kilos de después de la guerra, el consumo norteamericano per cápita cayó ligeramente a 8,2 millones de kilos en 1948, mientras las importaciones europeas superaban los 7 millones de sacos, ayudadas por el Plan Marshall: aunque estaban por debajo del nivel de 12 millones de sacos de antes de la guerra, eran significativas e iban en aumento. Para mantener un elevado nivel de consumo, los cultivadores de café subieron la tasa publicitaria autoimpuesta, de 2 a 10 centavos. Los colonos más audaces, ansiosos por sacar provecho de la escasez de café, comenzaron a instalar nuevas *fazendas* en la selva del sur, en el estado brasileño de Paraná; pero esos cafetos nuevos tardarían cinco años en empezar a producir.

Las buenas relaciones entre América Latina y Estados Unidos se deterioraron durante la posguerra. En 1944, los brasileños habían donado a bombo y platillo 400.000 sacos de granos crudos de Santos al ejército norteamericano.

Dos años más tarde, el ejército norteamericano entregó 500.000 sacos de café brasileño «excedente», junto con 200.000 sacos de granos colombianos al Departamento de Agricultura de Estados Unidos, que a su vez los vendió con un beneficio aproximado de 6 millones de dólares. Los cultivadores brasileños estaban furiosos. En 1948, Estados Unidos dejó expirar el Acuerdo Interamericano del Café, y la calidad de asesor del grupo fue transferida a una Comisión Especial del Café —carente de poder— bajo los auspicios de la Organización de Estados Americanos.

En el otoño de 1949, el excedente de café de Brasil se agotó precisamente cuando una prolongada sequía dañó la floración de ese año en los meses de agosto y septiembre. Mientras que el mundo consumía 32 millones de sacos, los cultivadores de café producían sólo 29.700.000 sacos. El 19 de octubre, los precios del grano crudo habían subido de 27 centavos a 34 centavos. El 18 de noviembre se dispararon a los 51 centavos la libra. Los tostadores incrementaron los precios al nivel de 80 centavos la libra. En los restaurantes, la taza de café a 5 centavos cayó en el olvido y cedió el paso a los 10 centavos. Por primera vez en la historia, las importaciones mundiales de café costaron más de 1.000 millones de dólares. Como era de esperar, los consumidores norteamericanos protestaron, mientras los políticos norteamericanos murmuraban en tono amenazante.

El senador Guy Gillette, un demócrata de Iowa, ordenó rápidamente a su subcomité de agricultura que investigara los precios del café exactamente anteriores a la Navidad de 1949, y que volviera a hacerlo desde marzo hasta mayo de 1950. Gillette, un hombre de setenta y un años, pelo plateado y un metro ochenta de estatura, había crecido en una granja de Iowa y había cultivado maíz y ordeñado vacas desde los catorce años. «Tuve la satisfacción de producir algo que podía ver, oler, saborear y tocar», dijo. Teniendo en cuenta su pasado, Gillette podría haber simpatizado con las súplicas de los dueños de plantaciones de café de América Latina, pero evidentemente no lo hizo. Como dueño de una granja lechera, señaló, bebía leche, no café.

Gillette arremetió contra los «manipuladores» y «especuladores», a los que hacía responsables del aumento en el precio del café. Su abogado, Paul Hadlick, interrogaba a los testigos con la hostilidad de un fiscal en un caso de asesinato. ¿Por qué el precio del café se había disparado tanto en tan poco tiempo? «¿Podría usted explicar por qué los grandes intereses brasileños estaban comprando café en Nueva York?», preguntó Hadlick a un representante de General Foods.

Sin duda eran los intereses especulativos, incluidos los brasileños, los que habían ayudado a incrementar el precio. Pero la razón fundamental era legítima: sencillamente, no había suficiente café. El testigo del Congreso más informado y apasionado era Andrés Uribe, representante por Nueva York de la Federación Nacional de Cultivadores de Café de Colombia y presidente de la Agencia Panamericana del Café. Uribe explicó que el repentino aumento del precio era resultado de la «autosatisfacción» del comercio norteamericano, que nunca creyó que las existencias brasileñas pudieran agotarse. Cuando de pronto se dieron cuenta de que la sequía de 1949 era absolutamente real y de que no quedaban excedentes, se dejaron llevar por el pánico y empezaron a comprar. Esto dio como resultado un clásico movimiento alcista del mercado del café y, mientras los precios se disparaban, las amas de casa empezaron a acaparar, creando una escasez artificial.

«En general, los latinoamericanos se han sentido profundamente molestos, incluso escandalizados —manifestó Uribe ante el comité—, al saber que la honestidad nacional de sus países ha sido cuestionada; han sido acusados de extorsión, de defraudar al consumidor norteamericano, de participar en conspiraciones y conciliábulos.» Señaló que si bien el consumidor norteamericano había pagado más de 2.000 millones de dólares por la torrefacción o la preparación del café en 1949, sólo el treinta y ocho por ciento de ese dinero había ido a parar a los países productores latinoamericanos. La mayor parte de los beneficios había caído en manos de los tostadores, los minoristas y los restaurantes norteamericanos.

Uribe intentó que Gillette y sus colegas comprendieran que, mientras que el consumidor norteamericano tenía que pagar poco más de 2 centavos por taza por el café hecho en casa, quienes se ocupaban de la cosecha dependían de ella para vivir, y que su nivel de vida era lamentable. Si a los trabajadores de América Latina se les pagaban salarios estadounidenses, el café crudo costaría 6 dólares la libra. «Caballeros, cuando hablamos de café no hablamos sólo de un producto básico, de una mercancía. Hablamos de la vida de millones de personas —dijo Uribe—. En América Latina tenemos una tarea que realizar, una tarea impresionante... eliminar el analfabetismo, erradicar las enfermedades, restablecer la buena salud y elaborar un sólido programa de nutrición para millones de personas. La clave para todo esto es un precio equitativo para el café.» Si lograban asegurar un precio justo, podrían alcanzar un «milagro» similar al del próspero Estados Unidos. «Si el café no puede recibir un precio equitativo, entonces dejarán a estos millones de personas a la deriva en un peligroso mar de pobreza y privación, a merced de los vientos y de cualquier estallido subversivo.»*

* Como colombiano, Uribe debía de ser absolutamente consciente de los problemas sociales, ya que en su país acababa de comenzar la década de la violencia, un conflicto interno en el que morirían unos 200.000 colombianos.

Uribe los invitó a reconocer la hermandad del hemisferio y los instó a recordar que el término «americanos» no era exclusivo de los ciudadanos de Estados Unidos. «Caballeros, tal vez en este tema me deje llevar por las emociones... pero les hablo de mi pueblo, y todos somos americanos.» Sus ruegos cayeron en saco roto. El 9 de junio de 1950, el Comité Gillette presentó finalmente su informe oficial de cuarenta y cuatro páginas, un cáustico documento, tan ofensivo que catorce países latinoamericanos presentaron una protesta oficial. Los políticos norteamericanos culpaban a la escasez de cultivadores brasileños, a quienes acusaban de retener abundantes existencias. Gillette sugirió que el gobierno de Estados Unidos «inspeccionara más de cerca» los préstamos concedidos a los países cafeteros, mientras alentaba el cultivo de café fuera de América Latina. El informe no sólo recomendaba cambios radicales en los métodos establecidos del comercio de café en Estados Unidos, sino que también decía a Brasil y a Colombia que debían modificar sus tipos de cambio monetario. Ya no se compraría más café mediante el Plan Marshall y, más aún, un representante del Departamento de Justicia de Estados Unidos asistiría a las futuras reuniones de la Comisión Especial del Café... como si ésta necesitara un control legal.

Si las recomendaciones del informe se ponían en práctica, «equivaldrían a la bancarrota de la industria cafetera», dijo el delegado de Brasil ante la Comisión Especial. América Latina sería entonces una presa fácil para los comunistas. Un periódico de Rio calificó el informe de «modelo de falta de delicadeza, intimidación y repugnante brutalidad». El ministro de Asuntos Exteriores de Colombia denunció el informe como «un injustificado acto de interferencia» y «un terrible golpe a la política de buena vecindad». En medio de este ultraje, el ex dictador Getúlio Vargas regresó entre el clamor popular, y ese mismo año fue elegido presidente de Brasil con la promesa de garantizar un precio mínimo para los cultivadores de café y de fortalecer, más que devaluar, el cruzeiro brasileño.*

Para intentar corregir la situación, el ayudante del secretario de Estado norteamericano, Edward G. Miller Jr., regañó al Comité de Agricultura por no someter el informe al Departamento de Estado antes de su publicación, y señaló que resultaba «enormemente molesto», no sólo para los gobiernos latinoamericanos sino también para los ciudadanos. Afirmó que «no deberían hacerse acusaciones de manipulación de los mercados, ni de connivencia entre intereses de producción, a menos que existieran pruebas claras para corroborar esas acusaciones». En realidad, no existían esas pruebas. Criticó las recomendaciones del

---

* En Brasil, la compañía Gillette de hojas de afeitar publicó en los periódicos un anuncio a toda página en el que negaba cualquier relación con Guy Gillette.

informe al señalar que no había «información alguna [ni de fondo]» que las sustentara. De mala gana, el Comité Gillette revisó en cierto modo el informe, suavizó el tono y moderó sus duras recomendaciones. Los sentimientos internacionales quedaron temporalmente calmados, precisamente cuando el «conflicto coreano» intensificaba la nueva mentalidad de guerra fría y elevaba una vez más el precio del café a unos 85 centavos la libra al por menor.

Instantáneo, rápido, de buen rendimiento, moderno... y horrible

Además de la publicidad negativa, la era de los precios altos del café sirvió de catalizador para los profundos cambios en la industria cafetera, incluida la creciente cuota de mercado del barato café instantáneo, el debilitamiento de la taza norteamericana, la guerra de precios y de publicidad, el uso extendido de los granos africanos de robusta —de calidad inferior—, el creciente interés en fertilizantes, pesticidas y las variedades híbridas, y un nuevo auge de las plantaciones de café.

La industria del café instantáneo creció notablemente durante la posguerra. Al principio, Nescafé dominaba las ventas en Estados Unidos gracias a una importante publicidad. La compañía suiza —poderosa internacionalmente— también introdujo su marca en el resto del mundo: Europa, América Latina, Asia, Oceanía y Sudáfrica.

Sin embargo, Estados Unidos representaba, con mucho, el mercado potencial más grande. A finales de 1945, un cronista predijo la creciente popularidad del café instantáneo en un «mundo de botones, objetos cromados, artilugios y posguerra», en el que los consumidores estaban «abiertos a las nuevas creaciones y sobre todo a las nuevas maneras de ahorrar tiempo y problemas». El consumidor estaba dispuesto a sacrificar la calidad a cambio de comodidad. En 1950, cuando el café tostado corriente se disparó a 80 centavos la libra, comenzó la verdadera demanda de café instantáneo. Aunque el café soluble exigía un cuantioso desembolso de capital para contar con las altas torres rociadoras y los demás procesos de tratamiento, costaba 125 centavos la taza, es decir, 1 centavo menos que el café corriente.

El sabor del café instantáneo era tan malo que no importaba demasiado qué clase de granos se utilizaba. Esto incluía los baratos granos de robusta procedentes de las colonias africanas, que estaban ansiosas de que sus economías —devastadas por la guerra— recibieran una inyección de dólares. Además, en su fabricación se podían extraer más sustancias sólidas de cada grano mediante la concentración excesiva del poso, proceso que producía una bebida amarga.

A finales de 1952, el café instantáneo representaba el diecisiete por ciento del consumo total de café en Estados Unidos. Instant Maxwell House y Nescafé gastaban más de un millón de dólares al año cada una en la publicidad del producto. «¡Sorprendente descubrimiento! —proclamaban los anuncios de Instant Maxwell House—. ¡No es un polvo! ¡No está molido! ¡Son millones de diminutos "brotes aromáticos" de verdadero café, listos para convertirse al instante en el famoso sabor bueno hasta la última gota!» Los anuncios incluían un dibujo ampliado de los «brotes aromáticos» que parecían asteroides, lo que daba al producto un cariz moderno y científico.

Nestlé adoptó un enfoque más realista y razonado. «Resulta fácil variar la intensidad para cada miembro de la familia —explicaban los anuncios de Nescafé—. No hay que preocuparse por cazos ni por cafeteras. Ni por lavar piezas complicadas. Ni por el poso.» Los pedestres anuncios de la compañía suiza no lograron cautivar al consumidor, y en 1953 Instant Maxwell House superó a Nescafé convirtiéndose en el indiscutido líder de ventas de café instantáneo en Estados Unidos. Pero esta posición la mantuvo gracias a los precios bajos y la intensa publicidad. Las encuestas realizadas a consumidores muestran poca lealtad a la marca en el caso del café instantáneo.

Con el fin de obtener el enorme capital necesario para producir café instantáneo (un millón de dólares por planta), diez pequeños tostadores encabezados por Joseph Martinson & Company (que había destacado por su café de primera calidad) se unieron y formaron Tenco, una cooperativa de Nueva Jersey que trabajaba las veinticuatro horas del día para producir café soluble.

La nueva popularidad del café instantáneo acompañó y complementó la aparición de las máquinas expendedoras. En 1947, Lloyd Rudd y K. C. Melikian, dos ingenieros mecánicos, formaron Rudd-Melikian, Inc. y presentaron la máquina expendedora Kwik Kafe, que en cinco segundos despachaba una taza de papel con café instantáneo caliente. Durante el primer año vendieron 300 máquinas. Pronto surgieron otras compañías competidoras. A finales de 1951 había en Estados Unidos más de 9.000 máquinas expendedoras, y a mediados de esa década se había superado la cifra de 60.000.

El invento de la pausa para el café

La máquina expendedora colaboró en la institucionalización de la tradición norteamericana más venerada, la pausa para el café. De hecho, la expresión fue un invento que la Agencia Panamericana del Café hizo en 1952. La agencia, sustentada por un presupuesto anual de 2 millones de dólares, lanzó en radio, periódicos y revistas una campaña con el eslogan: «Haz una pausa para el café... y toma lo que el café te da.» La agencia dio nombre y autorización oficial a una práctica que se había iniciado durante la guerra entre el personal de Defensa, cuando un rato libre para tomar café daba a los trabajadores un necesario momento de relajación junto con el estímulo que proporciona la cafeína. El extraordinario bombardeo publicitario también fue recibido como una verdadera noticia. «En muy poco tiempo —escribió Charles Lindsay, director de la agencia, a finales de 1952—, la pausa para el café había recibido tanta publicidad que la expresión se había convertido en parte de nuestro lenguaje.»

Si bien interrumpir el trabajo para tomar café era una práctica casi desconocida antes de la guerra, el ochenta por ciento de las empresas encuestadas en 1952 la había introducido en su jornada laboral. La Agencia Panamericana del Café utilizaba anuncios y folletos para fomentar la práctica de la pausa para el café fuera de las fábricas y las oficinas. También los hospitales la institucionalizaron. Después del servicio religioso de los domingos, los fieles se reunían con sus pastores y hacían una pausa para tomar un café.

Incluso los miembros de la campaña presidencial del general Dwight Eisenhower adoptaron la costumbre y utilizaron la idea para su «Operación taza de café», en la que durante una fiesta con café, Ike era presentado a los votantes «en un clima alegre e íntimo». Como señaló la revista *Look*, la moda del café se estaba extendiendo. «El café y el postre aumentan la asistencia a las reuniones municipales; las tertulias con café reúnen fondos para una orquesta sinfónica; el café se une al té como vehículo para las charlas entre padres y maestros, estimulados por lo fácil que resulta servir café instantáneo para grandes grupos.» Ya no había que ensuciarse con la nata ni con la leche. Instant Pream, un producto lácteo en polvo, proporcionaba el compañero perfecto e insípido para el café instantáneo. «Sin desperdicio, sin residuos», proclamaba el anuncio.

La caja tonta

Junto con la crema y el café instantáneos llegó el entretenimiento instantáneo. Aunque la televisión había hecho su tambaleante debut exactamente antes de la Depresión, el nuevo medio no resultó comercialmente viable hasta después de la Segunda Guerra Mundial. En 1952, la televisión había invadido 16 millones de hogares, lo cual suponía el treinta y siete por ciento de las salas de estar del país. A finales de esa década prácticamente todos los norteamericanos miraban la televisión durante un promedio de seis horas diarias. Aunque los intelectuales se burlaban de la «caja tonta», era un medio que vendía productos, hecho que no pasó inadvertido a la industria cafetera.

General Foods fue una de las primeras empresas que se anunció en televisión, empujada por Atherton *Hobe* Hobler, que aún estaba a cargo de Benton & Bowles.* Hobler había visto lo que la radio hacía por Maxwell House y estaba seguro de que la televisión, con sonido e imagen, causaría un impacto aún mayor. Convenció al gerente de publicidad de General Foods, Charles Mortimer, que estaba a punto de asumir la presidencia del conglomerado dedicado a la alimentación. «Queremos estar a la vanguardia del conocimiento y el uso beneficioso de la televisión —afirmaba el informe anual de 1947 de General Foods—. La televisión nos ofrece la primera oportunidad comercialmente verosímil de presentar y mostrar nuestros productos y sus aplicaciones a un público que no vemos.»

Ese mismo año, Maxwell House Coffee patrocinó *Encuentro con la prensa*, que pasó de la radio a la televisión. Para promover el café descafeinado Sanka, General Foods patrocinó una versión para radio y televisión de *Los Goldberg*, protagonizada por Gertrude Berg. Allí, en una de las primeras comedias populares de la televisión, la señora Goldberg y su familia ofrecían una afectuosa imagen de la vida de los inmigrantes judíos en Nueva York. Mientras miraba por la ventana, Gertrude Berg explicaba a los televidentes que podían beber cuanto Sanka quisieran, «porque el sueño queda intacto».

Una encuesta de 1950 realizada entre 4.300 personas que tenían televisor mostraba que la televisión tenía un «efecto mucho más marcado en las ventas de alimentos que en ningún otro producto». Ese mismo año, Coca-Cola pagó un programa especial con Edgar Bergen y Charlie McCarthy, que habían abandonado Chase & Sanborn para trabajar con el refresco. Coke también patrocinó un programa de Walt Disney, en 1951, *Las aventuras de Kit Karson*.

General Foods respondió con *Mama*, protagonizada por Peggy Wood, basada en la popular obra de Broadway *I Remember Mama*. Al final de cada programa semanal, los miembros del reparto entraban en la cocina de Mama para tomar una taza de café Maxwell House. Ésa era la única publicidad del programa, y se convirtió en parte esencial de éste. *Mama* se emitió durante ocho años, hasta que las grabaciones en vídeo pusieron fin a las series de televisión en directo.

---

* William Benton y Chester Bowles habían abandonado el campo de la publicidad para dedicarse a la política. De hecho, ahora hacían despreciativos comentarios sobre los miembros de esa profesión.

En 1953 fue evidente para la industria del café que, además de la publicidad en periódicos, revistas y radio, ahora tenían que usar la televisión, aunque los espacios en ese medio eran significativamente más costosos que en cualquier otro. Eso auguraba problemas para marcas como Chase & Sanborn y Hills Brothers, que no tenían los fondos necesarios para mantener una campaña nacional continua en televisión.

Guerras de precios, cupones y libras de 400 gramos

Debido a que los precios eran elevados y a la creciente popularidad del café instantáneo, los tostadores se sintieron obligados a abaratar sus marcas, a utilizar precios de promoción, premios, cupones de reintegro y a reducir la cantidad. Desaparecían los elegantes anuncios del pasado que destacaban la calidad y el sabor. Algunos tostadores regionales que abastecían a restaurantes e instituciones empezaron a vender el café en paquetes de 400 gramos, y afirmaban que su café producía el mismo resultado que una libra completa. En su centésimo aniversario, Folgers anunció que los consumidores podían usar 100 gramos menos de su mezcla porque, en cierto modo, era más intensa. El resultado de esto fue que el consumidor obtenía una taza de café diluido.

En Europa no se economizaba por gusto sino más bien por necesidad. Ya en 1947 el café había sido tan escaso que en el mercado negro se utilizaba en lugar de dinero. En 1952, los franceses importaban 2.600.000 sacos de café, pero más de la mitad contenía granos de robusta, de baja calidad, procedentes de las colonias francesas en África. El café francés —que nunca se había caracterizado por su buena calidad— empeoró. En Europa disminuyó el tostado casero mientras los tostadores industriales comenzaron a dominar el mercado. Sin embargo, en Italia, la mayoría de la gente compraba el café tostado, en granos, y lo molía en su casa. La publicidad italiana prometía «El paraíso... en la taza», pero la mezcla estaba compuesta sobre todo por variedades baratas de Brasil y robustas africanas.

El abandono de una generación

Sin embargo, incluso en la indigente Europa de posguerra, una bebida norteamericana diferente empezaba a ganar popularidad y a quitar mercado al café. El 15 de mayo de 1950, la portada de la revista *Time* mostraba una pintura en la que un sonriente disco rojo de Coca-Cola con un brazo delgado sostenía una botella de Coke junto a los labios de un globo sediento. La leyenda rezaba: «Mundo y amigo... ama esa piastra, esa lira, y ese estilo de vida norteamericano.» El editor de *Newsletter*, publicado por la Asociación Nacional del Café, sugería que el artículo sobre Coke publicado por *Time* debía ser de «lectura obligada» para los empresarios del café. Señalaba que una botella de Coca-Cola costaba más del doble que una taza de café preparada en casa. Y aun así, la venta de refrescos estaba en pleno auge.

En 1950, el consumo de café per cápita en Estados Unidos empezó a bajar, mientras crecía la popularidad de los refrescos.* Ese año, las firmas que fabricaban estas bebidas llegaron por primera vez a igualar sus presupuestos en publicidad con los del café: unos y otros superaban los 7 millones de dólares al año. Pero sólo dos firmas, Coca-Cola y Pepsi, dominaban la industria de los refrescos, mientras las empresas cafeteras luchaban entre ellas por una cuota de mercado que se iba reduciendo lentamente. En 1953, el cantante melódico Eddie Fisher —que en ese momento tenía veinticuatro años— apareció en *Coke Time*, un programa de radio y televisión. Entretanto, la mayor parte de los anuncios de café mostraba a amas de casa agobiadas o a empresarios apresurados. Unos pocos hacían débiles intentos por atraer a los consumidores jóvenes, pero la mayor parte de las empresas cafeteras se dedicaban a combatir en una guerra de precios, tratando de atraer a las amas de casa con cupones o acuerdos especiales.

La tierra que olía a dinero

En el ínterin, los elevados precios del café habían hecho resurgir el cultivo de café en el mundo entero. «En casi todos los países productores del mundo se están plantando nuevos cafetos», señalaba George Gordon Paton, el editor de *Coffee Annual*, a finales de 1950. «Nuevas tierras se están abriendo al café.» Eso era alentador, pero agregaba una advertencia: «¿Estará preparado el mundo para recibir esta producción adicional?» Sin embargo, como era habitual, nadie tomó nota.

En las Tierras Altas de Papúa-Nueva Guinea, el australiano Jim Leahy hizo su primera recolección de café en 1952. Mientras buscaba oro en 1933, él y sus dos hermanos, Mick y Dan, no sólo encontraron oro sino también un millón de nativos de Nueva Guinea hasta entonces desconocidos para el resto del mundo. Mick Leahy engendró a Joe, un mestizo al que abandonó al regresar a

---

* En 1950, los norteamericanos consumían un promedio de 177 refrescos por año. A finales de esa década, la cifra aumentó a los 235 por año.

Australia, pero Jim y Dan se quedaron allí.* Después de la guerra, Jim experimentó con una pequeña parcela de café en las Tierras Altas, donde las condiciones resultaron perfectas para los granos de arabica de primera calidad. Su primera recolección importante llegó precisamente cuando los precios se disparaban, y se produjo un repentino interés por la tierra de Nueva Guinea. En 1955 había en la isla setenta y seis plantaciones de café, cincuenta y cinco de las cuales eran propiedad de europeos. Asombrados por la riqueza que veían a su alrededor, los nativos también comenzaron a plantar pequeñas parcelas.

Entretanto, en Brasil se producía un nuevo furor especulativo. «En Paraná —señalaron otros brasileños con desaprobación—, la locura de la gente es terrible. Es un delirio, una fiebre.» Las luchas por la tierra en litigio recordaban la fiebre del oro en California. En la ciudad de Londrina, las prostitutas se mezclaban con los *picaretas*, timadores que vendían tierras inexistentes o inútiles a los ansiosos pero incautos *jacús*, palurdos que habían llegado a Paraná a hacer fortuna cultivando café.** En los seis años anteriores, desde que la Oficina de Administración de Precios norteamericana había liberado los precios del café, habían descendido a Paraná más de medio millón de colonos.

En 1952, el periodista norteamericano Harold Martin visitó el estado fronterizo de Paraná con el fin de reunir datos para un artículo que llevaría por título «La tierra que huele a dinero». «Sobre Londrina y más allá, a 150 kilómetros, una niebla seca se ve suspendida en el aire formando una capa tan espesa que a veces oscurece el sol del mediodía y la tierra que hay más abajo», escribió Martin. La destrucción de la selva de Brasil seguía a ritmo acelerado en la antigua tradición de cortar y quemar. Poblaciones de 15.000 habitantes surgían en zonas que sólo unos años antes habían servido de hogar a jaguares, tapires, monos, serpientes y periquitos.

Las tierras de Paraná producían hasta cinco veces más café por acre que los agotados suelos de São Paulo. Las ricas y onduladas planicies, bien regadas y a unos 600 metros por encima del nivel del mar, parecían proporcionar las condiciones perfectas para el cultivo del café. Pero tenían un problema: las heladas periódicas suponían una amenaza significativa. Sin embargo, en 1952 nadie se preocupaba por eso. La vida era buena. Se estaban recolectando los frutos de la primera tanda de cafetos —plantados cinco o seis años antes— y en las nuevas tierras se habían plantado unos cuantos millones más.

---

   * En la edad adulta, Joe Leahy se convirtió en un acaudalado dueño de una plantación en Nueva Guinea (véase cap. 15).

   ** Un *jacú* es un ave de caza brasileña, notable por volar directamente hacia los cazadores que silban de una manera determinada.

Alentado por la tan anunciada escasez de café, Estados Unidos estimuló el establecimiento en América Latina de estaciones de investigación agrícola experimental. Por primera vez, se aplicaron en Estados Unidos durante más de diez años los análisis científicos del suelo y otros métodos al maíz, al trigo y a los árboles frutales, y se sugerían para el café. El doctor William Cowgill, agrónomo del Departamento de Agricultura norteamericano, trabajaba en Guatemala y viajaba como asesor por toda América Central, Colombia, Ecuador y Perú.

En 1950, Cowgill logró con mucha paciencia que uno de sus cafetos produjera 6 kilos de bayas, una cantidad asombrosa si se la compara con el promedio de 2 kilos por planta. El condescendiente especialista dijo que la mayoría de los dueños de plantaciones de café («no hay cultivadores de café») se limitaba a seguir la tradición y no sabía lo que hacía. «El cultivo del café está aquí aproximadamente en la misma etapa en que se encontraba el cultivo de manzanas en Estados Unidos cuando Johnny Appleseed se dedicaba a esparcir semillas.» Cowgill sugería eliminar los árboles de sombra, aumentar las aplicaciones de fertilizantes y pesticidas y plantar los árboles de café mucho más cerca unos de otros.

También se habían instalado centros de investigación del café en Colombia, Costa Rica y Brasil, donde los científicos latinoamericanos estudiaban posibles cruces para crear híbridos además de estudiar las enfermedades y pestes de las plantas. El descubrimiento brasileño más prometedor, llamado Mundo Novo, fue «encontrado» más que cruzado intencionalmente. Se trataba de una planta arabica tradicional, que resultaba en cierto modo resistente a las enfermedades, maduraba en tres años —no en cuatro— y suministraba una abundante producción.

Los Rockefeller dedicaron parte de su dinero a empresas de esta clase, decididos a lograr que las compañías norteamericanas tuvieran un lugar en América Latina. Nelson Rockefeller, que había prestado servicios como coordinador de Asuntos Interamericanos durante la Segunda Guerra Mundial, fundó después de la guerra la Corporación Internacional de Economía Básica (IBEC), y en noviembre de 1950 creó el Instituto de Investigación del IBEC (IRI). Al año siguiente, el científico Jerry Harrington se mudó a São Paulo, decidido a descubrir una solución para el descenso de la producción de café en esa zona. Los hombres del IRI hicieron subir en cierto modo la producción, pero faltaba algo. Los cafetos aún carecían del color y el vigor de los que crecían en el suelo virgen de Paraná.

La gran helada del 4 de julio

Mientras las bayas maduraban en esos vigorosos y jóvenes árboles de Paraná, en junio de 1953, durante el «invierno» de Brasil, parecía que finalmente el mundo tendría una cosecha extraordinaria. Durante los siete años anteriores, la producción mundial había ido a la zaga del consumo. En marzo, el presidente Eisenhower había aumentado el techo del precio del café, y el precio de venta subió algunos centavos. Los empresarios norteamericanos del café esperaban nerviosos que una cosecha importante permitiera un descenso del precio. Los cultivadores de café de América Latina también tenían motivos para estar inquietos. Cualquier ruptura del mercado del café podía causarles un caos económico.

En la noche del 4 de julio, una masa de aire inusualmente frío subió desde la región antártica y cayó sobre el sur de Brasil. Al mediodía del día siguiente, muchos árboles habían quedado totalmente quemados por la terrible helada. En otros casos, las hojas se habían marchitado y los granos se oscurecían en las ramas. Cuando resultó evidente que la cosecha brasileña era varios millones de sacos menor de lo previsto, y que el año siguiente prometía también una cosecha pobre, los futuros del café se dispararon.

En enero de 1954, el café tostado rompió la barrera psicológica de 1 dólar la libra, y una vez más las amas de casa, los políticos y los medios de comunicación entraron en un frenesí de acusaciones. *Business Week* escribió sobre un «mercado fugitivo», mientras *US News & World Report* informaba que los consumidores se preguntaban «por qué, cuando están bajando los precios de muchos productos agrícolas, los precios del café son los más altos de la historia y se están disparando aún más». Los restaurantes que habían aumentado los precios de 1 a 10 centavos la taza durante la última crisis, ahora lo aumentaban a 15 e incluso a 25 centavos. El consumo de café en la ciudad de Nueva York descendió un cincuenta por ciento en cuestión de semanas. En todo el país surgían movimientos a favor de unas «vacaciones de café». «Un neoyorquino que dejó de beber café —señaló un periodista— dijo que se trataba de una experiencia traumática que no quería volver a vivir jamás, ni siquiera de palabra.» Un hotel de Filadelfia ofrecía a los clientes una moneda de 25 centavos si no pedían café. Un letrero de una cantina de la Grand Central Station instaba a sus clientes a beber té.

Una vez más se vio afectada la calidad del café. Algunas empresas cafeteras anunciaban que su producto podía dar cien tazas de café por libra. Entretanto, las ventas de Postum aumentaron, el café instantáneo prosperó y las cadenas de tiendas empezaron a atraer a los compradores utilizando el café como artículo de gancho. Lo mismo hacían otros empresarios dinámicos. Un periódico ofrecía una libra de café gratis con cada nueva suscripción para aumentar el número de lectores, mientras un vendedor de coches usados con sentido del humor ofrecía un coche gratis con cada paquete de café de 600 dólares la libra.

Como es habitual, los políticos enseguida salieron a la palestra. El presidente Eisenhower ordenó a la Comisión Federal de Comercio que analizara los precios del café. En febrero, la Cámara de Diputados inició las sesiones sobre el café, mientras el Senado nombraba dos comités para analizar el tema. La senadora por Maine, Margaret Chase Smith, presentó una resolución en la que insinuaba que los comunistas estaban detrás del aumento del precio del café. La senadora quería prohibir las importaciones de Guatemala donde, según afirmaba, «el movimiento comunista ha adquirido gran fuerza económica y política».

Gustavo Lobo, el nuevo presidente de la Bolsa del Café y el Azúcar de Nueva York, se defendió ante diversos comités durante febrero de 1954. «Hoy, la sola mención de la palabra "café" probablemente origine discusiones sin sentido, conclusiones apresuradas y actos poco meditados», dijo ante el comité del senador George Aiken. Añadió que el café estaba «sujeto a casi tantos problemas internacionales como cualquier producto utilizado por el hombre». Explicó que la bolsa no fijaba precios, sólo los registraba. Sí, había especulación, pero ésa era una función inevitable de cualquier bolsa. Lobo negaba que alguien estuviera obteniendo enormes beneficios del café. Los veteranos agentes de bolsa Chandler Mackay, Leon Israel y Jack Aron estaban de acuerdo con Lobo. «Yo diría que el intermediario [mayorista] intenta obtener un uno por ciento [de beneficio] —declaró Israel—, y se conforma con la mitad del uno por ciento.»

Los políticos seguían siendo escépticos, sobre todo porque el precio minorista seguía aumentando debido a la helada. Al llegar el verano, el café tostado costaba 1,35 dólares la libra. «Da la impresión de que cuanto más analizamos la situación del café, más aumentan los precios», manifestó un desconcertado miembro del Congreso.

Algunos comentaristas hicieron advertencias sobre las reacciones apresuradas. En *Newsweek*, Henry Hazlitt señaló que los miembros del Congreso estaban lo suficientemente contentos para disfrutar de sus martinis de 75 centavos y buscar precios aún más altos para la mantequilla manteniendo 120 millones de kilos fuera del mercado. «¿Tendrá algo que ver este extraño contraste con el hecho de que los cultivadores de café no votan en [su] distrito, mientras que los dueños de granjas lecheras sí lo hacen?» Un editorial de *Christian Century* añadía: «Los norteamericanos que se quejan tal vez [...] actualmente empiezan a comprender cómo nuestras políticas agrícolas consideran a la gente pobre y hambrienta del resto del mundo.» Sin embargo, estas expresiones de sentido común se perdieron entre los gritos furiosos por la supuesta manipulación y especulación para incrementar el coste del café.

Los latinoamericanos, ofendidos, reaccionaron con amargura. El Salvador aconsejó a Estados Unidos que dejara de exigir café a 25 centavos hasta que empezara a vender otra vez automóviles de 1.000 dólares. En Costa Rica, el presidente José Figueres señaló que incluso en su país, que cultivaba café, ese producto costaba 90 centavos la libra, mientras que el ingreso del ciudadano medio era la décima parte del norteamericano.

Un golpe de la CIA en Guatemala

Durante una reunión de la Organización de Estados Americanos (OEA), celebrada en Caracas, se produjo otro drama latinoamericano. El secretario de Estado norteamericano, John Foster Dulles, intentaba lograr allí que se aprobara una resolución dirigida a Guatemala, donde la reforma social amenazaba los intereses comerciales estadounidenses.

Después del derrocamiento del dictador guatemalteco Ubico, en 1944, el nuevo presidente Juan José Arévalo había abolido finalmente las leyes de «vagancia» y otras formas de trabajo forzado, y el Estado se había quedado con la propiedad de las plantaciones de café expropiadas a los alemanes durante la guerra. Pero Arévalo no había intentado ninguna reforma agraria, aunque las plantaciones de más de 450 hectáreas —que representaban sólo el 0,3 % del total— ocupaban más de la mitad de las tierras de cultivo del país.

Cuando el ex general Jacobo Arbenz Guzmán asumió la presidencia en 1951, prometió transformar Guatemala «de nación dependiente con una economía semicolonial en un país económicamente independiente». Al año siguiente Guatemala aprobó la Ley de Reforma Agraria, que exigía la redistribución de las tierras públicas, las que no eran activamente cultivadas por sus propietarios, y las propiedades de más de 90 hectáreas. Los que se veían obligados a vender tierra serían recompensados sobre la base de una valoración impositiva. El gobierno de Arbenz empezó a entregar a las cooperativas de campesinos más de cien plantaciones de café que habían pertenecido a los alemanes. La United Fruit Company era la corporación extranjera más afectada, pues gran parte de su potencial tierra bananera estaba en barbecho.* Sus tierras también

---

* United Fruit también participaba en el comercio de café. Su Gran Flota Blanca ofrecía salidas semanales que manipulaban café exportado desde Colombia y puertos centroamericanos.

habían sido infravaloradas para evitar las cargas fiscales, de modo que la compañía se vio obligada a venderlas por mucho menos de su valor real de mercado.

En 1954, los campesinos, hambrientos de tierras, empezaron a ocupar ilegalmente las plantaciones de café, estimulados por algunos comunistas guatemaltecos. «El programa de reforma de la tierra prácticamente ha sido controlado por los agitadores comunistas, que incitan a los campesinos a invadir la propiedad privada —informaba el *Tea & Coffee Trade Journal*—. Los propietarios no han recurrido y las objeciones sólo suponen amenazas de multas y encarcelamiento sobre la base de que están "obstaculizando el programa de reforma de la tierra".»

Como abogado privado, el nuevo secretario de Estado norteamericano John Foster Dulles había representado a la United Fruit Company. Su hermano Allen Dulles, director de la Central Intelligence Agency (CIA), había trabajado durante varios años en la junta de directores de United Fruit. Más que sentir preocupación por la compañía bananera, Estados Unidos percibía a Arbenz como una amenaza para la influencia norteamericana en América Latina. El comunismo proporcionaba una excusa cómoda para atacar a los regímenes nacionalistas radicales. En agosto de 1953 convencieron al presidente Eisenhower de que aprobara la Operación Éxito, un plan clandestino de la CIA para derrocar el régimen de Arbenz. Designaron al diplomático de derechas John Peurifoy como embajador norteamericano en Guatemala y planificaron imponer una resolución a través de la reunión de la OEA en Caracas que justificara su planificada intervención. Esta tarea habría sido mucho más fácil si la crisis del precio del café no hubiera deteriorado las relaciones con América Latina, como señaló el periodista norteamericano Patrick McMahon, quien creía que la pasión por el café era «la muestra más grande de buena suerte que les ha caído a los comunistas desde que comenzaron su campaña para afianzarse en el hemisferio occidental».

Al igual que McMahon, la mayor parte de los periodistas norteamericanos aceptaba la ideología típica de la guerra fría según la cual el gobierno guatemalteco era comunista. De hecho, en el Congreso Guatemalteco de 1953-1954 sólo había cuatro delegados comunistas, y Arbenz nunca nombró a un comunista como miembro de su gobierno. Es cierto que los comunistas apoyaban su régimen e incluso ejercían una influencia considerable, pero Arbenz no era comunista sino nacionalista, y buscaba reformas que debían haberse realizado mucho tiempo antes. «¿Cuál es la verdadera razón de que a nuestro gobierno se le considere comunista? —preguntaba Guillermo Toriello, ministro de Asuntos Exteriores de Guatemala en la reunión del 5 de marzo de la OEA—. ¿Por qué quieren intervenir en Guatemala?» La respuesta era evidente: la política de Arbenz estaba afectando negativamente «los privilegios de las empresas extranjeras», como United Fruit.

Aunque el discurso de Toriello recibió un atronador aplauso, John Foster Dulles acabó por imponerse, después de dos semanas de presiones y amenazas de no prestar ayuda. Aunque su resolución fue aprobada, los únicos partidarios entusiastas fueron los peores dictadores latinoamericanos, como Somoza, de Nicaragua. Al informar sobre la conferencia, McMahon se burló de la «típica maniobra comunista para distraer la atención», en la que Guatemala afirmaba que Estados Unidos planeaba «invadir su país y derrocar su gobierno "democrático"». Sin embargo, cuando se publicaron sus observaciones, en el número de julio del *American Mercury*, la CIA había patrocinado efectivamente una invasión a Guatemala y derrocado a Arbenz.

Aunque la Operación Éxito fue positiva a corto plazo, a la larga resultó desastrosa para Guatemala. El nuevo presidente del país, el general Carlos Castillo Armas —que había sido seleccionado por la CIA— invirtió rápidamente la corriente progresista. Canceló la legislación de la reforma agraria, privó a los analfabetos del derecho al voto, reinstauró la policía secreta y declaró ilegales a todos los partidos políticos, grupos de trabajadores y organizaciones campesinas. Al cabo de un año y medio, Castillo Armas había expulsado a la mayoría de los campesinos de las tierras que habían ocupado bajo el gobierno de Arbenz.

Los políticos norteamericanos decidieron hacer la vista gorda frente a la situación. El año posterior al golpe, una delegación del Congreso formada por siete miembros viajó a Guatemala y se reunió con Castillo Armas. El informe de la delegación hablaba con entusiasmo del «derrocamiento del gobierno comunista». Supuestamente, Castillo Armas tenía «la abrumadora aprobación del pueblo de Guatemala». Los políticos norteamericanos admitían que todos los partidos políticos habían sido abolidos, y que Castillo Armas gobernaba por decreto. El presidente guatemalteco les aseguró sin embargo que «el programa del gobierno era utilizar los procesos democráticos en toda su extensión». El informe concluía diciendo: «Guatemala es el escaparate de América Latina y se ha convertido en un laboratorio político, social y económico.»

Lamentablemente, el laboratorio generaría descontento, hambre y dictadura en lugar de felicidad, impulso económico y democracia. Castillo Armas fue asesinado en 1957. El país se hundió en treinta años de represión, violencia y terror, mientras los Escuadrones de la Muerte del gobierno y las bandas guerrilleras asolaban el campo: un legado directo de la intervención norteamericana. La elite del café seguía confiando en la mano de obra campesina barata, y aunque muchos propietarios de plantaciones condenaban la violencia y la inseguridad del régimen militar represivo, éste les permitía conservar su tierra y su posición privilegiada.*

Suicidio en Brasil

Dos meses después del derrocamiento de Arbenz, en Brasil se produjo otro dramático cambio de poder. Una vez más, la economía cafetera se encontraba en el centro de los acontecimientos que daban forma al mundo. A lo largo de la primera mitad de 1954, el aumento del precio del café levantó el ánimo de los brasileños. Durante el mes de marzo, los brasileños opulentos compraron un quince por ciento más de artículos norteamericanos que en el mismo período del año anterior. En junio, Vargas aumentó el precio mínimo de exportación del café de 53 a 87 centavos la libra. En julio los precios experimentaron una rápida caída. Durante la primera mitad de 1954, los tostadores de café más importantes de Estados Unidos —General Foods, Standard Brands, Hills Brothers, Folgers, A & P, Jewel— compraron grandes cantidades, anticipándose a una etapa de escasez; lo mismo hicieron las amas de casa norteamericanas. En julio el saturado mercado norteamericano no se decidía a comprar más a precios elevados.

Para sustentar el mercado, el gobierno brasileño se vio obligado a comprar parte de su propio café. Vargas envió a sus representantes para que pidieran al Banco de la Reserva Federal de Nueva York un préstamo en dólares para saldar las crecientes deudas de su país, pero el banco se negó. La inflación brasileña amenazaba con quedar fuera de control; en el mercado libre, el valor del cruzeiro había llegado a las 60 unidades por dólar, lo cual aumentaba la presión para que el gobierno devaluara oficialmente su moneda. El único gasto de importación más grande de Brasil era el gasoil; en los seis meses siguientes, el país necesitaría aproximadamente 200 millones de dólares en petróleo, incluso al bajo tipo de cambio oficial. Brasil tenía mucho petróleo crudo propio, pero Vargas estaba decidido a no permitir que las firmas norteamericanas desarrollaran y

---

* Entre 1954 y 1960, Estados Unidos entregó a Guatemala más de 100 millones, pero la mayor parte se destinó a la construcción de carreteras y a otros programas destinados a ayudar a las empresas norteamericanas. «De los varios millones que hemos gastado en Guatemala —señaló un senador norteamericano en 1958—, poco ha llegado a los dos millones de indios del país, que es la gente que realmente necesita nuestra ayuda. Ellos aún son pobres, en cambio los empresarios son prósperos.»

explotaran los recursos de su país. «*O petróleo é nosso!* (El petróleo es nuestro)» fue su grito de batalla del año anterior, cuando había creado Petrobrás, un monopolio del estado para la exploración petrolífera.

Durante el fin de semana del 14 y el 15 de agosto, Vargas intentó una medida provisional mientras algunos tostadores norteamericanos rebajaban 10 centavos el precio de la libra. El gobierno brasileño permitió que los exportadores de café cambiaran el veinte por ciento de sus ingresos en dólares en el mercado libre, bajando efectivamente 20 centavos la tasa mínima de exportación y devaluando extraoficialmente la moneda. A la semana siguiente, la industria norteamericana del café bajó los precios hasta 18 centavos la libra.

Mientras la economía brasileña se deslizaba en el caos, una crisis política golpeaba a Vargas. Desde su elección, en 1951, sus adversarios lo habían criticado sin motivo por sus inclinaciones populistas y por apoyar los derechos de los trabajadores. El 5 de agosto fracasó un intento de asesinato contra Carlos Lacerda —editor del periódico de derechas *Tribuna da Imprensa* y una de las voces más críticas de Vargas—, aunque un mayor de la Fuerza Aérea que se encontraba con él resultó muerto. Lacerda había participado en una contienda del Congreso contra Lutero, el hijo de Vargas, y una investigación posterior relacionó al asesino con el jefe de la guardia personal del presidente. Surgieron gritos de acusación precisamente cuando la situación del café se volvía catastrófica.

Después de pasar la noche en blanco, la mañana del 24 de agosto de 1954 Getúlio Vargas, de setenta y un años, se pegó un tiro en el corazón mientras estaba en su dormitorio. Dejó una elocuente nota de despedida escrita a máquina. «Después de varios años de dominación y saqueo por parte de grupos económicos y financieros internacionales —escribió— me puse al frente de una revolución y gané.» Sin embargo, estos «grupos internacionales» no identificados se habían unido a los enemigos internos de Vargas en un intento de socavar su campaña para crear autonomía y riqueza nacional. Cuando él asumió el cargo en 1951, escribió, «los beneficios de las compañías extranjeras llegaban hasta el quinientos por ciento anual». Temporalmente, el café acudió al rescate. «Llegó la crisis del café, y el valor de nuestro principal producto aumentó.» Sin embargo, después de un breve respiro «intentamos defender su precio y la respuesta fue una presión tan violenta sobre nuestra economía que nos vimos obligados a ceder... No tengo nada más que daros, excepto mi sangre —terminaba diciendo Vargas—. Os he dado mi vida. Ahora os ofrezco mi muerte. No le temo a nada. Doy serenamente mi primer paso hacia la eternidad y dejo la vida para entrar en la historia».

No queda claro a qué «grupos internacionales» atribuía Vargas su caída. Sin embargo, no podemos culpar a Vargas por su paranoia, dado que debía de ser consciente del papel jugado por Estados Unidos en el derrocamiento de Arbenz, de Guatemala, sólo dos meses antes. No obstante, no podía legítimamente hacer responsable a Estados Unidos del brusco declive del precio del café, así como los políticos norteamericanos no podían culpar a las intrigas brasileñas del anterior aumento del precio. En ambos casos, el precio del mercado había respondido —con una pequeña ayuda de los especuladores y de los airados o aterrorizados consumidores— a las leyes básicas de la oferta y la demanda.

Vargas murió trágicamente; su destino estaba, como siempre, ligado al café. Había llegado al poder en 1930, en gran medida porque su país atravesaba una crisis económica después de un colapso de los precios del café. Veinticinco años más tarde se quitaba la vida en circunstancias similares. Su vida política, así como la historia de su amado Brasil, estaba íntimamente ligada a la planta del café y a sus granos. «El café es una parte tan importante de la vida económica de Brasil que está inextricablemente unido a la política —escribió un periodista norteamericano en octubre de 1954—. Muchos piensan que la capitulación de Brasil con respecto al precio del café fue una de las cosas que condujeron directamente al suicidio del presidente Vargas.»

Las tensiones entre Estados Unidos y América Latina siguieron siendo agudas. «Los disturbios y manifestaciones antinorteamericanas que de vez en cuando sacuden a una u otra de las veinte repúblicas no reflejan realmente un odio por Estados Unidos», opinaba Andrés Uribe en *Brown Gold*, su libro sobre el café, publicado en 1954. En todo caso, expresaban «la exasperación de buenos vecinos por lo que ellos consideran indiferencia de Estados Unidos por sus problemas básicos». Esa exasperación crecería en los años siguientes, mientras la superproducción mundial conducía a unos precios desastrosamente bajos para el café.

CAPÍTULO CATORCE

La triunfante robusta

No existe casi nada que el hombre no pueda hacer un poco peor y venderlo un poco más barato.

Comentario realizado
durante la convención de 1959
de la Asociación Nacional del Café

Al estudiar la situación actual de la industria del café, me parece que nuestro punto de vista es demasiado brillante. Espero sinceramente que estemos a punto de entrar en una de las etapas de mayor crecimiento de nuestra historia.

Edward Aborn, 18 de mayo de 1962

El ciclo de auge y quiebra del café había azotado a las economías latinoamericanas desde finales del siglo XIX. Las consecuencias de ese ciclo resultarían aún más devastadoras durante la guerra fría, ya que más países africanos y asiáticos empezaron a confiar en el voluble grano. Estados Unidos, que tradicionalmente defendía el comercio libre e ilimitado, modificaría poco a poco sus puntos de vista de los temores políticos; pero la política también experimenta ciclos, y el apoyo norteamericano a los precios justos del café siempre sería provisional.

Tras el breve respiro proporcionado por la helada de Paraná, en 1955 comenzó una superabundancia de café prevista desde hacía tiempo. Durante la primera mitad de la década de 1950, debido a que los precios del café habían aumentado, los esperanzados cultivadores del trópico plantaron árboles nuevos. Los cafetos de la variedad arabica dan fruto cuatro años después de ser plantados. Los de robusta, sin embargo, sólo tardan dos años desde que son plantados hasta el momento de la recolección, y producen mucho más. Estimulados por la popularidad del café instantáneo, muchas colonias africanas aumentaron considerablemente el cultivo de robusta.

Fuera de África

Durante la posguerra, África sufrió una importante transición. Dado que las potencias europeas estaban debilitadas por la guerra y los nativos, ansiosos por compartir la riqueza que los rodeaba, era evidente que el tradicional método de administración —europeos blancos que aplicaban un férreo *Bula Matari* («triturador de rocas», en Kikongo)— ya no funcionaría. Como dijo un político africano en 1946 ante la Asamblea Nacional Francesa: «El hecho colonial, en su forma brutal, es imposible en la actualidad. Este período histórico de la colonización se ha acabado.» Pero a las potencias europeas les llevaría algún tiempo —y derramamientos de sangre— comprender que tenía razón.

En 1947, los británicos concedieron la independencia a la India, y las presiones sobre Gran Bretaña, Francia, Portugal y Bélgica para que liberaran las colonias que habían creado en África a finales del siglo XIX fue en aumento. En 1951, Gran Bretaña concedió a Libia su independencia, y al año siguiente un golpe militar en Egipto cortó también sus lazos con Inglaterra. Como en América Latina, los temas de la desigualdad económica, los trabajos forzados, el racismo y el café desempeñaban un papel importante en el movimiento por la independencia en países como Kenia, Uganda, Costa de Marfil, Angola y el Congo Belga.

En Kenia, los trabajadores nativos, llamados «chicos» y «bibis» por los británicos, eran obligados a meterse en los tanques donde fermentaban los granos de café y ablandar el mucílago con sus pies. Al principio reaccionaron saboteando la recolección, pero en 1952 muchos trabajadores del café se unieron a otros africanos descontentos en lo que llegó a conocerse como la rebelión Mau Mau, que fue reprimida por el gobierno. A finales de 1954, los campos de detención y las prisiones albergaban a 150.000 personas.

No obstante, los británicos iniciaban al mismo tiempo reformas de la tierra y abrían el cultivo del café a los productores africanos. En 1954, unos 15.000 nativos de Kenia cultivaban café en pequeñas parcelas cuyo total ascendía a tan sólo 2.000 hectáreas. Pocos años después, los cultivadores africanos llegarían a dominar la industria de Kenia y producirían algunos de los granos de arabica más refinados de la tierra.

Otros países africanos también producían cantidades limitadas de arabica, pero la fuente más importante seguía estando en Etiopía, la cuna original del café. Aunque había unas pocas plantaciones en las que los cafetos eran cultivados «científicamente» —es decir, cuidadosamente podados, algunos sin sombra—, la mayor parte del café crecía de forma silvestre en los bosques de las provincias de Kaffa, como había ocurrido siempre.

En consecuencia, el café etíope variaba muchísimo su sabor, desde el más horrible al más sublime.

En 1954 Etiopía y Kenia exportaron 620.000 y 210.000 sacos de arabica respectivamente, pero más del ochenta por ciento de los casi 6 millones de sacos que salieron ese año de África eran de granos de robusta. Angola siempre había sido el productor principal de robusta, con poco más de un millón de sacos, pero la diminuta Costa de Marfil —que ocupaba aproximadamente la superficie de Nuevo México— la superó ese año al exportar 1.400.000 sacos. Por primera vez el café proporcionaba al país más ingresos que el cacao.

En Côte d'Ivoire, como era conocida entonces la colonia francesa de Costa de Marfil, el café había sido cosechado mediante trabajos forzados desde la década de 1920. Después de la Segunda Guerra Mundial, un cultivador africano de café, Félix Houphouët-Boigny, elegido para representar a Costa de Marfil en la Asamblea Francesa, patrocinó un proyecto de ley para abolir los trabajos forzados en la colonia francesa. Tras la aprobación de la ley, se convirtió en un héroe. Houphouët-Boigny comprendió que el café era muy valioso. «Si no queréis vegetar en chozas de bambú —dijo en un discurso de 1953—, concentrad vuestros esfuerzos en cultivar buen cacao y buen café. Alcanzarán un buen precio y os haréis ricos.» Con ese estímulo, y con los precios altos, a lo largo de toda Costa de Marfil se desarrollaron pequeñas plantaciones nativas de café. La cosecha de la colonia francesa siempre había ido a parar a Francia, donde estaba protegida por leyes impositivas favorables. Con los precios del café en alza y los tostadores norteamericanos desesperados por la barata robusta, en 1954 Costa de Marfil exportó por primera vez 215.000 sacos a Estados Unidos, a 57 centavos la libra.

Además de Costa de Marfil y Angola, otros importantes exportadores de robusta eran Uganda, Madagascar, Tanganica y el Congo Belga. También Asia producía robusta en la India, Indonesia y la Indochina francesa (Vietnam), aunque una cantidad insignificante en comparación con África. En 1951, el café africano representaba sólo el 4,8 % de las importaciones de café en Estados Unidos; en 1955 esa cifra había aumentado hasta el 11,4 %.

Café caliente, guerra fría

En febrero de 1955, los precios cada vez más bajos del café aterrorizaron nuevamente a América Latina. Tras el suicidio de Vargas, un grupo de bancos norteamericanos hizo un préstamo de 200 millones de dólares a Brasil, pero de todos modos el país se vio forzado a devaluar el cruzeiro del café. A pesar del intento de Brasil de reforzar el mercado mediante la retención de 9 millones de sacos, los precios siguieron cayendo. Los tostadores norteamericanos dejaron que sus existencias mermaran, anticipando precios aún más bajos. El gobierno colombiano redujo las importaciones y ordenó una devaluación parcial.

El director de la Federación Colombiana del Café intentó convencer a otros países latinoamericanos de que retuvieran el café fuera del mercado para mejorar el precio, o al menos evitar que se hundiera aún más. En junio de 1956, diecinueve países habían mostrado su acuerdo; sólo otra helada en Paraná dejaría en suspenso los planes de cuotas. Un informe enviado por el Consejo Económico y Social (ECOSOC) de la Organización de Estados Americanos a los jefes de estado latinoamericanos predecía un aumento del excedente que amenazaba con provocar una «desastrosa caída» de los precios del café, a menos que los gobiernos tomaran «medidas drásticas», fijando cuotas y haciendo acopio de café.

El sombrío informe no contenía novedades sorprendentes. Lo que sí resulta sorprendente es que Harold Randall, representante del Departamento de Estado norteamericano ante el ECOSOC lo hubiera firmado. ¿Por qué se habría suavizado la actitud del Departamento de Estado contra los cárteles? Era la guerra fría —y no un cálido corazón— lo que dirigía la cambiante política norteamericana con respecto al café. «Una caída del precio en picado podía provocar una peligrosa crisis económica y política —comentó un periodista—, con tentadoras oportunidades para los hombres fuertes del lugar, o los dañinos comunistas.» Pero en 1956 cayeron en Colombia lluvias impropias de la estación, se creó una escasez temporal de cafés suaves y los precios subieron brevemente; entonces el Departamento de Estado retrocedió.

Mientras la cuota africana del mercado del café seguía creciendo, los economistas predecían que en pocos años Brasil tendría una increíble deuda de 1.100 millones de dólares y pagos de intereses. En octubre de 1957, en una reunión celebrada en Ciudad de México, los desesperados brasileños se unieron a otros seis países productores latinoamericanos en un plan de cuota de exportación.

En enero de 1958, Estados Unidos envió un «observador» a una reunión en Rio de Janeiro, donde cultivadores latinoamericanos y africanos se unieron en el Acuerdo Latinoamericano del Café de 1958, con el evidente propósito de promover el aumento del consumo. Aunque los africanos no estaban dispuestos a limitar sus exportaciones, Brasil estuvo de acuerdo en retener el cuarenta por ciento de su cosecha, Colombia, el quince por ciento y otros países, un porcentaje menor.

En mayo, debido a las «pruebas de que la Unión Soviética está intensificando su ofensiva económica y política en muchos lugares del mundo, incluida América Latina» —según un funcionario del Departamento de Estado—, el vicepresidente Richard Nixon emprendió un viaje de «buena voluntad» por América del Sur; pero el Departamento de Estado había subestimado el nivel de resentimiento que existía contra el «coloso del Norte». En Perú y Venezuela, Nixon fue abucheado, escupido, apedreado y casi asesinado en medio de gritos de «¡Muera Nixon!».

Tras estos incidentes, funcionarios del Departamento de Estado comenzaron a hacer visitas informales a las embajadas latinoamericanas para conversar sobre el café. Más de 50 millones de sacos eran procesados para su venta, mientras el mundo consumía sólo 38 millones de sacos. En Estados Unidos, el precio del café tostado cayó por debajo de los 70 centavos la libra. «Un contratiempo económico [para los cultivadores latinoamericanos de café] puede [...] derribar gobiernos amigos de Estados Unidos —advertía el representante colombiano Andrés Uribe—. Las fuerzas dedicadas a derrocar a todo el mundo libre se aprovecharían con mucho gusto de semejante situación.»

La robusta regular

Incluso cuando caían los precios, los tostadores norteamericanos se enzarzaron en una espiral descendente de cupones, ofrecimientos de premios y guerras de precios. La robusta se deslizó insidiosamente en las mezclas corrientes, y marcas nuevas y baratas vendían a 20 e incluso a 30 centavos por debajo de las líderes y contenían un treinta por ciento o más de robusta. «Uno no sabe si mencionar estos cafés más pobres como "mezclas" —escribió un experto—. Parece casi un engaño envasar cafés de baja calidad en las costosas latas al vacío. Sin duda se trata de la degradación de una calidad soberbia, del desmoronamiento de una tradición.» En respuesta a las mezclas más baratas, General Foods empezó a añadir discretamente un pequeño porcentaje de robusta a Maxwell House, y pronto las demás marcas importantes siguieron el ejemplo. A finales de 1956, las robustas representaban más del veintidós por ciento de las exportaciones mundiales de café. En 1960, la Bolsa del Café y el Azúcar de Nueva York derogó su antigua prohibición de la robusta.

En esa época, ofrecer un producto considerablemente más barato parecía la única manera de introducirse en la industria del café. Los cinco grandes tostadores —General Foods, Standard Brands, Folgers, Hills Brothers y A & P— representaban entonces más del cuarenta por ciento del mercado. Los tostadores regionales más grandes, que luchaban por sobrevivir, absorbían a otras para poder competir. Los más de 1.000 tostadores de la época de la guerra se redujeron a 850. Los que querían sobrevivir tenían que practicar economías de escala y ahorrar mano de obra mediante la mecanización.

El tamaño, la rapidez y la eficiencia parecían las únicas vías para sobrevivir en el negocio de las cadenas de tiendas. Supermercados cada vez más grandes ofrecían mercaderías cada vez más baratas. Aunque A & P seguía en cabeza, pues en 1958 había alcanzado los 5.000 millones de dólares en ventas, no logró ajustarse a esta nueva realidad. Ese año, los herederos de John y George Hartford salieron a la bolsa con la compañía.* En ese momento, otras cadenas de supermercados, como Safeway, Kroger, Winn Dixie, Food Fair, First National, Jewel Tea y Grand Union desafiaban al venerable líder. Mientras A & P aún representaba una tercera parte de las cadenas de ventas más importantes, cada una de sus tiendas más pequeñas y más viejas vendía semanalmente un promedio de 4.000 dólares menos que sus competidores. A mediados de la década de 1950, General Foods superó a A & P y se convirtió en el más grande importador norteamericano de café.

Entretanto, los fabricantes de café instantáneo se las arreglaban para que su producto fuera cada vez peor. En 1958, la mayor parte de los cafés instantáneos contenía por lo menos el cincuenta por ciento de granos de robusta, y muchas de las marcas más baratas usaban el ciento por ciento de robusta. Además, los fabricantes exprimían los granos despiadadamente. Al principio, seis libras de café crudo se utilizaban para obtener una libra de café instantáneo. Al hacer una extracción excesiva de cada componente soluble, sólo hacían falta cuatro libras de granos crudos. Mediante la hidrolisis, la celulosa y el almidón no solubles quedaban convertidos en hidratos de carbono solubles.

Para conseguir que el consumidor pasara por alto el sabor cada vez peor de su café, los fabricantes de instantáneos añadieron olor. Cuando se los sometía a una presión enorme —23.000 kilos en 6,50 centímetros cuadrados— los granos tostados rezumaban un aceite que, en cantidades diminutas, daba al café soluble un ilusorio aroma a recién tostado. Cuando el ama de casa abría un envase de café instantáneo, éste despedía un breve estallido de aroma que enseguida desaparecía. En la taza, el café instantáneo no tenía mejor olor ni mejor sabor.

---

* John Hartford murió en 1951 a los setenta y nueve años y en 1957 le siguió George Hartford, que tenía noventa y dos años.

En realidad, con la creciente popularidad de los envases «más económicos» de 10, 12 y 16 onzas (284, 340 y 454 gramos respectivamente), era más probable que el café instantáneo se pusiera rancio en la despensa del hogar. Las amas de casa también compraban latas de 2 libras de café corriente. Aunque los envases al vacío conservaban los contenidos relativamente frescos hasta el momento de abrirlos, una vez abiertos se deterioraban con bastante rapidez.

El café de las máquinas expendedoras era igualmente malo. Aunque ya podían preparar el café fresco en el momento de venderlo, la tentación de utilizar robusta era muy grande. Los vendedores economizaban utilizando crema en polvo, que daba a la bebida un ligero sabor a quemado. Para competir con éxito, comentó un amargado tostador, las empresas de máquinas expendedoras «hablan de calidad, piensan en aceptabilidad y hacen planes para economizar».

Milagros a manos llenas

En medio de esta feroz competencia, con niveles de baja calidad y una evidente saturación del mercado, un vendedor de frutos secos y propietario de restaurantes demostró que una nueva marca que pusiera el acento en la calidad podía tener éxito. William Black había nacido en 1904 con el nombre de William Schwartz, pero decidió cambiárselo, como hacían muchos judíos deseosos de evitar el desenfrenado antisemitismo norteamericano de principios del siglo XX. Eso fue todo lo que el bajo, fornido y agresivo Black estuvo dispuesto a cambiar en su vida para adaptarse a alguien.

En 1926, después de graduarse con el título de ingeniero en la Universidad de Columbia, a Black le resultó imposible encontrar empleo. Al ver a las multitudes que desfilaban por la zona de los teatros de la ciudad de Nueva York, Black abrió un puesto de frutos secos en un sótano de Broadway y la calle Cuarenta y tres, y le puso el nombre de Frutos Secos a Manos Llenas. Al cabo de seis años era propietario de una cadena de tiendas similares, todas en Manhattan. Cuando comenzó la Depresión, incluso los frutos secos sin pelar parecían un lujo, de manera que Black transformó sus tiendas en establecimientos de comidas rápidas; allí ofrecía un bocadillo de queso con nuez en pan integral con pasas, además de café, por 25 centavos. Tiempo después añadió al menú sopa y pastel.

En la década de 1950, Black era propietario de veinticinco restaurantes en la ciudad de Nueva York. Cuando se dispararon los precios del café y empezó a bajar la calidad, Black —que siempre insistía en utilizar los ingredientes más frescos— se alarmó. Al principio, como otros propietarios de restaurantes, mantuvo el precio de 5 centavos la taza de café, añadiendo agua. Pero pronto rompió filas: aumentó el precio y anunció que se negaba a bajar la calidad.

En octubre de 1953 sorprendió a la industria del café al sacar su propia marca, Frutos Secos a Manos Llenas, en medio de la crisis de precios originada por la gran helada brasileña. Todos pensaban que fracasaría estrepitosamente, sobre todo con un nombre tan estúpido. Tal vez Café a Manos Llenas... pero ¿frutos secos? Además, sus envases eran horribles, de color amarillo y negro. Y para colmo, cuando otros cafés ofrecían varios molidos para diferentes clases de cafeteras, Black promocionaba su «Molido universal». Pero su locura no era tan universal; las estanterías de los supermercados escaseaban, y su envase único para un molido único necesitaba menos espacio.

Black conocía el poder de la publicidad. En los espacios de radio, que cubrían las ondas de Nueva York, la segunda esposa de Black, Jean Martin, entonaba un contagioso *jingle*:

> *Frutos Secos a Manos Llenas es ese café celestial,*
> *Café celestial, café celestial.*
> *Frutos Secos a Manos Llenas es ese café celestial...*
> *El mejor café que el dinero de Rockefeller no puede comprar.*

En agosto de 1954, menos de un año después de su debut, Frutos Secos había alcanzado el tercer lugar entre los cafés envasados al vacío de la ciudad de Nueva York. A Nelson Rockefeller, que era propietario de una serie de empresas latinoamericanas de café, no le gustó que el nombre de su familia fuera utilizado para promover un café que no era el suyo, y entabló una demanda. William Black simplemente cambió el nombre: «El mejor café que el dinero de un millonario no puede comprar.»

Black promocionó Frutos Secos a Manos Llenas como un café de gran calidad que valía su precio. «No gaste dinero de más por este café —aconsejaba el anuncio—, a menos que se vuelva absolutamente loco por el buen café.»* Fru-

---

* Esa publicidad contraintuitiva también funcionó en el caso de Wilkins Coffee, un tostador regional de Washington D.C. En 1957, la empresa encargó al titiritero local, Jim Henson, que creara espacios de televisión de siete segundos en los que aparecieran Wilkins y Wontkins, dos Muppets (nombre formado por *marionette* y *puppet*). En los anuncios, Wontkins, un brusco personaje que dice que no a todo, siempre se niega a tomar su café, con funestos resultados. Wilkins golpea, regaña, ahoga, aporrea, inmoviliza y empuja a su amigo Wontkins. En uno de los anuncios típicos, Wilkins pregunta: «¿Quieres un poco de Café Wilkins?» Wontkins vacila: «Bueno, yo... yo...» Entonces Wilkins lo golpea varias veces en la cabeza. «Tomaré un poco —protesta Wontkins—. Es sorprendente ver cuántos se están pasando al Café Wilkins.» Las ventas de café prosperaron, lo mismo que la posterior carrera de Henson.

tos Secos también recurría a una estrategia publicitaria clásica del café. Los anuncios mostraban a una mujer con una taza de sombrero y la cara chorreando de café. «¡Hombres! —proclamaba el anuncio—. ¡No llegues a esto! ¡Lucha por una taza de café decente sin perder los estribos!»

Black, administrador práctico que quería controlar todos los aspectos de la operación, volvía locos a sus redactores publicitarios, pero sus ideas funcionaban. Insistía en que el personal de sus restaurantes rechazara las propinas (las consideraba degradantes y poco norteamericanas) y mantuviera los locales impecables. Tenía un carácter muy reservado, se presentaba a trabajar alrededor del mediodía, se comunicaba sobre todo mediante notas escritas a mano y trabajaba hasta altas horas de la noche. Obtenía cierto placer con su actitud brusca y áspera. «No estoy tan orgulloso como debería al anunciar que entramos en el negocio del café instantáneo —confesó durante el lanzamiento del nuevo producto—. El mejor café instantáneo está muy lejos de parecerse al café corriente. Sin embargo, a mucha gente no le importa.»

La marca se extendió rápidamente a los estados vecinos. Black, precoz defensor de la igualdad racial, contrató en 1957 a Jackie Robinson —estrella retirada del béisbol— como director de personal. Más de la mitad de sus empleados eran afroamericanos. En 1958, Black salió a la bolsa: vendió 400.000 acciones y retuvo 320.000 acciones y el control de la empresa.

El «pobre muchachito de Brooklyn», como a Black le gustaba describirse, ya era multimillonario. En 1957, cuando el auditor de su empresa y amigo de toda la vida contrajo el mal de Parkinson, Black creó la Fundación Mal de Parkinson y le entregó una donación inicial de 100.000 dólares. Tres años más tarde entregó la sorprendente suma de 5 millones de dólares a la Universidad de Columbia para la construcción de un edificio destinado a investigaciones médicas. Así desafió a otro acaudalado hombre en la donación a buenas causas mientras estaban vivos, y evitó los problemas que causaban las fortunas heredadas. «Mis hijos no tendrán problemas de dinero —comentó—, pero no los haré millonarios.»

La cafetería: una salvación

Otra vela esperanzada iluminó la penumbra del café, y llegó de Italia. Tras el perfeccionamiento de la moderna máquina exprés, una vez concluida la Segunda Guerra Mundial, proliferaron las cafeterías italianas. En 1945, en Milán, Achille Gaggia inventó un mecanismo de muelles que hacía pasar agua caliente a alta presión a través del café tostado y finamente molido. El arte del exprés en esos tiempos consistía en «tirar una taza» a gusto del consumidor. «Su preparación —escribió un periodista norteamericano durante la posguerra— comparte la bravura de un solo de tenor.» Mientras muchas de las monstruosas máquinas antiguas con válvula de vapor, con sus gárgolas y diales, aún adornan los mostradores, la mayoría de los bares usa ahora la versión moderna de tirada corta.

Las máquinas pronto se instalaron en los restaurantes italianos de Nueva York y de otras ciudades. A mediados de la década de 1950, la moda de las máquinas exprés había desencadenado un renovado interés por las cafeterías pequeñas, sobre todo en Greenwich Village, donde bohemios, poetas, artistas y *beatniks* podían degustar la bebida en lugares como Reggio's, el Limelight o el Peacock. Estas cafeterías dieron nacimiento, según dijo un nostálgico, a «una generación que, por el precio de un exprés, podía imaginarse en la Europa que pocos de sus miembros habían conocido». Esa fantasía incluía «una ilusión de deliciosa perversidad, un cálido aliento de amoralidad continental —comentó un periodista de esa época— desde la segura distancia de un velador de mármol».

El encanto de las cafeterías llegó a la zona de North Beach, en San Francisco, en 1957, cuando el limpiacristales Giovanni Giotta abrió el Caffè Trieste. En la parte trasera del local, los poetas Allen Ginsburg y Bob Kaufman reflexionaban sobre los defectos de la Norteamérica de Eisenhower, mientras los italianos que ocupaban la parte delantera se reían de ellos y preguntaban en voz alta: «¿Cuándo van a trabajar?» Poco después aparecieron más establecimientos en San Francisco y en otras ciudades importantes.

El exprés en Londres

A principios de la década de 1950, los bares exprés tomaron Londres por asalto. En 1952, un inmigrante italiano llamado Pino Riservato —que viajaba por la zona rural británica vendiendo accesorios dentales— quedó horrorizado por lo que llamaban café en los pubes y bares. Riservato creó una pequeña empresa e importó cinco máquinas exprés, una de las cuales instaló en su apartamento para mostrar su funcionamiento a los proveedores. Pero no logró impresionarlos. Riservato no se desmoralizó; abrió el Moka Bar en una lavandería del Soho que había quedado dañada por las bombas y que renovó con la ultramoderna formica.

El día de la inauguración —y a partir de entonces todos los días—, el Moka Bar recibió a una multitud, y servía un millar de tazas de café al día. Los inmigrantes del continente que habían huido a Inglaterra después de la guerra estaban encantados de beber nuevamente el café exprés. Los consumidores británicos preferían el capuchino, con la leche calentada al vapor y con espuma. «Era tan atractivo que logró que los ingleses, y sobre todo los adolescentes, bebieran algo que iba contra todos sus instintos tradicionales con respecto al té», comentó Edward Bramah, experto británico en café y té. Al cabo de un año aparecieron en Londres otros bares exprés, y en 1956 se había abierto un total de 400, a dos locales nuevos por semana. También aparecieron algunos en las provincias.

«La gente de este país está tomando verdadera conciencia de lo que es el café —informó un propietario a un periodista en 1955—. Nuestro negocio es un noventa y nueve por ciento de café hecho individualmente para cada cliente.» A 1 chelín la taza pequeña —dos veces el precio habitual del café corriente—, resultaba rentable. Lo mismo que en Estados Unidos, los bares estaban decorados de manera muy particular, casi siempre con luces de neón, motivos vanguardistas, enormes tiestos con plantas, incluso loros vivos. «En el Rocola cercano a Oxford Circus —comentó un periodista—, una banda de músicos callejeros tocaba música bailable. El lugar estaba atestado de jóvenes sofisticados y elegantes mujeres. Tardamos casi una hora en conseguir que nos atendiera la camarera.»

Sin embargo, mientras el exprés se introducía en las cafeterías, el café que penetraba cada vez más en los hogares británicos era el instantáneo. Nestlé, estimulada por el racionamiento del té, que duró más de diez años después del final de la guerra, organizó para Nescafé una vigorosa campaña en la prensa y en vallas publicitarias, y Maxwell House no se quedó atrás. En 1956, cuando se reanudaron las subastas de té, todo el mundo esperaba que el producto renaciera en Gran Bretaña, pero no fue así.

El debut ese mismo año de la televisión comercial inglesa produjo un impacto inesperado. Preparar una buena taza de té al estilo tradicional requiere cinco minutos, y las pausas comerciales en los programas de televisión no eran tan largas. Gracias a los espacios de televisión que vendían la simplicidad y bondad del Nescafé y el Instant Maxwell House, los consumidores británicos empezaron a pasarse al café soluble, que pronto representó más del noventa por ciento de las ventas minoristas de café.

Desesperadas, las compañías elaboradoras de té abandonaron el producto enrollado, de calidad superior, y lo cortaron para guardarlo en pequeñas bolsitas que producían una bebida de calidad inferior pero de elaboración más rápida y de color herrumbre. Aunque el té siguió siendo la bebida británica por excelencia, el consumo del café iba claramente en aumento. «Ahora el café es socialmente superior al té —declaró en 1955 el *Nottingham Evening Post*—, y la idea ha prendido en todos los niveles, desde las cadenas de cafeterías hasta los restaurantes exclusivos.»

El café europeo en la década de 1950

Entretanto, la industria europea continental del café, que sobrevivió a la guerra produciendo, sobre todo, sucedáneos, había renacido a finales de la década de 1950. En 1956, las importaciones europeas excedieron finalmente el nivel anterior a la guerra, de 12 millones de sacos, y en 1960 las importaciones superaron los 17 millones de sacos. Las nuevas máquinas exprés eran populares en los cafés de París, Viena, Amsterdam y Hamburgo, aunque encajaron simplemente en el preexistente escenario del café. Fuera de Suiza (tierra de origen de Nestlé), el café instantáneo aún tenía que atraer a muchos consumidores europeos, aunque Nescafé, que ahora se manufacturaba en diecinueve países, dominaba el mundo de las ventas de café soluble en Estados Unidos.* Se había desarrollado una pauta general según la cual los mercados continentales acabarían siguiendo el liderazgo norteamericano, pero con un significativo retraso. Ahora, los tostadores europeos más importantes empezaron a dominar la escena, como lo habían hecho durante la Depresión en Estados Unidos. El tostado casero en Europa prácticamente desapareció, pero la venta de granos enteros aún superaba el producto premolido y envasado.

Mientras Alemania Occidental se recuperaba económicamente, el consumo de café —sobre todo el de la variedad arabica— aumentaba el quince por ciento anual. Jacobs Kaffee, instalado en Bremen, duplicaba sus ventas cada dos años. En 1949, Max Herz y Carl Tchilling-Hirrian, comerciantes de Hamburgo, fundaron la empresa Tchibo, que suministraba por correo su «Mocca Gold» tostado.** Jacobs respondió entregando café en sus furgonetas Volkswagen amarillas y negras, apodadas «Abejorros de Jacobs». En 1955, Tchibo abrió cafeterías especializadas, que vendían café en grano y lo servían para su degustación. Un paternal y amistoso «experto en café» ayudó a crear la imagen de Tchibo, mientras la anciana *Hausfrau* Sophie Engmann encarnaba a la «Abue-

---

* Por irónico que parezca, los países latinoamericanos exportaban sus mejores granos y consumían café instantáneo barato, para disgusto de los cultivadores, que acuñaron la frase «Nescafé no es café».

** El nombre Tchibo estaba formado por Tchilling-Hirrian y *Bohne*, palabra alemana que significa «grano».

la de la nación» para Jacobs. Las firmas se promocionaban principalmente a través de revistas, radio y cines, pues la televisión aún no había llegado a los hogares de muchos consumidores europeos. Había llegado sin duda la era de la comercialización masiva, y firmas tan grandes como Jacobs, Tchibo y Eduscho dominaban el mercado mientras los competidores más pequeños desaparecían. En 1950 había 2.000 tostadores en Alemania Occidental. En 1960 sólo quedaban 600.

En los Países Bajos, Douwe Egberts expandió su negocio de café, tabaco y té después de 1952, cuando terminó el racionamiento del café. Sus marcas representaban a la «dama del café», una mujer vestida con el tradicional atuendo holandés, que servía café a sus invitados. Douwe Egberts compró varios tostadores más pequeños y abrió oficinas en Alemania, Francia, Bélgica y Escandinavia. A finales de la década de 1950, la antigua firma holandesa representaba más del cincuenta por ciento de las exportaciones de su país.

En Italia, 3.000 tostadores se disputaban la cuota del mercado minorista local, intentando sacar ventaja del auge que el café había adquirido durante la posguerra. Los italianos pasaban por su cafetería preferida varias veces al día, se encontraban con amigos durante unos minutos mientras tomaban su café y luego se iban. Pedían variedades de exprés: *ristretto* (corto y fuerte), *macchiato* («manchado» con unas gotas de leche), *corretto* (con un poco de brandy o grapa) y otras. La mayor parte de las mezclas de café contenían una gran proporción de robusta, aunque la cantidad era ínfima comparada con la que se consumía en Francia, donde la robusta representaba el setenta y cinco por ciento de los granos en cada taza.

Lavazza comenzó en Turín y abrió su primera sucursal en Milán. La ambiciosa marca se promocionaba con la cadenciosa frase: «*Lavazza paradiso in tazza*», que significa «Lavazza, el paraíso en una taza». En 1956, los hermanos Beppe y Pericle Lavazza desplazaron a su conservador hermano mayor, Mario.* Construyeron una enorme fábrica de seis plantas e introdujeron los envases al vacío, que permitían una distribución nacional. Illycaffè, una compañía más pequeña fundada por Francesco Illy durante la Depresión, producía la mezcla de exprés de mejor calidad. Sin embargo, la industria italiana siguió siendo sobre todo local, con más de 2.000 tostadores en actividad en 1960.

---

* En una muestra del típico machismo italiano de la época, los hermanos Lavazza firmaron un acuerdo según el cual «sólo los legítimos herederos varones mayores de edad pueden participar en la dirección de la firma».

Japón descubre el café

Incluso Japón, a pesar de su elaborada ceremonia del té, empezó a descubrir el café durante la posguerra. El producto llegó a Japón por primera vez en el siglo XVII, a través de un comerciante holandés que ejercía su actividad en la isla de Dejima, el único puerto abierto al comercio extranjero. En 1888 abrió sus puertas en Tokio la primera *kissaten* (cafetería), seguida por muchas otras, a menudo frecuentadas por artistas y literatos.* Se desarrolló una pequeña industria del café. En 1920, Bunji Shibata fundó Key Coffee en Yokohama, y durante los quince años siguientes abrió oficinas en ciudades de todo Japón y estableció sucursales en Corea, China y Manchuria. Después de la Segunda Guerra Mundial surgieron otros tostadores. Tadao Ueshima, que había administrado una Kobe *kissaten* antes de la guerra, abrió una sucursal en Tokio y constituyó la Ueshima Coffee Company en 1951. En total había unos 200 tostadores, la mayoría de ellos concentrados en Tokio y Osaka.

Después de la guerra, Shibata trasladó la oficina principal de Key Coffee a Tokio, cautivado por la influencia de las fuerzas de ocupación norteamericanas, que habían llevado consigo el gusto por el café. Sin embargo, aún no podía importar café legalmente y tenía que recurrir al floreciente mercado negro. Después de 1950, cuando se permitieron oficialmente las importaciones de café, cientos de *kissaten* aparecieron en las ciudades japonesas, muchas de ellas con un atractivo especial. En algunas, los clientes podían ver los noticieros mientras bebían café. Las cafeterías *Chanson* presentaban cantantes. En 1955 abrió sus puertas en Ginza, el elegante barrio de Tokio, una cafetería de seis plantas en la que había muñecas animadas de tamaño natural, varias bandas y decoración en color púrpura. Algunas *kissaten* seguían abiertas durante toda la noche y ofrecían rincones privados que se hicieron muy populares entre las prostitutas y los delincuentes de poca monta.

Los japoneses quisieron imitar el próspero estilo de vida occidental, a veces con resultados extraños. «En Tokio —comentó un escritor en 1956— las camareras bailan el mambo mientras llevan las tazas de exprés italiano a las mesas, que forman parte de una decoración al estilo vienés.»

---

* En 1911 abrió el primer café. El precio exorbitante del café incluía una acompañante. Estos cafés fueron los precursores de los costosos bares de Ginza, y no deben confundirse con las cafeterías japonesas.

El café Googie

Las creaciones artísticas tan populares en las cafeterías bohemias internacionales no resultaban atractivas para la mayoría de los consumidores norteamericanos. Un tostador de Estados Unidos se burló de la afirmación según la cual «los verdaderos amantes del café frecuentan las cafeterías», al comentar sarcásticamente que eso podía ser verdad si se refería a «los fantasmas de los norteamericanos que cayeron muertos después de la primera taza» de exprés. Para los que buscaban un café normal, las cafeterías autóctonas norteamericanas ofrecían una sencilla «taza de Joe», por lo general en un vaso de papel y muy aguado, según el gusto de la época, y acompañado por una hamburguesa y patatas fritas. Estos locales chillones, decorados con plástico y cromo, con neón y cristal, estaban al servicio de la cultura del automóvil y tenían nombres claramente poco italianos: Ship's, Chip's, Googie's, Biff's, Bob's Big Boy, Coffee Dan's, Dunkin' Donuts,* Herbert's, White Castle, Smorgyburger, McDonald's, Jack-in-the-Box. Los techos muy altos y de colores chillones marcaron un nuevo estilo de lo que se conoció como Cafetería Moderna o, dicho despectivamente, Arquitectura Googie.

«Aquí podrían encontrarse Pedro Picapiedra y George Jetson para tomar una taza de café», escribió Alan Hess en *Googie*, su homenaje al género. El único problema era que la mayor parte de las veces Picapiedra y Supersónico se encontraban para tomar una Coke, no un café.

Una negativa

A finales de la década de 1950, la industria norteamericana del café entró en la etapa de lo que la psicología popular llamaría ahora «negativa». Arthur Ransohoff, el presidente de la Asociación Nacional del Café, expresó en 1956 una actitud típica. «¿Cómo estamos? No demasiado mal... me parece —escribió—. Algunos escépticos parecen tener la costumbre de comparar el consumo de café con algunos refrescos modernos. Por supuesto, el café formal queda afectado por la comparación. [Pero] el café estaba aquí, en esta tierra, mucho

---

* En 1948, Dunkin' Donuts empezó como el Open Kettle, pero dos años más tarde Bill Rosenberg cambió el nombre del local de Quincy, Massachusetts, para que resultara más atractivo. En 1955 comenzó a dar la concesión de los locales. A diferencia de sus hermanos Googie, Dunkin' Donuts se enorgullecía de utilizar exclusivamente granos de arabica, y así introdujo al norteamericano de clase media en el gusto por el café correctamente preparado.

antes que cualquiera de las "colas".» Ransohoff llegaba a la conclusión de que
«el buen y viejo café parece estar esforzándose y ganando terreno ligeramente
—aunque no de una manera impresionante— en comparación con el crecimiento de la población del país».

El café estaba ganando terreno, según las engañosas estadísticas publicadas
por la agencia Panamericana del Café. Más que expresar el consumo norteamericano en libras reales de café por ciudadano (que era la práctica habitual), la
Agencia informaba cuántas tazas por día consumían los norteamericanos mayores de diez años. Así, en 1955 informó que «la persona promedio en edad de
beber café consume 2,67 tazas por día», un 12,5 por ciento de aumento con
respecto al índice de 1950, pero lo cierto era que la cantidad real de café molido utilizado había descendido. Estas halagüeñas estadísticas camuflaban la
verdad en dos sentidos. En primer lugar, pasaban por alto a la numerosa generación del *baby boom*, que aún no había cumplido los diez años. Fundamentalmente, no reconocían el hecho de que las tazas eran de café flojo, estirado para
que rindiera sesenta y cuatro tazas por libra. «Los norteamericanos están bebiendo más café que nunca», alardeaba la agencia, pero la verdad era que
el consumo real de café en Estados Unidos había alcanzado su punto máximo
en 1946. Además, la desventurada cafetera de filtro ahora representaba el sesenta y cuatro por ciento de los sistemas utilizados en el hogar.*

En un discurso de 1956 durante la reunión anual de la Asociación Nacional del Café, Judy Gregg, de Gilbert Youth Research, aconsejaba a los empresarios del café que «centren su atención en el grupo de quince a diecinueve años»,
con la observación de que aumentarían un cuarenta y cinco por ciento en los
diez años siguientes. «Las compañías de refrescos de cola han tomado conciencia de esta tendencia —añadía—. Si analizan lo que ellas han hecho para atraer
a la gente joven, tal vez ustedes puedan trazar algún paralelismo con la industria del café.» Señalaba que Coca-Cola atraía a los adolescentes con el popular
cantante Eddie Fisher. «El productor de café que decidiera utilizar la misma
técnica y contratara los servicios de un Elvis Presley podría disfrutar de un éxito poco común —continuaba Gregg—. Imaginen a Elvis tomando una sola
taza de café en la televisión.»

---

* En 1942, el inventor norteamericano Peter Schlumbohm creó una pieza de Pyrex en forma de reloj de arena que apodó Chemex, para que combinara con su aspecto de pieza de laboratorio. La sencilla y funcional cafetera por goteo tenía un asa de madera y cuero en la parte más
estrecha. Con ella se obtenía un buen café, pero era difícil de limpiar. Jamás desafió a la cafetera
tradicional, salvo entre los puristas y los intelectuales. El sistema alemán de goteo del cono Melitta, más sencillo, no apareció en Estados Unidos hasta 1963.

Ninguno de estos empresarios salió corriendo a contratar a Elvis para atraer a los jóvenes. Aunque lo hubieran hecho, revistas como *Seventeen* no habrían publicado los anuncios. Aunque dispuestos a ofrecer discursos sobre los refrescos de cola, aún consideraban que el café era una bebida poco adecuada para los adolescentes. Cuando la Agencia Panamericana del Café logró romper finalmente ese tabú, a finales de la década de 1950, la revista publicó un folleto titulado «Cómo preparar una buena taza de café», dirigido a las futuras amas de casa, que sólo provocó bostezos. Lo mismo logró el elegante «Compañeros adolescentes», que utilizaron para promover el café con rosquillas, o la valla publicitaria de los tostadores que saludaba al «estudiante del mes» en una escuela local.

Los tostadores no parecían comprender que los adolescentes se identificaban con los rebeldes y querían acción, energía y aventura. Como observó el editor James Quinn en el *Tea & Coffee Trade Journal*, «los tostadores de café y los grupos de promoción de la industria parecen dispuestos a entregarse al mercado de la juventud a falta de otra alternativa». El presidente de la Asociación Nacional del Café, John McKiernan, presentó la situación de una manera más gráfica: «En la actualidad, el flautista de Hamelín es... una gigantesca botella de cola, y sus brazos y piernas están formados por botes de refrescos de cola y de cerveza, atados de tal manera que hace mucho ruido al caminar por el mercado, seguido por nuestra juventud.»

En 1959, la Agencia Panamericana del Café contrató a BBDO, la firma publicitaria de Pepsi Cola, para contrarrestar otro problema importante: la tendencia a diluir el café. En lo que los hombres de BBDO calificaron de «enfoque vivaz y poco convencional», los anuncios describían a un hombre de negocios que empuñaba una enorme espada, montado sobre un caballo que se erguía sobre dos patas, junto a una mujer montada en una moto, con una pancarta en la que se leía «Más café en nuestro café, o lucha». Para unirse a esta «cruzada», los lectores podían enviar una moneda de 25 centavos a cambio de un folleto sobre la bebida y un certificado que los acreditaba oficialmente como miembros de la «Liga de Honestos Amantes del Café».

Como era previsible, la campaña no logró que el café volviera a prepararse de una manera decente. Lo único que consiguió fue la sátira de la revista *Mad*, que hizo una parodia de la «Liga de los asustados cultivadores de café», una organización que ofrecía panfletos en los que se contaba «la desdichada historia de cómo los cultivadores panamericanos de café están perdiendo hasta su camisa». El titular anunciaba: «¡Con unas ventas de café tan flojas, a los cultivadores nos da el temblueque!»

Un acuerdo por miedo

El artículo que la revista *Mad* publicó en 1960 no divirtió a los productores latinoamericanos de café, ya que se acercaba demasiado a la verdad. Pocos años antes, los cultivadores africanos habrían reído con ganas, pero ahora ellos también padecían la superproducción y los precios a la baja. Amenazados por los inminentes excedentes, los africanos se unieron para crear la Organización Interafricana de Café. Al mismo tiempo, se reunieron en torno a una mesa de negociaciones. Junto con quince países latinos, Angola, Costa de Marfil y Camerún, en septiembre de 1959, sellaron un sistema de cuotas de un año en el que cada país acordaba exportar el diez por ciento menos que el mejor año de la década anterior.* No obstante, sin ningún mecanismo de control, el sistema de cuotas fue muy violado.

En 1960, las colonias británicas en África —Kenia, Tanganica y Uganda— se unieron al acuerdo, que se amplió un año más. «La cuestión más importante —escribió el brasileño João Oliveira Santos a principios de 1961— es cómo y cuándo los países con mayor consumo de café, como Estados Unidos, decidirán participar en un acuerdo a largo plazo. Su apoyo sería prácticamente esencial.» Era optimista, y notaba que «la seguridad ideológica y política del mundo occidental depende directamente de su seguridad económica colectiva». Evidentemente, Santos confiaba en la amenaza comunista para que Estados Unidos entrara en el acuerdo por temor. Como si quisieran subrayar la amenaza, en 1960 los brasileños enviaron una delegación a la Unión Soviética para acordar un trueque, en virtud del cual cambiarían sembradoras, petróleo, trigo y aviones rusos por café.

En 1959, los rebeldes de Fidel Castro habían derrocado al dictador cubano Batista. En 1960, Castro se alineó con los soviéticos; comenzó a nacionalizar las compañías norteamericanas y aterrorizó a Estados Unidos con la amenaza comunista en América Latina, con lo que impulsó el apoyo de los norteamericanos al acuerdo del café.

El temor de Estados Unidos con respecto al comunismo se centraba no sólo en América Latina sino también en África. En 1960, la inevitable descolonización africana se convirtió en un torrente de países recién independizados, muchos de los cuales dependían principalmente del café, justo en el momento en que los precios caían en picado. Un escritor especializado en café expresó su preocupación por el hecho de que las naciones africanas pudieran «convertirse

---

* La producción de café en la India, Yemen e Indonesia no resultaba preocupante, pues apenas alcanzaba más del tres por ciento de la producción mundial.

en simples peones de la guerra económica que libran actualmente las naciones poderosas de Oriente y Occidente»... En otras palabras, ¿quedarían destrozadas por la guerra fría?

Cuando Charles de Gaulle ofreció a las colonias francesas en África la elección entre la independencia o continuar con la «interdependencia», el Sudán francés (que cambió su nombre por el de Malí) y Madagascar (anteriormente llamada República Malagasy) eligieron la independencia y la permanencia en la comunidad francesa. Su ejemplo indujo a Costa de Marfil —que en un principio había elegido seguir siendo una colonia— a elegir la independencia en agosto de 1960, con Félix Houphouët-Boigny como presidente. Los franceses siguieron invirtiendo dinero —y asesores— en sus antiguas colonias. «El café es un problema político, además de económico», escribió un importador francés. Francia tenía la obligación, aseguró, de mantener a «millones de personas de este lado del Telón de la Libertad».

Mientras la transición a la independencia avanzaba sin tropiezos en Costa de Marfil, era desastrosa en el Congo Belga, la cuna de la robusta. Unos setenta y cinco años antes, cuando África había sido artificialmente dividida por las potencias europeas, los límites nacionales impuestos entre los países ocultaron rivalidades tribales que estallaron en diversas ocasiones después de la independencia. En ningún lugar esto fue tan evidente como en el Congo.* Una semana después de su independencia, el 30 de junio de 1960, el ejército nativo se amotinó y se dedicó al saqueo, a la violación y al asesinato al azar. La provincia oriental de Katanga intentó separarse, y el gobierno belga envió a sus tropas. En medio de un caos cada vez mayor, el primer ministro Patricio Lumumba, ex trabajador postal, recurrió simultáneamente a Estados Unidos y a Nikita Jruschov en la Unión Soviética para pedir ayuda.

Con su acercamiento a los comunistas, Lumumba decidió su destino. Estados Unidos ordenó no sólo su derrocamiento sino también su muerte. Con el apoyo aéreo de la CIA, Lumumba fue capturado por Mobutu Sese Seko y asesinado el 17 de enero de 1961. Siguieron unos años de guerras intestinas, intentos de revolución, intervención norteamericana y, finalmente, el despótico y prolongado gobierno de Mobutu, que cambió el nombre del país por el de

---

* En la densamente poblada Ruanda-Urundi (que pronto pasaría a convertirse en dos países separados, Ruanda y Burundi), donde el café arabica era la principal exportación, estallaron las tensiones tribales en 1959 cuando los hutu, agricultores pobres, se alzaron contra sus caciques, los tutsi. La caída de los precios del café indudablemente había empeorado la vida de los hutu. Después de luchas sangrientas, el rey de los tutsi y más de 140.000 miembros de su tribu huyeron, pero la violencia se repitió durante varias décadas.

Zaire. «La producción está mermando —informó un empresario del Congo en 1965—. Uno de nuestros amigos comerciantes informa que el veinticinco por ciento de sus clientes, dueños de plantaciones, han sido asesinados. Otros han abandonado sus plantaciones. En un *zamba* fueron asesinados un centenar de trabajadores.»

Tres días después del asesinato de Patricio Lumumba, John F. Kennedy se convirtió en el nuevo presidente de Estados Unidos. Además de Cuba y el Congo, también le preocupaba Angola. Decidido a obstaculizar la influencia comunista en África, Kennedy alentó a la dictadura portuguesa a aplastar una rebelión angoleña en lugar de permitir la independencia. Cuando los trabajadores del café exigieron los sueldos atrasados, los dueños de las plantaciones se dejaron dominar por el pánico y dispararon contra ellos. Durante la matanza que siguió, cientos de blancos y miles de negros fueron asesinados en las plantaciones de café. Finalmente, con armas norteamericanas, los portugueses restablecieron el orden y el cultivo de café.

Los británicos retrasaban el momento de conceder la independencia a Uganda, Kenia y Tanganica, con la esperanza de lograr una transición tranquila. A finales de 1960, Alan Bowler —un exportador británico de café— escribió desde Nairobi, Kenia: «Para millones de personas en este continente, el café representa la diferencia entre demasiado poco o lo suficiente para comer.» Dado que predominaban las plantaciones muy pequeñas, Bowler dudaba de la eficacia de cualquier plan destinado a reducir el excedente de la cosecha. «En el caso de cualquier pequeño agricultor que tenga poco más de una hectárea —escribió—, haría falta gran cantidad de economías filtradas, además de un arma, para empezar a convencerlo de que redujera la producción.» En ese momento, el ochenta por ciento del café de África era cultivado por africanos.

Así pues, el nuevo acuerdo con respecto al café nació de la desesperación económica y la tensión política de esta guerra fría. En Estados Unidos, John McKiernan —de la Asociación Nacional del Café— advirtió en enero de 1961 que Jruschov podía «explotar el nacionalismo africano para atrapar a las naciones emergentes en la esclavitud comunista». Acababa diciendo que, aunque la asociación tradicionalmente se había opuesto a los planes de cuotas como límites al comercio libre, él no apoyaría el Acuerdo Internacional del Café (ICA) en ese «clima de hipertensión internacional».

En 1961, el presidente Kennedy patrocinó la Alianza para el Progreso, diseñada para mejorar las relaciones con América Latina a través de programas de ayuda. En el discurso que pronunció el 13 de marzo para presentar la alianza, Kennedy reconocía que «los precios de los productos básicos están sujetos a cambios violentos. Una caída repentina puede... reducir bruscamente el ingreso nacional, alterar el presupuesto y hacer naufragar la posición de las divisas. Es obvio que no puede llevarse a cabo ningún programa de desarrollo económico a menos que se haga algo para estabilizar los precios de esos productos».

El 9 de julio de 1962, Naciones Unidas convocó una Conferencia del Café en la ciudad de Nueva York para negociar un acuerdo a largo plazo. Las reuniones duraron prácticamente las veinticuatro horas. «Para mí —recordó tiempo después Michael Blumenthal, el delegado norteamericano—, el momento más divertido fue una mañana, a las cuatro, cuando yo seguía caminando de un lado a otro por las salas llenas de humo de la ONU, intentando salir del *impasse*. Los otros dos miembros del equipo norteamericano me sujetaban de los faldones de la chaqueta, rogándome que conservara la dignidad de mi cargo. Recuerdo que les contesté que si me hubiera quedado algo de dignidad, me habría ido a mi casa a dormir.»

Después de largas y amargas negociaciones, los participantes alcanzaron finalmente un acuerdo provisional con respecto a las cuotas. Sin embargo, el Acuerdo Internacional del Café sólo entraría en vigor cuando fuera ratificado por la mayoría de los países importadores y exportadores. La fecha tope fijada para la ratificación fue el 30 de diciembre de 1963. Entretanto, el acuerdo de cinco años sería puesto en práctica de manera informal.

La cuota básica estaba basada en las exportaciones mundiales de 45.600.000 sacos. El complicado acuerdo exigía ajustes de cuota trimestrales que necesitaban la aprobación de los dos tercios de los países importadores y exportadores. No se fijaron objetivos con respecto a los precios, pero las cuotas perseguían mantener un «precio justo». Además, cada envío de café debía ir acompañado por un «certificado de origen», o un certificado de reexportación. Los países que tenían un bajo consumo de café, como Japón, China y la Unión Soviética, estaban exentos del sistema de cuotas. El acuerdo era pura palabrería en lo que se refiere a los esfuerzos publicitarios para aumentar el consumo mundial y limitar la superproducción, pero las disposiciones eran voluntarias.

Avanzar a trompicones hacia la ratificación

Al principio era de prever la plena participación de Estados Unidos en el Acuerdo Internacional del Café, pero la senda hacia la ratificación encontró varios escollos. En marzo de 1963, el senador J. W. Fulbright presidió las audiencias ante el Comité de Asuntos Exteriores para discutir el acuerdo. Frank Carlson, senador por Kansas, preguntó a George McGhee, subsecretario de Estado para Asuntos Políticos: «¿Acaso no es cierto que lo que están haciendo es cargar el peso sobre los consumidores norteamericanos de café para mantener un nivel de precios en un país extranjero?» Otro senador preguntó si en realidad no se trataba de «un cártel internacional». En mayo, el Senado ratificó finalmente el acuerdo sabiendo que aún tendría que pasar por la legislación «de ejecución», que permitiría a la aduana norteamericana rechazar el café que no tuviera el correspondiente certificado de origen.

Entonces la naturaleza intervino en Paraná, primero con una prematura helada en agosto y luego con un devastador incendio en septiembre, en medio de una prolongada sequía. Con la posible cosecha brasileña seriamente dañada, los precios del café volvieron a dispararse. Después de un tortuoso debate, el 14 de noviembre la Cámara de Representantes votó la puesta en práctica de la legislación y la envió al Senado para la votación final.

Ocho días más tarde, exactamente después del mediodía del 22 de noviembre de 1963, el presidente Kennedy fue asesinado en Dallas. La política con respecto al café era tan intensa que los miembros del ICA, enzarzados en las oficinas centrales de Londres en un amargo debate con respecto a las cuotas, continuaron sus discusiones hasta altas horas de la noche, incluso después de conocer la noticia del asesinato. Finalmente no lograron incrementar las cuotas en respuesta a la subida de precios.

Con el fin de mantener vigente el ICA, Estados Unidos depositó su instrumento de ratificación el 27 de diciembre, cuatro días antes de la fecha límite, sin la legislación de ejecución. Los precios del café continuaron su firme aumento, de 34 centavos a 50 centavos la libra para el café de Santos nº 4. El 12 de febrero de 1964, el Consejo del ICA —convencido de que los políticos norteamericanos seguramente acabarían con el acuerdo a menos que se liberara más café y que los precios se moderaran— votó mayoritariamente a favor del aumento de cuotas por encima del tres por ciento, liberando otros 2.300.000 sacos.

Cuando el Comité de Finanzas del Senado se reunió dos semanas más tarde durante tres días, Averell Harriman, del Departamento de Estado, señaló que el propósito del ICA era evitar la bancarrota de los países productores. John Williams, senador por Delaware, preguntó: «Pero se trataba de una protección unilateral, ¿no? No había nada que protegiera al café de llegar al precio de 1 dólar la libra.»

Los países productores habían votado por un aumento de la cuota, sobre todo para aplacar a los políticos norteamericanos. «Y una vez que esta legislación de ejecución haya sido aprobada por el Congreso y firmada por el presidente —comentó un senador—, no tendrán que temer al Senado, ¿no es así?»

Incluso el liberal Paul Douglas, senador demócrata, puso objeciones a la puesta en práctica del ICA, con el argumento de que los precios más elevados del café no llegarían a los trabajadores rurales. ¿Qué había ocurrido con el aumento de los precios en 1954? «Las firmas elaboradoras y propietarias de plantaciones fueron creadas por los hacendados —señaló Douglas—. El dinero no se utilizó para mejorar la situación de la gente.» Si aprobaban la legislación, añadió, «seremos elogiados por seguir la política de buena vecindad, pero esto es superficial en la vida de América Latina. El verdadero volcán está por debajo».

Wendell Rollason, que declaró en una organización anticastrista de Miami, compartía las preocupaciones de Douglas, pero llegó a una conclusión diferente: los campesinos de América Latina necesitaban ayuda. «Buscan un trozo de tierra, un trabajo seguro, un estómago lleno, la educación de los niños... Y seremos nosotros o los rusos. Es así de sencillo.»

Averell Harriman le dijo al senador Douglas que, al menos en Brasil, de donde acababa de llegar, el gobierno estaba intentando «la reforma social y el progreso social, y la mejora de la situación del pueblo». En Brasil aún predominaban las enormes *fazendas*, y el 1,6 por ciento de las fincas tenía más de la mitad de la tierra cultivada.*

El proceso de ratificación quedó bloqueado, retrasado por una intervención parlamentaria con respecto a la legislación de derechos civiles. El Senado aprobó finalmente la legislación el 31 de julio de 1964, pero sólo después de que el senador republicano Everett Dirksen agregara una enmienda en la que se especificaba que Estados Unidos podría retirarse del ICA mediante una resolución conjunta del Congreso. Esto significaba que la Cámara tenía que aprobar la versión enmendada. En agosto, la Cámara la rechazó por un estrecho margen.

Después de las elecciones —en las que Lyndon Johnson obtuvo una arrolladora victoria— el Senado aprobó el proyecto de ley enmendado el 2 de febrero de 1965, y la Cámara volvió a reunirse en abril. En ese momento, el precio del café de Santos n° 4 se había estabilizado en los 45 centavos la libra, y además de la enmienda de Dirksen se utilizó un lenguaje tranquilizador con respecto a la protección de los intereses del consumidor norteamericano.

---

* Se refería al régimen de João Goulart. Goulart, que siempre había defendido a los pobres y tolerado a los comunistas, subió al poder en 1961. Durante su régimen, la inflación quedó fuera de control y el gobierno tuvo que imprimir dinero nuevo para pagar sus deudas. Sin embargo, Goulart intentó llevar a cabo una reforma agraria, y eso significó su ruina. El 31 de marzo de 1964 —un mes después de la declaración de Averell Harriman en el Senado— unidades del ejército brasileño marcharon sobre Rio de Janeiro para derrocar a Goulart. Al cabo de cuatro horas, el presidente Lyndon Johnson envió un telegrama de felicitación a los oficiales que habían ejecutado el golpe. Goulart se retiró al exilio el 4 de abril, y se inició en Brasil una etapa de dictaduras militares que duraría veinte años.

La Cámara aprobó la legislación de ejecución, el Acuerdo Internacional del Café entró en vigor y Estados Unidos se reservó el control de los certificados de origen.

El descalabro de los boomer

Mientras los políticos discutían, la industria cafetera norteamericana experimentaba su propia crisis. Desde un «pico» de 3,12 tazas diarias de café para las personas de diez años o más en 1962, el consumo per cápita empezó a caer, incluso utilizando las muy optimistas estadísticas que medían el consumo en tazas diarias. En 1964, el promedio fue de 2,9 tazas por día.

Para atraer a la generación del *baby boom*, la Agencia Panamericana del Café presentó una serie de campañas, tales como «Mugmates», en la que se pedía a los adolescentes que decoraran jarros de café. «Yo busco café, tú buscas café, vamos juntos a buscar café», apremiaba el eslogan. Pero estos pobres intentos no atrajeron a los jóvenes.

De hecho, un estudio reveló que «a los adolescentes no les gusta en absoluto el sabor del café, y en muchos casos lo encuentran repugnante». A diferencia de los refrescos, el café no era considerado refrescante ni beneficioso en ningún sentido.

Coca-Cola y Pepsi organizaron campañas caras y sofisticadas para cautivar a la juventud. «Todo va mejor con Coca-Cola», cantaba un alegre grupo de música folk. «La comida va mejor con, la alegría va mejor con, tú vas mejor con Coca-Cola.» El refresco de cola aparecía como «alguien real» que ponía «alegría extra» en todo. Pepsi contraatacó con un brillante intento de atrapar —e incluso catalogar— a toda una generación. Mientras los anuncios de televisión mostraban a gente joven y feliz, frenéticamente activa, montada en moticicletas o en montañas rusas, una mujer cantaba: «¡Anímate! ¡Anímate! Estás en la Generación Pepsi.» En 1965, las firmas de refrescos de cola gastaron casi 100 millones de dólares en anuncios, dos veces la inversión en publicidad para el café.

Un editorial de 1965 del *Tea & Coffee Trade Journal* resumía el problema en pocas líneas: «Durante muchos años, el café ha estado inmerso en una lucha competitiva, y lleva al menos diez años perdiendo la batalla. Ahora, por primera vez, el alcance de esa derrota se hace perceptible y no hay razón para creer que la corriente vaya a cambiar.»

La manía de las fusiones

En lugar de montar una campaña realmente efectiva para atraer a los *baby boomers*, los tostadores de café siguieron luchando entre ellos por la mermada cuota de mercado. Mientras los márgenes de beneficio se iban reduciendo, el proceso de concentración de la industria se aceleraba, con fusiones y quiebras que en 1965 redujeron el mercado a sólo 240 tostadores; las ocho compañías más importantes representaban el setenta y cinco por ciento de las ventas.

La fusión más importante se anunció en septiembre de 1963. El conglomerado de alimentos Procter & Gamble compró Folger's, la empresa de café más antigua del oeste del país. En el momento en que Procter & Gamble pagaba 126 millones de dólares por la compañía, Folger's había logrado una leve ventaja con respecto a Hills Brothers en la mayoría de los mercados. Empleaba a 1.300 personas y tenía el once por ciento del mercado de café norteamericano.

Los acartonados hombres de Procter & Gamble, que habían convertido la venta de jabón en una ciencia, trastocaron el elegante mundo del café. Ahora todo debía quedar documentado en interminables informes y memorándums. «Siempre nos habíamos ido a casa a las cinco de la tarde —recordó un empleado veterano de Folger's—. Estos imbéciles de P & G no se iban a casa, y cuando lo hacían se llevaban el maletín cargado.» Como escribió Earl Shorris en *A Nation of Salesmen*, los hombres de P & G eran «los jesuitas del marketing, pensadores rigurosos, examinadores, hombres fríos».

Con una importante inyección de metálico, los sofisticados anuncios de televisión ahora llegaban a muchos más consumidores, y explotaban sus temores y deseos. La señora Olson, una omnisciente y entrometida sueca interpretada por la actriz Virginia Christine, aparecía mágicamente por la puerta de atrás con un envase de Folgers Coffee (P & G había eliminado el apóstrofo), justo a tiempo para salvar un matrimonio y restablecer el verdadero amor. Los anuncios reforzaban imágenes sexistas de esposos irascibles que eran incapaces de prepararse un café. Dentro de Procter & Gamble era conocida como la campaña «Vamos, vamos».

Sólo unos meses después de que Procter & Gamble comprara Folger's, su archienemiga Coca-Cola entró en la lucha del café al anunciar una fusión con Duncan Foods en febrero de 1964. La Coca-Cola ya era propietaria de Tenco, la cooperativa de café instantáneo de Nueva Jersey, que obtuvo como bonificación al comprar el zumo de naranja Minute Maid en 1960. Ahora, repentinamente, Coke era el quinto tostador en importancia de Estados Unidos. El anuncio dejó atónito y aterrorizado al mundo del café. «¿Coca-Cola se está mudando?», preguntaba un corresponsal de una publicación especializada. Sin embargo, seguía siendo un misterio el motivo por el cual el Titán de los refrescos de cola quería vender café, ya que estas bebidas ofrecían un margen de beneficio mucho más grande. Mucha gente sospechaba que Coke estaba más interesada en adquirir gerentes agresivos como Charles Duncan Jr. y Don Keough. De hecho, ambos hombres llegarían a la cima de Coke.

El ama de casa Maxwell

Con la adquisición de Duncan Foods, sin embargo, Coca-Cola poseía un simple cinco por ciento del mercado del café corriente, y un uno por ciento del instantáneo. General Foods seguía siendo la verdadera bestia colosal del café, con un veintidós por ciento de la cuota del café corriente y nada menos que el cincuenta y uno por ciento del instantáneo. Era propietaria de Maxwell House, Sanka y Yuban; desarrollaba la comercialización más sofisticada y dinámica del café apelando con cada marca a segmentos ligeramente diferentes del mercado.

General Foods llevó el fenómeno de la fusión al plano internacional. A principios de la década de 1960 compró tostaderos franceses, alemanes, suecos, españoles y mexicanos. Tras la liberalización de las importaciones japonesas de café, General Foods formó en 1961 una empresa conjunta con una compañía cervecera y envasadora de agua mineral con el fin de producir café instantáneo para el mercado japonés. Para solidificar su nueva imagen internacional, General Foods pagó a Maxwell House para que se convirtiera en la marca oficial de café durante la Feria Mundial de Nueva York de 1964, donde recordaba a los visitantes, en arcos de 18 metros de altura, que era bueno hasta la última gota.

En 1960 los telespectadores vieron por primera vez el singular anuncio de la cafetera Maxwell House. El café iba apareciendo en el globo de cristal superior, acompañado por un redoble sincopado. Luego, mientras el contenido alcanzaba el punto de ebullición, sonaba una melodía vivaz que representaba la alegre calidez de un café matinal. Era un anuncio brillante y evocador, aunque celebraba una manera espantosa de preparar el café.

En la primera apelación a los consumidores de café instantáneo, ese mismo año General Foods presentó el instantáneo Yuban, con entrega de muestras puerta por puerta, publicidad y una amplia promoción de ventas. Dado que utilizaba exclusivamente granos de arabica, este producto soluble era realmente superior a otros, aunque seguía siendo mediocre en comparación con el café corriente.

En 1964, la compañía presentó Maxim, el primer café liofilizado, un avance tecnológico con respecto a los otros procesos, que ofrecían mejor sabor. «Están viendo algo que jamás vieron, el poder de convertir cada taza en una cafetera —prometía el anuncio de Maxim—. Después de años de investigación, el hielo queda aislado en el vacío, formando cristales de café filtrado y concentrado.»

En 1965, los minidramas de la televisión instaban a las mujeres a ser «un ama de casa Maxwell». Un anuncio típico mostraba a una joven coqueta rodeada de cajas de mudanza en un apartamento nuevo. «Esposa mía —decía el condescendiente esposo fuera de la cámara—, presta atención porque voy a enseñarte a preparar café.» Le indica que sólo utilice café Maxwell House. «Entonces... no hagas experimentos con mi café. Sé una buena ama de casa Maxwell y creo que te mantendré como corresponde.» Le da unos golpecitos cariñosos en la cabeza y le desarregla el pelo. El anuncio, que pretendía explotar la inseguridad de las esposas jóvenes, indudablemente ofendía a las feministas en ciernes.

La decadencia de Hills Brothers

En el feliz mundo de los conglomerados del café, Hills Brothers se mantenía firme, como una firma familiar tradicional. Un estudio de opinión realizado en 1958, encargado por la empresa, mostraba que Hills Brothers tenía una imagen anticuada, mientras que Folger's estaba considerada moderna y actualizada. Peor aún, el estudio descubrió «la convicción de que su calidad se ha deteriorado, aparece como el motivo por el que se abandona a Hills Brothers». La acusación era verdad. Terriblemente presionada por la competencia, Hills Brothers descuidó la calidad de sus mezclas.

En 1960, las entrevistas a los consumidores revelaban que Hills Brothers Arab era percibida como un patriarca cansado y anticuado. Los consultores de marketing llegaron a la conclusión de que «esa figura está totalmente desactualizada». El informe enfureció a Leslie Hills, de sesenta y tres años, hijo de R. W. «Se deshacen del rótulo Arab como si fuera un zapato viejo.» Se negó a cualquier cambio.

En 1965, un estudio de imagen de marca interno afirmaba: «En toda la zona oeste, Hills Bros. fue considerado un café de mala calidad, o una marca que perdía popularidad.» Folgers, que contaba con la influencia de la comercialización de Procter & Gamble, era considerado «el café de buena calidad». Hills Brothers era «una marca que ya no se utilizaba, cuyas frases publicitarias ya nadie creía, y que al hombre de la casa no le gustaba».

La creación de Juan Valdez

Al tiempo que la cuota del mercado y la imagen de Hills Brothers decaían, una iniciativa suramericana demostró que la calidad aún podía vender. En 1960, la Federación Nacional de Cultivadores de Café de Colombia creó Juan Valdez, un cultivador de café con bigotes, de expresión amistosa, que bajaba con su mula de las montañas, cargado con los granos recogidos manualmente. El orgulloso pero humilde Juan Valdez, encarnado en el actor José Duval y vestido con el tradicional traje de campesino y con sombrero, entusiasmó al público norteamericano. Por una vez, el despliegue publicitario se ajustaba a la realidad; la mayor parte del café colombiano lo producían en las plantaciones de las montañas unas 200.000 familias dirigidas por hombres como Juan Valdez. Aunque el ferrocarril transportaba velozmente el café hasta los buques de carga de la costa, con frecuencia los granos recorrían el tramo inicial de la montaña a lomos de mulas. Los granos de café colombiano realmente producían una bebida deliciosa, superior a la mayor parte de las mezclas norteamericanas.

La primera campaña publicitaria se lanzó en enero de 1960, en diez mercados norteamericanos importantes, utilizando anuncios de periódico a toda página. «No sabemos quién es más terco, si Juan Valdez o su mula», decía la leyenda que aparecía debajo de la imagen del cultivador, cruzado de brazos delante del animal cargado. «Juan tiene una finca en los Andes colombianos, a un kilómetro y medio de altitud. Allí la tierra es rica. El aire es húmedo. Dos razones para lograr el extraordinario café de Colombia. La tercera es la obstinación de los cultivadores como Juan.» El texto seguía explicando la importancia de los árboles de sombra y de la recolección manual. Los anuncios demostraban que el café podía ser cultivado al margen del nivel de cupones que ofreciera. Como señaló el director de una publicación especializada, lograban que el consumidor tomara conciencia del «enorme cuidado y esfuerzo que encerraba una buena taza de café».

La campaña de Juan Valdez forjó una imagen de calidad para el café colombiano y las mezclas que contenía. La federación, que gastó más de un millón de dólares el primer año, llevó a Valdez a la televisión, donde se le podía ver recogiendo los granos y conduciendo a su mula montaña abajo.

Un escritor de *Advertising Age* elogió la campaña: «Es sorprendentemente original, y no recurre a estúpidos trucos poco convencionales, ni a ardides fuera de lugar.» Cinco meses después del comienzo de la campaña se produjo un aumento del trescientos por ciento en el número de consumidores que identificaban el café colombiano como el mejor del mundo. En 1962, la federación había llevado la campaña a Canadá y a Europa. Tuvo tanto éxito que muchos tostadores no sólo se jactaban de que sus mezclas contenían granos de café de Colombia, sino que además comenzaron a comercializar el ciento por ciento de los envases colombianos. Al crear un producto con un valor añadido, los granos de Colombia podían exigir un precio más alto, colocándose por encima de la discusión con respecto a la bajada de precios. Además, la federación proporcionaba apoyo publicitario gratuito y el rótulo de Juan Valdez en cada envase.

En 1964, General Foods cambió su marca Yuban por café ciento por ciento colombiano, demostrando así que la campaña había triunfado incluso en el país de Maxwell House. En 1965, sólo cinco años después de la creación del mítico cultivador colombiano, más de cuarenta marcas norteamericanas y más de veinte tostadores europeos ofrecían café ciento por ciento colombiano.

En el torbellino

No obstante, aparte del fenómeno de Juan Valdez, el café iba cuesta abajo. Para permanecer en el negocio había que bajar precios. Para bajar los precios era necesario recortar los márgenes de beneficio. Y para mantener los beneficios, había que reducir la calidad.

En 1963, un agente de bolsa del café analizaba el contenido de «una de las mejores mezclas», probablemente Folgers. Estaba compuesta por un veinte por ciento de granos brasileños, un cuarenta por ciento de colombianos, un treinta por ciento de centroamericanos... y un diez por ciento de robusta de África. Sólo diez años antes, ninguna mezcla que se preciara habría incluido granos de robusta. En ese mundo de mercado masivo, esencial, de artículos ofrecidos como gancho y mezclas con robusta, ¿había alguna esperanza para el café decente de Estados Unidos?

Lo sorprendente es que la respuesta era afirmativa. Pero el salvador del café norteamericano no sería un hombre de General Foods ni de Procter & Gamble, sino un descontento holandés que huía de su padre.

CUARTA PARTE

Un idilio con el grano de café

Los últimos años del siglo xx fueron testigos de una recuperación del café. Gran parte de Frasier, *la popular serie de televisión, tenía lugar en el mítico Café Nervosa, donde los neuróticos hermanos, ambos psiquiatras, bebían su capuchino con leche.*

CAPÍTULO QUINCE

Un desperdigado grupo de fanáticos

Creo que la industria cafetera norteamericana está causando un daño irreparable al comercializar masivamente un café mediocre a bajo precio. Creo que lo que ocurre actualmente en el comercio de café no es más que un augurio de la posible indiferencia del público norteamericano hacia el mundo del café.

Edward Bransten, 1969

La persona que tuesta café debería continuar su tarea no sólo con habilidad y criterio, sino con una dosis de amor y devoción. El tostador de café se convierte en un alquimista cuando transforma una semilla poco apetitosa en el ingrediente de una bebida deliciosa y vigorizante. Su magia es auténtica; debe interpretar los secretos del grano y revelarlos a nuestros sentidos.

Joel, David y Karl Schapira, 1975

Cuando Henry Peet instaló su tostadero de café en la población holandesa de Alkmaar, a principios del siglo xx, no podía imaginar que estaba iniciando una cadena de acontecimientos que, años más tarde, sacaría a Estados Unidos del bache causado por el café. Peet, hombre taciturno, no consideraba que el negocio del café fuera una vocación. Él se dedicaba a un comercio, como hacía un carnicero o un barbero, y eso era todo. Henry Peet había esperado cosas mejores para su segundo hijo, Alfred, pero el muchacho lo había decepcionado. Padecía un problema de aprendizaje no determinado, y no le iba bien en la escuela. Pero le encantaba el olor y el sabor del café de su padre.

En 1938, después de hacer su aprendizaje con un destacado importador de Amsterdam, Alfred Peet —que entonces tenía dieciocho años— fue a trabajar para su padre. Durante los primeros años de la guerra lo ayudó a ganarse a duras penas la vida con un café falso preparado con achicoria, guisantes tostados y bebidas de centeno, debido a que los alemanes habían confiscado todos los granos de café. Alfred fue obligado entonces a trabajar en un campo de trabajos forzados, y después de la guerra regresó a la empresa tostadora familiar. En 1948, ansioso por huir de su dominante padre, Alfred Peet viajó a Java y a Sumatra, donde disfrutó con los intensos granos de arabica. Tras la independencia de Indonesia, en 1950, Peet se marchó a Nueva Zelanda, y finalmente, en 1955, terminó en San Francisco.

Durante algunos años trabajó en una empresa que importaba café para grandes tostaderos, como Hills Brothers y Folger's. Peet se sentía horrorizado por lo que tenía que vender. «No lograba entender por qué en el país más rico del mundo bebían un café de tan mala calidad.»

En 1965, Peet fue despedido de su trabajo. Con cuarenta y cinco años e incapaz de encontrar otro trabajo, decidió tostar su propio café —café de calidad— y venderlo en su propia tienda; para ello invirtió el dinero que había heredado al morir su padre. Con un tostador usado de 25 libras, y diez sacos de café de Colombia, el 1 de abril de 1966 abrió Peet's Coffee and Tea en la esquina de Vine Street y Walnut Street, en Berkeley. Decidido a vender granos de café enteros para el consumo casero, instaló una pequeña barra con seis taburetes para dar a conocer a sus clientes un café de calidad. «Tenía una batalla pedagógica en mis manos —recuerda—. Si usted está acostumbrado a beber el café de Hills Brothers y luego prueba el de Peet, que tiene un tueste más oscuro y se prepara dos veces más fuerte, no dirá que es genial. Se notaba en sus expresiones; pensaban: Dios mío, ¿está tratando de envenenarme?» En cambio los expatriados europeos enseguida pensaron que habían encontrado el Nirvana, el sabor del hogar.

Como Peet vendía su café con apasionada maestría, las amas de casa que frecuentaban su tienda empezaron a llevarlo a sus hogares, y el fin de semana siguiente volvían con su esposo. Peet contrató a dos jóvenes y les enseñó a catar (oler, saborear y evaluar) el café. «Lleva mucho tiempo comprender el lenguaje que los granos de café usan para hablarte», les decía. Sin embargo, ellas pudieron transmitir parte de este conocimiento a los clientes. Envueltas en la excitación de su recién descubierta pericia, olían, sorbían, suspiraban de deleite y vendían.

Al cabo de un año y medio, la cola de espera para entrar a Peet's Coffee daba la vuelta a la esquina. Peet's estaba de moda. Peet's era el punto de encuentro de los hippies. Alfred Peet los despreciaba. Quitó los taburetes, pero ellos decidieron sentarse en el suelo. «Yo quería un negocio pulcro, y algunos sujetos de ésos olían mal.»

Sólo el propietario se preocupaba por el mal olor de sus sucios clientes. Todos los demás aspiraban profundamente y disfrutaban del olor del café terriblemente oscuro y recién tostado. En medio de una frase, Peet dio un salto. «¡Tengo un tostadero!», exclamó. Dio media vuelta y dejó que los suntuosos granos de café salieran a raudales. Ante el dramatismo de la situación, todo el mundo guardó silencio. Para Peet y sus clientes, el café era una religión. Sin embargo, Peet podía ser un gurú difícil. Si un cliente le decía que pensaba prepararlo en una cafetera tradicional, gritaba: «¿Por qué gastar todo este dinero en un buen café y después hacerlo hervir y estropearlo?»

Los granos de Zabar

Aproximadamente en la misma época en que Alfred Peet abría su tienda en Berkeley, Saul Zabar descubría en la ciudad de Nueva York las maravillas de los granos recién tostados. El padre de Zabar, Louis, emigrado de Rusia en 1925, había instalado un pequeño puesto de pescado ahumado en una tienda del lugar. Después de la muerte de Louis Zabar, en 1950, Saul expandió poco a poco el negocio de la esquina de Broadway y la calle Ochenta para atender a la comunidad de mayor categoría del Upper West Side, haciendo hincapié en que se trataba de un producto fresco. Aproximadamente en 1966, decidió vender el café en grano.

Después de varias experiencias poco satisfactorias con algunos tostadores, descubrió la White Coffee Corporation en la ciudad de Long Island, que proveía al comercio institucional —especialmente restaurantes y hoteles— con una mezcla de primera calidad de arabica. Todos los días, durante un año, Saul Zabar, que apenas superaba los cuarenta años, pasaba por allí y recibía clases de dos horas sobre torrefacción y preparación del café. Poco a poco, el alumno se convirtió en un experto. Zabar logró que White encargara las variedades Kenia AA, baya de Tanzania, Blue Mountain de Jamaica, Kona hawaiano y Antigua guatemalteca.

Zabar se preciaba de obtener un tostado mucho más suave que el de Alfred Peet. «Creo que los granos deberían ser tostados sólo lo suficiente para obtener de ellos sus singulares y aromáticos elementos de cuerpo y acidez.» Evidentemente, sus clientes estaban de acuerdo. La fama de Zabar se extendió más allá de la ciudad de Nueva York y de un extremo al otro de la Costa Este, donde floreció su empresa de pedidos por correo.

Mentores, padres e hijos

En todo el país, un grupo disperso y dispar redescubría o conservaba la tradición del café recién tostado y de buena calidad. Muchos de ellos tenían raíces en las empresas de café a la antigua, anteriores a la era de la robusta. Entrenado por Leon Cheek en General Foods, Peter Condaxis se retiró disgustado por la profanación de la mezcla de Maxwell House. En 1959 abrió un pequeño comercio minorista en Jacksonville, Florida, donde sus clientes podían comprar granos enteros y frescos de Costa Rica, Guatemala y Colombia.

Donald Schoenholt había crecido con el aroma del Moca y el Java. Su padre, David, dirigía la sucursal neoyorquina de Gillies Coffee Co., fundada en 1840. En 1964, David Schoenholt sufrió un ataque cardíaco, y Don, que apenas contaba diecinueve años, se hizo cargo del negocio. Durante el resto de la década de 1960, el joven Schoenholt luchó por mantener la calidad y por lograr que la empresa siguiera funcionando. «Desarrollé el ideal de que yo era un artesano solitario que producía café de calidad. Crecí en una época en la que la tradición del buen café se había perdido.»

Joel Schapira, amigo de Schoenholt, también continuó la tradición familiar iniciada en 1903 por su abuelo, Morris Schapira, en el Flavor Cup de la calle Diez de Greenwich Village. Joel Schapira trabajaba en ese mismo local con su hermano Karl y su padre, David, e invitaba a sus mejores clientes a reunirse con ellos en una mesa de degustación de la trastienda. Entretanto, en Long Beach, California, el joven Ted Lingle —que acababa de regresar de la guerra de Vietnam— se unió a Lingle Brothers, la empresa fundada por su abuelo y sus tíos abuelos en 1920.

Café turista y otros problemas

Mientras unos cuantos fanáticos organizaban su cruzada de la calidad, el supermultimillonario negocio intentaba adaptarse al Acuerdo Internacional del Café. El ICA, aprobado en 1962, no fue puesto totalmente en práctica hasta 1965, y tuvo que ser renegociado en 1968. Desde el principio, el acuerdo creó tantos problemas como los que resolvió. Con el fin de estimular el consumo en países como la Unión Soviética o Japón («nuevos mercados», o naciones «Anexo B»), el sistema de cuotas no se aplicó al café que se vendía allí, ni se restringieron las ventas a los países que no integraban el acuerdo. En consecuencia, se desarrolló un sistema de precios de tres niveles en el que los granos se vendían por menos dinero a los países no miembros y a los calificados como

Fotografía de Jim Reynolds.

Alfred Peet, un inmigrante holandés, creó el movimiento a favor de los cafés especiales en Estados Unidos en su cafetería de Berkeley, que abrió sus puertas en 1966. Aquí se le ve degustando café en Kenia con Jim Reynolds, otro pionero del café, a la izquierda.

A pesar de este esfuerzo realizado en 1970 por atraer a los hippies hijos del *baby boom*, la industria del café fue derrotada por la «generación Pepsi».

Tea & Coffee Trade Journal, enero de 1970, 27.

Cortesía de Jerry Baldwin, foto de Frank Denman.

En 1971, los socios Jerry Baldwin, Gordon Bowker, y Zev Siegl (de derecha a izquierda) fundaron Starbucks, en Seattle, donde vendían granos enteros recién tostados a los clientes del lugar.

Tea & Coffee Trade Journal, noviembre de 1974, 18.

A principios de la década de 1970, Erna Knutsen, que se abrió camino en el mundo de los catadores —hasta entonces dominio exclusivo de los hombres—, se convirtió en la decana de los importadores de cafés especiales. Aquí, buscando sus «joyas verdes».

En la década de 1970, los liberales sensibles empezaron a preocuparse más por la terrible situación de los campesinos que a menudo recibían salarios de hambre mientras los intermediarios y los tostadores obtenían pingües beneficios. Esta ilustración apareció en 1976.

Susanne Jonas y David Tobias, editores, *Guatemala* (Congreso Norteamericano, 1981).

Madison Avenue, mayo de 1984, 83.

Después de protagonizar las series de televisión *Papá lo sabe todo* y *Marcus Welby, MD*, el actor Robert Young fue el promotor ideal del Sanka descafeinado: ofrecía consejos de médico y padre sobre la conveniencia de evitar la cafeína, aunque en la vida real padecía de depresión y alcoholismo.

Tea & Coffee Trade Journal, enero de 1979, 23.

La señora Olson, de Folger's, encarnada por la actriz Virginia Christine, aconsejaba maternalmente cómo ahorrar café y salvar los matrimonios.

En 1977, después de la «Helada negra» en Brasil, los precios del café subieron rápidamente y dieron lugar a protestas de los consumidores y audiencias en el Congreso.

BRING PRICES DOWN
DON'T DRINK COFFEE

Time, 17 de enero de 1977, 46-47.

COFFEE
The Backbone of Uganda's Economy

"EMMWANYI ZANGE NNUNGI NNYO!!"

These may be strange words to you but in Uganda it is our way of saying, "Mine is an excellent crop of coffee." Uganda is situated at the base of the mighty river Nile and offers ideal climatical conditions for growing coffee. It is the largest coffee producer in the Commonwealth with a production of almost 180,000 tons of carefully nurtured coffee, mainly robusta, every year. Estimated production for the current year is 188,000 tons.

further details from:

The Secretary,
COFFEE MARKETING BOARD
P. O. Box 2853,
KAMPALA (Uganda)

Tea & Coffee Trade Journal, agosto de 1965, 28.

En Uganda, el café era el verdadero sostén de la economía nacional. Lamentablemente, el dictador Idi Amin utilizaba las ganancias que procuraba el café para financiar su régimen genocida.

Cuando Folger's se trasladó al este para desafiar a Maxwell House, en la década de 1970, un ingenioso dibujante retrató a la señora Olson boxeando con la tía Cora, la entrometida de Maxwell House.

Fortune, 17 de julio de 1978, 68, dibujo de Jack Davis.

James P. Quinn, Scientific Marketing of Coffee (Tea & Coffee Trade Journal Co., 1960).

El eslogan «Prepárese uno así para el camino», provocó un escándalo en el sur, donde se interpretó que era un modo de alentar a los conductores ebrios.

Cortesía de Donald Schoenholt.

Jóvenes idealistas del café como Don Schoenholt, a quien vemos aquí en 1981, encabezaron la revolución de las especialidades. «Pónganse de pie, mis magníficos rufianes, y expresen su voluntad», los arengaba Schoenholt.

Las organizaciones que propician los precios mínimos instan a los consumidores a comprar café que haya sido cultivado por trabajadores bien pagados, y suelen emplear tácticas para provocar un sentimiento de culpabilidad como la que se ve en este anuncio de Equal Exchange.

A comienzos de la década de 1990, los adictos a la cafeína eran vocingleros e impenitentes.

Robert Therrien, *Give Us this Day Our Daily Brew* (*Acacia Press*, Inc., 1995).

En una serie de episodios que se prolongaron durante meses y años, Sharon flirteaba con su vecino Tony con la excusa del café liofilizado en anuncios que expresaban abiertamente insinuaciones sexuales, sensualidad y misterio.

Cortesía de Jerry Baldwin.
Ilustración: Terry Heckler.

En la imagen moderna de Starbucks, la sirena original del logo (izquierda) ha sido suavizada y aparece como una recatada doncella del café típica de la New Age.

In These Times, 11 de noviembre de 1996, portada.

Foto de Rosanne Olson.

No todo el mundo quería a Starbucks. Los críticos acusaban a la cadena de utilizar tácticas agresivas y depredadoras para expulsar las cafeterías más pequeñas del negocio, como en esta ilustración de 1996.

Inspirado por un viaje a Italia, Howard Schultz difundió el evangelio del exprés/capuchino/leche, a través de la Experiencia Starbucks, adueñándose de la compañía en 1987 y convirtiéndola en una firma global.

Cortesía del Smithsonian Migratory Bird Center.

Los que se preocupan por la preservación del hábitat de las aves migratorias pueden comprar el café cultivado a la sombra que ofrecen varias compañías.

Cortesía de Russ Kramer.

Durante la década de 1990, los ecologistas y ornitólogos crearon un mercado para el «café no nocivo para las aves» que se cultiva en plantaciones con árboles de sombra que aportan un hábitat importante para las aves migratorias y otros animales de la selva tropical.

Bill Clinton organizó cafés políticos a fin de recaudar fondos para su campaña de reelección presidencial de 1996, lo que dio lugar a un escándalo.

Viñeta de Wasserman.

Joe McBratney, propietario de un restaurante en Staten Island, bebe el equivalente a cincuenta tazas de café colombiano por día. «Creo que si me lo propusiera podría empezar a bajar la dosis. Bueno, tal vez necesito esa primera taza...»

Foto de Mark Pendergrast.

Cortesía de Shannon Wheeler y Adhesive Comics.

Hay quienes piensan que la adicción al café es algo serio, aunque el «Señor Demasiado Café» no puede soportar la banalidad y la falta de sentido de su vida sin él.

Anexo B. Después, los comerciantes inescrupulosos revendían los granos más baratos a Alemania Occidental, Estados Unidos y otros importantes países consumidores. En Alemania, los expertos calculaban que este «café turista» —llamado así por sus largos viajes— representaba en 1966 el veinte por ciento de las importaciones del país. Ese mismo año, un experto calculó que de Colombia habían salido clandestinamente 10 millones de dólares en café.

La superproducción era otro tema sin resolver: el excedente de café alcanzaba en 1966 los 87 millones de sacos. De esa cantidad, Brasil guardaba 65 millones en sus depósitos, mientras la robusta bloqueaba las fronteras estabilizadoras del gobierno en África. Los científicos hacían posible cultivar una mayor cantidad de café. En un laboratorio brasileño, Jerry Harrington y Colin McClung, investigadores del IBEC de Rockefeller, imaginaban que el cinc y el boro eran micronutrientes esenciales para el cultivo del café, y con el añadido masivo de lima y un fertilizante las tierras áridas de Brasil podían albergar plantaciones. Los agrónomos empeoraron las cosas con la gran producción de híbridos nuevos. Algunos pensaban que sus granos no tenían tan buen sabor, pero eran pocos los que lo notaban o se preocupaban. Las nuevas plantas, capaces de soportar la plena luz del sol, no necesitaban sombra, pero exigían fertilizantes para crecer tan abundantemente sin mantillo.*

En 1968, los brasileños pusieron en marcha un drástico proyecto para destruir miles de millones de cafetos viejos, y la Organización Internacional del Café (ICO) creó un Fondo de Diversificación para estimular a los dueños de plantaciones a cambiar por otros cultivos. Sin embargo, conseguir rentabilidad era mucho más fácil para Brasil, con sus enormes *fazendas*, que para los países africanos, donde los pequeños cultivadores dependían de unas pocas plantas para su subsistencia. Como preguntó Roger Mukasa, de Uganda, presidente del Consejo de ICO: «¿Cortar los cafetos de quién y cambiar a qué?»

Otros problemas afectaron al acuerdo. Aunque la India e Indonesia habían aumentado la producción, por ejemplo, sus cuotas no habían sido reajustadas. «Incluso las demandas justificables de los pequeños países exportadores suelen ser pasadas por alto, y los grupos poderosos cuyo voto es influyente les imponen las decisiones», escribió un cultivador indio.

---

* El *caturra*, un mutante del *bourbon*, fue descubierto en la década de 1950 en Campinas, Brasil. El *catuai*, un cruce entre el *Mundo Novo* y el *caturra*, fue creado en la década de 1960. «Uno tras otro, los cafés finos cuidadosamente cultivados y recolectados en las colinas más altas de América, África y Asia, se han ido volviendo más escasos», escribió una voz solitaria en 1972. Sin embargo, una «degustación a ciegas» organizada en Colombia con los tradicionales *bourbon* y *typica* junto con el *caturra* y otros híbridos, al parecer mostró pocas diferencias de calidad.

Dado que los votos para cambiar los niveles de las cuotas eran tan conflictivos, el acuerdo fue revisado para especificar el alcance del precio objetivo. Si el precio caía por debajo del nivel básico, automáticamente podía provocar una disminución proporcional de la cuota; si el precio subía por encima del nivel máximo, las cuotas aumentaban. Además, se introdujo el principio de selectividad, de manera que los diferentes precios objetivos eran fijados por la robusta (principalmente de África e Indonesia), el arabica sin lavar (sobre todo de Brasil), los suaves de Colombia (incluido el de Kenia) y otras variedades suaves (principalmente de América Central). Sin embargo, no había ningún mecanismo que satisficiera a todos. A pesar de los exigidos certificados de origen, muchos países encontraban maneras de pasar por alto las cuotas, mientras crecía el contrabando y el etiquetado falso.

Pronto salió a la superficie otra crisis. En un discurso pronunciado en 1967, el presidente norteamericano Lyndon Johnson estimulaba a los países latinoamericanos a industrializarse para exportar productos agrícolas procesados, en lugar de limitarse a vender materias primas sin elaborar. Ese mismo año, sin embargo, cuando Brasil siguió el consejo de LBJ y empezó a producir importantes cantidades de café soluble para exportar a Estados Unidos, muchos comerciantes cafeteros norteamericanos pusieron el grito en el cielo. «El polvo brasileño», como le llamaban informalmente en la industria, producía un sabor superior a los productos cargados de robusta que predominaban en Estados Unidos. Como el gobierno de Brasil no ponía impuestos a las exportaciones de solubles —cosa que sí hacía con los granos crudos—, los productores del país podían vender con un importante descuento en relación a los solubles producidos en las fábricas norteamericanas. En 1965, el polvo brasileño representaba sólo el uno por ciento del mercado norteamericano; a finales de 1967 había arañado el catorce por ciento del mercado.

La crisis del polvo brasileño estuvo a punto de desbaratar el nuevo Acuerdo Internacional del Café de 1968; Wilbur Mills, el poderoso presidente del House Ways and Means Committee, declaró a la prensa que no apoyaría el nuevo ICA a menos que se interrumpieran las prácticas «discriminatorias» brasileñas. El ICA fue finalmente renovado, con un compromiso temporal, pero el asunto no se resolvió a satisfacción de todos hasta 1971, cuando Brasil accedió a que 560.000 sacos de granos crudos y baratos —destinados a la producción de soluble en Estados Unidos— fueran exportados libres de impuestos, nivelando así la situación.

La controversia del soluble brasileño amargó a los cultivadores latinoamericanos. «Actualmente existe en todo el hemisferio un sentimiento de decepción y frustración con respecto a las tendencias proteccionistas de Estados Unidos —escribió un empresario del café costarricense—. Cada vez que intentamos producir algo diferente descubrimos que en las naciones industrializadas hay fuertes intereses creados... y se cierran los mercados.»

No obstante, el ICA avanzaba, aunque con dificultad. El acuerdo había sido creado para evitar que los precios promedio del café crudo descendieran por debajo de los 34 centavos la libra alcanzado en 1962, y también para evitar que subieran demasiado en poco tiempo. En 1968, con los precios inmovilizados por debajo de los 40 centavos, daba la impresión de que el sistema funcionaba. La relativa estabilidad había aquietado a la Bolsa del Café y el Azúcar de Nueva York. Los contratos a futuro languidecían, dado que no tenía sentido cubrirse ni especular con una gama de precios previsible.

Sin embargo, mientras estuvo vigente el ICA, los países productores apenas prosperaron. La flagrante brecha entre los países ricos e industrializados y los países en desarrollo y azotados por la pobreza se hacía más grande. En 1950, el ingreso promedio en los países consumidores era tres veces mayor que el de las naciones cultivadoras de café. A finales de la década de 1960, era cinco veces mayor. Un trabajador norteamericano podía ganar más en cuatro días que el salario anual promedio en Guatemala o Costa de Marfil. «La desnutrición y la gastroenteritis son endémicas en estas regiones que carecen de proteínas, donde uno de cada seis niños muere antes de los cinco años —observó Penny Lernoux en *The Nation*—. El café no tiene valor alimenticio. Para estos campesinos sólo representa el gasto en alimentación y vestimenta. Y como sirve para tan poco, es una bebida amarga, tiene el sabor de la pobreza y el sufrimiento humanos.»

Una campaña para pensar

A mediados de la década de 1960, el consumo per cápita en Estados Unidos seguía su gradual caída. La Organización Internacional del Café respondió votando unos escasos 15 centavos por saco como complemento de promoción, lo que proporcionó para 1966 un fondo mundial para publicidad de sólo 7 millones, la mitad de los cuales eran asignados anualmente a Estados Unidos. El comité de promoción de la ICO contrató a McCann-Erickson, la agencia publicitaria de Coke, para que creara una campaña destinada a lograr que la población de diecisiete a veinticinco años se aficionara al café. Los hombres de McCann aparecieron con el eslogan «La bebida del pensamiento». Si un adulto joven tenía que tomar una decisión difícil, o estudiar algo complicado, con el café lubricaba sus células cerebrales.

La campaña estaba condenada. Su llamamiento a la racionalidad era más apropiado para IBM —donde los signos relativos al pensamiento adornaban todos los escritorios— que para una generación en abierta rebeldía contra la lógica y la razón. Otra agencia publicitaria, en un reportaje interno especial realizado a personas menores de treinta años, identificaba «un descenso de la importancia de la racionalidad y la lógica como las vías preferidas para adquirir "comprensión", y un ascenso de la importancia de los sentimientos y la intuición». Estos jóvenes rebeldes experimentaban con otras drogas distintas de la cafeína y buscaban una iluminación espontánea mediante el LSD o la marihuana. Una «bebida del pensamiento» no resultaba atractiva.

Entretanto, la Asociación Nacional del Café (NCA), con un presupuesto aún más pequeño, promovía en los campus universitarios, en las iglesias y en las organizaciones civiles las cafeterías orientadas a los jóvenes. Estos concienzudos esfuerzos para inducir a los adultos jóvenes a beber más café duraron un par de años, pero no lograron resultados significativos.

En esta era de la «brecha generacional», cuando el presidente Lyndon Johnson decidió no presentarse a la reelección ante la creciente presión para que se retiraran las tropas de Vietnam, surgió otra marca de cafeterías, muy distintas de las que el NCA o la Agencia Panamericana del Café jamás habían imaginado.

Las cafeterías para los soldados

Durante su estancia en Fort Polk con el ejército, en 1963, Fred Gardner solía frecuentar los bares de la cercana Leesville, en Luisiana, en los que servían bebidas caras y rebajadas con agua. Algunos años después, en San Francisco, tuvo la idea de instalar cafeterías en las ciudades en las que había destacamentos del ejército, «para los hippies que no pueden eludir el servicio militar». En el otoño de 1967, junto a Deborah Rossman y Donna Mickleson, Gardner abrió la primera cafetería para soldados en Columbia, Carolina del Sur, cerca de Fort Jackson. Le llamaron UFO, un juego de palabras con USO, la United Servicemen's Organization (Organización de Soldados Unidos), que funcionaba a una manzana de distancia. De las paredes colgaron enormes retratos en blanco y negro de personajes de la contracultura, como Cassius Clay, Bob Dylan, Stokely Carmichael, Humphrey Bogart y Marilyn Monroe, y uno del presidente Lyndon Johnson, a quien se veía sujetando a un perro de caza por las orejas. Los fundadores tenían la intención de servir «el mejor café de Carolina del Sur», dice Gardner. Compraron una máquina exprés, una cafetera por goteo Chemex y consiguieron un suministro de granos de primera calidad.

Poco después de que el UFO abriera sus puertas, cientos de soldados descubrieron el lugar donde podían beber café, leer, escuchar música, jugar al ajedrez o a las cartas, conocer estudiantes de la facultad local, bailar, flirtear y hablar de la guerra. La cafetería se convirtió en un imán para los soldados antimilitaristas.

Los agentes de la Inteligencia Militar empezaron a interrogar a los soldados que frecuentaban el UFO. «Cada vez que aparecían nos preguntaban qué poníamos en el café —recuerda Gardner—. Una noche vino a verme un agente de la división encargada de hacer cumplir la ley y me dijo que se notaba que en el café había "drogas". Estaba absolutamente convencido. Pero por supuesto no era así. Simplemente eran granos de buena calidad, bien tostados y correctamente preparados.»

Gardner abandonó el liderazgo a principios de 1968, pero en los años siguientes, con el apoyo de Tom Hayden, Rennie Davis y Jane Fonda, surgieron en todo el país, fuera de las bases, más de dos docenas de cafeterías de soldados. Las drogas estaban prohibidas. Jane Fonda organizaba espectáculos de «vodevil político» y música —que presentaban a Donald Sutherland, Country Joe MacDonald y Dick Gregory— para entretener a los soldados en las cafeterías como una especie de espejo de los programas patrióticos para los soldados que organizaba Bob Hope.

En octubre de 1971, las cafeterías habían llamado la atención de Richard Ichord, miembro del Congreso y presidente del Comité sobre Seguridad Interior, que comentó a sus colegas: «En muchas bases importantes de Estados Unidos, las cafeterías de soldados y los periódicos clandestinos, según se dice financiados y compuestos por activistas de la Nueva Izquierda, se han convertido en un lugar común. Las cafeterías sirven de centros para la organización radical entre los soldados.» Un oficial retirado de la Infantería de Marina se quejaba de que «las cafeterías antibélicas que se encuentran fuera de las bases atraen a los soldados con música de rock, café tibio, literatura antibélica, consejos para desertar y perturbadoras sugerencias por el estilo».

Aunque no lo hicieron conscientemente, las cafeterías repitieron la historia. Desde 1511, cuando Khair-Beg intentó cerrar las cafeterías de La Meca, estos cafeinados lugares de encuentro habían servido como nidos de literatura sediciosa y rebelión contra la autoridad. Al igual que en el pasado, las autoridades intentaron cerrarlas. En muchos casos, fueron destruidas por los pirómanos. El Ku Klux Klan se centró en una de ellas mientras otras eran destruidas a balazos. Los establecimientos sobrevivientes fueron finalmente desmantelados, pero antes dejaron su marca en la historia norteamericana.

«Advertencia: el café puede ser perjudicial para la salud»

Cuando Fred Gardner abrió la primera cafetería para soldados, otro opositor a la guerra lo regañó: «El café es un veneno», dijo. A finales de la década de 1960 había comenzado una vez más la preocupación por la salud. Un estudio de 1963 realizado con casi 2.000 trabajadores fabriles parecía responsabilizar al café de los trastornos cardíacos. Estos estudios epidemiológicos, que investigan grupos de población, resultan difíciles de evaluar, pues a menudo no consideran (o no pueden hacerlo) otras variables que pueden alterar los resultados.* Al año siguiente, el doctor D. R. Huene, cirujano de la Reserva Naval, aseguró que los pilotos de la Marina que bebían mucho café «se quejaban de frecuentes alteraciones del ritmo cardíaco mientras estaban en el aire». Estos anecdóticos informes no eran científicos, pero se convertían en noticia.

En 1966, Irwin Ross escribió en *Science Digest* un ataque directo a la bebida. «La cafeína, el ingrediente esencial del café, es un veneno. Una gota inyectada en la piel de un animal lo mata en cuestión de minutos. Una cantidad infinitesimal aplicada directamente al cerebro de una persona le causa convulsiones incontrolables.» Estas observaciones, aunque ciertas, son improcedentes, pues ninguna persona bebedora de café se lo inyecta ni se lo aplica directamente al cerebro. Ross continuaba culpando al café de las úlceras estomacales, de la trombosis coronaria, del cáncer de garganta y de estómago, y de la irritabilidad nerviosa.

La industria del café tomó nota tardíamente, después que un editor del *Tea & Coffee Trade Journal* expresó en 1968 su preocupación porque los supuestos efectos nocivos del café podían acabar en un rótulo similar al que se había impuesto a los cigarrillos: «Advertencia: el café puede ser perjudicial para la salud.»

En 1969, la Asociación Nacional del Café creó su Grupo de Asesoramiento Científico, compuesto por facultativos contratados por los tostaderos más importantes, como General Foods, Nestlé y Procter & Gamble. También contrataron a la Arthur D. Little Company para llevar a cabo experimentos que, esperaban, contrarrestaran la información negativa sobre el café. Durante los quince años siguientes, la NCA subvencionaría más de veinte investigadores, a un coste de 3 millones de dólares.

---

* Un estudio similar, por ejemplo, llegó a la conclusión de que los obreros tenían un cuarenta y tres por ciento más de probabilidades de fallecer de un ataque cardíaco que los sedentarios oficinistas. ¿Significaba eso que el factor que provocaba los ataques cardíacos era respirar el aire de las fábricas? ¿O eran las diferencias de clase? ¿O los hábitos alimenticios?

Sin embargo, las alarmas con respecto al café no dejaron de sonar. En 1971, Philip Cole, un investigador de Harvard, informó que el café podía estar relacionado con el cáncer de vejiga, sobre todo en las mujeres. En 1972 y 1973, Hershel Jick y sus colegas, de la Universidad de Boston, informaron que los estudios realizados en pacientes confirmaban la relación existente entre el consumo elevado de café y las enfermedades cardíacas. En Japón, Alemania, Francia e Inglaterra se realizaron estudios en los que se inyectaba o se hacía ingerir cafeína a ratas preñadas, y las crías de las ratas que habían recibido dosis elevadas de cafeína tenían más defectos congénitos que las de los grupos de control.

Pronto el café fue liberado de casi todos los cargos, pues los nuevos estudios no podían reproducir los hallazgos iniciales, o las conclusiones eran modificadas. Sin embargo, como la mayor parte de las historias alarmistas, las afirmaciones iniciales que relacionaban el café con enfermedades fueron noticia y tuvieron un enorme impacto en la conciencia del público, mientras que las últimas conclusiones pasaron a un segundo plano. En respuesta a las preocupaciones por la salud, las ventas de café descafeinado se dispararon: aumentaron un setenta por ciento desde 1970 hasta 1975, momento en que representaban el trece por ciento del café que se consumía en los hogares norteamericanos.

General Foods triunfó con Sanka, cuyo dominio del mercado permitió márgenes de beneficio más grandes que los del café corriente. En un rasgo de ingenio, General Foods contrató en 1976 para la promoción de Sanka al actor Robert Young, que llevaba una larga temporada interpretando en la televisión al bondadoso doctor Marcus Welby. En espacios de televisión, Young explicaba que «muchos médicos aconsejan a millones de norteamericanos que beban Sanka» si la cafeína los vuelve irritables.

En 1971, Nestlé salió al mercado con Taster's Choice Decaffeinated, mientras General Foods creaba Freeze-Dried Sanka and Brim, productos descafeinados y liofilizados, prácticamente iguales. Debido a que la marca Sanka ya estaba firmemente establecida gracias a su imagen medicinal, los anuncios de Brim se esforzaban por atraer a la juventud consciente de los temas de salud, que compraban en tiendas de alimentos naturales. Otros tostadores salieron muy pronto a la palestra. Tenco, cuya propietaria era Coca-Cola, estaba encantada de suministrar café descafeinado, pues la cafeína extraída la agregaba a la Coca-Cola. Pero la capacidad norteamericana quedó colmada y muchos tostadores empezaron a enviar sus granos a Alemania, donde las plantas descafeinadoras utilizaban alta tecnología y trabajaban las veinticuatro horas del día.

Incluso el café descafeinado fue atacado por las preocupaciones relativas a la salud. Un estudio realizado en 1975 por el Instituto Nacional del Cáncer indicaba que, en dosis masivas, el solvente tricloroetileno (TCE) provocaba cáncer en las ratas. Dado que el TCE se utilizaba para descafeinar los granos crudos de café, era poca la cantidad de solvente que quedaba en los granos, y esa pequeña cantidad se quemaba durante el proceso de torrefacción. Un frustrado ejecutivo de General Foods señaló que un ser humano tendría que consumir 50 millones de tazas de café descafeinado por día, a lo largo de toda su vida, para aproximarse a las dosis aplicadas a las ratas. No obstante, General Foods y otros tostadores prefirieron abandonar el TCE antes que verse afectados por los temores del público, decidieron utilizar el cloruro de metileno, otro solvente químico.

El oro sale a flote, el café se hunde

Mientras los precios del café se deslizaban hasta los 35 centavos alrededor de abril de 1969, los representantes de los nueve países productores de café más importantes de América Latina y África —Brasil, Colombia, El Salvador, Etiopía, Guatemala, Costa de Marfil, México, Portugal (Angola) y Uganda— se reunieron en Ginebra para preparar una estrategia y exigir al ICA un «nivel de cuotas realista». En julio, este Grupo de Ginebra fue estimulado en sus actividades cuando otra helada, seguida por una sequía, sacudió Paraná dañando el diez por ciento de la cosecha de ese año y aproximadamente el treinta por ciento de la producción del año siguiente. En noviembre los precios aumentaron 10 centavos la libra, provocando un aumento automático de la cuota del ICA. A pesar de las cuotas más grandes, a principios de 1970 los precios ascendieron a más de 50 centavos la libra para el Santos nº 4. Brasil, que había estado eliminando cafetos, dio marcha atrás en su constante relación de amor y odio con el café, preparando un plan de tres años para plantar 200 millones de nuevos cafetos. Aunque aún guardaba 37 millones de sacos de excedente, sus reservas disminuían año tras año. Con el Congreso de Estados Unidos a punto de votar otra vez la legislación para la puesta en práctica del acuerdo, los países productores coincidieron en elevar las cuotas en agosto.

En 1970 se descubrió en Bahía, Brasil, la temida *Hemileia vastatrix*. De alguna manera —probablemente en la ropa de los visitantes africanos—, las esporas habían llegado a América Latina. Una rápida búsqueda reveló que la roya ya se había extendido a zonas de São Paulo y Paraná. Con la intención de ponerla en cuarentena, los brasileños quemaron superficialmente una franja de tierra de alrededor de 65 kilómetros de ancho por 800 de largo, pero la enfermedad logró saltarla. Durante diez años, la *Hemileia vastatrix* se deslizó hacia América Central. Brasil ya había empezado a cultivar una pequeña cantidad de robusta resistente a la enfermedad y ahora aumentó la superficie destinada a granos de inferior calidad.

A lo largo del verano de 1971, las cosas avanzaron sin tropiezos. El 15 de agosto, el presidente Richard Nixon sacudió la economía mundial desvinculando al dólar del oro, y congeló temporalmente los salarios y los precios. Al objeto de cubrir enormes presupuestos de Defensa y los crecientes gastos en Seguridad Social, el 20 de diciembre Nixon devaluó oficialmente el dólar en aproximadamente un ocho por ciento. Esto disminuyó los precios efectivos del café, y los países productores pidieron un ajuste razonable. Los países consumidores, encabezados por Estados Unidos, se negaron. Atrapados en un recorte de los precios, los productores reactivaron el Grupo de Ginebra y anunciaron planes destinados a enviar cuotas menores con el fin de aumentar el precio, imitando la acción de la OPEC, el cártel del petróleo.

Estados Unidos criticó esa medida, lo que provocó «dudas acerca de la viabilidad del Acuerdo Internacional del Café», según manifestaron la Asociación Nacional del Café y el Departamento de Estado. Cuando los precios subieron realmente un veinticinco por ciento durante el verano de 1972, los países consumidores responsabilizaron al Grupo de Ginebra. En agosto y diciembre, el Consejo del ICA se reunió para renegociar el acuerdo que, según estaba previsto, expiraría en 1973. Ninguna de las partes se comprometió, y después de una semana de reuniones hasta altas horas de la noche, el acuerdo sobre la cuota se canceló el 11 de diciembre de 1972.

Una de las consecuencias de la suspensión del acuerdo fue la resurrección de la Bolsa del Café y el Azúcar de Nueva York. El 24 de agosto de 1972, cuando resultó evidente que el acuerdo se iba a pique, la primera actividad real que se produjo en varios meses fue la de los contratos a futuro. Cinco lotes —cada uno de los cuales tenía 250 sacos de café— que debían entregarse en marzo de 1973 se vendieron a 53 centavos la libra. A finales de 1972 valían 61 centavos la libra. De pronto el mercado del café adquirió el interés suficiente —representado en varios miles de contratos— para ofrecer alguna liquidez a los comerciantes.

Los avances del café en Japón y Europa

Como «mercado nuevo» según las regulaciones del ICA, Japón había recibido granos relativamente baratos. Sin el sistema de cuotas, Japón podía ahora pagar lo mismo que cualquiera. Antes de 1973, las importaciones japonesas de café habían aumentado notablemente, dado que tanto General Foods como

Nestlé habían abierto en ese país plantas de café soluble. Decididos a occidentalizarse, gran parte de los 100 millones de japoneses abrazaron el café —y la Coca-Cola— como bebidas norteamericanas simbólicas. Las *kissaten* (cafeterías) japonesas proliferaban a un ritmo del veinte por ciento anual. A mediados de la década de 1970, sólo en Tokio había 21.000 establecimientos. Las bebidas eran caras desde el punto de vista norteamericano, pero los japoneses estaban dispuestos a pagar por un símbolo de prestigio.

En 1969, la Ueshima Coffee Company presentó en Japón el primer café en lata, listo para servir. Cinco años más tarde, Coca-Cola presentó el Georgia Coffee, un café en lata, endulzado, con una parodia comercial de *Lo que el viento se llevó*, en la que el personaje de Rhett Butler elegía la bebida antes que a Scarlett O'Hara. Las bebidas enlatadas, que se adquirían frías o calientes en las máquinas expendedoras, pronto establecieron en Japón una popular y nueva categoría de café. En 1975, los japoneses consumían 20 millones de cajones al año, y el total de las ventas japonesas de café aumentó a más de 100 millones de dólares al año.

En Europa, las ventas de café instantáneo aumentaron al dieciocho por ciento del mercado, aunque su popularidad variaba en cada país. En el consumo casero, los británicos se inclinaban abrumadoramente por el café instantáneo —en gran medida el Gold Blend liofilizado de Nestlé— y sólo bebían café corriente cuando cenaban fuera de casa. Entre Gran Bretaña y Alemania Occidental consumían las dos terceras partes del café instantáneo europeo. El café descafeinado de Alemania Occidental —café corriente, instantáneo y «procesado especialmente» para eliminar el ácido— dominaba el treinta por ciento del mercado de ese país tan consciente de los temas de salud. Los escandinavos preferían el café corriente de mejor calidad, mientras que los italianos seguían fieles al exprés y a las cafeteras napolitanas que funcionaban sobre el hornillo. En Francia era popular una mezcla de café instantáneo con achicoria. Esa mezcla representaba la mitad del consumo de café en Suiza, el hogar de Nestlé, la firma elaboradora de café soluble más grande del mundo.

Se expandían los grandes tostaderos europeos —Douwe Egberts, Jacobs, Eduscho, Tchibo, Lavazza y Gevalia (adquirida por General Foods en 1970)—, mientras Europa se volvía más industrial y urbanizada y los tostaderos más pequeños fracasaban. Tanto Tchibo como Eduscho abrieron miles de puntos de venta minoristas, donde vendían mezclas de arabica junto con objetos de regalo, como platería, relojes, artesanía y ropa. La industria cafetera europea, totalmente recuperada de la Segunda Guerra Mundial, llegó en la década de 1970 a un límite debido a que el crecimiento per cápita se estancó. Sin embargo, desde 1950, las pautas de consumo de Estados Unidos y Europa habían cambiado radicalmente. En la década de 1970, el consumo de Europa representaba aproximadamente la mitad del total mundial, mientras Estados Unidos no llegaba al cuarenta por ciento.

El rey de las robustas y las matanzas en Burundi

A principios de la década de 1970, muchas naciones africanas cultivadoras de café aún sufrían las fricciones tribales posteriores a la independencia y la corrupción política. En Zaire, gobernado por el dictador Mobutu Sese Seko, el café se vendía a través de una junta centralizada de café, la Caisse de Stabilization, de la que Mobutu y sus secuaces retiraban la mayor parte de los beneficios. En 1970, visitó el país Claude Saks, un ambicioso y joven neoyorquino importador de café crudo. Los toscos burócratas de Kinshasa manifestaron una actitud de «odio hacia el hombre blanco», y Saks estuvo a punto de ser tiroteado por un soldado del país. Pero tenía olfato para el dinero. «Cada vez que surge el caos y la desorganización —comentó Saks— es el momento de hacer dinero.» Junto a su padre, fundador de G. M. Saks Inc., impulsó la firma hasta convertirla en «el rey de las robustas, las variedades de calidad inferior».

Al joven Saks, que rondaba los treinta, le irritaba el restringido conservadurismo de su padre; se separó de él en 1972 y creó Saks International con un socio. Sólo vivía para el comercio del café. «La gente del ramo sabía de buenos modales, de vinos, arte, música y política —señaló en tono de aprobación—. Se comportaban como caballeros refinados, aunque no habrían dudado en arrancarte las entrañas o exprimirte los cojones si hubieran podido obtener el menor beneficio.» Saks se levantaba a las cuatro de la mañana, telefoneaba a África antes del almuerzo y trabajaba hasta las siete de la tarde revisando contratos, informes y asuntos financieros. Viajaba con frecuencia a África e Indonesia para mantener contactos y cambiar acuerdos, y finalmente se fusionó con Multitrade, una empresa holandesa de productos básicos.

En el otoño de 1972, Claude Saks viajó en avión a la montañosa ex colonia belga de Burundi, donde la minoría tutsi gobernaba a la mayoría hutu. En abril de ese año, jóvenes intelectuales hutu organizacon una insurrección en la que un pequeño número de tutsi fueron asesinados. En represalia, los tutsi se enzarzaron en un genocidio hutu que duró cuatro meses. Saks se enteró de que el gobierno planeaba nacionalizar todas las exportaciones, de modo que se reunió con el ministro de Agricultura, un tutsi, y fortaleció la relación con un sobre lleno de moneda local.

Más de 100.000 hutus fueron asesinados en 1972, y algunos cálculos arro-

jan una cifra de 250.000. Cuando los destacamentos del ejército tutsi se quedaron sin munición, mataron a los civiles hutu con martillos y clavos. Otros estados africanos decidieron no intervenir porque tenían sus propias tensiones tribales. Tampoco actuó Estados Unidos, que dudaba en interferir en un país
gobernado por negros. El Departamento de Estado norteamericano se limitó a
suspender el intercambio cultural. En una sesión del Congreso, Roger Morris,
ex miembro del personal de la Casa Blanca, que representaba al Carnegie En-
dowment para la Paz Internacional, sugirió que un boicot al café de Burundi
podía ser para Estados Unidos una forma de «ejercer su ética internacional, su
idealismo y su compromiso con los derechos humanos», pero nadie lo escuchó.

Los importadores como Claude Saks estaban más interesados en los beneficios que en los derechos humanos. Exactamente antes del Día de Acción de
Gracias de 1973, Saks se reunió en el elegante St Regis Hotel en la ciudad
de Nueva York con el presidente y el vicepresidente del Burundi National
Bank. «Como usted sabe —dijo el elegante tutsi presidente del banco mientras tomaban unas copas—, en nuestro país ha habido algunos disturbios.»
«Por Dios —pensó Saks—, 100.000 muertos y 100.000 más que han huido
del país, y él dice que "ha habido algunos disturbios".» El banquero explicó que los trabajadores hutu habían huido después de recoger todo el café, pero
que el banco aún guardaba unos 160.000 sacos. Saks compró 100.000 de estos
sacos.

Starbucks: el Período Romántico

Mientras la gente sin escrúpulos como Saks hacía fortuna, y General
Foods, Procter & Gamble, Nestlé y Jacobs luchaban por la supremacía en el
masivo mercado del café enlatado, elementos de la generación *baby boom* enca-
bezaban una renovada búsqueda de calidad. Muchos de ellos habían recorrido
Europa haciendo autostop, o estaban destacados en el Viejo Continente mientras cumplían el servicio militar, y habían descubierto las delicias del exprés, de
las comidas refinadas, de las tiendas de especialidades de café, y de los bares.
Con los gustos internacionales más claros, se lanzaron a buscar una comunidad
y unas verdades básicas. Las encontraron en los aromáticos granos enteros recién tostados que compraban a los pequeños tostadores. Muchos se habían sentido inspirados por un peregrinaje a Berkeley para respirar la atmósfera de
Peet's.

Jerry Baldwin, Gordon Bowker y Zev Siegl, tres universitarios de Seattle,
habían viajado juntos por Europa después de terminar la facultad. Antes de

cumplir los treinta, los tres habían vuelto a instalarse en Seattle. A Siegl no le fascinaba la idea de enseñar a los alumnos de secundaria. Bowker escribía para una revista regional y había abierto una agencia de publicidad. Baldwin enseñaba en una escuela comercial.

En busca de un buen café, Gordon Bowker viajaba de vez en cuando a Vancouver, en la Columbia Británica, para comprar el café en granos en Murchie's, una pequeña tienda para gourmets. En uno de esos viajes, en 1970, «de repente quedé literalmente enceguecido, como Saulo de Tarso, por el sol que se reflejaba en el lago Samish. En ese momento se me ocurrió. ¡Abrir una tienda de café en Seattle!». En esa misma época, un amigo le ofreció a Jerry Baldwin una taza de café preparada con granos que había comprado en Peet's, en Berkeley, y él había experimentado una revelación similar. Eso es lo que harían: abrir un tostadero pequeño, de calidad, en Seattle.

Zev Siegl bajó a la zona de la bahía para hablar con Alfred Peet y otros tostadores como Jim Hardcastle y Freed, Teller & Freed. Peet estuvo de acuerdo en suministrarles sus granos tostados. «Alfred era muy generoso —recuerda Baldwin—. Copiamos el diseño de su tienda, con su consentimiento.» En Navidad se turnaban para trabajar con Peet en Berkeley y aprender los secretos del proceso. En Seattle desmontaron y reformaron una vieja tienda de Western Avenue, donde pagaban un alquiler mensual de 137 dólares. Baldwin asistió a un curso de contabilidad. Cada uno de los amigos puso 1.500 dólares y pidieron prestados 5.000 a un banco. Con la ayuda de Peet encontraron proveedores de molinillos de café, cafeteras y otros accesorios, además de tés a granel.

Estaban a punto de inaugurar el negocio y aún no habían decidido un nombre. «Bowker, Siegl & Baldwin sonaba demasiado a bufete de abogados —dice Baldwin—, pero queríamos un nombre familiar, para que se notara que pertenecía a alguien, y "S" parecía una buena inicial. Se nos ocurrió un puñado de nombres, entre otros Steamers and Starbo. A partir de Starbo, Gordon sugirió "Starbuck".» El nombre fascinó al trío literario, ya que era compartido por personajes de *Moby Dick* y de *The Rainmaker*. Además, Starbucks tenía un sonido contundente.

Starbucks, cuyo logo era una sirena de pechos desnudos y cola de dos puntas, vendía principalmente el café en grano y artículos afines. Abrió sus puertas el 30 de marzo de 1971 y su éxito fue inmediato. En los nueve primeros meses de existencia, la tienda tuvo unos ingresos brutos de 49.000 dólares, y aunque esa suma no era suficiente para vivir, resultaba alentadora. Los socios abrieron otro local al año siguiente, y Alfred Peet les dijo que tenían que comprar su propio tostadero. «Estáis creciendo mucho.»

En 1973 agregaron un tercer local y contrataron a Jim Reynolds, un cliente habitual, como tostador a tiempo parcial. «Yo estaba encantado —recuerda Baldwin—. Tenía empleados que ganaban más dinero que yo, pero era una aventura. Ahora, en retrospectiva, yo le llamaría el Período Romántico, cuando tanta gente joven prefería una jarra de café. Estábamos más interesados en el café que en la supervivencia.»

El regalo de Dios para el café

En 1969, Paul Katzeff, ex trabajador social de treinta y un años, se tomó un ácido y decidió mudarse. «Me di cuenta de que tenía que irme de la ciudad de Nueva York para encontrar mi lugar, como escribió Carlos Castaneda en *Las enseñanzas de Don Juan*.» Después de «despertar» su mente con el ácido, Katzeff compró un viejo camión Mack, instaló una cocina a leña y una cama de agua en la parte posterior y se dirigió al oeste. Llegó a Aspen, Colorado, donde decidió abrir la primera cafetería de la ciudad turística.

En el Thanksgiving Café servía café en pequeños recipientes individuales Melitta. «Los clientes podían ver con sus propios ojos cómo se preparaba el café.» Poco después suministraba a tres tiendas de alimentos paquetes de café de lo que él llamaba la Thanksgiving Company. La cafetería era un éxito, pero nunca obtuvo beneficios. «Le di trabajo a mis amigos hippies, y resultó que me robaban.»

En 1972 Katzeff metió su tostador y su molinillo en la parte de atrás de su camión Mack y se largó rumbo a California, donde de vez en cuando vendía sus granos a hoteles grandes y pequeños y a comercios del lugar. En 1975, para ir más allá del consumidor gourmet, convenció a unos cuantos supermercados del lugar de que vendieran el Thanksgiving Coffee a granel. Con el tiempo, Katzeff puso en marcha también un sistema de venta por correo. Mientras su café atraía a leales seguidores de California, Katzeff se convirtió en un apasionado y extravagante defensor del café de calidad y de las causas liberales.

Nadie podría acusar a Paul Katzeff de falsa modestia. «No quiero parecer interesado, pero soy inteligente y ecléctico. No tenía bagaje ni ideas preconcebidas. Cuando llegué al mundo del café, éste estaba formado por un puñado de viejos sin demasiada creatividad. Yo fui tal vez un regalo de Dios para el café. —Hace una pausa y se echa a reír—. Pero al menos no me creo mis propias tonterías. Puedo reírme de mí mismo.»

Una aventura amorosa con el café

Al mismo tiempo que Paul Katzeff, Alfred Peet y otros reintroducían a los consumidores en el mundo de los cafés de calidad, Erna Knutsen redescubría el café en su origen buscando variedades raras en regiones del mundo entero. Knutsen, que había llegado a la ciudad de Nueva York desde Noruega a los cinco años de edad, tardó un tiempo en descubrir su vocación.

En 1968, con poco más de cuarenta años, Knutsen (que utilizaba su nombre de casada, Erna Guerrieri) consiguió trabajo como secretaria privada de Bert Fulmer en B. C. Ireland, importador de café y especias establecido desde hacía tiempo en San Francisco. Ella no sólo escribía en taquigrafía sino que además llevaba un registro donde se anotaba la procedencia del café y a quién se le enviaba. «Era una cosa horrible —recuerda—. Lo único que había que hacer era oler esa robusta para saber que estaba podrida.»

A principios de la década de 1970, con el estímulo de su jefe, Knutsen se hizo su propio lugar en el sector vendiendo partidas incompletas (menos de un contenedor de café, que incluye 250 sacos) de granos de arabica de primera calidad a los tostaderos muy pequeños que empezaban a proliferar en la costa de California. Ansiosa por educar su paladar, le dijo a su jefe que quería aprender los secretos de la degustación. Los hombres de B. C. Ireland se opusieron. «Si esa bastarda entra aquí, nosotros nos vamos», les oyó decir Knutsen.

Pero ella insistió, y en 1973 entró finalmente en la sala de degustación. «Se reían de mí y me decían que no cataba correctamente. Al principio yo era demasiado melindrosa.» De todas maneras, con el tiempo aprendió a sorber las muestras de café sin hacer ruido, mezclando el líquido con oxígeno en ráfagas de sabor que llegaban a sus papilas gustativas. «Tengo muy buen paladar y memoria sensitiva.» Comenzó «la gran aventura amorosa de mi vida», lo que denominó su «gran pasión» por el café.

Su entusiasta pericia fascinó a los tostadores y le permitió ser conocida en todo el país como la decana de los mejores granos de café. Knutsen desarrolló relaciones exclusivas con compradores de África, Hawai, América Central y Jamaica. En un momento en que la mayoría de los importadores norteamericanos de café crudo regateaba hasta el último centavo en la guerra de precios de los cafés de baja calidad, Knutsen pagaba precios considerados exorbitantes por los mejores granos que sólo habían llegado a Europa y Japón. Y sus agradecidos clientes los compraban de buena gana.

En 1974, el *Tea & Coffee Trade Journal* publicó una entrevista con Knutsen, en la que ella acuñó el término «cafés especiales» para referirse al Kalossi de las islas Célebes, el Yrgacheffe etíope y el Moka de Yemen que vendía ella. El término llegaría a definir el naciente movimiento de gourmets del café. Knutsen lamentaba la mala calidad del café que se comercializaba masivamente, pero predecía un futuro brillante para los «especiales». «Está surgiendo un grupo, sobre todo de gente joven... que sabe valorar el café, y estoy segura de que al final nuestro negocio crecerá.» Al igual que los interesados en los vinos finos, los conocedores del café buscaban «los modestos lujos que la mayoría aún puede permitirse».

El esteta fundamental

George Howell se mudó de California a Boston en marzo de 1974. Después de vivir en la bahía de San Francisco desde 1968 hasta 1974, Howell estaba acostumbrado a los cafés especiales. Pero en Boston no logró encontrar buen café. Desesperado, decidió abrir su propia cafetería y comprarle los granos de café a Erna Knutsen.

Howell llegó al mundo del café como una experiencia estética. Después de estudiar historia del arte y de la literatura en Yale, había abierto una galería de arte en California. «Para mí la cafetería era algo natural. Me proporcionaba un lugar donde exhibir obras de arte, y además estaba el placer de la bebida misma. Siempre he sido un perfeccionista, y me gusta hacer proselitismo a favor de la más alta expresión de lo que estoy haciendo.»

Con ayuda de su esposa, Laurie, y de su socio, Michael da Silva, Howell abrió en 1975 el Coffee Connection en Harvard Square. Vendían el café en grano, pero también instalaron una barra con pequeñas cafeteras a presión. Después de dejar que se hiciera la infusión durante unos minutos, los clientes disfrutaban bajando la palanca y comprimiendo el poso de café. «Tuvimos un éxito arrollador», recuerda Howell. Instaló un pequeño tostadero Probat a 16 kilómetros de Burlington, Massachusetts, y se quedaba levantado por las noches, para aprender a tostar... para alcanzar la perfección, por supuesto. «Para aprender tuvimos que empezar desde cero, pero el entusiasmo de los clientes nos compensaba. Eran como seres sedientos que vagaban por el desierto y encontraban un oasis.»

La proliferación de las especialidades

A principios de la década de 1970 empezaron a aparecer cada vez con mayor frecuencia en todo el territorio de Estados Unidos y Canadá tostadores y cafeterías con especialidades. En esa misma época se publicaron varios libros serios sobre el café, que daban testimonio del renovado interés del público en el tema. Otra señal esperanzadora para el café apareció en octubre de 1972, con la introducción de la cafetera eléctrica automática llamada Mr Coffee. Bunn-O-Matic y Cory habían estado haciendo versiones comerciales para restaurantes durante casi veinte años, pero esto marcaba la primera incursión en el mercado de las cafeteras caseras. Las ventas de la cafetera Mr Coffee, promovida por Joe DiMaggio, la leyenda del béisbol, se dispararon. Los competidores como Braun, General Electric, Melitta, Norelco, Proctor-Silex, Sunbeam y West Bend salieron rápidamente a la palestra. En 1974, la mitad de los 10 millones de cafeteras que se vendían en Estados Unidos eran eléctricas, con sistema de goteo.

Aunque las nuevas cafeteras para el hogar tenían sus defectos —agua poco caliente, tiempos de preparación inadecuados, placas calientes que arruinaban el café si se lo dejaba demasiado tiempo—, resultaban un verdadero avance con respecto a las de bombeo, y con ellas se obtenía una bebida de mejor calidad.*

A principios de la década de 1970, algunas revistas populares descubrieron los cafés especiales. Sin embargo, el *Tea & Coffee Trade Journal* en general pasó por alto el naciente movimiento de los cafés especiales y siguió haciendo reportajes sólo a General Foods y a firmas similares. Tampoco los grandes tostaderos prestaban demasiada atención a las especialidades. «Pensaban que era una moda pasajera, como la gelatina con sabor a frutas, y que se acabaría», recuerda Don Schoenholt.

En 1972, General Foods presentó aromáticos instantáneos llamados Cafe au Lait («profundo sabor francés»), Café Vienna (canela) y Suisse Mocha (chocolate). La cara línea «International», que contenía café soluble, leche en polvo, azúcar y aromatizantes, afirmaba poseer «el mismo sabor a café que encontraría en el extranjero». Le seguían Hills Brothers y Carnation con sus propias versiones. Aunque estas parodias de café de primera calidad, promovidas como lujos, tenían su lugar en el mercado, estaban muy lejos de parecerse al café de Alfred Peet.

---

* Una señal extraña del recién nacido interés de Estados Unidos en la calidad del café fue noticia en 1975, cuando un juez federal del condado de Suffolk, en Nueva York, le pidió a un jefe de policía que le comprara una taza de café a un camión de refrescos que estaba aparcado en la puerta del juzgado. Escandalizado por la espantosa bebida, el juez ordenó que el vendedor fuera esposado y llevado a sus oficinas. Una vez allí el juez le hizo prometer que nunca más serviría café malo, y luego lo soltó.

Mrs Olson se pelea a tortazos con tía Cora

General Foods no estaba preocupada por los pobres hippies que se dedicaban a tostar cafés especiales. A principios de la década de 1970 sus productos representaban más de un tercio del total de ventas en Estados Unidos. Su marca de bandera, Maxwell House corriente, tenía un veinticuatro por ciento de la cuota del mercado del café corriente tostado y molido, mientras sus instantáneos representaban más de la mitad de las ventas de esa categoría, casi el doble de la cuota de instantáneos de Nestlé, que tenía el veintisiete por ciento. Procter & Gamble no ofrecía una competencia seria a los solubles, pero Folgers, su café corriente, con una cuota del veinte por ciento, estaba superando a Maxwell House. A ninguno de los cafés etiquetados por los supermercados le iba bien en comparación con los bien promocionados y baratos gigantes como Maxwell House y Folgers.

Mientras el consumo per cápita de café continuaba su firme descenso —de 3,12 tazas al día en 1962 a 2,25 tazas en 1974— los tostadores más importantes luchaban por porciones cada vez más pequeñas de un pastel cada vez más reducido. General Foods y Nestlé atravesaban el final de la década de 1970 disputándose el mercado de los instantáneos liofilizados. A General Foods le llevó casi cuatro años difundir su marca Maxim en todo el territorio nacional. Los 18 millones de dólares anuales en gastos de investigación representaban la inversión de capital más grande que la empresa había hecho jamás en un producto nuevo. Nestlé contraatacó con Taster's Choice. Ambas compañías gastaban unos 10 millones de dólares al año en la comercialización de sus nuevas marcas.

Según sus anuncios, Taster's Choice ofrecía «el profundo y rico sabor y el delicioso aroma que usted solía tener para mejorar una cafetera». El café liofilizado era sin duda mejor que el instantáneo común, pero no se acercaba siquiera al recién hecho. Estos anuncios intentaban colocar a Maxim y a Taster's Choice contra el café regular para no canibalizar las ventas de sus antiguos instantáneos. Nestlé distanció conscientemente Taster's Choice de Nescafé al elegir un nombre completamente diferente; unos pocos clientes se dieron cuenta de que el gigante suizo incluso había hecho la nueva marca. En contraste, el nombre Maxim hacía clara referencia a Maxwell House. En consecuencia, Maxim redujo considerablemente las ventas de Instant Maxwell House, y Taster's Choice ocupó el primer lugar de la categoría.

Folgers y otros elaboradores de café instantáneo, poco dispuestos a igualar el enorme gasto de capital necesario para la liofilización del café, respondieron regando el polvo en terrones siguiendo el proceso conocido como aglomeración, haciendo que se pareciera más al café corriente, sin cambiar el sabor. Folgers promovió el producto como «más nuevo que el liofilizado». En lugar de mejorar la calidad, durante los primeros años de la década de 1970 los tostadores más importantes siguieron una estrategia de innovación tecnológica, recursos efectistas y segmentación del mercado.

La verdadera batalla por la supremacía del café en Estados Unidos tuvo lugar en esos años entre los conglomerados de alimentos Procter & Gamble y General Foods. La solidez de Folgers radicaba sobre todo en el oeste, pero los estrategas de Maxwell House sabían que no pasaría mucho tiempo antes de que Folgers invadiera el este. En 1971, los ejecutivos de Maxwell House formaron un «equipo de defensa de Folgers» y le pidieron asesoramiento a Ogilvy & Mather, su empresa publicitaria. El gigante de la alimentación y los gurús de la publicidad aparecieron con un ataque sobre dos flancos. General Foods creó Horizon, en un envase rojo similar al de Folgers. Mientras éste era «cultivado en la montaña», los granos de Horizon eran «recolectados manualmente». Esperaban que Horizon sirviera para distraer la atención, permitiendo que Maxwell House avanzara sin tropiezos.

La otra táctica de General Foods fue la presentación de tía Cora, una campechana tendera que ensalzaba las anticuadas virtudes de Maxwell House, el polo opuesto de la Mrs Olson de Folgers. La veterana actriz Margaret Hamilton parecía una opción extraña para tía Cora, pues seguía aterrorizando a las nuevas generaciones de niños en el papel que interpretaba desde 1939 como la Malvada Bruja del Oeste, en la clásica película *El Mago de Oz*. Como tía Cora, una mujer amable, con gafas, Hamilton no resultaba amenazadora, y resultó ser una buena promotora del café. Apareció en la televisión a tiempo para encontrarse cara a cara con Mrs Olson en Cleveland, donde Folgers había hecho un alto, en el otoño de 1971, antes de continuar una metódica incursión en Filadelfia y Pittsburg en 1973, y luego en Syracuse en 1974. Había comenzado la «Batalla de las Viejas Brujas», como la llamó un analista.

La marca Horizon fracasó estrepitosamente, pero la estrategia de tía Cora funcionó. En Syracuse, donde tía Cora había pasado más de dos años elogiando a Maxwell House antes de la arremetida de Folgers, Procter & Gamble se vio obligada a ofrecer su café con pérdida, a 87 centavos el envase, muy por debajo del precio minorista normal, de 1,20 dólares. Como observó un analista, Folgers estaba «corriendo como un loco sólo para seguir en el mismo lugar». Un portavoz de Procter & Gamble reconoció: «El café no es el producto que resulta más fácil de extender en todo el país.»

Los auténticos perdedores en la titánica batalla entre Folgers y Maxwell House fueron los tostadores regionales, que se vieron forzados a igualar los enormes descuentos de las dos marcas más importantes. Algunos fueron a la quiebra. En consecuencia, la Comisión Federal de Comercio demandó a General Foods (pero, inexplicablemente, no a Procter & Gamble) por prácticas depredadoras de fijación de precios.*

A pesar de su éxito para frustrar la arremetida de Folgers, el equipo de defensa de Maxwell House se sentía incómodo. Procter & Gamble no tardaría en hacer una entrada triunfal en la ciudad de Nueva York, la capital del café en la zona este. Los hombres de Folgers estaban preparando sus planes de batalla cuando la naturaleza volvió a manifestarse en Brasil.

---

* De hecho, la guerra de precios en la zona de Syracuse duró cuatro años. Como Paul de Lima Jr atestiguó en 1979, Syracuse era «un páramo de beneficios para el período que va desde octubre de 1974 hasta, al menos, mediados de 1978». Sin embargo, la demanda de la Comisión Federal de Comercio fue finalmente retirada.

CAPÍTULO DIECISÉIS

La Helada negra

El comercio mundial de café […] puede haber sufrido una alteración permanente debido a la helada. En Paraná serán pocos los cafetos que se puedan recuperar, y muchos los que no serán reemplazados. Los productores cafetaleros han sido golpeados demasiado a menudo por las heladas, de modo que están contemplando la posibilidad de cultivar trigo, e incluso han mostrado un particular interés por la soja.

The Economist, 26 de julio de 1975

De vez en cuando, la naturaleza se extralimita. Hay tormentas que sobrevienen cada cien años e inundan lugares que hasta ese momento eran seguros, erupciones volcánicas que vomitan una lava tan tupida que impide el paso de los rayos del sol, terremotos que dan un nuevo aspecto al paisaje… y heladas que se producen cada cien años. Los dueños de las plantaciones de Brasil pensaban que habían soportado todas las formas posibles de sequías o heladas, pero en 1975, por primera vez en la historia, nevó en Paraná, y la onda expansiva de este caprichoso sistema climático terminó por afectar a la industria global del café en los años venideros.

La formidable helada golpeó a Brasil el 17 y el 18 de julio de ese año. Fue, con mucho, la peor del siglo, y destruyó virtualmente las tierras cafetaleras de Paraná, además de causar daños terribles en São Paulo y otros lugares. Vista desde el aire, la zona parecía totalmente quemada, y por esta razón el suceso recibió el nombre de «Helada negra».* Mil quinientos millones de cafetos —bastante más de la mitad de los existentes en Brasil— resultaron destruidos.

---

* En cambio los colombianos, jubilosos, la llamaron «Helada santa».

La mayor parte de la cosecha ya se había completado, pero la producción mundial había ido a la zaga del consumo durante ocho de los diez años anteriores, y el excedente aportado por Brasil compensaba la diferencia. Dado que debían pasar cuatro años antes de poder incorporar las nuevas plantas de café a la producción, era probable que el mercado se tornara difícil durante varios años. Tras la helada, los precios a futuro del café subieron desmesuradamente, y todos los países productores suspendieron las exportaciones con la expectativa de que los precios subieran aún más. Brasil también se aferró a su excedente, 24 millones de sacos, que debería racionar con mucho cuidado durante los años siguientes. Los tostadores, que habían abrigado la esperanza de que un excedente hiciera bajar los precios, se encontraron con que sus existencias estaban muy disminuidas. En tan sólo dos semanas, el precio al por menor del café molido aumentó a razón de 20 centavos la libra.

Algunos otros factores se conjugaron para limitar la producción de café en 1975 y 1976. En Angola, las luchas tribales y regionales derivaron en una violenta guerra civil en la que el Movimiento Popular por la Liberación de Angola (MPLA) se enfrentó con el Frente Nacional por la Liberación de Angola (FNLA) y la Unión por la Independencia Nacional y Total de Angola (UNITA). Finalmente, en noviembre de 1975, Portugal, que vivía un clima de enorme agitación debido a la caída de su dictadura militar, declaró la independencia de Angola. Los 250.000 colonos europeos —muchos de ellos cafetaleros— huyeron del país y dejaron tras de sí el equivalente de 3 millones de sacos de café pudriéndose en los cafetos. Cuando llegaron tropas cubanas en auxilio del MPLA, el gobierno norteamericano facilitó armas al FNLA, mientras que Sudáfrica decidió apoyar a la UNITA. Angola, convertida en otro de los tantos escenarios de la guerra fría durante las dos décadas siguientes, vería desaparecer la que alguna vez fuera su floreciente industria cafetalera. Las plantas trepadoras fueron invadiendo los cafetos; y las piscinas que en otros tiempos había disfrutado la elite cafetalera portuguesa se encontraban vacías y resquebrajadas.

Entretanto, la guerra civil que desgarraba a Etiopía impedía la cosecha, y en Uganda la política del dictador Idi Amin comenzaba a afectar la cosecha de café del país. Una huelga de trabajadores portuarios mantenía paralizadas las exportaciones en Kenia. En Guatemala, a principios de 1976, sobrevino un terremoto devastador que no perjudicó a las regiones cafetaleras, pero destruyó puentes y provocó desprendimientos de tierras que demoraron los embarques. Las inundaciones arrasaron Colombia. En los cultivos de Nicaragua apareció una plaga de roya. Además, los especuladores también sacaban provecho de la situación, haciendo que el brusco aumento del precio fuera aún mayor.

Aunque con vacilaciones, Estados Unidos aceptó incorporarse al nuevo Acuerdo Internacional del Café (el anterior había expirado en 1973), con la esperanza de que ello contribuyera a estabilizar los precios. En un primer momento, sin embargo, no se estableció ningún sistema de cuotas, que quedó pendiente para el caso de que los precios bajaran sustancialmente. Por lo tanto el ICA de 1976 fue una formalidad, si bien es cierto que alentó a los productores a exportar su café, pues cuando las cuotas se pusieran en vigencia, se basarían sobre todo en las cantidades que cada país hubiese exportado durante los años inmediatamente anteriores.

En marzo de 1976 los precios del café crudo llegaron a 1 dólar la libra, un brusco aumento del ciento por ciento en menos de un año. Los precios siguieron subiendo a lo largo de ese año. Los consumidores y las cadenas de venta al por menor comenzaron a abastecerse y acaparar café previendo que se podría llegar a precios aún más elevados, con lo que aceleraron el alza.

Como las ventas de café descendían y las batallas por la cuota de mercado se intensificaban, Hills Brothers, el único tostador importante que quedaba de propiedad familiar, conmovió al mundo del café: en junio de 1976 liquidó todas sus existencias, que pasaron a manos de un conglomerado agrícola brasileño. Jorge Wolney Atalla, un brasileño nieto de inmigrantes libaneses, fue el agresivo multimillonario que dispuso la compra —por 38.500.000 dólares— de la debilitada compañía norteamericana. Atalla y sus hermanos, los más grandes cultivadores de café del mundo, eran propietarios de una planta de liofilización para la producción de café soluble, una compañía exportadora, dos de las firmas tostadoras brasileñas, y también de Copersucar, una enorme cooperativa azucarera que también producía alcohol para ser destinado a combustible. Atalla anunció su intención de producir una mezcla exclusivamente brasileña (utilizando principalmente sus propios granos), y prometió que en 1980 llegaría a duplicar la cuota que Hills Brothers tenía en el mercado norteamericano.

Manipulaciones maquiavélicas del mercado

Hacia finales de 1976, el café al por menor tenía un precio promedio de 2,55 dólares la libra, y el café volvió a desatar una crisis. Elinor Guggenheimer, el comisario para Asuntos del Consumidor de la ciudad de Nueva York, instó a llevar adelante un muy anunciado boicot. Guggenheimer, una adicta que solía beber catorce tazas de café al día, declaró que había sufrido el «síndrome de abstinencia» al abandonar su bebida favorita, y que la decisión la había tomado como reacción a los «escandalosos» aumentos del precio.* En 1977, cuando el café pasó a costar 3 dólares la libra, y aún más, comenzaron a surgir en Estados Unidos otros movimientos que propiciaban el boicot. Hubo cadenas de supermercados, como Stop & Shop, que se unieron a la campaña, instando a los consumidores a no comprar café. El programa *MacNeil/Lehrer Report* dedicó una emisión entera a la crisis del café. «Es un tanto irónico —comentó Jim Lehrer— que una nación que inició su camino hacia la independencia con un boicot contra el té deba dar comienzo a su tercer siglo de existencia con un boicot contra el café.» El escritor conservador William Saffire publicó un artículo en el *New York Times*, «El café de Brasil es un robo», en el que afirmaba que toda la culpa de la duplicación de los precios del café la tenía la junta militar brasileña, que sabía que «los narcotizados norteamericanos pagarían lo que fuera por sus dosis de café».

Preocupado por la tormenta que se estaba desatando, Jorge Wolney Atalla publicó un anuncio a toda página en el *Wall Street Journal* para que Hills Brothers explicara que el brusco aumento de los precios se debía a la helada y otros desastres naturales y políticos. Atalla invitó a tres docenas de abogados de los consumidores y gerentes de supermercados, todos norteamericanos, a viajar a Brasil como invitados de Hills Brothers para que vieran con sus propios ojos la destrucción que había causado la helada. También visitaron los cuatro depósitos gubernamentales más grandes y pudieron comprobar por sí mismos que estaban vacíos. Los esfuerzos de Atalla no bastaron para acallar la oleada de justa indignación.

Fred Richmond, de Nueva York, presidente de la Subcomisión de Nutrición, Relaciones con los Consumidores y el Mercado Interno de la Comisión de Agricultura, manifestó su indignación cada vez que Brasil y Colombia aumentaron las tasas de sus aranceles a la exportación para sacar provecho de los aumentos en los precios. En febrero de 1977, Richmond fue copresidente de varias audiencias conjuntas. «Los consumidores de café de Estados Unidos y de otras naciones están siendo sometidos a una de las manipulaciones de mercado más maquiavélicas que registra la historia moderna», tronó Richmond. Y acusó a Brasil de estar llevando a cabo «una exagerada y deliberada campaña encaminada a inflar y mantener artificialmente altos los precios del café a niveles récord».

Elinor Guggenheimer presentó algunas de las tres mil cartas de aliento que había recibido de los consumidores, a las que agregó unas pocas procedentes de

---

* Unas semanas más tarde Guggenheimer revisó su actitud y volvió a beber café, aunque se limitó a las dos tazas por día.

Alemania, Suiza e Italia. La carta más sentida era la de un veterano, que recordaba que «durante la Segunda Guerra Mundial una taza de café era la diferencia entre el sufrimiento y el placer». Aseguraba que no podría lograr una abstinencia absoluta, pero prometía reducir la cantidad que consumía.

Michael Jacobson, jefe del Centro de Promoción de la Ciencia para el Interés Público, declaró en favor de un boicot permanente, o cuando menos una reducción importante del consumo, con el argumento de que creía que el café podía ser perjudicial para la salud. Confiaba en que «el alto precio tendrá el efecto beneficioso de alentar a la gente a consumir bebidas más saludables».

Julius Katz, del Departamento de Estado, afirmó que los impuestos a la exportación que recaudaban los brasileños y los colombianos no tenían efecto alguno sobre los costes del café para los consumidores. Lo que ocurría era, más bien, que el impuesto a la exportación se quedaba con una parte del precio que recibía el productor. A medida que los precios subían, era natural que los gobiernos incrementaran su cuota con el fin de financiar nuevas plantaciones y asegurar el uso de fertilizantes y pesticidas. Aun así, los beneficios que percibían los productores brasileños se habían triplicado. Sin embargo, Katz pasó por alto las quejas de los trabajadores, que planteaban que sus salarios no se habían modificado y seguían siendo sumamente bajos. Katz admitió que no había escasez de café, pero agregó que «los mercados operan sobre la base de expectativas». En la medida en que Brasil estaba agotando poco a poco los excedentes que había acumulado, otra helada o algún otro desastre imprevisible podían causar fácilmente una verdadera escasez.

Pese a los altos precios, el café costaba alrededor de 6 centavos la taza cuando se lo preparaba en casa. Los refrescos de cola, las bebidas más consumidas en Estados Unidos, eran mucho más caros. ¿Qué era lo que en el precio del café fastidiaba invariablemente a los ciudadanos estadounidenses? Es difícil no llegar a la conclusión de que había una cierta desconfianza xenófoba subyacente con respecto a los latinoamericanos y los africanos en esas protestas. «¿Dónde está escrito —preguntó un corredor de café en una carta al *New York Times*— que las naciones industriales ricas deban disfrutar siempre de productos básicos baratos producidos por trabajadores que ganan 1 dólar diario, y al mismo tiempo trasladar sus altos salarios y otros costes a los países pobres bajo la forma de bienes manufacturados que son cada vez más caros?»

Las audiencias terminaron sin que se lograra una bajada en los precios del café ni ninguna otra cosa. Los precios siguieron subiendo, y en mayo ya habían superado los 4 dólares la libra.

A caballo del mercado para ganar millones

Aunque es probable que los especuladores no hayan producido el brusco aumento del precio, algunos de ellos sin duda se beneficiaron con la situación. Un veterano —llamémosle Mike— comenzó a operar en 1973, cuando el mercado del café había vuelto a ser nuevamente viable. Como «local», operaba con cualquier firma intermediaria que lo contratase, pero también compraba y vendía entregas futuras por su cuenta. «Yo no sé nada de café —confiesa alegremente—. Lo único que sé es negociarlo.»

En 1975, Mike aprovechó al máximo la helada y, a partir de entonces y durante los años siguientes, cabalgó sobre los aumentos de precios y los déficit. Entró y salió ágilmente del mercado, tomando a veces una posición nada más que durante unos pocos minutos, o incluso segundos. «Simplemente, trataba de conseguir una venta.» Durante la última parte de la década de 1970, Mike ganaba más de un millón de dólares al año.

Sin embargo, no los ganaba sin esfuerzo. «Todos los días, antes de que sonara el timbre de apertura, me ponía muy nervioso. Después, una vez que había comenzado, seguía adelante automáticamente. Si hubiera tenido a mi madre cerca y hubiera tenido que pisotearla para despachar un pedido, lo habría hecho.» La intensa competencia, la gesticulación para comprar o vender, y los gritos para ser oído, hacían que aquella ocupación resultara físicamente extenuante. «Es un trabajo para un hombre joven, y no es recomendable para alguien muy reflexivo. Un catedrático brillante dedicaría mucho tiempo a analizar la situación y no actuaría con la rapidez necesaria.» Los que medraban eran los pilluelos acostumbrados a la ley de la calle, los individuos que podían mantener la cabeza fría en medio del estrés. El horario de actividad era nada más que entre las 10 de la mañana y las 3 de la tarde, pero durante ese lapso nadie abandonaba el recinto ni siquiera para ir al lavabo. Entre aquel grupo de hombres —las mujeres allí eran una rareza—, que gritaban y sudaban muy próximos los unos a los otros, los virus hacían su agosto. «Después de que me extirparan dos pólipos que se me habían formado en la garganta de tanto gritar, el médico me dijo que no fuera más al parqué. Pero no le hice caso. Lo llevo en la sangre.»

Ladrones y beneficiarios

En 1977, a medida que los precios del café subían en espiral, el grano se convirtió en oro para los ladrones de café de todo el mundo. En San Francisco desapareció un camión que transportaba una carga de café por valor de 50.000 dólares. Cuatro hombres fueron arrestados por robar 17 toneladas en Miami. El equivalente en dinero de la serie de asaltos que se sucedieron en las calles de la ciudad de Nueva York ascendió a más de un millón de dólares.

En Brasil, los ingresos correspondientes a las exportaciones de café llegaron a 4.000 millones de dólares, una cifra que igualaba sus colosales gastos por importación de petróleo, pero también allí el aumento de los precios ocasionó problemas.

Había productores codiciosos que incumplían los contratos que habían celebrado, a precios fijos, con los intermediarios. El contrabando que salía de los países que habían fijado altos aranceles de exportación o que ofrecían a los cultivadores precios bajos controlados por el estado, se incrementó en forma espectacular, sobre todo en Colombia y Brasil.

Como señaló un experto en el tema del café: «Hay contrabando casi en todas partes. […] Cuando los funcionarios de la aduana no aceptan los sobornos, algunos contrabandistas recurren al expediente de las palizas, la intimidación y el asesinato.»

En una audaz estafa que de todos modos no prosperó, cuatro hombres vendieron a Cuba míticas semillas de la República Dominicana por un total de 8.700.000 dólares, tras lo cual intentaron hundir el barco en alta mar. El fraude se descubrió porque la tripulación no logró echar a pique el buque, que llegó a puerto vergonzosamente vacío. Hubo otro caso, en el que el Citibank de Nueva York perdió 28 millones de dólares que había prestado a un convincente intermediario colombiano. Después se supo que el funcionario encargado de la oficina de préstamos destinados a actividades agrícolas del Citibank era cómplice del intermediario.

Los elevados precios del café beneficiaron a los pequeños propietarios (los dueños de parcelas minúsculas dedicadas al cultivo) de muchos países, entre ellos los de Brasil, donde estaban disminuyendo las *fazendas* de gran tamaño. Los que se beneficiaron por la subida de los precios se dieron cuenta de que era muy improbable que aquella situación se prolongara por mucho más tiempo. «El café te da una chaqueta —decía un antiguo aforismo brasileño—, pero te deja sin camisa.»

No obstante, eran tiempos de auge. En Chiapas, México, algunos indios pudieron darse temporalmente el lujo de agregar carne a sus raciones habituales de arroz y fríjoles. En las Tierras Altas de Papúa-Nueva Guinea, donde la mayoría de las plantaciones de los blancos habían sido abandonadas durante los años de bajos precios, y por temor a la independencia del país en 1975, los nativos descubrieron que sus minúsculos lotes de 500 cafetos como término medio les procuraban lo que, para ellos, era un generoso ingreso. En cambio los pequeños agricultores colombianos no estaban satisfechos, porque recibían menos de un tercio del precio internacional debido a los altos aranceles de exportación. Algunos productores quemaron su café como señal de protesta y amenazaron con dedicarse al cultivo de la marihuana.

La industria norteamericana del café respondió, como lo había hecho en períodos anteriores de precios altos, con sucedáneos y asegurando que el único recurso era diluir el producto. En 1977, John y Karen Hess, autores especializados en temas de alimentación, publicaron su libro *The Taste of America*, en el que lamentaban que «más de una tercera parte de nuestro café viene de África occidental, sólo sirve para la variedad de preparación instantánea, y casi todo el resto proviene de los tipos más baratos de café de Brasil. Quienes compran las variedades de mejor calidad son los europeos ricos y ahora también los japoneses. Son pocos los norteamericanos jóvenes que han bebido alguna vez una buena taza de café».

Los precios se nivelaron finalmente hacia el verano de 1977, pero en agosto cayeron bruscamente, después de una excelente cosecha brasileña que ese año no sufrió heladas importantes. Brasil, decidido a mantener altos los precios del café, se negó a vender por debajo de los 3,20 dólares la libra, a pesar de que los precios mundiales habían caído por debajo de los 2 dólares. Brasil no sólo vendió poco café, sino que además se dedicó a comprar semillas en regiones tan alejadas como Madagascar, en un esfuerzo por elevar los precios. Colombia, que consideró «suicida» la actitud brasileña, vendió sin limitaciones, temerosa de que los norteamericanos perdieran definitivamente el gusto por el café, a menos que bajara el precio.

Por otra parte, Colombia estaba siendo azotada por una frenética inflación alimentada por un enorme flujo de dólares que invadía el país, y que procedía no sólo del café sino del contrabando de cocaína, marihuana, esmeraldas y ganado. En noviembre, Brasil terminó por rendirse: volvió a vender con un descuento del cuarenta y cinco por ciento sobre el precio «oficial» de 3,20 dólares, para guardar las apariencias, mientras acordaba condiciones especiales con Maxwell House y Folgers, que implicaban descuentos aún mayores.

Aunque comenzaron a bajar, los precios minoristas se mantuvieron por encima de los 3 dólares la libra, es decir muy por encima de los niveles anteriores a la helada. General Foods despidió trabajadores de sus cuatro plantas de tostado como consecuencia de la caída de la demanda. En términos generales, las ventas de café descendieron un veinte por ciento con respecto a los niveles en los que estaban antes del boicot.

Las especialidades llegan al corazón del país

Una de las consecuencias no previstas de la Helada negra de 1975 y sus secuelas fue la promoción de las especialidades. A medida que los precios subían, la brecha porcentual entre los cafés de calidad superior e inferior se reducía. En Estados Unidos, los consumidores comenzaron a darse cuenta de que con sólo un poco más de dinero podían comprar un café de sabor realmente bueno. Más aún, el hecho de ir a comprar café en una de esas pulcras tiendas de las que emanan deliciosos aromas resultaba divertido. Los clientes podían charlar con un dueño entusiasta y conocedor que se complacía en explicarles el significado de los diferentes nombres, orígenes y torrefacciones, y en sugerirles las distintas mezclas posibles. «Pruebe una mezcla de Kenia AA con un poco de Francés Torrefacto, que le agregará unos seductores matices oscuros.» Estos individuos hablaban de aquellos mágicos granos con amor y una cierta poesía. ¿Quién más podría calificar al Maxwell House o al Folgers de «seductores»? Y había que ver todos aquellos elegantes y exóticos dispositivos que tenían a la venta: las cafeteras Melior, francesas, las Melittas de porcelana, los molinillos de fabricación alemana o italiana. Hacia 1980, los cafés especiales ya estaban arraigados en las grandes ciudades de las costas Este y Oeste de Estados Unidos y habían comenzado a invadir el corazón del país.

La Asociación Nacional del Café, dominada por los grandes tostaderos, pasó por alto los minúsculos establecimientos que aspiraban a incorporarse al negocio y vendían el grano entero directamente de los sacos o los toneles. De modo que los neófitos entusiastas comenzaron a reunirse dos veces al año en la Exposición Nacional de Alimentos y Confituras Finas, auspiciada por la Asociación Nacional de Comercio de Especialidades Alimenticias (NASFT). El número de participantes aumentaba de año en año, y todos se sentían cada vez más seguros de sí. Así fue como los cafés en grano comenzaron a tener su lugar en los expositores de los supermercados más selectos de Estados Unidos.

Entretanto, el bisabuelo de los supermercados que vendían el café en grano, A & P, pasaba por su peor momento. Un día de 1979, en Compass Foods, una división de A & P, el teléfono de Paul Gallant comenzó a sonar incesantemente después de que A & P decidiera cerrar sus tiendas en los locales de Pittsburgh, Cleveland y Milwaukee. Las cadenas de supermercados querían saber «¿Dónde podemos conseguir el café Eight O'Clock? Nuestros clientes nos lo piden». Con permiso de la compañía, Gallant comenzó a vender en exclusiva a algunos mercados selectos el Eight O'Clock y el Bokar. «En poco tiempo, estas tiendas estaban vendiendo más café que A & P —recuerda—. El café Eight O'Clock fue uno de los que desencadenó el auge del movimiento que promovía el café de primera calidad. Nuestro producto era esencialmente brasileño, pero ciento por ciento arabica, lo que sin duda lo hacía mejor que la mayoría de los cafés envasados disponibles.»

Un gran matadero

A finales de la década de 1970, los altos precios del café engrosaron las arcas de los gobiernos y/o de las oligarquías tradicionales en muchos de los regímenes represivos y corruptos de África y América Central. En Uganda, Idi Amin se apropió de casi todas las ganancias producidas por el café al tiempo que se ocupaba de exterminar a sus compatriotas. Amin, poco menos que analfabeto pero muy astuto, llegó al poder en 1971, después de haber ayudado a derrocar a Milton Obote, y su gestión llevó la economía del país a la ruina, en parte debido a su política de persecución y expulsión de la comunidad comercial asiática. En nombre de su fe musulmana acometió contra la mayoría cristiana y fue el responsable de la matanza de 300.000 personas. Hacia 1977, las industrias del cobre y del algodón habían desaparecido prácticamente, de suerte que el único producto importante que Uganda podía seguir exportando era el café. Durante la dictadura de Amin, las cosechas de café disminuyeron en un treinta y cinco por ciento, pero gracias a la brusca subida de los precios que tuvo lugar después de la helada, el país siguió recibiendo dinero fresco, que fue utilizado para financiar el dispendioso estilo de vida del tirano y para sostener económicamente a sus secuaces del ejército.

En marzo de 1977 el *New York Times* informó que Estados Unidos pagaba por el café ugandés 200 millones de dólares al año que servían para financiar al régimen corrupto, mientras que el ochenta por ciento de la población ugandesa sobrevivía gracias a una magra producción hortícola. Hacia finales de aquel año, muchos activistas preocupados alzaron su voz en Estados Unidos. El entonces recientemente elegido Donald Pease, representante por Ohio, presentó en la Cámara a la que pertenecía un proyecto que proponía declarar oficialmente el boicot al café procedente de Uganda, que constituía alrededor del seis por ciento de las importaciones de café de Estados Unidos, pero que para el país africano significaba un tercio de sus exportaciones. General Foods, Procter & Gamble, Nestlé y otras compañías importantes emitieron una declaración conjunta, a través de la Asociación Nacional del Café, en la que manifestaron como «horrendas y moralmente repugnantes» las matanzas que se estaban llevando a cabo en Uganda, pero al mismo tiempo reclamaban que debía haber una «política nacional uniforme» al respecto; en otras palabras, se negaban a aplicar un boicot hasta que el gobierno los obligara a ello. Desde la caída de la producción angoleña, Uganda había visto fortalecidas sus exportaciones y había adquirido una enorme importancia para los tostaderos más importantes de mezclas mediocres.

En febrero de 1978, una subcomisión del Congreso celebró distintas audiencias a propósito de la situación ugandesa. Los representantes escucharon a varios exiliados, que prestaron horrendos testimonios. Remigius Kintu, hijo de un productor de café, contó que los prisioneros eran obligados a beber la orina de sus guardias, que a los hombres se los obligaba a arrastrarse sobre vidrios rotos con las manos y los pies esposados, y se refirieron a los incesantes gritos y gemidos que partían de los campos de prisioneros. Amin, dijo Kintu, había convertido a Uganda en «un gran matadero».

El testimonio fue contundente, y cuando Julius Katz, del Departamento de Estado, intentó más tarde contemporizar diciendo que «los embargos deben aplicarse sólo cuando se plantean circunstancias extraordinarias», el representante Stephen Solarz les sugirió sarcásticamente a él y a sus colegas del Departamento de Estado que leyeran el libro *While Six Million Died*, que documentaba la inacción de Estados Unidos durante el Holocausto.

Al principio, el importador de café Claude Saks no estaba preocupado. «Las cantidades que importábamos de Uganda eran importantes —recuerda— y a este hecho se aferró un columnista del *Washington Post*. Se nos censuró duramente por sostener el régimen fascista e inhumano de Idi Amin.» Saks decidió «moderar» sus compras para atemperar este momentáneo «problema publicitario».*

Una vez finalizadas las audiencias, las compañías decidieron esperar: querían ver cómo reaccionaría el Congreso. El lunes 15 de mayo, Procter & Gamble se enteró de que la Cámara de Representantes estaba a punto de aprobar una resolución condenando a Amin e instando al presidente Carter a que aplicara un embargo. Al día siguiente, sin informar a los otros miembros de la Asociación Nacional del Café, Procter & Gamble anunció con gran pompa que Folgers ya no compraría más café ugandés. Nestlé emitió rápidamente un comunicado en el que decía que había dejado de comprar café ugandés el mes anterior, y General Foods afirmó que había interrumpido las compras directas

---

* Posteriormente Claude Saks abandonó el negocio del café, después de sufrir un severo ataque cardíaco. Descubrió la espiritualidad del tipo *New Age* y escribió consejos de este tono: «Imagina que ante tus ojos se despliega una leve neblina dorada, dulce y cálida, y llena de un amor incondicional que es sólo para ti.» Tal vez Saks podría haberles hecho estas sugerencias a los ugandeses confinados en los campos de concentración de aquel país.

a la Junta del Café de Uganda, aunque seguía adquiriendo el grano de aquel país a través de distintos intermediarios.

A finales de julio de 1978, el Congreso votó finalmente la imposición de un embargo sobre el café ugandés, pero ningún otro país se unió al boicot. De todos modos, la medida debilitó a Amin. En abril de 1979, el presidente de Tanzania, Julius Nyerere, envió tropas a Uganda con la misión de expulsar a Amin y, después de varios gobernantes interinos, Milton Obote recuperó el poder. El boicot fue levantado en mayo, y los negocios volvieron a la normalidad. Desgraciadamente para Uganda, Obote resultó ser tan despiadado y corrupto como Amin, y el terror y las matanzas se prolongaron durante años sin que la comunidad internacional protestara en lo más mínimo.

Represión y revolución en América Central

Precisamente cuando Idi Amin era derrocado, estallaba el polvorín que desde hacía tanto tiempo ardía sin llama en América Central. En Nicaragua, un pequeño grupo de intelectuales marxistas, los sandinistas, encabezó la lucha contra Anastasio Somoza (hijo) —que ocupaba la presidencia desde hacía varios años—, con el apoyo de todo el país, ansioso por deshacerse del dictador.* Somoza huyó en julio de 1979 y los sandinistas tomaron el poder, con la promesa de una vida mejor para todos, entre ellos los trabajadores y los cultivadores de café. Sin embargo, los sandinistas tenían una dura tarea por delante: 40.000 muertos, un millón de nicaragüenses sin hogar, y una economía hundida constituían la peor parte del legado de la guerra civil.

La clave del futuro financiero del país, pensaban, estaba en el café. Tres meses después de la revolución, el gobierno determinó que ENCAFE (Empresa Nicaragüense del Café) fuera el único comprador y vendedor del café producido en el país. El nuevo gobierno expropió todas las propiedades de la familia Somoza —el quince por ciento de las fincas cafetaleras—, y se dedicó a «renovar» una serie de fincas selectas mediante lo que se suponía sería un plan basado en las técnicas agrícolas más avanzadas. Al principio, los trabajadores y los propietarios de las fincas cafetaleras acogieron estos programas con entusias-

---

* El general Anastasio *Tacho* Somoza García había establecido su dinastía nicaragüense en 1934. En 1967 le sucedió su hijo Anastasio, *Tachito*, ejerciendo en el control dictatorial del país, pero la agitación popular contra su régimen se acrecentó sobre todo después de que en 1978 se cometiera el asesinato de Pedro Joaquín Chamorro, editor de *La Prensa*, el principal diario de Nicaragua.

mo. No obstante, lo que sucedió después demostraría que aquellos marxistas urbanos no sabían demasiado acerca de la producción de café.

En El Salvador, el Ejército Revolucionario del Pueblo (ERP) desafiaba al régimen represivo del general Carlos Humberto Romero. En octubre de 1979 se hizo cargo del gobierno una junta, que finalmente designó jefe de Estado al moderado José Napoleón Duarte. Los izquierdistas rebeldes unieron sus fuerzas en 1980 para formar el Frente Farabundo Martí para la Liberación Nacional (FMLN), que inició una campaña terrorista destinada a derrocar al gobierno. Al mismo tiempo, los Escuadrones de la Muerte, de orientación derechista, comenzaron a operar en las zonas rurales. El país entero quedó sumido en un baño de sangre en el que más de 50.000 salvadoreños de uno y otro bando encontraron la muerte en pocos años. La oligarquía cafetalera abominaba de los rebeldes pero estaba políticamente dividida: algunos apoyaban a los Escuadrones de la Muerte, otros querían reformas moderadas. La caótica violencia imperante hizo descender la cosecha de café, pues muchos trabajadores fueron asesinados, y otros se unieron a los rebeldes o huyeron del país.

En Guatemala la situación no era mejor. Desde que en 1954 se produjo el derrocamiento de Arbenz, un gobernante patrocinado por la CIA, una serie de regímenes militares corruptos y represivos habían combatido a las cada vez más activas organizaciones guerrilleras. En 1978, tras la fraudulenta elección que consagró como presidente al general Romeo Lucas García, la actividad de los escuadrones de la muerte se intensificó, al igual que la resistencia en las zonas rurales.

Hasta finales de la década de 1970, la mayoría de los indios guatemaltecos se limitaba a tratar de sobrevivir. Vivían en el altiplano, subsistían de lo que les procuraban sus minúsculas parcelas, las *milpas*, y sufrían de desnutrición crónica. Durante la época de la cosecha, como escribió el activista Phillip Berryman en 1977, «hombres, mujeres y niños se amontonan en los desvencijados tractores de los contratistas de mano de obra y se dirigen a las plantaciones, donde se los aloja en cobertizos que no son otra cosa que techos, sin siquiera una pared. Cuando enferman, no cuentan con atención médica alguna. Además del jornal, se les suministran tortillas y, en algunos casos, fríjoles, pero ni siquiera pueden beber café».

Hacia 1977, Vicente, el padre de Rigoberta Menchú, se había incorporado a las fuerzas revolucionarias. La entonces adolescente Rigoberta pronto se unió a la lucha, que le acarrearía tremendas pérdidas personales. En 1979, su hermano de dieciséis años fue asesinado por los militares. Un año más tarde moría su padre, junto a muchos otros rebeldes que se encontraban ocupando la embajada española en la ciudad de Guatemala, cuando los militares prendieron fuego al edificio. Después, su madre fue secuestrada, violada y asesinada. Rigoberta terminó por huir a México, pero no dejó de hacer incursiones en Guatemala, que aprovechaba para organizar a los rebeldes. Estaba acongojada por la muerte de su familia y muchos de sus amigos, pero había adoptado una actitud serena. «El hecho de que nos estuvieran matando no era nada nuevo; nos estaban matando desde la infancia, a través de la desnutrición, el hambre, la pobreza.»*

El Gordo y el Grupo Bogotá

Incluso cuando su país, El Salvador, estaba envuelto en un baño de sangre, Ricardo Falla Cáceres se hallaba en la cresta de la ola del negocio cafetalero internacional. Las opiniones sobre Falla, conocido como «El Gordo», eran muy variadas: había quienes lo caracterizaban como «un táctico brillante», mientras que otros aseguraban que era «alguien a quien no le compraría un coche usado», y quienes lo consideraban «un formidable agente de bolsa, admirado y temido en los mercados del café». Como jefe de la Compañía Salvadoreña de Café S.A., había logrado impresionar a los productores de café con su capacidad para elevar los precios en la Bolsa del Café y el Azúcar de Nueva York a finales de 1977 y comienzos de 1978. La situación había alarmado tanto a la siempre vigilante Comisión de Comercio de Materias Primas a Futuro, que el 23 de noviembre de 1977 el organismo emitió una resolución de emergencia en la que ordenaba paralizar los contratos comerciales correspondientes a diciembre —la mayoría de los cuales estaban bajo el control de Falla—, y permitía únicamente su «liquidación», es decir, el cumplimiento de los contratos preexistentes. En agosto de 1978, tras una leve helada que afectó los cultivos brasileños, los representantes cafetaleros de ocho países latinoamericanos —Brasil, Colombia, Costa Rica, El Salvador, Guatemala, Honduras, México y Venezuela— organizaron un encuentro secreto con Falla, en Bogotá, para acordar una estrategia.

El precio «gatillo» de 77 centavos la libra fijado en el Acuerdo Internacional del Café era penosamente inadecuado para el mundo inflacionario poste-

---

* En 1992, Rigoberta Menchú fue galardonada con el Premio Nobel de la Paz. No obstante, algunas de las historias que la tienen como protagonista son inventadas. El antropólogo David Stoll, que entrevistó a vecinos de la infancia de Menchú, descubrió que ella no había pasado la mayor parte de su niñez cosechando café, sino que había estado en una escuela católica en calidad de pupila. «Sus historias acerca de la vida en las plantaciones pueden ser poéticamente verdaderas, pero no provienen de su experiencia personal», ha señalado Stoll.

rior a la helada, y los productores buscaron un camino que les permitiera subirlo. En el pasado, las restricciones basadas en cuotas sin participación de los países consumidores no habían dado resultado: siempre había alguien que hacía trampa. Ahora que los precios del café crudo caían por debajo de 1 dólar la libra, reunieron un fondo de 150 millones de dólares y encomendaron a Falla que se hiciera cargo del mercado en las transacciones a futuro. Había nacido el ignominioso «Grupo Bogotá», que recibió su nombre del lugar en que se había realizado su primera reunión. Como se verificaba un relativo equilibrio entre la oferta y la demanda, era casi posible que la manipulación del mercado diera resultado, en la medida en que la gente se mostraba más propensa a reaccionar ante una falsa escasez, o ante el temor de que se produjera.

Hacia septiembre de 1979, en ocasión de prestar testimonio ante el Congreso, Julius Katz, del Departamento de Estado de Estados Unidos, acusó al Grupo Bogotá de «actuar en connivencia, y unilateralmente, para tratar de mantener los precios». En realidad, el precio de 1,85 dólares la libra no era excesivo. No obstante, la Bolsa de Nueva York (que ahora abarcaba el café, el azúcar y el cacao) volvió a imponer una vez más la cláusula de «sólo liquidación» al contrato de diciembre de 1979, para evitar que el Grupo Bogotá llevara a cabo una «presión de mercado» que hiciera subir el precio mediante la compra de un número considerable de contratos a futuro.

En la primavera de 1980, Falla convenció al Grupo Bogotá de que formara su propia firma comercial, Pancafé Productores de Café S.A., una corporación panameña con sede en Costa Rica, que contaría con la colosal suma de 500 millones de dólares destinados a la inversión, y sería financiada por sus operaciones anteriores y por dinero fresco procedente de los países miembros. Al constituirse como empresa panameña, los especuladores abrigaban la expectativa de eludir los intentos que haría la Comisión de Comercio de Materias Primas a Futuro para obligarlos a divulgar su situación comercial. A fin de expresar su indignación con Pancafé, el Congreso de Estados Unidos suspendió la aplicación de la legislación que regulaba el funcionamiento del Acuerdo Internacional del Café, que había vuelto a negociarse a partir de un nivel «gatillo» más razonable de 1,68 dólares la libra.

Después, según fuentes bien informadas, funcionarios de la Aduana de Estados Unidos detuvieron a Falla en un aeropuerto de Nueva York cuando se disponía a viajar a Londres, lo llevaron a una pequeña habitación y le anunciaron que no podría dejar Estados Unidos hasta que prometiera desmontar Pancafé. Si aceptaba, ellos se comprometían a garantizar una participación plena de Estados Unidos en el Acuerdo Internacional. Falla cedió a la presión, Pancafé fue disuelta, y el Congreso de Estados Unidos aprobó de inmediato la aplicación de la legislación. Los precios del café bajaron ante la expectativa de una sobreoferta. Un observador de Merrill Lynch expresó sus dudas de que Pancafé hubiese podido mantener altos los precios. «La moraleja de la historia —dijo— es que el café puede ser negro y líquido, pero no es petróleo.»

Una vez más Estados Unidos aceptó resucitar el Acuerdo Internacional del Café, en parte por temores vinculados con la guerra fría. La revolución sandinista en Nicaragua, junto con los movimientos guerrilleros en El Salvador y Guatemala, aumentaban los temores de que el comunismo pudiera triunfar en los solivantados países productores de café de América Latina. Ahora que la producción brasileña se recuperaba y el consumo mundial estaba estancado, parecía vislumbrarse otro período en el que las existencias de café alcanzarían un volumen excesivo. Los precios podrían volver a caer a niveles catastróficos si no se aplicaba un sistema de cuotas. A finales de 1980, cuando los precios cayeron a un nivel de 1,20 dólares la libra, el sistema del Acuerdo Internacional se puso otra vez en movimiento, de modo que los países productores y los países consumidores acordaron recortar las cuotas de exportación mundiales para el año siguiente a un volumen de 54.100.000 sacos. Brasil tuvo la suerte de obtener una cuota del veinticinco por ciento del total mundial que, aunque era un cuarenta por ciento inferior a la que le había correspondido en 1962, resultaba mejor que el dieciocho por ciento que había conseguido en 1979.

La molienda de la década

Los grandes tostadores estaban en guerra, como siempre. En 1978, a medida que los precios declinaban, Procter & Gamble desembarcó finalmente con Folgers en la ciudad de Nueva York y el resto de la Costa Este para completar su expansión. Hacia finales de ese año, Folgers controlaba ya el 26,5 % del mercado nacional de café corriente, con lo que superaba a Maxwell House, cuya participación ascendía al 22,3 %. Gracias a sus otras marcas —Sanka, Yuban, Max-Pax, Brim y Mellow Roast— General Foods todavía se mantenía alejada de Procter & Gamble con un 31,6 % del total del mercado de café tostado y molido, y participaba con un colosal 48,3 % en el del café instantáneo. La batalla por la supremacía hizo aumentar los gastos de publicidad. Las diez compañías más importantes de café invirtieron un total de 85,8 millones de dólares en 1978; de esa cifra, 25 millones correspondieron a Procter & Gamble.

Los altos precios del café ya no eran noticia destacada, y las nuevas variedades baratas vieron tambalear sus ventas, pues su sabor era peor aún que el de los cafés comunes. El único éxito verdadero de General Foods siguió siendo

Sanka, que había dominado a lo largo de varios años el nicho del café descafeinado en Estados Unidos. Entretanto, General Foods le compró a Ludwig Roselius hijo, de Alemania, la marca Kaffee Hag, durante mucho tiempo líder de los descafeinados —era la variedad hermana de Sanka, ya que ambas habían sido inventadas por Roselius padre—, que había caído al veinticinco por ciento en su segmento, detrás de Sana, la marca de Tchibo, que controlaba el cuarenta por ciento de ese mercado. Un competidor alemán se mofó de esta nueva fusión, diciendo que General Foods y Hag eran «dos ebrios que se sostienen mutuamente para no caer».

Si General Foods estaba ebria, Hills Brothers y Chase & Sanborn, por su parte, sufrían de delírium trémens. Sorprendidas en medio del fuego cruzado entre Folgers y Maxwell House en la guerra de precios, las marcas de segunda línea veían disminuir sensiblemente su cuota de mercado.

La firma regional Chock full o'Nuts tuvo que afrontar la misma guerra de precios. Para poder competir, Chock también agregó robusta a sus marcas. El anciano fundador, William Black, que ya tenía más de setenta años, se había vuelto paranoico y se negaba a ver a nadie. En 1962, tras divorciarse de su segunda esposa, se había casado con la cantante Page Morton, que protagonizó una campaña por televisión para lanzar el «café celestial». En una reunión con los accionistas de la compañía, alguno de los presentes preguntó por qué «no podían deshacerse de esa fea mujer». Black no volvió a asistir a ninguna otra reunión de ese tipo.

El paranoico y provecto ejecutivo simbolizaba cabalmente a la estancada industria tradicional del café. Cuando terminaba la década de 1970 y comenzaba una nueva década, las firmas tradicionales seguían en pie de guerra, confundidas, y empeñadas en una campaña miope por alcanzar una mejor cuota de mercado a través de productos baratos y de calidad inferior. No parecían advertir que las especialidades representaban la mejor esperanza para el futuro. En un discurso que pronunció el 1 de enero de 1980 en Boca Ratón, donde los hombres de la industria del café se reunían todos los años para confraternizar y lamentarse de su destino, George Boecklin, presidente de la NCA, pasó revista a la deprimente década de 1970, sin olvidar las heladas, el nivel récord al que habían llegado los precios, las audiencias en el Congreso, las guerras civiles, los terremotos, los boicots, los temores por el efecto nocivo del café sobre la salud y la competencia salvaje. «¿Me he olvidado de algo?», preguntó.

Sí, se había olvidado de algo. De los pequeños comerciantes que vendían café en grano.

CAPÍTULO DIECISIETE

La revolución de las especialidades

[Frederic A. Cauchois] desarrolló su marca «Private Estate» (Finca privada), que es una combinación de las mejores calidades. [...] Él cree firmemente que el café recién tostado es tan necesario como el pan fresco.

William Ukers, 1905

Nuestra industria tiene la oportunidad de frenar la tendencia descendente si presta atención a un fenómeno particular que ha sido calificado como el de los cafés «especiales» o «gourmet»: la preparación y venta del grano entero, en distintas mezclas, y molido y empaquetado a la vista del consumidor. Es un esfuerzo que vale la pena hacer para que el negocio del café vuelva a sus raíces.

Donald Schoenholt, 1981

Los cafés especiales demostraron ser la bebida perfecta para la bulliciosa década de 1980, que fueron testigos del triunfo de los *yuppies* —los jóvenes profesionales urbanos— siempre dispuestos a pagar lo que fuese por los lujos de esta vida. Cafés con distintos sabores incorporados —de chocolate suizo con almendras, por ejemplo— introdujeron a los neófitos en el mundo de los granos gourmet. Los puristas de los cafés especiales estaban horrorizados, pero no faltaban entre ellos los que aseguraban que ese tipo de consumidores terminarían por «graduarse» y preferir los granos de las distintas variedades.

Fue casi inevitable que los tostaderos de especialidades formaran su propia organización. Gracias sobre todo a los esfuerzos de Ted Lingle, de California, y de Don Schoenholt, de Nueva York, los idealistas del café de la Costa Este y la Oeste se reunieron en octubre de 1982 en San Francisco y elaboraron un documento constitutivo nacional, que fue firmado por cuarenta y dos miembros.

«¡Convoco a cada uno de vosotros, mis héroes!», escribió Don Schoenholt en una invitación a formar parte de la incipiente Asociación Norteamericana de Cafés Especiales, que envió en enero de 1983. «Poneos de pie, mis magníficos rufianes, y expresad vuestra voluntad.» Y aseguraba que la tarea que tenían por delante era como intentar el ascenso al monte Everest en zapatillas, pero los instaba a no cejar en su esfuerzo. «Debemos estar unidos para encarar nuestra tarea, pues de lo contrario nos veremos forzados a formar parte de las mastodónticas corporaciones, que están a la expectativa y deseosas de pisotearnos vivos.»

Hacia finales de 1983, hasta el insípido _Tea & Coffee Trade Journal_ se dio por enterado. «El año pasado dijimos que había una creencia generalizada en que las especialidades comprendían alrededor del uno por ciento, o menos, del negocio del café en el mercado norteamericano —escribió el editor James Quinn—. Hoy tenemos buenas razones para creer que el mercado de los cafés gourmet representa alrededor del tres por ciento del mercado total.» Al año siguiente entraban cada mes en el negocio tres o cuatro tostaderos de especialidades. Hacia 1985, un experto estimó que los cafés especiales dominaban el cinco por ciento de las ventas al por menor en Estados Unidos, y que se abría un nuevo negocio por semana. Había 125 mayoristas en Estados Unidos y Canadá, y su número crecía a un ritmo del veinticinco por ciento anual.

A fin de llegar al exclusivo mercado de las ventas por correo, las empresas que ofrecían cafés especiales comenzaron a publicar anuncios en el _New Yorker, Gourmet_ y _The Wall Street Journal_. A esas alturas estaban en condiciones de empaquetar sus granos y enviarlos a todo el país gracias a la válvula irreversible, la innovación más revolucionaria en la materia desde el envase al vacío de 1900. Incluida en una bolsa plástica laminada a prueba de aire, la válvula, inventada por el italiano Luigi Goglio, permitía que los granos recién tostados se «desgasificaran», eliminando así el dióxido de carbono, pero impedían que el oxígeno reingresara en la bolsa. Cuando en 1982 la industria de las especialidades norteamericanas descubrió la válvula irreversible —que durante más de seis meses evitaba que los granos de café perdieran su frescura—, hacía ya más de una década que se estaba utilizando en Europa.

Bueno hasta la última y mortal gota

En la alborada de su historia, el café ya había sido acusado de ser perjudicial para la salud: desde las mujeres que en Londres, en 1674, pensaban que provocaba impotencia en los hombres, hasta C. W. Post, que afirmaba que la bebida atacaba «el nervio neumogástrico». A principios de la década de 1980, sin embargo, los temores fueron en aumento, de modo que incluso el bebedor medio de café solía inquietarse pensando en cuál era el daño que podía estar causándole su taza de todas las mañanas.

A finales de la década de 1970, Michael Jacobson, del Centro a favor de la Ciencia Aplicada al Interés Público (CSPI), había solicitado con insistencia a la FDA (Administración de Alimentos y Drogas) que eliminara la cafeína de la lista de drogas «generalmente reconocidas como inocuas» (GRAS). La FDA no se atrevió a dar ese paso, que habría tenido consecuencias desastrosas para las industrias del té, el café y las bebidas de cola. En noviembre de 1979, Jacobson presentó ante la FDA una solicitud en la que pedía que en los envases de té y café se inscribiera la leyenda: «La cafeína puede provocar defectos de nacimiento.» Emitió además un comunicado de prensa al respecto y escribió cartas a 14.000 obstetras y parteras. Y en una conferencia de prensa presentó a una mujer que afirmaba que su alto consumo de café le resultaba la única «explicación razonable» de las deformidades de su hijo.

En una reunión de emergencia, la Asociación Nacional del Café decidió aportar 250.000 dólares a un programa destinado a refutar al Centro de Jacobson (CSPI), contrató a consultores de relaciones públicas, e hizo gestiones ante la FDA a fin de que ésta no eliminara la cafeína de la lista de drogas inocuas. La Asociación Nacional del Café señalaba que a las ratas de laboratorio se las obligaba a ingerir el equivalente de treinta y cinco tazas de café de una sola vez. Al mismo tiempo, el Instituto Internacional de Ciencias de la Vida (ILSI), fundado en 1978 con dinero de las empresas productoras de bebidas de cola, se unió a la Asociación Nacional del Café para realizar estudios epidemiológicos conjuntos acerca de la cafeína. Coca-Cola estaba particularmente preocupada por defender la reputación de la cafeína, puesto que vendía café y Coke. Atrapada en la vorágine política, la FDA hizo lo que pudo para justificarse. «No estamos diciendo que la cafeína no es inocua —declaró Sanford Miller, de la FDA—. Nos limitamos a no decir que es inocua.» El organismo emitió una advertencia contra el consumo de cafeína por parte de las mujeres embarazadas, pero no exigió que se imprimiera leyenda alguna en los envases.

El año siguiente apareció un estudio epidemiológico que vinculaba el café con el cáncer de páncreas, lo que despertó una oleada de interés en los medios de comunicación y dio lugar a chistes macabros acerca del café, en los que se aseguraba que era «bueno hasta la última gota». Un estudiante de medicina le dijo a un condiscípulo que era bebedor de café: «Si firmas la autorización ahora, te haré una *Whipple* a precio de hoy» (por entonces en Estados Unidos se llamaba popularmente *Whipple* a un tipo de operación del páncreas). Después apareció otro estudio que daba a entender que había una relación entre la cafeína y la formación de nódulos benignos de mama. Otra investigación aseguraba que el café producía arritmia cardíaca, en tanto que un informe publicado en Noruega revelaba que entre los bebedores empedernidos de café los niveles de colesterol eran más altos.

La edición de 1980 del manual conocido como *Diagnostic and Statistical Manual of Mental Disorders* (Manual diagnóstico y estadístico de los trastornos mentales), DSM en la jerga psiquiátrica, una suerte de Biblia para la Asociación Norteamericana de Psiquiatría, incluía el «cafeísmo» como diagnóstico, y determinaba que el consumo excesivo de café era, decididamente, un trastorno psiquiátrico. En 1981, Charles Wetherall publicó *Kicking off the Coffee Habit*, un libro dedicado a «los 15 millones de adictos al café que, en Estados Unidos, dependen de una droga de la peor calidad, y tal vez ni siquiera lo sepan». Aquellos que bebían café se estaban exponiendo a «docenas de trastornos de salud, muchos de ellos fatales». Wetherall escribió que la bebida, a la que él llamaba «El enemigo público número uno de la salud pública», estaba «llevando a este país a una guerra patológica».

«A medida que se acrecientan las sospechas acerca de los efectos adversos que la cafeína tiene sobre la salud —escribió la periodista Jane Brody en 1982—, millones de norteamericanos están tratando de disminuir e incluso de eliminar, su dependencia de este estimulante físico y mental artificial.» Su esposo, observó Brody, bebía ocho o más tazas de café por día, y solía tener «momentos de irritabilidad, ansiedad y depresión». Sin decírselo, ella comenzó a incorporar café descafeinado, en una proporción cada vez mayor, en el café que él solía tomar diariamente, y aquellos estados de ánimo comenzaron a desaparecer.

La Asociación Nacional del Café encaró una intensa campaña destinada a refutar las calumnias contra su bebida, para lo cual financió nuevos estudios al respecto. Muchos otros científicos y médicos independientes señalaron, por su parte, los errores de los que combatían el café, y en 1982 un estudio llevado a cabo en 12.000 mujeres embarazadas reveló que no se habían detectado efectos nocivos que pudieran atribuirse al consumo de café. No obstante, el daño estaba hecho. Durante la década de 1980, se vinculó el café con un centenar de enfermedades y trastornos, y a pesar de que los estudios posteriores pusieron en duda todos los hallazgos negativos, los temores ya habían arraigado, y cada vez fueron más los consumidores que se pasaron a las alternativas descafeinadas, o que se apartaron definitivamente del café. La cantidad de norteamericanos que bebía café cayó del cincuenta y ocho por ciento en 1977 al cincuenta por ciento en 1988.

Aprender a amar el no café

En 1979, una gran empresa suiza, Coffex, perfeccionó una técnica que permitía obtener café descafeinado utilizando sólo agua. Aunque el método, que empleaba el cloruro de metileno, eliminaba prácticamente todas las sustancias químicas de los granos tostados, la nueva «técnica suiza del agua» atrajo a la multitud de consumidores conscientes *yuppies*, y muchos productores de especialidades comenzaron a proveer los granos para este tipo de café. La variedad descafeinada nunca tendría el mismo sabor del café corriente, pues los aceites aromáticos esenciales quedaban eliminados en el proceso, junto con la cafeína; pero el descafeinado de la década de 1980 exhibía un sabor mucho mejor que el de sus predecesores. El proceso había sido mejorado y, por otra parte, los productores de cafés especiales utilizaban granos de calidad superior. Además comenzaron a ofrecer descafeinados con diversos sabores, como una forma de aromatizar aquellos granos despojados de sus rasgos específicos.

A mediados de la década de 1980 la mayoría de los restaurantes ofrecía cafés descafeinados. Royal Crown, Pepsi y Coke crearon bebidas gaseosas con menor contenido de cafeína, y Seven Up se jactaba de ser «fresca y limpia, y sin cafeína». Casi una cuarta parte de todo el café norteamericano era descafeinado, y algunos expertos pronosticaban que este segmento crecería hasta alcanzar el cincuenta por ciento del total de la industria en el curso de la década siguiente. Un consumidor refunfuñaba: «Salimos a comer algo especial, [y terminamos] con una taza de no café, a la que le agregamos no leche y no azúcar, y aprovechamos para disfrutar de un no cigarrillo.»

Mientras que el mercado global del café seguía mermando, el descafeinado prosperaba. A comienzos de la década de 1980, todo el mundo se apresuró a sacar ventaja del furor del descafeinado. General Foods presentó versiones descafeinadas del Maxwell House y el Yuban, a los cuales agregó después el Brim y el Sanka. Nestlé lanzó una nueva línea de Nescafé descafeinado a la que le siguió su variedad Taster's Choice. Procter & Gamble auspició un Folgers descafeinado para incrementar su High Point.

Los «no triunfadores» del café

Aparte de los segmentos correspondientes a los cafés especiales y los descafeinados, el consumo total de café siguió disminuyendo durante la primera mitad de la década de 1980. El analista especializado John Maxwell echaba la culpa de esta declinación a la temperatura y al nivel de comodidad. «Todas las bebidas calientes están en decadencia —observó en 1982—. Hoy la gente anda acelerada. Quiere echarse algo al gaznate y pasar a otra cosa, sobre todo los más jóvenes.» Lo cierto es que el consumo de café había descendido un treinta y nueve por ciento desde 1962.

En Maxwell House, los jóvenes del departamento de comercialización como Mary Seggerman, que acababa de graduarse en Wharton en administración de empresas, trataban de cambiar la imagen del café. Seggerman insistió en que el cantante de blues Ray Charles cantara en anuncios «al estilo de la vida real». «Necesitábamos que nuestros anuncios fueran sofisticados, jóvenes y divertidos. Cuando me hice cargo de la marca Maxwell House, ésta apuntaba a un público de mujeres de más de cuarenta y cinco años. Cualquiera habría pensado que lo más peligroso imaginable era incluir a los hombres en ese público potencial.» Seggerman se queja de que «General Foods nunca terminó de comprender que Maxwell House competía contra Coke y Pepsi». Tuvo que luchar encarnizadamente para conseguir que el único anuncio de 1983 incluyera dos adolescentes que trabajaban en el sector de servicios de una playa y se sentaban a platicar con una taza de café por medio.

Ese mismo año, Seggerman y unos pocos colegas suyos descubrieron una serie de cómicos relativamente desconocidos que actuaban en pequeños clubes y concibieron anuncios breves de Maxwell House, agudos e innovadores, en los que ellos actuaban como de costumbre, pero al final incluían una referencia a Maxwell House. «¿Para qué es el plato, para qué? —preguntaba Jerry Seinfeld—. Mi madre dice: "Es lo que usas para apoyar la taza." Yo pensaba que para eso estaba la mesa. Supongo que si alguien saca la mesa de debajo del café, tú le dices: "Buena la has hecho, amigo."» Después, salía de escena bebiéndose un café. Los anuncios cómicos se emitieron una sola vez, aniquilados por los gerentes conservadores de Maxwell House. Seggerman tuvo que conformarse con Hal, un excelente fotógrafo independiente que vagabundeaba por Norteamérica con su perro *Duke* y bebía café con sentimiento.

Entretanto, la Asociación Nacional del Café lanzó en 1983 la campaña genérica «Coffee Achievers» («Triunfadores gracias al café») contentándose con que la respaldaran celebridades de segunda línea debido a las restricciones presupuestarias. «El café te ayuda a serenarte. El café te da tiempo para soñar con lo que quieres. Y después, ya estás listo para conseguirlo», entonaba el anunciador. «Un estímulo nada malo —comentó *The Nation*—, considerando que se trata de un producto que no tiene ningún valor nutritivo.» Los anuncios, que tuvieron corta vida, no ayudaron a aumentar el consumo de café.

Por muchos que fueran, los anuncios no podían impulsar las ventas de los productos de mala calidad que ofrecían los grandes tostaderos. Presentaban, por ejemplo, los «paquetes compactos» de café molido envasado al vacío en envoltorios laminados y macizos. El producto debía ser fresco, pues de otro modo la desgasificación —el hecho de que el dióxido de carbono fuera liberado por el café recién tostado— podía arruinar el «compacto». Los paquetes compactos, más baratos que los otros envases, podían ser apilados en los estantes de manera que ocuparan menos espacio. En el nivel institucional se popularizaron los paquetes fraccionados, que sólo contenían la cantidad de café imprescindible para una cafetera. Sin embargo tenían cada vez menos café, y a menudo se los pinchaba con un alfiler para que fuera posible desgasificarlos y después conservarlos.

En su competencia con Folgers, los gerentes de Maxwell House se concentraron en la cuestión de los acuerdos comerciales y la reducción de los costos. Cada año que pasaba, disminuía un poco más el color del tostado, pues con un tostado más liviano había menos pérdida de peso y se podía ahorrar combustible en el proceso de tueste de los granos. Lamentablemente, el café menos tostado sabe más amargo. Rebajaron la calidad de los granos, utilizando sólo granos brasileños baratos y robusta. Presentaron el «Fresh Lock» que permitía un grado de humedad que agregaba peso antes de que el café molido se concentrara. También se lo granuló y se reincorporó a la mezcla la broza (que resultaba apartada durante el proceso de tostado).

Los pequeños grandes muchachos dan la batalla

Entretanto, los tostaderos convencionales más pequeños luchaban por sobrevivir, y a menudo eran víctimas de inversores que se los pasaban de uno a otro sin conmiseración. En 1982, la compañía de té Tetley compró Schonbrunn, con sus marcas Savarin, Brown Gold y Medaglia D'Oro, y Tenco, la empresa de Coca-Cola que fabricaba café instantáneo. Tetley ya era dueña de Martinson y de dos mezclas de origen hispano, Bustelo y Oquendo, que la convirtieron en uno de los protagonistas del sector del mercado de los cafés instantáneos oscuros. Lamentablemente, Tetley rebajó la calidad de las que alguna vez habían sido grandes mezclas, que ahora ya no superaban a las de Maxwell House y Folgers. También abarató el Medaglia D'Oro, la única variedad exprés del país.

Chock full o'Nuts todavía era una especialidad regional poderosa, pero la compañía entró en decadencia debido a que el anciano William Black se negaba a renunciar a su poder. Tras la muerte de Black, en 1983, su médico, León Pordy, terminó haciéndose cargo de la compañía. Chock aún podía jactarse de ocupar el primer lugar en el mercado del café de Nueva York, pero sólo gracias a que decidió abaratar su mezcla y comercializarla a un precio que estaba un veinte por ciento por debajo del promedio.

En la década de 1980, Nestlé decidió que debía expandir sus actividades en el negocio norteamericano del café más allá de sus opacas marcas de café instantáneo. En 1984 compró Goodhost, un importante tostadero canadiense, y anunció que estaba dispuesta a aprovechar la opción de comprar Hills Brothers. Los brasileños de Copersucar habían vendido la vieja firma familiar cuatro meses antes a un grupo de cinco inversores que después la vendieron a Nestlé.

En rápida sucesión, Nestlé compró otras dos compañías: Chase & Sanborn y MJB.* «La venta de MJB es otro indicio de la dificultad a la que se enfrentan los pequeños tostaderos para mantener su independencia, dado el dominio de la industria que ejercen [...] las compañías más ricas y agresivas», señaló entonces un comentarista de *Advertising Age*.

Granos enteros y mujeres hermosas

Aun cuando se engullían otras compañías, inevitablemente, los peces grandes advertían el crecimiento del volumen de ventas de los cafés especiales de grano entero, que habían invadido las tiendas de comestibles a finales de la década de 1960, introducidos en el mercado por buscavidas norteamericanos como Bernie Biedak, que compraba todo tipo de productos en los remates de la Aduana de Estados Unidos y luego los vendía en la sofisticada tienda que tenía en Ashland, Oregón. En 1978, Biedak compró dos sacos de granos verdes de Guatemala que habían sido confiscados, hizo tostar su contenido y luego vendió los granos con una ganancia excepcional. Después compró más granos a Gary Talboy, en Coffee Bean International, e instaló sus propios recipientes expendedores —que incluían un sistema por el cual los granos iban cayendo en el envase a través de una especie de embudo plástico transparente— en las áreas de exhibición de los supermercados de Oregón. Para ello contrató a hermosas

---

* En 1982, Standard Brands mudó la enfermiza Chase & Sanborn a la Corporación General del Café, una organización con sede en Miami dirigida por Alberto Duque Rodríguez, el fogoso hijo menor de un acaudalado productor cafetalero colombiano. Duque había construido su imperio —que incluía bienes raíces y yates— gracias a préstamos fraudulentos que aparecieron espectacularmente a la luz pública en 1983. Nestlé eliminó el desprestigiado nombre Chase & Sanborn al año siguiente. En 1985, MJB, acorralada, también decidió vender sus activos a Nestlé.

modelos profesionales, que entregaban el café y mantenían en funcionamiento los molinillos. Biedak vendía los granos a un precio uniforme de 3,99 dólares la libra, y aseguraba a los gerentes de las tiendas un beneficio muy superior al que obtenían del café envasado; por añadidura, las bellas vendedoras no les hacían ningún daño. Hacia 1983, Biedak había ampliado sus actividades a San Francisco.

Entretanto, Phil Johnson, que operaba en Seattle, había tenido la misma idea. Y también Jerrry Baldwin, de Starbucks, que vendía granos al por mayor a través de su división Blue Anchor. A Baldwin, que era un purista, no le gustaba el negocio de los supermercados, en los que no podía controlar plenamente la calidad. Johnson, que se había ido de Goodhost cuando fue adquirida por Nestlé, compró Blue Anchor, convirtiendo su compañía, Millstone, en una de las protagonistas principales del negocio de los granos enteros en el sector de los supermercados. En el sur de California, las tiendas ofrecían el Sark's Gourmet Coffee. En Fort Bragg, California, Paul Katzeff comenzó a ofrecer el Thanksgiving Coffee a granel en los supermercados, mientras que Steve Schulmann hacía lo propio en la zona norte de California con sus granos gourmet marca Hillside.

En la rural New Hampshire, Marty Elkin y el gerente Mike Sullivan introdujeron la marca Café Du Jour, que se exhibía en recipientes de venta a granel con el sistema de embudo, empaquetado en bolsas de válvula irreversible, y unas innovadoras muestras en miniatura que se presentaban en envases compactos de dos onzas (poco más de 50 gramos). La compañía Green Mountain Coffee Roasters también se estaba expandiendo.

A los tostaderos más importantes les resultaba evidente que se estaban perdiendo algo. «Los peces gordos comenzaron a aparecer en exhibiciones en Fancy Food y a arrollarnos —recuerda Don Schoenholt—. Estábamos furiosos. Al mismo tiempo, aunque nos daba un poco de miedo, pensábamos que era divertido. Los mirábamos y nos dábamos cuenta de que estos individuos podían tener una gran idea delante de sus narices y aun así ser incapaces de captarla.»

Cuotas y confusión

Aunque estaban vigentes las nuevas cuotas del Acuerdo Internacional, a comienzos de la década de 1980 los precios mostraron una gran volatilidad. En 1981, el primer año en que se aplicaron esas cuotas, los precios cayeron por debajo del nivel de 1,15 dólares la libra, desencadenando cuatro recortes trimestrales sucesivos de las cuotas. Aun así, durante un corto período, el precio cayó por debajo de 1 dólar la libra por primera vez en cinco años. Al año siguiente aumentó a un nivel más razonable de 1,25 dólares y flotó en torno a él el tiempo suficiente para garantizar un nuevo acuerdo, que mantuvo su vigencia hasta 1989.

El «café turista» se vendía ahora a los países no miembros del acuerdo con descuentos del cincuenta por ciento o más. A la mayoría de los países consumidores no les hacía ninguna gracia esta situación, aunque Alemania Occidental y Francia ganaron mucho dinero gracias al café turista que fluía hacia y desde los puertos libres de Hamburgo y El Havre. El contrabando y los «certificados de origen» falsos eran moneda corriente.

A medida que transcurría la década, las regulaciones del Acuerdo Internacional del Café iban provocando cada vez más frustración en los tostaderos interesados en los granos de mejor calidad. Los otros «países templados» (Kenia, Etiopía, América Central, Perú) no estaban autorizados a exportar un mayor volumen de sus mejores granos a los mercados en los que los consumidores preferían las mejores mezclas y los cafés especiales.

Rollinde Prager, delegado de Estados Unidos para la renegociación de la cuota anual en 1985, objetó tenazmente el sistema de precios, que contemplaba dos escalas distintas de valores, y la reducción deliberada de los embarques correspondientes a su cuota en que incurría Brasil. Al dar las doce de la noche del 30 de septiembre de 1985, y en vista de que no se había llegado a un acuerdo satisfactorio, se suspendieron las negociaciones que se llevaban a cabo en el cuartel general de la Organización Internacional del Café, en la calle Berners de Londres. El acuerdo llegó finalmente en las primeras horas del 2 de octubre.

Guerras de guerrillas, desastres cafeteros

Las guerras civiles seguían impidiendo la producción de café en muchos países inestables de todo el mundo. En Angola, las exportaciones de café habían caído de 5.200.000 sacos en 1974 a menos de 300.000 sacos en 1984. Cuando un periodista norteamericano pidió visitar una plantación de café, fue castigado con un arresto domiciliario.

En América Central, tres países que habían tenido tradicionalmente sus oligarquías cafetaleras y una enorme masa de campesinos sumidos en la pobreza se vieron envueltos en una prolongada lucha interna. En Guatemala, el general Fernando Romeo Lucas García organizó una campaña contra la guerrilla, que hacia 1981 se equiparaba a un genocidio. «Yo vi soldados que les abrían el vientre a mujeres embarazadas y arrojaban a los niños por nacer en las fogatas que acababan de encender», contó un testigo ocular, un muchacho de catorce años de edad. Si bien la guerrilla también hacía lo suyo, la gran mayoría de las atrocidades eran cometidas por el ejército. Como muchos indios se habían unido a la guerrilla, los soldados se sentían en libertad de matar a cualquier indio que se les cruzara en el camino.

En 1982, un golpe militar derrocó a Lucas García, que fue sustituido por el general Efraín Ríos Montt, un cristiano convertido. Al principio de su gobierno, Ríos Montt declaró una amnistía; pero aquella luz de esperanza se apagó enseguida, tan pronto el general reanudó la sangrienta guerra de exterminio. En 1983 la Comisión Interamericana de Derechos Humanos declaró en su informe anual que el ejército guatemalteco estaba cometiendo «las más graves violaciones de los derechos humanos, entre ellas la destrucción, incendio y saqueo de aldeas enteras».

La mayoría de los productores de café trataban de mantenerse neutrales y rogaban a Dios que sus fincas no se vieran involucradas. Entre ellos estaba Walter Hannstein, propietario de La Paz. Cada vez que los militares le pedían su camión, Hannstein se excusaba diciendo que estaba estropeado. Enterados de ello, los guerrilleros insistieron en hablar con él. «Mi madre dijo que bien podrían hacerlo de una manera civilizada —recuerda Betty Hannstein Adams—. De modo que cuando se encontraron, ella les sirvió café y dulces.» Cuando los militares supieron de aquella reunión, consideraron que Hannstein se había mostrado demasiado amistoso con la guerrilla, e hicieron acampar a trescientos hombres en la finca. Cuando el ejército se hubo marchado, los guerrilleros llegaron a la conclusión de que Hannstein se había mostrado demasiado amistoso con el ejército y le quemaron la finca.

Tras otro golpe de Estado, Ríos Montt fue sustituido por otro dictador militar en 1983, pero los escuadrones de la muerte siguieron asolando el país. Las armas de fuego se habían convertido en algo cotidiano en Guatemala. «Hay hombres armados por todas partes», comentó un visitante. Alguien que lo oyó lanzó una carcajada. «Si piensas que aquí hay muchas armas, deberías echar un vistazo en El Salvador.»

En efecto, en el minúsculo país vecino, El Salvador, la violencia y la represión eran por lo menos tan atroces como en Guatemala. El Salvador, con una extensión equivalente a la del estado de Nueva Jersey y una población de algo más de 4 millones de habitantes, era el país más densamente poblado del hemisferio occidental. La vida de los campesinos se había vuelto intolerable. «Es mejor morir rápidamente, luchando, que morir lentamente de hambre», decía un combatiente guerrillero. En toda América Latina, pero sobre todo en El Salvador, los sacerdotes católicos liberales se pronunciaron contra la violencia institucionalizada. Por esta razón, muchos fueron asesinados.

Embargado por el temor de que toda América Central cayera bajo la influencia comunista, como había ocurrido en Nicaragua, Estados Unidos apoyó a los gobiernos represivos de El Salvador y Guatemala, suministrándoles helicópteros y entrenándolos para la lucha contra los insurgentes, al tiempo que trataba de inducirlos a emprender, aunque no pasara de ahí, algunas tibias reformas. La Agencia Norteamericana para el Desarrollo Internacional (USAID) les procuró fondos para programas de mejoramiento social, en tanto que el Congreso autorizaba gastos por millones de dólares en ayuda militar.

En 1980, y como consecuencia de la presión que ejerció la administración Carter, se aprobó en El Salvador una ley de reforma agraria, anunciada a bombo y platillo, que sin embargo dejaba intacta a la oligarquía cafetalera. Al mismo tiempo, las reformas sirvieron como tapadera para la mayor represión que ejercieron las tropas que, supuestamente, debían encargarse de asegurar que se concretara la división de la tierra. «Una aldea fue aislada mediante un círculo de fuego —informó Amnistía Internacional— para evitar que sus habitantes escaparan; después, las tropas entraron en la aldea, mataron a unas cuarenta personas y se llevaron por la fuerza a muchas otras.»

El 23 de marzo de 1980, el arzobispo Óscar Romero pronunció un encendido sermón. «Nos gustaría que el gobierno tomara muy en serio el hecho de que las reformas, si están teñidas de tanta sangre, no valen nada —sentenció el prelado—. En nombre de Dios, en nombre de nuestro atormentado pueblo, que ha sufrido tanto y cuyos lamentos claman al cielo, les suplico, les ruego, les ordeno en nombre de Dios que detengan la represión.» Al día siguiente, mientras celebraba una misa conmemorativa, Romero fue asesinado a balazos.

La muerte de Romero no fue sino el comienzo: a partir de ese momento, los ataques de los Escuadrones de la Muerte —que parecían empeñados en violar todas y cada una de las leyes morales de la humanidad— se hicieron cada vez más intensos. «Para los Escuadrones de la Muerte, la muerte no era castigo suficiente —escribió Tom Buckley en su libro de 1984 *Violent Neighbors* (Vecinos violentos)—. Los cuerpos exhibían a menudo las señales de la tortura. No era nada demasiado sofisticado: dedos y articulaciones aplastados a martillazos, carne quemada con sopletes, enormes trozos de piel eliminados por el cuchillo del desollador.» Acorralados, los diversos movimientos guerrilleros se reagruparon para formar el Frente Farabundo Martí para la Liberación Nacional (FMLN), una fuerza rebelde unida, y en 1981 comenzó una guerra abierta.

El mayor Roberto D'Aubuisson, un derechista de quien se rumoreaba que estaba relacionado con los Escuadrones de la Muerte y que era el fundador del partido conservador Alianza Republicana Nacionalista (ARENA), encabezó una coalición que ganó el control de la Asamblea Constituyente en las elecciones de 1982. Aun cuando técnicamente el triunfo había correspondido a los demócratas-cristianos de Duarte, resultaba evidente que quien ejercía el poder real era la derecha represiva. Estaba sembrado el terreno para años de derramamiento de sangre.

Años atrás, la oligarquía cafetalera había cedido el poder a los militares para mantener el orden represivo; ahora descubría que había creado un monstruo al que ya no podía controlar. La elite del café estaba dividida. Ninguno de sus componentes quería una reforma agraria de magnitud, por supuesto, y todos abominaban de la guerrilla. La mayoría estaba a favor de entablar negociaciones de paz, de implantar una democracia limitada y mercados libres. Sin embargo, una considerable minoría de productores de café encabezada por Orlando de Sola propiciaba otra matanza para restaurar el orden. Orlando de Sola calificaba con desprecio a los 75.000 seres humanos que a principios de la década de 1980 habían sido asesinados por los terroristas del ejército y los Escuadrones de la Muerte como «serviles secuaces de los comunistas» que merecían la muerte.

ARENA se identificaba con ambas facciones. Ricardo *Rick* Valdivieso, cofundador del partido con D'Aubuisson, era un productor de café con un rancio pedigrí salvadoreño. En 1985, Alfredo *Fredi* Cristiani, uno de los más grandes productores de café del país, reemplazó a D'Aubuisson en la jefatura de ARENA. Aun con un hombre de la industria del café en un lugar de poder, el gobierno de El Salvador siguió obteniendo recursos del Instituto Nacional del Café (INCAFE), el monopolio nacionalizado que vendía la producción del país a precios internacionales en dólares y pagaba a los productores en moneda local, lo que equivalía a la mitad o menos de su valor real. Desalentados por los bajos precios internos, los productores dejaron de utilizar fertilizantes y algunos incluso abandonaron definitivamente sus fincas.

Como en Guatemala, los productores rurales estaban atrapados entre la guerrilla y los Escuadrones de la Muerte, y los que más peligro corrían eran los grandes propietarios. En 1983, los rebeldes incendiaron con bombas una planta de procesamiento de café causando pérdidas por valor de 2 millones de dólares. Más adelante, un documentalista filmó a la guerrilla cuando ocupaba la plantación Regalado Dueñas. «Son multimillonarios —explicaba un rebelde con boina mientras con una antorcha comenzaba a incendiar una edificación—. Estamos quemando esta propiedad porque ellos maltratan a sus trabajadores.» No obstante, muchos productores salvadoreños llegaron a una componenda con la guerrilla: celebraron acuerdos secretos en los que aceptaban pagar un poco más a sus trabajadores y reservaban una pequeña tajada para el rebelde FMLN, que en 1985 controlaba la cuarta parte de las regiones en las que se cultivaba café.

En la vecina Nicaragua, la mayoría de los cultivadores de café habían apoyado la revolución sandinista de 1979 que había derrocado al odiado régimen de Anastasio Somoza, pero pronto se desilusionaron. Como en El Salvador, el gobierno nicaragüense nacionalizó las exportaciones de café a través del EN-CAFE, un nuevo organismo del gobierno que pagaba a los productores sólo el diez por ciento del precio del mercado internacional. Después de quedarse con todas las ganancias, los sandinistas les ofrecían créditos baratos, pero este recurso no hizo sino profundizar el endeudamiento de los productores.

Al principio de la revolución, los sandinistas se habían adueñado de los vastos consorcios cafetaleros de Somoza, administrando las fincas como empresas del Estado. Lamentablemente, los sandinistas eran intelectuales urbanos, y sus conocimientos acerca del cultivo del café eran más bien escasos. En un intento por erradicar la roya, la plaga que afecta las hojas de la planta, talaron todos los árboles de sombra y los vendieron como madera para la construcción. Pero no lograron fertilizar ni podar como era debido. Al mismo tiempo, el gobierno instituyó el programa CONARCA, en virtud del cual se adueñó de determinadas fincas con la declarada intención de «renovarlas» antes de restituírselas a sus respectivos propietarios. El resultado de la renovación fue desastroso: las tierras quedaron arruinadas, hubo talas indiscriminadas y una enorme negligencia. Pocas fincas fueron restituidas a sus propietarios.

Los sandinistas llamaban a los cultivadores de café que cooperaban con ellos «productores patriotas». Cualquiera que criticara sus políticas o métodos de acción era caracterizado como un parásito capitalista. A lo largo de la mayor parte de la década de 1980, una finca cualquiera que no produjera lo suficiente o cuyos propietarios fueran demasiado protestones era confiscada por el gobierno. En mayo de 1982, Roger Castellón Orué, uno de los grandes propietarios que apoyaban más entusiastamente a los sandinistas, asistía a la ceremonia de graduación de su hijo en una escuela secundaria privada de Miami cuando un amigo lo llamó por teléfono. «No vuelvas. Han confiscado tu finca y te han declarado enemigo del pueblo.» Castellón había dejado en Nicaragua un volumen de café procesado por un valor superior al millón de dólares. Había perdido todo: su casa, su beneficio (la planta de procesamiento) y sus posesiones personales. Consiguió trabajo en la planta de K-Mart. «Yo sólo sabía de café.» No es el único que pasó por una experiencia semejante. A otro productor le expropiaron su finca cuando salió del país para someterse a un tratamiento médico.

Incluso aquellos que exhibían las credenciales más impecablemente sandinistas sufrieron su desilusión. Para horror de su familia, Luisa María Molina Icias había desaparecido en las montañas y se había incorporado a la guerrilla en 1971 y, tiempo después, se había visto obligada a exiliarse en Costa Rica. Volvió en 1979, tras el triunfo de la revolución, y comenzó a trabajar en el Ministerio de Trabajo Social. Cuando las tierras de su padre y sus hermanos fueron confiscadas, ella les dijo que con el tiempo todo se solucionaría. «Fue un sueño que muchos sandinistas tuvieron —explicaría años después—, pero la realidad no fue como el sueño.» Finalmente, en 1984, Molina se apartó del partido para luchar por las tierras de su familia.

Un grupo de expatriados descontentos formó el movimiento de los llamados «contras» que, apoyado por el gobierno de Estados Unidos, comenzó a hacer incursiones en territorio nicaragüense desde bases instaladas tras las líneas fronterizas de Honduras. Los sandinistas lograron mejorar la suerte de los pobres de las ciudades mediante programas de alfabetización y servicios médicos, pero la situación desesperada de los campesinos empeoró. Los expoliados productores de café no estaban en condiciones de pagar salarios decentes a sus trabajadores. Los que permitían a los campesinos cultivar pequeñas parcelas para su subsistencia temían que les confiscaran las fincas porque no las estaban utilizando «eficientemente». En vista de que podían obtener más dinero robando que cosechando café, muchos campesinos se inclinaron por las actividades delictivas o se unieron a la Contra. «¿Quiénes son los verdaderos explotadores de los pobres? —preguntaba un productor—. Ellos [el gobierno] sólo ofrecen a mis trabajadores 100 gramos de arroz por día. Yo quiero darles más. ¿Quién está explotando a los trabajadores entonces?»

Desesperados, los sandinistas comenzaron a reclutar estudiantes de secundaria y universitarios de las ciudades para la cosecha de café, a quienes se sumaban voluntarios liberales de Estados Unidos y Europa. Eran entusiastas, pero también lentos e ineficientes. Los productores se quejaban de que sus trabajadores habituales hubieran sido reclutados o se hubieran unido a los contras. Mientras tanto, éstos realizaban incursiones para perturbar la cosecha del café, en las que mataban no sólo a sandinistas sino también a otros humildes cosechadores, entre ellos mujeres y niños.* Ambos bandos cometían su cuota de atrocidades.

---

* Del otro lado de la frontera, en Honduras, los productores de café también se vieron perjudicados por las bases militares de los contras. «Nos han forzado a involucrarnos en una guerra que no nos interesa, y que nos está matando», diría uno de ellos. Si bien las carreteras minadas por los sandinistas y sus descargas de artillería los ponían permanentemente en serio peligro, los productores hondureños también se quejaban de que los contras eran «asesinos implacables».

Sin embargo, en Nicaragua no había escuadrones de la muerte. Un productor de café de quien se sospechaba que estaba prestando ayuda a los contras fue arrestado, desnudado e interrogado durante horas, pero no se le aplicaron torturas físicas. El ejército sandinista, forzado a trasladar comunidades enteras a «zonas controladas», desalojó por la fuerza a 200.000 campesinos de sus tierras. Muchos huyeron a través de la frontera con Honduras en busca de protección de parte de la Contra. Con el tiempo, medio millón de nicaragüenses —una séptima parte de la población del país— estuvieron viviendo en el exilio.

En respuesta a estas defecciones, los sandinistas modificaron hasta cierto punto su política, entregando parcelas individuales de tierra a los campesinos. «Les dábamos tierra y un arma y les decíamos: "Esto es tuyo. Ahora defiéndelo" —recordaba el general Joaquín Cuadra Lacayo, jefe del estado mayor del ejército nicaragüense—. Lo llamamos "reforma agraria", pero la lógica era estrictamente militar. Queríamos evitar que se unieran a la Contra. Me importaba un comino que el hombre produjera o no.» Sin experiencia alguna en materia de organización de la producción y un escaso incentivo económico, dejaron que el café se pudriera. Por supuesto, las dos fincas cafetaleras del general no fueron confiscadas.

Hacia 1986, la mayoría de los grandes productores de café se mantenía simplemente por inercia. «No tenemos opción —señalaba uno de ellos—. Hemos hecho una enorme inversión en esos cafetos y no podemos abandonarlos.» Pero estaban perdiendo dinero, y sólo podían continuar produciendo gracias a préstamos bancarios. Muchos productores se limitaban a hacer un mantenimiento mínimo y cosechar únicamente para evitar la confiscación. «Un día las campanas doblan por mi vecino, al día siguiente doblan por mí —decía un productor en tono fatalista—. En Nicaragua no hay futuro para los productores privados. Lo único que hacemos es subsistir.»

Café de precio mínimo

En abril de 1985, Paul Katzeff viajó a Nicaragua invitado por la UNAG, la organización cafetalera pro sandinista. Para Katzeff, propietario de Thanksgiving Coffee en Fort Bragg, California, la visita fue «un acontecimiento que me cambió la vida», y que revivió en él su pasado de trabajador social. «Deambulé con los sandinistas por las montañas, donde se libraban los combates contra los contras. Conocí a tres comandantes de la revolución. Se me adoctrinó acerca de la relación entre el café y la revolución.» Katzeff llegó a la conclusión de que el café podía ser el medio para su mensaje. De regreso en California cambió el eslogan de la compañía, que ahora decía: «No sólo una taza, sino una taza justa», envasó los granos nicaragüenses que tostaba con el marbete «Café por la paz», y decidió donar 50 centavos de dólar por libra a los sandinistas.

Un mes después, la administración Reagan prohibió la importación de productos nicaragüenses. El extravagante Katzeff emprendió un juicio contra Ronald Reagan y evitó el embargo haciendo que sus granos nicaragüenses fueran embarcados y tostados a través de Canadá. Antes, los proveedores de cafés especiales se habían concentrado sólo en ofrecer la «taza perfecta», combatiendo las mezclas con robusta de los peces gordos. Ahora se encontraban ante el desafío de considerar las iniquidades que habían surgido en el sistema de cultivo, procesamiento y exportación del café. Los granos que producían sus costosas tazas eran cosechados por campesinos sumidos en la pobreza. En 1986, tres idealistas de Massachusetts que habían trabajado en cooperativas de alimentos formaron Equal Exchange (Intercambio Equitativo). «Nuestra meta es originar un proceso —escribió el cofundador Jonathan Rosenthal en 1986— que permita al consumidor volver a vincularse con la gente que cultiva gran parte de los alimentos y con la ecología de la que éstos provienen.»

Con la ayuda de inversores —algunos habían ayudado en la cosecha del café en Nicaragua—, comenzaron ofreciendo Café Nica, su café nicaragüense, a un «precio mínimo». Sus principales destinatarios fueron las cooperativas de alimentos. Sus metas eran pagar un precio mínimo garantizado, con independencia de las fluctuaciones del mercado, comprar directamente a cooperativas de pequeños propietarios que tuvieran una gestión democrática, ayudar con créditos, y alentar las prácticas ecológicas de cultivo. En Canadá, Bridgehead, fundada por dos ministros y dos activistas sociales en 1984, también vendía café sandinista.

Para ese entonces, dos holandeses que trabajaban en América Latina, independientemente el uno del otro, llegaron a la misma conclusión: era necesario que hubiera un mecanismo de mercado mejor para el café de precio mínimo. En 1987, Franz van der Hoff, un sacerdote que trabajaba con UCIRI (una cooperativa de café de Oaxaca, México), se puso en contacto con Solidaridad, una organización holandesa, para pedir ayuda en materia de comercialización. Al mismo tiempo, Bert Beekman, que había trabajado en Honduras y Nicaragua, volvió a Holanda totalmente frustrado. «Llegué a la conclusión de que más de la mitad del dinero destinado al desarrollo se desperdiciaba. No había un mercado viable para aquello que esta gente había producido con tanto esfuerzo.»

Apoyado por Solidaridad, las iglesias holandesas y los medios de comunicación, Beekman se enzarzó en un debate público con Douwe Egberts, el tostadero más importante de Holanda, que desde 1978 era propiedad de la firma norteamericana Sara Lee. «Se mostraron bastante abiertos en la medida en que sólo se trataba de un debate —recuerda Beekman—. Pero cuando llegó el momento de los resultados y los acuerdos, actuaron con renuencia y no hacían más que demorar las decisiones.» Los que abogaban por el precio mínimo decidieron crear su propia marca colectiva. Una encuesta reveló que el quince por ciento de la población holandesa estaba dispuesta a apoyar una marca de café de precio mínimo. «En Holanda, el café es el centro de la vida social —señala Beekman—, de manera que era el producto perfecto.»

Los grupos que apoyaban el precio mínimo habían logrado reunir 4 millones de dólares y estaban en condiciones de lanzar su propia marca. En ese momento un grupo de tostaderos pequeños —que competían con Douwe Egberts— se puso en contacto con Beekman. «¿Por qué no hacemos un trato? Ustedes crean una etiqueta de certificación, y nosotros lanzamos el café al mercado.» Beekman aceptó, y en noviembre de 1988 se presentó oficialmente el café Max Havelaar Quality Mark, cuyo nombre homenajeaba a la novela holandesa de 1860 en la que se denunciaba el tratamiento inhumano a que eran sometidos los trabajadores cafetaleros javaneses. El café de precio mínimo tuvo una enorme publicidad y logró cubrir un 1,6 por ciento del mercado durante su primer año, hasta llegar posteriormente a nivelarse en un 2,5 por ciento. Pocos años después, la marca Max Havelaar apareció en Suiza, Bélgica, Dinamarca y Francia. En Alemania y Austria, donde el nombre holandés no tenía resonancias, se convirtió en TransFair Coffee.

¿Sangre en las tazas salvadoreñas?

En Estados Unidos, a finales de 1989, las preocupaciones que vinculaban el café y los derechos humanos se trasladaron a El Salvador, donde Robbie Gamble, tataranieto del fundador de Procter & Gamble, había vivido durante dos años. Profundamente impresionado por la violencia que asolaba el país, se sintió personalmente involucrado: Folgers compraba granos de café a El Salvador. A modo de protesta, renunció a su herencia. En noviembre de 1989, seis sacerdotes jesuitas y dos trabajadoras fueron asesinados por los Escuadrones de la Muerte en El Salvador. Neighbor to Neighbor (De vecino a vecino), un grupo activista con sede en San Francisco, lanzó inmediatamente el boicot que hacía tiempo planeaba. Nestlé, que había soportado un prolongado boicot a causa de sus controvertidas ventas de leche en polvo en los países subdesarrollados, anunció de inmediato la suspensión temporal de sus compras al convulsionado país centroamericano. El hermano menor de Robbie Gamble, Jamie, anunció su apoyo al boicot, y Neighbor to Neighbor apuntó sus cañones exclusivamente a Procter & Gamble.

Cuando Ed Artzt, el presidente de P & G, se negó a encontrarse con los activistas, éstos financiaron un anuncio televisivo incendiario. El actor Ed Asner ordenaba a los telespectadores: «Boicotee el café Folgers. Es una infusión cargada de miseria y muerte.» A medida que hablaba, de debajo de una taza invertida comenzaba a manar sangre. Cuando un canal de Boston emitió el anuncio, Procter & Gamble le retiró toda su publicidad, que para la emisora significaba un millón de dólares anuales, y la restituyó sólo cuando ésta renunció a volver a emitir el anuncio de los activistas, diciendo que planteaba «afirmaciones sin fundamentos serios».

A estas alturas, la Asociación Norteamérica de Cafés Especiales había llegado a la mayoría de edad. Ted Lingle se había convertido en su director ejecutivo a tiempo completo en Long Beach, California, y la organización llevaba a cabo su segunda convención independiente en Oakland. Con la ayuda del agitador y activista Paul Katzeff, Neighbor to Neighbor anunció su intención de impugnar la convención. Dan Cox señaló que eran pocos los tostaderos de cafés especiales que compraban el mediocre café salvadoreño. «Pero a ellos no les importaba —recordaría—. Lo único que querían era publicidad.» Katzeff encabezó una marcha que perturbó la convención con el redoble de sus tambores y con sus cantos de protesta, y luego los manifestantes volcaron cubos de agua teñida de rojo en los escalones del edificio.

Más importancia tuvo el hecho de que Neighbor to Neighbor formara una alianza con el Sindicato Internacional de Estibadores y Almacenistas (ILWU), cuyos trabajadores portuarios se negaron a descargar el café salvadoreño de un carguero cuando éste atracó en San Francisco, luego en Vancouver, Seattle y Long Beach. Finalmente, el barco tuvo que regresar con el café a El Salvador. Bajo una intensa presión, Red Apple, la cadena de supermercados más grande de Nueva York, aceptó suspender temporalmente las compras a Folgers y poner al alcance del público la ideología de Neighbor to Neighbor. La Pizzería Uno dejó de vender café de Folgers. La Iglesia Evangélica Luterana y la Comisión de Acción Social del Judaísmo Reformista apoyaron el boicot.

La campaña, financiada por una organización de pocos recursos de una comunidad rural, tuvo un efecto espectacular y una notable cobertura en los medios de comunicación. El presidente de El Salvador, Alfredo Cristiani, productor también él de café, acusó a Neighbor to Neighbor de ser una organización comunista. Los presidentes de los tostaderos más importantes —Procter & Gamble, Nestlé y Philip Morris— se reunieron con funcionarios del Departamento de Estado de Estados Unidos para pedirles que facilitaran el proceso de paz en El Salvador, que la administración Bush había subvertido. Las compañías norteamericanas de café publicaron anuncios en la prensa salvadoreña en los que se pronunciaban a favor de una concertación. Poco después, a principios de 1992, la guerra civil —que había durado doce años, había causado la muerte a 80.000 personas y empujado a más de un millón de salvadoreños al exilio— llegó a su fin. Como parte del acuerdo de paz, alrededor del veinte por ciento de las tierras destinadas al cultivo de café en El Salvador fueron entregadas a campesinos en zonas controladas por la guerrilla, lo que abrió de alguna manera una módica luz de esperanza y significó un cierto grado de reforma social.

La violencia, las iniquidades sociales y los problemas de distribución de la tierra en América Central estaban lejos de haber llegado a una solución pero, al menos por el momento, se había puesto fin a las peores atrocidades. Ahora, los productores de café podían preocuparse ante todo por cuestiones tan mundanas como la producción de granos de mejor calidad y la obtención de un precio decente a la hora de venderlos.

Los peces gordos tratan de hacerse más sofisticados

A finales de la década de 1980, los tostaderos norteamericanos tenían que preocuparse por algo más que por los boicots. A mediados de la década despertaron finalmente y comprendieron que los cafés especiales de grano entero representaban un nicho rentable y creciente de la por lo demás declinante industria del café, y que estaban perdiendo la oportunidad de aprovecharse de ello. En 1984, General Foods presentó en Estados Unidos el Gevalia Kaffee, una especialidad sueca de grano entero, mediante un ingenioso programa por correo, modelado de acuerdo con los clubes de récords. Los miembros eran inducidos a afiliarse mediante un tentador regalo, para luego recibir automáticamente nuevos productos en forma periódica. Al principio, los clientes de Gevalia recibían una lata gratis. En 1987, a los nuevos miembros del club se les regalaba una cafetera eléctrica automática. Las ventas se duplicaron en dos años.

Los anuncios de publicidad de Gevalia, que aparecían en publicaciones especiales como *Vogue* y *Bon Appetit*, recalcaban la tradición sueca del café, «la magnífica obsesión que produjo un café que se convertiría en el favorito de los reyes», y el hecho de que era preparado por un maestro tostador. Los consumidores no tenían idea de que estaban comprando un producto de General Foods, pues ese punto no se aclaraba. Por suerte para la calidad del producto, la firma estadounidense tenía en realidad muy poca influencia sobre este café.

La mezcla totalmente arabica se tostaba en Suecia, era empaquetada a mano con el sistema de sacos de válvula irreversible, enviada a un servicio de terminación en Estados Unidos, y entregada por correo. General Foods ni siquiera lo tocaba: se limitaba a gozar de sus dulces ganancias.*

Finalmente, en 1985, General Foods decidió lanzar los granos enteros tipo gourmet en los supermercados norteamericanos. Mary Seggerman organizó un «grupo empresarial de lanzamiento» de cinco personas que desarrolló una línea de siete variedades de café de grano entero y molido, entre ellos el Keniano AA, el Colombiano, el Mezcla para Desayuno, el Torrado Francés, y algunos otros. Querían instalar quioscos en los aeropuertos para vender exprés y capuchino, pero el plan fue vetado. En lugar de ello colocaron los granos gourmet en supermercados selectos, en bolsas provistas del sistema de válvula irreversible.

En las pruebas de mercado que montaron en Evanston, Indiana, en 1985-1986, lo llamaron Maxwell House Master Collection y emitieron por televisión un anuncio con música clásica y referencias a la *Cantata del café* de Bach, en el que se aseguraba que este café «era aún más delicioso que el que había inspirado a Bach». Los estudios de mercado demostraron que los consumidores lo confundían con el Maxwell House Master Blend, el café barato de alto rendimiento. De modo que le cambiaron el nombre; decidieron llamarlo Maxwell House Private Collection y lo lanzaron a la venta en zonas de alto poder adquisitivo de todo Estados Unidos. Los paquetes en exhibición en los lugares estratégicos de las tiendas mostraban una repisa y un molinillo.

La estrategia de Seggerman hacía responsables a los distribuidores de cafés especiales de la entrega y la supervisión del producto. Sin embargo, poco antes del lanzamiento, el presidente de General Foods, Phil Smith, contrató a un consultor externo que dictaminó que debían usar un sistema de «distribución directa», es decir, los granos empaquetados se enviarían a los depósitos de las cadenas de supermercados y recibirían el mismo tratamiento que cualquier otro producto.

«Fue un gran error», se lamenta Seggerman. Los granos Colombiano y Torrado Francés se movieron mejor que el Keniano AA, lo cual significó que las tiendas dejaron caer a este último, simplemente. Como no había nadie que supervisara los espacios de exhibición en los expositores, la línea perdía su atractivo. Peor aún, los tostaderos locales de especialidades —que distribuían sus propios productos— colocaban sus granos en los estantes vacíos, exactamente junto a la Maxwell House Private Collection.

---

* En la década de 1970, cuando General Foods quiso introducir robusta en la producción de la fábrica sueca, los trabajadores se negaron a tostarla e iniciaron una huelga por ese motivo.

Aun así, el programa tuvo un relativo éxito, y el primer año completo de ventas, 1986, la facturación alcanzó los 45 millones de dólares. «Pero eso no era suficiente para General Foods —dice Seggerman—. A menos que llegara como mínimo a los 200 millones anuales hacia su tercer año de existencia, cualquier nuevo producto era considerado demasiado pequeño como para ocuparse de él.» Tres años después GF hizo desaparecer la Private Collection. Mary Seggerman fue transferida del área de los cafés en 1989, y al año siguiente dejó de trabajar en la compañía. «No sé cómo conseguí durar ocho años sin volverme loca o suicidarme —dice ella—. Si me hubieran permitido hacerlo como corresponde, creo que realmente habría podido salvar a la Maxwell House Coffee Company, que hoy está definitivamente muerta.» Otros piensan que el nombre, y no el sistema de distribución, fue su verdadero certificado de defunción. Eran pocos los consumidores que creían que un producto verdaderamente gourmet pudiera estar firmado por Maxwell House.

A & P tuvo más éxito cuando presentó su café en grano Eight O'Clock Royale Gourmet Bean Coffee en bolsas con el sistema de válvula irreversible. Durante un viaje a Londres, Paul Gallant, que dirigía Compass Foods, una subsidiaria de A & P, visitó inesperadamente las instalaciones de H. R. Higgins Ltd., una empresa proveedora de café a la realeza. Fascinado por ese presuntuoso atractivo, Gallant copió la elegante tipografía de Higgins, plagió los leones de la cerveza Loewenbrau, y dio a luz un producto muy llamativo en sacos con el sistema de válvula irreversible. «Yo sólo robo a los mejores», explicaba Gallant. El café especial de A & P alzó el vuelo.

Conforme a su estrategia de crecimiento basada en la compra de otras firmas, en 1987 Nestlé adquirió la Sark's Gourmet Coffee, con sede en California, y comenzó lentamente a expandir la marca, que ya se vendía en los supermercados.

Por un tiempo, Procter & Gamble, el clásico vendedor de bienes de consumo populares, ignoró el mercado de productos selectos y realizó otro tipo de cambios. P & G se deshizo de la venerable Mrs Olson y montó una de sus campañas de imagen «al estilo de la vida real» más eficaces, que incluía la frase «Lo mejor de levantarse es tener Folgers en la taza del desayuno». Los anuncios, que se emitían desde las cinco de la mañana hasta el mediodía, apuntaban tanto a hombres como a mujeres.* P & G introdujo finalmente en el mercado un café

---

* Los anuncios de Folgers estaban dirigidos a un público adulto, aunque la empresa hizo algunas pruebas de mercado con unos pocos anuncios en los que aparecían también niños bebiendo café. Muchos consumidores llamaron indignados a la compañía para quejarse. «¿Cómo se atreven a mostrar a niños bebiendo café?»

instantáneo descafeinado con la marca Folgers, una extensión de la marca que se había retrasado durante mucho tiempo, y pronto superó en ventas a su otro descafeinado, el High Point Decaf.

A medida que crecía el mercado de las especialidades, Folgers fue protagonista de ambos extremos del espectro de calidades. A Procter & Gamble no le gustaban los granos enteros, y optó por presentar lo que llamó Folgers Colombian Supreme, que más adelante se convertiría en Folgers Gourmet Supreme. Sin embargo, al mismo tiempo desarrolló el Folgers Special Roast Flaked Coffee, una nueva versión de alto rendimiento que aún usaba menos café en una lata de unos de 350 gramos que, aseguraba, podía rendir lo mismo que una de 1 libra (alrededor de 450 gramos). La compañía lanzó también el Folgers Singles, café en bolsas «concentrado y congelado», listo para preparar en hornos de microondas o en agua hirviendo en un minuto, aunque los especialistas de su departamento de comercialización insistían en que no se trataba de café instantáneo.

Café y cigarrillos

Para la época en que Mary Seggerman hacía las pruebas de mercado con los granos enteros para Maxwell House, en el otoño de 1985, Philip Morris, la gigantesca multinacional productora de cigarrillos, compraba General Foods. Por aquel entonces ya resultaba evidente que el negocio del tabaco en Estados Unidos, aunque era increíblemente rentable, tenía sus riesgos. Lo admitieran públicamente o no, los ejecutivos del sector sabían que sus productos podían provocar cáncer de pulmón. La compra de General Foods —5.800 millones de dólares— le permitió a Philip Morris diversificarse y convertirse en la compañía productora de bienes de consumo más grande de Estados Unidos. General Foods, y en especial la división Maxwell House —que era responsable de la tercera parte de las ventas de la corporación—, no tardó en desilusionar a los astutos ejecutivos de la firma. Los gerentes de General Foods estaban «muertos de los tobillos para arriba —se quejaba un hombre de Philip Morris—. Su arrogancia sólo era superada por su holgazanería».

Poco después de la compra, el presidente de Philip Morris, Hamish Maxwell, en una visita al ala Maxwell House de General Foods, en White Plains, Nueva York, pidió una taza de café. Por supuesto, le respondieron. ¿Quería Gevalia o Yuban? No, quería una taza de Maxwell House. Como allí nadie lo bebía, no se la pudieron servir. Llevó cierto tiempo lograr que alguien consiguiera un abrelatas para preparar la dichosa taza. «Ése fue el primer indicio que le hizo pensar que había un problema», recuerda Seggerman.

Philip Morris no estaba satisfecha con los resultados de 1986, en los que General Foods participaba con el cuarenta por ciento de las ventas totales de la corporación pero aportaba solamente el veinte por ciento de las ganancias. Puesto que Folgers estaba desplazando del mercado a Maxwell House con su campaña «Despertar», ¿no sería tirar el dinero dedicar un presupuesto anual de 70 millones de dólares a la publicidad de sus cafés?

Por otra parte, la baja en los precios del café los confinaba a márgenes de rentabilidad cada vez más pequeños para poder seguir librando la guerra de precios con Folgers.

En abril de 1987, General Foods anunció un recorte del veinticinco por ciento al presupuesto para publicidad, podando 17.500.000 dólares, y a finales de año hizo un recorte aún mayor; en cambio, dedicó más dinero a promover descuentos y cupones que a los anuncios. Bob Seelert, nombrado vicepresidente primero a cargo del café y los alimentos, concentró sus esfuerzos exclusivamente en mejorar la imagen del nombre Maxwell House, de modo que todos los cafés comenzaron a comercializarse como una extensión de esa marca. No le veía futuro alguno a la Private Collection.*

El maltrecho presupuesto para publicidad de Maxwell House era un símbolo de las dificultades en el mundo de los negocios en una época en que la economía de Estados Unidos en general sufría de estanflación, a la que seguirían una recesión y un nivel de desempleo generalizado. Maxwell House tuvo que aumentar sus precios en 1988, cuando volvió a su antiguo presupuesto para publicidad, pero de todos modos ese año perdió 40 millones de dólares. Folgers contraatacó sustituyendo totalmente su envase tradicional de 1 libra por otro de 13 onzas (alrededor de 370 gramos) de «tostado rápido», e insistió en que no se trataba de un café de alto rendimiento, aunque ni siquiera la Alicia del país de las maravillas lo habría creído. «El envase de café de 1 libra —señaló un periodista— está siguiendo el mismo camino que el Edsel.» Hacia 1989, los cafés molidos comunes de Procter & Gamble habían superado a los de General Foods y habían alcanzado el primer puesto en el mercado. En 1988, Philip Morris pagó la cifra récord de 13.100 millones de dólares por Kraft, Inc., un conglomerado de productos alimenticios de Illinois, unificó sus dos compras en una sola firma llamada Kraft General Foods, y puso al frente de ella al ejecutivo de Kraft Michael Miles.

---

* El presidente de Maxwell House, Stephen Morris, renunció a su cargo en 1987 argumentando que tenía «diferencias filosóficas» con Bob Seelert. «Él creía que se podía conseguir lo que uno quisiera a través de acuerdos basados en la promoción de las ventas», rememoraría Morris.

El colapso del Acuerdo Internacional del Café

A pesar de que Maxwell House luchaba por recuperar el terreno perdido en las guerras estadounidenses del café, la frágil alianza entre los productores y los consumidores se desintegraba. En el otoño de 1985, los precios subieron bruscamente cuando se supo que una sequía había afectado a Brasil y, en consecuencia, la cosecha de 1986. La volatilidad resultó exacerbada por el crecimiento de los «fondos compensatorios», fondos mutualistas que negociaban en entregas a futuro y opciones en los mercados de productos básicos. En la medida en que controlaban miles de millones de dólares, los operadores profesionales afectaron dramáticamente los precios comprando o vendiendo miles de contratos. El precio del grano verde alcanzó los 2,30 dólares la libra, y en Brasil los robos de camiones de café se tornaron más rentables que los asaltos a los bancos.

El sistema de cuotas del Acuerdo Internacional del Café fue suspendido automáticamente en febrero de 1986, porque el precio promedio se había mantenido por encima de 1,50 dólares la libra durante cuarenta y cinco días de operaciones. Los precios de las ventas a futuro se derrumbaron de inmediato, previendo que los productores volcarían sus excedentes en el mercado mundial, y luego se estabilizaron, cuando Brasil decidió restringir sus exportaciones. Brasil anunció que importaría granos de robusta de África, supuestamente para cubrir el consumo interno y liberar el grano de mejor calidad con destino a la exportación. En realidad, los brasileños sólo estaban tratando de mantener altos los niveles de precios. Hacia finales de 1986, con 45 millones de sacos excedentes pendiendo sobre el mercado y un consumo mundial en franco retroceso, el precio cayó por debajo de 1,40 dólares la libra para terminar en 1,20 dólares hacia febrero de 1987.

Desde un punto de vista técnico se suponía que, si los precios caían por debajo de 1,35 dólares la libra se pondrían nuevamente en vigencia las cuotas, pero lo cierto es que resultaría muy difícil llegar a un acuerdo. Estados Unidos estaba muy enfadado por el hecho de que los productores latinoamericanos habían formado un minicártel con la intención de limitar las exportaciones fuera del Acuerdo Internacional, una acción que provocó que el representante comercial de Estados Unidos «cuestionara seriamente la validez de nuestra creencia en la cooperación internacional en materia de café». Por añadidura, Estados Unidos quería que hubiera una reasignación de cuotas que favoreciera al grano arabica de calidad superior. Después de que fracasaran las negociaciones llevadas a cabo en Londres en el mes de mayo, los precios se desplomaron a un nivel de alrededor de 1 dólar la libra.

Estados Unidos aceptó que se llevara a cabo una nueva reunión del Acuerdo Internacional del Café en octubre de 1987, una vez más por razones políticas. En la medida en que las guerras civiles todavía seguían asolando los países productores de café de América Central y África, Estados Unidos sabía que las economías devastadas por los bajos precios harían crecer la miseria e intensificarían los conflictos.

La nueva reunión del Acuerdo fue una medida *ad hoc*, un recurso temporal que dejó sin resolver los problemas de siempre. Los precios subieron, flotando en general alrededor de 1,20 dólares, que era el límite al que apuntaba el Acuerdo. El café turista volvió a aparecer en el mercado de dos niveles, y en febrero de 1988 la Asociación Nacional del Café retiró su apoyo al Acuerdo Internacional y llamó a implantar el «comercio libre y sin restricciones de café». En abril, el jefe de la delegación estadounidense en el Acuerdo Internacional anunció que el gobierno todavía no había decidido si renovaría su presencia en el organismo cuando expirara su compromiso, en septiembre de 1989.

Los rumores sobre la posible defunción del acuerdo, y después los informes esperanzados que aseguraban que pronto se celebraría uno nuevo, hicieron que los precios subieran y bajaran alternativamente durante el resto de 1988 y principios de 1989, pero comenzaron a desplomarse gradualmente a medida que Brasil y Estados Unidos se preparaban para una confrontación final en torno a los temas del café turista y la selectividad. En el Kremlin gobernaba el reformista Mikhail Gorbachov, y poco tiempo antes los sandinistas habían entregado el poder a un gobierno elegido democráticamente, de modo que los temores de la guerra fría ya no constituían una razón perentoria para que Estados Unidos apoyase el acuerdo. A esas alturas, la economía de Brasil descansaba más en la exportación de soja, naranjas, armas, caoba, y bolígrafos que en la de café. Las empantanadas negociaciones se tornaron tan ásperas que el Acuerdo Internacional no sobrevivió siquiera hasta la fecha de su expiración, en el mes de septiembre. Se llegó al punto de que ninguna coalición pudo sumar los votos necesarios para renovar las cuotas trimestrales, y en consecuencia el 4 de julio de 1989 la Organización Internacional del Café suspendió inopinadamente todos los límites a las exportaciones.

Se desató un infierno. Hacia finales de julio, los precios habían caído a 85 centavos de dólar la libra. Los productores, aterrorizados, atiborraron de granos el mercado con la esperanza de vender antes de que el precio cayera aún más, con lo que todavía aceleraron más la baja. En octubre, los miembros de la Organización Internacional del Café aprobaron un fondo mínimo de mantenimiento para el organismo, sin cuotas. Esta noticia hizo que los precios se derrumbaran de nuevo, hasta llegar a los 70 centavos la libra. Sólo Maxwell House, Folgers, Nestlé, y los vocingleros negociadores de las ventas a futuro estaban contentos. Los grandes tostaderos tardaron en rebajar los precios al consumidor, para tomarse un respiro tras las interminables guerras de precios, mientras realizaban un gigantesco acopio de granos baratos.

La conexión coca-café y una cosecha negra

Bajo la presión de la administración Bush, que le exigía tomar medidas enérgicas contra el procesamiento y el contrabando de cocaína, el presidente de Colombia, Virgilio Barco Vargas se quejaba de que la caída en los precios del café ponía en peligro su lucha contra la droga. En 1988, los ingresos de Colombia en concepto de exportaciones de café habían ascendido a 1.700 millones de dólares, algo más que la cifra de las ventas ilegales de cocaína, que se estimaba en 1.500 millones de dólares. Ahora, Colombia debía soportar una pérdida de alrededor de 500 millones de dólares debido a la baja del precio del café, y muchos de sus 3 millones de habitantes que se ganaban la vida produciendo café bien podrían volcarse al cultivo de la coca.*

En enero, el embajador colombiano prestó testimonio ante un subcomité del Senado norteamericano presidido por Joseph Biden y declaró que los países andinos habían perdido casi 750 millones de dólares en ingresos debido al colapso del Acuerdo Internacional del Café. «¿Cómo podemos pedir a los productores rurales de América del Sur que cultiven café en lugar de hojas de coca —preguntaba Biden—, cuando el precio que obtienen por el café se ha reducido brutalmente en más de la mitad durante el año pasado?»

A pesar de la disposición de Estados Unidos a reanudar las negociaciones, los productores mantenían una actitud ambivalente con respecto a una nueva ronda del Acuerdo Internacional. Los brasileños no estaban dispuestos a aceptar una reducción drástica de la cuota que les había correspondido hasta entonces. Nadie había salido satisfecho con los resultados del defectuoso sistema.

En medio de la nueva atmósfera de libre mercado de la década de 1990, las juntas de control gubernamentales se habían disuelto o bien estaban radicalmente debilitadas, lo que permitía a algunos productores mantener un porcentaje mayor del precio de mercado. En 1990, el Instituto Brasileño del Café (IBC), que contaba con 3.500 empleados y un presupuesto anual de 15 millones de dólares, fue inmediatamente desmantelado.** En África sucedió lo mis-

---

* De hecho, en Colombia los barones de la droga ya poseían o controlaban alrededor del diez por ciento de los cultivos de café del país.

** El desmantelamiento del Instituto Brasileño del Café significó que ya no era necesario

mo con las juntas de la *caisse de stabilisation*. Hacia finales de 1993 fracasaron los últimos esfuerzos por revivir el Acuerdo Internacional, y Estados Unidos se retiró oficialmente de la inoperante Organización Internacional del Café en el preciso momento en que los desesperados productores creaban la Asociación de Países Productores de Café (ACPC), destinada a iniciar una estrategia de retención que les permitiera volver a subir los precios.

Para entonces, los productores de café habían sufrido ya cuatro años de precios deprimidos, que cayeron por debajo de los 50 centavos de dólar la libra en 1992, pero flotaron alrededor de los 80 centavos durante la mayor parte del período. Aun en el caso de las plantaciones eficientes, los precios se situaban por debajo del coste de producción. Como en otros períodos previos a la bancarrota, muchos productores dejaron de podar y de usar fertilizantes. Otros talaron sus cafetos para dedicar las tierras a otros cultivos. Aunque las exportaciones mundiales de café promediaron los 8.400.000 sacos al año más que a finales de la década de 1980, los ingresos anuales promedio cayeron de 10.700 millones de dólares a 6.600 millones, una asombrosa pérdida de más de 4.000 millones de dólares por año. La espectacular caída de los precios devastó a los pequeños productores de todo el mundo.

En las Tierras Altas de Papúa-Nueva Guinea, por ejemplo, la tribu ganiga había puesto en juego su futuro apostando a una nueva plantación de café cuya propiedad compartían con Joe Leahy. En *Black Harvest* (Cosecha negra), un filme documental, Leahy le decía a Popina, el líder tribal: «Con buenos precios, nadaréis en dinero.» Lo que ocurrió fue que quedaron fuera del mercado. El desconcertado Popina comentaría: «Creo que debo vender todo lo que tengo y viajar al lugar donde se toman todas estas decisiones. Esto nos afecta a todos.» Los ganiga se negaron a cosechar por salarios más bajos, y el grano ennegreció y se pudrió en los cafetos.

El gran café: frío como el hielo

En los países consumidores fueron pocos los tostaderos que se preocuparon demasiado por la espantosa situación de los cultivadores. Estaban encantados con la posibilidad de acumular existencias de grano barato, aun cuando la manía de las fusiones seguía vigente en el mundo de la industria del

---

ofrecer los granos brasileños en conjunto, lo cual permitió a los productores de cafés de mejor calidad formar la Asociación Brasileña de Cafés Especiales. Sin embargo, debieron afrontar una dura batalla para poder cambiar la depreciada imagen del café brasileño.

café. En 1990, Philip Morris se expandió comprando Jacobs Suchard, el conglomerado especializado en café y chocolate dominante en Europa, por 3.800 millones de dólares. De la noche a la mañana, el negocio global del café se concentraba aún más.

En los primeros años de la década de 1990, los principales tostaderos siguieron compitiendo entre ellos sin mucho que mostrar, fuera de la innovadora campaña de Taster's Choice —«El elegido de los catadores»— que de todos modos era un plagio de los anuncios de la británica Gold Blend, la marca de café liofilizado que Nestlé comercializaba en el Reino Unido.* Los anuncios presentaban breves piezas melodramáticas en la primera de las cuales Tony, un soltero sentimental, conocía a Sharon, su hermosa vecina, cuando ella golpeaba su puerta para pedirle un poco de Taster's Choice, que tanto le gustaba por su «sabor sofisticado». La serie de episodios se prolongó durante meses y años, y Tony y Sharon flirteaban con la excusa del café liofilizado en anuncios que rezumaban alusiones inequívocamente sexuales, y estaban cargados de sensualidad y misterio. Aunque Taster's Choice pudiera parecer un improbable afrodisíaco, los anuncios catapultaron el café instantáneo al primer lugar en el mercado en 1993, cuando Tony y Sharon se besaron por fin en la pantalla. Una novela basada en la pareja encabezó la lista de los libros más vendidos en Inglaterra.

Aparte de los anuncios «al estilo de la vida real» de Taster's Choice, los grandes tostaderos siguieron empeñados en desplegar sus tradicionales esfuerzos de comercialización mientras lanzaban nuevos productos. A mediados de la década de 1990 los observadores de la industria ya no tenían dudas de que los principales tostaderos habían perdido el rumbo y que los cafés gourmet a pequeña escala estaban en auge. «Los cafés especiales son el rabo que mueve al perro —señaló un analista—. En cierto sentido, las grandes compañías han desmitificado, deconstruido algo muy especial.» En 1995, *Forbes* resumió el destino de los grandes mercaderes del café en un titular de una palabra: «Oversleeping» («Se han quedado dormidos»). El mensaje que la revista de negocios transmitía a Maxwell House, Folgers y Nestlé decía: «Despierten y huelan el café recién molido.»

---

* En Inglaterra, las ventas de Gold Blend crecieron bruscamente un veinte por ciento en los dieciocho meses transcurridos desde el comienzo de la campaña en 1987. La actriz Sharon Maughan se lamentaba de haber encarnado un personaje en televisión que había dicho «Odio el café», pero a nadie pareció importarle.

CAPÍTULO DIECIOCHO

La Experiencia Starbucks

Según cuenta la leyenda, Merlín nació en el futuro y vivió hacia atrás en el tiempo, moviéndose en dirección al pasado. Con frecuencia debió de sentir que no vivía al mismo ritmo que sus contemporáneos, porque se movía según nociones poco convencionales de cómo debían de ser las cosas. No soy ningún sabio, pero a veces creo saber cómo debió de sentirse. Mi visión del futuro, mis aspiraciones con respecto a la clase de compañía que debería ser Starbucks también son fácilmente incomprendidas.

Howard Schultz, 1997

En 1995 había surgido un tostadero de cafés especiales como líder definitivo en tan dinámico y fragmentado mercado. En un espacio de tiempo increíblemente breve, Starbucks —la compañía pionera de Seattle fundada en 1971 por Jerry Baldwin, Zev Siegl y Gordon Bowker— se había transformado en un fenómeno nacional. Sin pagar siquiera por la publicidad, el nombre «Starbucks» se había convertido en sinónimo de café refinado, lugar de moda e imagen de categoría. Todo esto sucedió porque en 1981 la empresa cafetera había llamado la atención de Howard Schultz, un vendedor de plásticos. Schultz se preguntaba por qué esta compañía relativamente pequeña encargaba tantos termos a Hammarplast, la firma sueca a la que él representaba en Estados Unidos.

En 1980, el socio Zev Siegl había vendido su parte para dedicarse a otros asuntos, y Jerry Baldwin y Gordon Bowker se habían quedado solos. En esa época, Starbucks era el tostador y minorista más grande de Washington y tenía seis locales de venta al por menor. También vendía sus granos a restaurantes, a otros minoristas y a supermercados, y vendía máquinas exprés, molinillos y cafeteras. Descontento con tantas empresas, Baldwin vendió el sector supermercado de Blue Anchor para concentrarse sobre todo en las ventas en sus propias tiendas. También abandonó las cuentas de equipamiento, pero en 1982 contrató al visionario Schultz como su nuevo jefe de marketing. «Tienes una verdadera joya —le dijo Schultz a Baldwin—. Starbucks podría ser mucho más grande.» Aunque Baldwin no tenía planes tan ambiciosos, quedó lo suficientemente impresionado con el agresivo vendedor neoyorquino como para contratarlo.

Luego, en 1983, Baldwin recibió una llamada de Sal Bonavita, que había comprado Peet's en 1979. Bonavita quería vender. «Estaba tan excitado que apenas podía quedarme quieto», recuerda Baldwin. Ésta era su posibilidad de convertirse en propietario de la tienda que había iniciado todo el asunto. «De alguna forma idealista y fantasiosa, yo quería ver a Peet's y a Starbucks unidas.» En 1984, Starbucks compró Peet's y endeudó terriblemente a la compañía. Baldwin se encontró haciendo malabarismos con dos enfoques de compañía distintos y viajando todos los días entre Seattle y San Francisco.

Howard Schultz, entretanto, luchaba por llevar a Starbucks en otra dirección. En la primavera de 1983, Starbucks envió a Schultz a una feria internacional de artículos para el hogar que se celebraba en Milán, Italia. Allí, al igual que Alice Foote MacDougall sesenta años antes, descubrió una vibrante cultura del café. Milán, una ciudad del tamaño de Filadelfia, albergaba 1.500 bares de los 200.000 que había en toda Italia. *«Buon giorno!»*, saludó una mañana a Schultz el encargado de un bar mientras le ofrecía una pequeña taza de exprés a un cliente y preparaba a continuación con gran destreza un capuchino rematado por espuma blanca. «El encargado del bar se movía con tanta gracia que daba la impresión de estar moliendo granos de café, preparando un exprés tras otro y echando vapor a la leche, todo al mismo tiempo, mientras conversaba alegremente con los clientes —recuerda Schultz—. Era un gran teatro.» En la cercana Verona, Schultz tomó su primer *caffè latte*, una bebida con más leche, calentada al vapor, que café.

Schultz se sentía inspirado. «Fue como una epifanía. Era tan inmediato y físico que empecé a temblar.» ¿Por qué no tomar los granos de Starbucks y usarlos en esas preparaciones? ¿Por qué no crear lugares comunitarios de reunión como los que existían en Italia? A su regreso a Seattle, Schultz fue recibido con frialdad. Jerry Baldwin no tenía ganas de entrar en el negocio de los restaurantes. No quería abandonar su misión, que consistía en vender granos enteros.

Cuando Starbucks abrió una sexta tienda en abril de 1984, Baldwin dejó que Schultz probara con un pequeño bar, en una esquina. Tuvo un éxito inmediato, pero Baldwin no quería que sus clientes pensaran en Starbucks como un lugar en el que tomar una taza de café e irse. En ese punto, Schultz decidió instalarse por su cuenta y abrió Il Giornale, llamada así por el periódico más importante de Italia.

Schultz, que había crecido en la relativa pobreza en un bloque de viviendas subvencionadas de Brooklyn, tenía el agresivo dinamismo de un muchacho de la calle que quería tener éxito en la vida. Para mostrarle su buena voluntad y confianza, Baldwin invirtió 150.000 dólares de Starbucks en Il Giornale, y Schultz convenció a otro empresario de Seattle de que contribuyera con un capital inicial. Contrató a Dawn Pinaud, que había administrado el primer bar de café exprés, para que preparara al personal y supervisara las ventas minoristas. Entonces Dave Olsen se unió al grupo. En 1975, Olsen había abierto el original Café Allegro en el barrio universitario de Seattle, donde había tostado granos de Starbucks para sus exprés. «Yo llevaba diez años administrando mi negocio, y empezaba a pensar que debía hacer algo más. El sueño de Howard se adaptaba al mío.»

El primer Il Giornale abrió sus puertas en abril de 1986. Al cabo de seis meses, un millar de personas por día bebía allí su café exprés. Algunos se tragaban la bebida concentrada y pura, como los italianos, pero la mayoría prefería el capuchino (un poco más de exprés que de leche calentada al vapor) o el *latte* (mucha más leche). Los italianos sólo bebían el café así diluido por la mañana, pero Schultz lo adaptó rápidamente a las preferencias norteamericanas. En Italia, la mayoría de los clientes bebía el café de pie. A los norteamericanos les gustaba detenerse un rato, y Schultz puso sillas. Los clientes se quejaban de tener que escuchar ópera todo el tiempo, y Schultz puso jazz como música de fondo.

Pero los elementos esenciales funcionaban. Dawn Pinaud y su personal crearon su propia jerga. Un café no pequeño, corto, largo o grande. Un exprés doble con un poco de leche se llamaba *doppio macchiato*. «Me sorprende que estos términos se hayan convertido en parte del lenguaje —dice Pinaud—. Nos sentamos un día en una sala de reuniones y los inventamos.» Finalmente, después de que Schultz cedió a los requerimientos de sus clientes y empezó a ofrecer leche descremada y diversos sabores, los pedidos se convirtieron en una forma de poesía. Un exprés largo y descafeinado con mucha leche y sin espuma era «un grande sin plomo, con *latte* y sin». Un pequeño café helado de avellana con un poco de café corriente y un poco de descafeinado, leche descremada y una buena cantidad de espuma, para empezar, era «un capuchino helado, corto y esquizo de avellana, descremado con alas».

En marzo de 1987, Howard Schultz se enteró de que Starbucks estaba en venta. Gordon Bowker quería el dinero para instalar una cervecería. Baldwin liquidó Caravali, la subsidiaria al por mayor de la compañía y quería que la propia Starbucks también pasara a ser una empresa subsidiaria. Él y su principal tostador, Jim Reynolds, se trasladarían a San Francisco para concentrarse sólo en Peet's. Al cabo de unas semanas, Schultz convenció a sus inversores de que contribuyeran con 3.800.000 dólares para comprar los seis puntos de venta minorista de Starbucks y la planta de torrefacción. Schultz, que entonces tenía treinta y cuatro años, estaba preparado para hacer realidad su sueño y anunció sus planes de abrir ciento veinticinco puntos de venta en los cinco años siguientes. En un arrebato de entusiasmo, prometió: «No dejaré que nadie se quede atrás.» Abandonó el esotérico nombre de Il Giornale y adoptó el de Starbucks. Convirtió la sirena de pechos desnudos del logo en la figura de una diosa de cola ondulada; al mismo tiempo, los folletos de la empresa proclamaban que Starbuck era el «primer compañero amante del café» en *Moby Dick*, aunque en la novela nadie bebía café.

El entusiasmo de Schultz era contagioso y atrajo a un grupo de personas devotas del café. Entre estas personas se encontraba Kevin Knox, el «especialista en café» que supervisaba todo lo que ocurría desde el momento en que los granos salían del tostadero hasta que el consumidor tomaba el primer sorbo. En octubre de 1987, Howard Schultz envió a Dawn Pinaud a abrir un Starbucks en Chicago. «Tiempo después, un asesor me dijo que me había lanzado en paracaídas en territorio enemigo, con un cuchillo de boy-scout, y con la misión de sobrevivir», recuerda Pinaud. En los dos años siguientes abrió quince tiendas. La gente de Chicago, se quejaban Hills Brothers y Folgers, no se acostumbró enseguida a la mezcla de Starbucks, fuerte y de tueste oscuro. Sin embargo, los capuchinos y los cafés con leche eran deliciosos, y poco a poco las tiendas reunieron una clientela fiel.

En 1987 Starbucks perdió 330.000 dólares. Al año siguiente, perdió 764.000 dólares, y en 1989 las pérdidas fueron de 1.200.000 dólares. En ese momento había cincuenta y cinco locales de Starbucks en el noroeste del Pacífico y en Chicago. Los inversores simplemente debían tener fe y aplicar repetidas inyecciones de capital de riesgo. En 1990, la compañía empezó a repuntar: construyó una nueva planta tostadora y obtuvo un pequeño beneficio. Al año siguiente, Dawn Pinaud llevó Starbucks a Los Ángeles, donde muchos temían que el clima caluroso impidiera la venta de café caliente; pero el producto tuvo un éxito inmediato. «Casi de la noche a la mañana, Starbucks se convirtió en algo elegante —recuerda Schultz—. Descubrimos que el boca a boca es mucho más poderoso que la publicidad.»

Schultz empezó a contratar a expertos en administración de empresas y a ejecutivos con experiencia en dirigir cadenas de franquicias, en crear complejos sistemas informáticos y en preparar a empleados de todo el país para la entrega de artículos de consumo estandarizados. A principios de la década de 1990 reclutó a muchos de ellos en compañías de comidas rápidas como Kentucky Fried Chicken, Wendy's, McDonald's, Burger King, Pepsi y Taco Bell, y ellos aportaron profesionalidad al ya existente idealismo con respecto al café, aunque ambas cosas no siempre coexistían cómodamente. Un ex ejecutivo de Taco Bell adquirió mala fama dentro de Starbucks por preguntarse en voz alta por qué la compañía no compraba cafés acordes con lo que quería el consumidor, en lugar de buscar los granos de mejor calidad. A finales de 1991, había algo más de un centenar de tiendas, con ventas por 57.000.000 de dólares, y Schultz se preparaba para que Starbucks cotizara en bolsa.

La tierra de la latte

«Empecé a tener cada vez más miedo de despertar a los gigantes dormidos —reconoce Schultz, refiriéndose a Maxwell House, Folgers y Nestlé—. Si hubieran empezado a vender cafés especiales desde el principio, podrían habernos dejado fuera de combate.» Pero nunca se introdujeron en las pequeñas tiendas minoristas. Sin embargo, otros puntos de venta regionales de cafés especiales se estaban expandiendo rápidamente. Gloria Jean's Coffee Bean, propiedad de Ed Kvetko, un ex trabajador de la construcción, se presentaba como el mayor competidor de Starbucks. En 1985, cuando Kvetko era propietario de once tiendas en la zona de Chicago, empezó a conceder franquicias, sobre todo en los centros comerciales. Mientras Starbucks transmitía una imagen italiana e intelectual, Gloria Jean's era absolutamente para la clase media y presentaba una amplia variedad de cafés que incluían diversos granos con sabor y, finalmente, una variedad de preparaciones. En 1991 el nombre de la esposa de Kvetko adornaba ciento veinticuatro tiendas en más de cien ciudades, una cantidad considerablemente mayor que las de Starbucks.

Las ventas de granos para gourmets se habían triplicado en sólo seis años, y ahora representaban el veinte por ciento de las compras del hogar. La revolución de los cafés especiales había tenido tanto éxito que invitaba a la parodia. Los consumidores se enfrentaban a «granos de países que los graduados universitarios no son capaces de encontrar en un mapa», se quejó un periodista. Una vez que se habían decidido por la nacionalidad, aún tenían que elegir un sabor: «chocolate, amaretto, vainilla, crema irlandesa, sambuca, naranja, canela, avellana, macadamia, frambuesa, incluso chocolate a la frambuesa. ¿Tostado francés, norteamericano o italiano? ¿Descafeinado o corriente? ¿Qué molido?». En la película de 1991 *LA Story*, el comediante Steve Martin arranca una carcajada al público cuando pide un «medio doble descafeinado semicafeinado con una rodajita de limón».

Es posible que Steve Martin pidiera una tontería, pero las preocupaciones de diez años atrás con respecto a la salud eran dejadas a un lado mientras la nación se subía a la ola de la cafeína. Joan Frank, amante del café, describía «un tembloroso grupo de chiflados casi homicidas» que hacían cola en la puerta de Peet's en San Francisco. «No se metan con nosotros —parecían advertir con la mirada—, aún no hemos tomado nuestro café.» Pero ¿a quién le importaba? «Bendita sea cada gota y cada grano de café», escribió Frank. Sí, creaba hábito, pero qué hábito tan delicioso. «El café es el jugo vital que corre por las venas de la nación, y en el que flota su frágil moral.»

Si esta nación del Java tenía una capital, esa capital era Seattle, el hogar de Starbucks y de muchas otras compañías cafeteras. «Es difícil ir a algún sitio —observó un visitante en 1991—, ya sea la ferretería del lugar o las tiendas del centro, sin cruzarse con un puesto de café exprés, o pasar por la puerta de un elegante café con una brillante máquina exprés en la barra.» Los camioneros tomaban su café con *latte* sin bajar del vehículo. Un consultorio dental servía café a los pacientes que esperaban. El programa de televisión *Frazier* situaba al presuntuoso psicólogo en Seattle, donde él y sus amigos bebían capuchino en el Café Nervosa.

Starbucks: los años en la bolsa

El 26 de junio de 1992 Starbucks lanzó su oferta pública inicial (IPO), y salió a la bolsa a 17 dólares la acción, con una capitalización de mercado (el valor de todas las acciones) de 273 millones de dólares. Hacía tan sólo cinco años, Howard Schultz había pagado menos de 4 millones de dólares por la compañía. Al cabo de tres meses, el precio de la acción había ascendido a 33 dólares, con lo que Starbucks alcanzaba un valor de 420 millones. Schultz, Dave Olsen y otros poderosos ejecutivos —muchos de ellos reclutados a principios de la década de 1990 en las cadenas de comida rápida— se hicieron millonarios de la noche a la mañana. Schultz tenía 1.100.000 acciones, el 8,5 por ciento del total.

Sin embargo, algunos de los que habían vivido la «Experiencia Starbucks» —la frase preferida de Schultz— no compartieron el botín. Dawn Pinaud se retiró en enero de 1992, antes de la oferta pública, para participar en otras operaciones. Finalmente se trasladó a Londres, donde trabajó para una cadena llamada Seattle Coffee Company, e intentó reproducir el éxito de Starbucks. Durante el año siguiente se marcharon otros empleados veteranos de Starbucks. Kevin Knox, que había supervisado la calidad del café, se retiró en enero de 1993. Knox se siente amargado por el hecho de que Schultz lo indujo a error. «Una de sus frases favoritas era: "Nunca creceremos a expensas de nuestra gente y de nuestro café." Nosotros pensábamos que el compromiso era ése, pero fuimos defraudados. Solía ser una compañía en la que lo importante era el producto. Ahora es evidente que lo que importa es el marketing.»

Knox tenía la opción de compra de doscientas acciones. Cuando renunció, la injusticia fue tan patente que Dave Olsen ofreció darle a Knox una porción sustanciosa de sus acciones. «También estaban dispuestos a pagarme 70.000 dólares al año, un aumento de 30.000 dólares. Pero yo no podía aceptar las acciones de Dave, ni el aumento de salario. Me habría sentido sobornado, rodeado como estaba por toda esa gente de las firmas de comidas rápidas, que no sentía pasión por el café. Aquello había perdido el alma.» Regresó a Allegro Coffee en Boulder, Colorado, y se sintió «explotado y estafado».

Sherri Miller, otra devota del café, se quedó en Starbucks hasta 1995. «Cuando empecé a trabajar en Starbucks, en 1990, estaba entusiasmada con la idea de dedicarme a los cafés especiales —recuerda—. Pero después todo cambió. Cada vez nos dedicábamos menos al café y más a los beneficios y a los balances. Después quisieron que yo firmara una cláusula de no competencia, que me habría obligado a no trabajar nunca más en el ramo del café si me iba de Starbucks. Querían que la gente pensara que no había nada más fuera de Starbucks. Era una especie de culto.» Sherri se fue poco tiempo después. «En Starbucks se habla mucho de tratar a los empleados con dignidad, pero la realidad no suele ser ésa.»

Knox y Miller afirman que la calidad de los granos de Starbucks se había resentido, una consecuencia inevitable de haber experimentado un crecimiento tan rápido. Sin embargo, al menos en apariencia, Schultz y su equipo seguían siendo fanáticos con respecto a mantener la frescura y la calidad. Mary Townsend (ahora Williams), una respetadísima importadora de cafés especiales, sustituyó a Knox en 1993. Los granos tostados eran despachados a todo el país en bolsas cerradas con válvulas irreversibles; una vez abiertas, debían utilizarse en el plazo de una semana. Los sobrantes eran donados para obras de caridad. Toda el agua que se usaba para preparar el café de Starbucks era purificada.

Los empleados de Starbucks eran adoctrinados durante un curso de veinticinco horas sobre las reglas de la compañía. Una de ellas decía: Prepararás un doble exprés en un plazo de dieciocho a veintitrés segundos o lo servirás al cabo de diez segundos, o lo tirarás. Los cursos, llamados Conocimientos del Café, Habilidades del Minorista, Preparación de la Taza Perfecta y Servicio al Consumidor eran impartidos por instructores absolutamente serios, jóvenes y vitales. «¡Encantador! ¡Qué espuma fabulosa!», exclamaban mientras los alumnos preparaban mezclas con leche. Los miembros de la joven Generación de los Xers, que estaba de moda, tenían que quitarse las tachuelas o los pendientes de la nariz, los labios o la lengua, y ningún empleado podía usar colonia o perfume que pudiera interferir los aromas del tostado.

Aunque Schultz podría haber cuadruplicado su nivel de expansión concediendo franquicias de Starbucks, eligió abrir sólo tiendas de propiedad de la compañía, salvo en aeropuertos y otros puntos que exigían autorización. De esa forma podía mantener un control estricto de calidad y capacitación.

Aunque tal vez Starbucks fue injusta con algunos de los pioneros, pagaba sueldos por encima del mínimo —mucho mejores que los de la mayoría de las compañías de comidas rápidas— y proporcionaba un innovador paquete de beneficios que incluía empleados a tiempo parcial que trabajaban veinte horas por semana o más. Esto hacía que el movimiento de empleados en Starbucks fuera sólo del sesenta por ciento al año, en comparación con el promedio industrial del doscientos por ciento o más. En 1991, Schultz introdujo su programa «Acción Grano de Café», en el que los empleados —llamados socios— recibían opciones de compra de acciones que valían el doce por ciento de su sueldo anual básico, para que fueran favorecidas con incrementos de una quinta parte a lo largo de un período de cinco años. Todos los años se emitían nuevas opciones. En teoría, cada empleado tenía participación en el éxito de la compañía. Sin embargo, dado que cada empleado medio se marchaba al cabo de un año y medio, la mayor parte de las acciones expiraban sin ningún valor. En cambio, para aquellos que se quedaban varios años en la compañía, la Acción Grano de Café proporcionaba un pequeño ahorro si las acciones seguían subiendo.

Starbucks también se convirtió en la empresa norteamericana que más donaciones hizo a la organización de ayuda CARE, especificando que sus contribuciones se destinaran a ayudar a países productores de café, como Indonesia, Guatemala, Kenia y Etiopía. A mediados de la década había entregado 500.000 dólares por año. La compañía vendía un paquete con una selección de café llamada «Selección CARE», y donaba una parte de lo recaudado. La agradecida organización respondió otorgando a Starbucks su premio Humanitario Internacional. Algunos decían que la cadena obtenía una enorme publicidad positiva con muy poco gasto, donando menos del 0,2 por ciento de sus ventas netas.

En efecto, Schultz parecía ser un maestro en la construcción de imagen.

«Ya conoce de memoria la jerga y los argumentos del buen café —señaló en 1994 el veterano tostador de cafés especiales Don Schoenholt—, y [la gente de los medios] parece creerle.» Alto, delgado, fotogénico, Schultz tenía el aspecto de un ejecutivo que prefería los pantalones de pana y las camisas de franela a cuadros a los trajes. Un periodista lo describió como un hombre «de voz suave [y] una actitud tímida, casi como si pidiera disculpas».

«Me río cuando veo películas en las que Howard parece despreocupado —comenta un empleado de Starbucks—. No es el Señor Despreocupado del Noroeste.» Como ha dicho el propio Schultz: «La mía es una historia de perseverancia y empuje, lo mismo que de talento y suerte. Yo quería que así fuera. Tomé mi vida en mis manos, aprendí de todos los que pude aprender, aproveché todas las oportunidades que se me presentaron y modelé mi éxito paso a paso.» Según un conocido, Schultz es «la persona más competitiva que he conocido». En un picnic anual de la compañía, Schultz se puso tan furioso durante un partido de voleibol que estuvo a punto de llegar a las manos por los tantos anulados.

En 1989, el sociólogo Ray Oldenburg publicó *The Great, Good Place*, un lamento por la desaparición de lugares de reunión de la comunidad, como la antigua tienda de pueblo, o la heladería. El libro, que dedicaba todo un capítulo a las cafeterías, llegaba a la siguiente conclusión: «La supervivencia de la cafetería depende de su habilidad para satisfacer las necesidades actuales y no las de un pasado romántico.» A Schultz le encantaba ese libro y adoptó el término académico de Oldenburg: bautizó Starbucks como el «tercer lugar» después del hogar o el trabajo, «una extensión del porche de la casa», donde la gente podía reunirse de manera informal. Podría decirse que las cafeterías modernas como Starbucks proporcionan un espacio muy necesario para el encuentro de amigos y desconocidos, sobre todo cuando nuestros valores culturales se vuelven más paranoides y fragmentados.

Pero Schultz no estaba en el negocio para proveer a la comunidad, sino para ganar dinero. Después de salir a la bolsa, Starbucks organizó un bombardeo en todo el país: pasó a tener 165 tiendas en 1992, 272 en 1993 y 425 en 1994. A mediados de esa década, la compañía abría un promedio de una tienda por día laborable, e intentaba encontrar los lugares adecuados estudiando las características demográficas de los clientes que hacían sus pedidos por correo. Schultz controlaba las ventas diarias y los beneficios de cada tienda, y llamaba a los administradores para felicitarlos o amonestarlos.

En cuanto expiró la cláusula de no competencia del contrato de ventas, Schultz le escribió una carta al anterior dueño, James Baldwin, ofreciéndole comprar Peet's. Como Baldwin se negó, Schultz abrió un Starbucks en San

Francisco, a cuatro puertas de distancia de Peet's. «El enfoque típico ha sido "Por qué no nos vende, de lo contrario lo destruiremos"», comenta Baldwin.

En 1993, Starbucks estableció una cabeza de playa en la Costa Este, en Washington D.C. Muchísimos washingtonianos acudían al lugar. *Fortune* presentó a Schultz en la portada como el ejecutivo principal de una de las cien compañías norteamericanas que habían crecido a mayor velocidad. «Starbucks, la empresa de Howard Schultz, muele el café y lo convierte en oro», comentaba la revista.

Starbucks anunció su intención de llegar a Mineápolis, Boston, Nueva York, Atlanta, Dallas y Houston en 1994. En Boston, la onda expansiva llegó al cuartel general de Coffee Connection; su fundador, George Howell, había temido semejante movimiento. En 1990, Schultz había aparecido en el despacho que Howell tenía en Cambridge con la intención de comprarle su parte. La respuesta fue «no». Schultz repitió la oferta pocos años más tarde. Howell despreciaba el tostado oscuro de Starbucks. Se enorgullecía del tostado matizado que precisamente extraía el delicado sabor de cada grano. No quería ver destruido el trabajo de veinte años, pero sabía que Starbucks se estaba acercando. Para prepararse, a partir de 1992 Howell abrió rápidamente nuevas sucursales de Coffee Connection. En el momento en que Starbucks anunció que llegaría a Boston en 1994, Howell había abierto veintiún locales, y tenía planes de abrir seis tiendas nuevas ese mismo año.

En marzo, Howell sacudió al mundo de los cafés especiales con su acuerdo de vender su parte a Starbucks por 23 millones de dólares. Se dio cuenta de que en su rápida expansión habría perdido parte del control de calidad. No disfrutaba con la administración financiera. El negocio ya no era divertido. «Howard Schultz prometió que Coffee Connection seguiría en el negocio, que mantendrían inalterados el concepto y el producto», recuerda Howell, compungido.

Sin embargo, al cabo de dos años todos los Coffee Connection quedaron convertidos en puntos de venta de Starbucks, muchos empleados de Coffee Connection fueron despedidos y la tarea del tostado pasó a un segundo plano. Dado que necesitaban una planta de torrefacción centralizada en la Costa Este, Starbucks abrió una en York, Pensilvania, y cerró la planta que Coffee Connection tenía en Boston.

El gigante Starbucks parecía imparable. La empresa avanzaba a toda velocidad, como señaló el *Business Week*, y conquistó rápidamente la ciudad de Nueva York. En 1995, Starbucks abrió locales en Pittsburgh, Las Vegas, San Antonio, Filadelfia, Cincinnati, Baltimore y Austin, con un total de 676 tiendas a finales de ese año. Al año siguiente, los locales de Starbucks llegaban al millar, uno de ellos en Tokio. Howard Schultz estaba allí, observando a los japoneses formados en fila a pesar de los 35 grados de temperatura, preparados para la Experiencia Starbucks. Se echó a llorar.

Mediante astutas sociedades conjuntas, Starbucks propagó su fama y su logo mientras hacía cada vez más dinero. Con Pepsi creó Mazagran, una bebida gaseosa de café —su primer fracaso—, pero siguió con Frappucino, un café con leche frío que se vendió muy bien en los supermercados. En combinación con Redhook Ale Brewery, la compañía presentó Double Black Stout, una cerveza con sabor a café. Dreyer's produjo un helado de café que enseguida se convirtió en la marca más vendida de ese sabor. Starbucks incluso publicó su propia música, *Blue Note Blend*, un CD de jazz para escuchar bebiendo café, y *Songs of the Siren*, una colección de voces femeninas. Abrió un ingenioso sitio en Internet. En las supertiendas Barnes & Noble de Estados Unidos y en las tiendas Chapters de Canadá, los clientes podían beber café Starbucks mientras leían en un cómodo bar.

Starbucks parecía hallarsse en todas partes. Estaba en el aire con United Airlines y Canadian Airlines, se asoció con Oprah Winfrey para promover programas de alfabetización, abrió tiendas en Singapur, Hawai, Filipinas, Taiwan y Corea, firmó acuerdos con cadenas de hoteles, líneas de cruceros, compró un local de una cadena de rosquillas y, finalmente, participó en pruebas de mercado de supermercados. «Starbucks» se convirtió en una palabra muy conocida sin haber hecho una campaña publicitaria nacional. En realidad, durante sus veinticinco primeros años de existencia, la compañía gastó menos de 10 millones de dólares en publicidad. Era una verdadera «maravilla oral», como señaló un sorprendido periodista de *Advertising Age*. No sólo eso sino que además hacía dinero mientras se promocionaba, con la venta de jarras, termos y latas que llevaban el logo estampado. En 1994, Dave Olsen escribió *Starbucks Passion for Coffee*, un manual sobre el café, con recetas, publicado por Sunset Books, y al año siguiente *Starbucks Pleasures of Summer*.

Dos años más tarde, Howard Schultz contó su vida en *Pour Your Heart Into It: How Starbucks Built a Company One Cup at a Time* (escrito en colaboración con un periodista del *Business Week*) y donó lo recaudado a la recién creada Starbucks Foundation. El libro es una historia al estilo de Horatio Alger, en la que Schultz escribe: «¿Qué posibilidades tenía yo, un chico de un barrio de viviendas protegidas?» Pero tuvo éxito porque «me atreví a tener grandes sueños, y luego deseé que se hicieran realidad». Sin embargo, le dice al lector, a pesar del éxito, «sigo corriendo, buscando algo que nadie más podría comprender jamás». También afirmaba haber «dejado mi ego en la puerta», aunque no pudo resistir la tentación de agregar: «Me gusta pensar que soy un visionario.»

El 1 de abril de 1996, el programa *All Things Considered*, de Radio Pública

Nacional, informó: «Starbucks pronto anunciará sus planes de construir un cafeducto que costará más de 1.000 millones de dólares, un cafeducto de miles de kilómetros de largo, desde Seattle hasta la Costa Este, con ramales a Boston y Nueva York y Washington, un cafeducto que transportará granos de café recién tostados.» Un cronista observó: «La compañía realmente quiere seguir poniendo diminutos cafeductos multimedia directamente en sus hogares.» El hecho de que al principio mucha gente creyera que esta broma era una noticia de verdad es un testimonio de la ubicuidad de Starbucks.

Desviar a los críticos

Como era de esperar, el éxito arrollador de Starbucks, con sus tácticas agresivas, además de adulación dieron lugar a críticas. Los competidores se quejaban de que Starbucks utilizaba tácticas depredadoras en lo relativo al comercio minorista, pues con frecuencia abría locales en la acera de enfrente de los de ellos. En Nueva York, por ejemplo, Starbucks abrió establecimientos cerca de Timothy's, Seattle Bean, Oren's Daily Roast, y New World Coffee.

Cuando Starbucks demandó a Second Cup por copiar, supuestamente, el aspecto y el ambiente de sus tiendas, la compañía canadiense entabló a su vez una demanda contra Starbucks por «tácticas de acoso». Ambos pleitos se solucionaron extrajudicialmente. En 1996, la reacción contra Starbucks había obligado a la empresa a abandonar sus planes de colonización en zonas de San Francisco, Los Ángeles, Toronto y Mineápolis, donde las protestas habían alcanzado gran difusión. En Vancouver, los manifestantes habían recibido a Starbucks con proyectiles de pintura y con pintadas insultantes. El dilema de la empresa era «cómo hacerse grande y ser amistoso al mismo tiempo», señaló un periodista de *Newsweek*.

Sin duda, el hecho de que el dueño de la venerable Scenes Coffee House de Chicago se negara a renovar su contrato al tiempo que alquilaba un espacio en el mismo edificio a una nueva Starbucks no transmitió una imagen amistosa. En Bethesda, Maryland, Starbucks ofreció superar el contrato de arrendamiento de Quartermaine Coffee Roasters. Cuando el dueño rechazó su oferta, Starbucks intentó comprar el edificio entero.

Los ejecutivos de Starbucks, que estaban a la defensiva, negaron que sus objetivos fueran los competidores, aunque rehusaron hacer comentarios sobre casos específicos. «Starbucks jamás ha tenido la intención de dejar a nadie fuera del negocio, y cuando conseguimos nuevos locales lo hacemos de acuerdo con las prácticas corrientes de la propiedad inmobiliaria», dijo un portavoz. La empresa buscaba locales óptimos, simplemente. Además, «tener cerca a los competidores no hace más que aumentar la conciencia general con respecto al café».

El *Utne Reader* se quejó de que mientras Starbucks se jactaba de su naturaleza comunitaria, la acústica producida por los antisépticos suelos de baldosas, los paneles de madera y las ventanas de cristal cilindrado resultaban «deprimentes», y que las incómodas sillas de respaldo bajo y las mesas diminutas no estimulaban a los clientes a permanecer mucho rato. «Odio este lugar —protestó un hombre mientras hacía una cola en Starbucks—. Es caro, está lleno de gente y no sé hablar este idioma.» Sin embargo, esperaba que le sirvieran una *latte* y más tarde volvió a buscar otra.

A pesar de las críticas, era evidente que Starbucks estaba haciendo lo correcto. El cliente medio visitaba Starbucks dieciocho veces al mes, y el diez por ciento de ellos iba dos veces al día. «Si entras en una tienda de Starbucks —comentó Howard Schultz—, ves pequeñas estampas. Gente reunida por asuntos de negocios. Una madre que lleva a su hijo en un cochecito. Gente sola que se conoce allí.» Tenía razón, aunque en la mayoría de los casos la gente entraba buscando una soledad compartida. «La cafetería es el lugar ideal —como dijo en una ocasión un vietnamita— para la gente que quiere estar sola, pero que necesita compañía.»

Debido a su ubicación, Starbucks atrajo una cantidad injustificada de críticas. Sin duda tiene el mérito de haber introducido a muchos norteamericanos en el café de primera calidad y el mérito de haber rejuvenecido la imagen de una semilla que había sido degradada y monetarizada. «Siempre me ha desconcertado —comentó Howard Schultz en 1997—, que en Estados Unidos, por alguna razón, hay gente que alienta apasionadamente a los más desamparados para que lleguen a algo en la vida, y cuando el desamparado alcanza cierto nivel de éxito, esa misma gente considera necesario arruinarlo.»

Al cabo de pocos años, Howard Schultz construyó un imperio del café, un negocio de 1.000 millones de dólares al año cuyo único límite era las fronteras de la Tierra. «Starbucks va a ser una marca global —predice Schultz—, del mismo tipo que Coke o Disney.» El cómico Jay Leno piensa que se puede ir aún más lejos. Mostró a su público una imagen satelital de la vida en Marte... en la que ya existía Starbucks.

Un mercado que madura

A mediados de la década de 1990 surgieron señales de que la revolución de los cafés especiales en Estados Unidos se había detenido. Mientras seguían apareciendo cafeterías —incluso en Peoria había un Mocha Joe's— el número de

puestos de exprés en Seattle disminuyó en cierto modo, y los analistas empezaron a hablar de «saturación». En respuesta, la Asociación Norteamericana de
Cafés Especiales calculó que, mientras en 1995 había más de 4.000 puntos
de venta de cafés especiales, a finales de siglo habría 10.000.

Del escaso centenar de socios con que contaba en 1985, la Asociación había
pasado a tener más de un millar diez años más tarde. Su convención anual se
convirtió en una gigantesca oportunidad comercial para los proveedores de tostaderos, elaboradores, aromatizadores, camisetas con mensajes acerca del café,
jarras, libros y cualquier otro artefacto imaginable que tuviera remotamente algo
que ver con el café. Sus miembros no sólo escuchaban a los expertos en el producto, sino también a hábiles oradores que les decían cómo tener éxito con la
generación New Age. Los veteranos se quejaban de que los neófitos tenían el signo del dólar dibujado en los ojos, que lo que menos les interesaba era el café.
Teniendo en cuenta que abrir un bar costaba alrededor de 250.000 dólares, tal
vez eso era comprensible.

Una nueva tanda de libros sobre el café para supuestos conocedores inundó las librerías. En la década de 1990 aparecieron muchas revistas nuevas dedicadas al café. La mayoría se desvaneció tan rápidamente como la taza de café de
la mañana. Artistas y escritores parodiaban su propia obsesión. «Yo flotaba constantemente a un metro del suelo y podía trasladarme telecinéticamente
—escribió alguien de Oregón—. Era un alma atormentada. Nunca tenía suficiente.»

Incluso la cena era adecuada para servir un exprés. En California, McDonald lo hacía. Dunkin' Donuts no tenía la apariencia de categoría ni la jerga
especial de Starbucks, pero desde sus comienzos en 1948 con el nombre de
Open Kettle siempre había servido un café excelente. En 1983 empezó a vender granos enteros, y en 1995, con más de 3.000 puntos de venta concedidos
en franquicia, era realmente «una firma de café disfrazada de firma de rosquillas», como la describió un experto en café. Lo mismo puede decirse de Tim
Hortons, una cadena canadiense similar.

A mediados de la década de 1990, los asesores comerciales tomaban nota
de la tendencia a los cafés especiales. En *Value Migration*, Adrian Slywotzky
afirmaba que «no era el cliente el que hacía tomar las decisiones en P & G, en
General Foods o en Nestlé», donde el café se había monetarizado, mientras que
los tostadores más pequeños y selectos proporcionaban el valor que había
abandonado a los grandes. El café entero para gourmets y sus bebidas asociadas
proporcionaban una categoría identificable que los comercializadores masivos
habían descuidado. «Un tostador regional que hubiera lanzado un diseño de
café en 1991, un paso más atrás de Starbucks, podría haber creado una marca

nacional —señaló Slywotzsky—. En 1994 ya era demasiado tarde.» Procter &
Gamble, que había introducido nuevas marcas «más hábilmente que cualquiera», esta vez había perdido la oportunidad. «P & G podría permitirse una inversión de 50 a 100 millones de dólares durante dos años para crear una nueva
marca nacional.»

En diciembre de 1995, mientras *Value Migration* estaba en la imprenta,
Procter & Gamble compró Millstone por una suma no revelada.* En ese momento, su fundador, Phil Johnson, había convertido Millstone en una marca
seminacional, con tostaderos en Washington y Kentucky y su propia flota de
camiones; vendía 700.000 kilos por mes y tenía unos ingresos brutos de 40 millones de dólares al año. Johnson conservó su planta tostadora del oeste y siguió
suministrando granos a Millstone.

Parecía comenzar otro ciclo comercial. Así como la industria tradicional
del café había sufrido un crecimiento fragmentado y luego se había fusionado,
el movimiento de las especialidades alcanzaba la madurez y se consolidaba. En
ese proceso, ¿perdería también el alma?

---

* Los cronistas comerciales calculaban que Procter & Gamble pagó por Millstone una
suma entre los 20 y los 100 millones de dólares.

CAPÍTULO DIECINUEVE

El fondo de la taza

El café está resultando un artículo bastante cósmico... y la forma en que es cultivado, comercializado y consumido tiene consecuencias en la salud ambiental del mundo.

Russell Greenberg, director del Smithsonian
Migratory Bird Center, 1996

Así es la gente del café. Recolectan café para comprar alimentos. Dicen que el precio del café es malo. De modo que la paga es demasiado baja para comprar alimentos. Esta población está jodida.

Men With Guns, película de John Sayles, 1997

—Sí, es un café excelente, con un sabor característico, misterioso. ¿Le gustaría probar una taza?

John Martínez habla del Kopi Luwak, los raros granos de Sumatra que vende a 300 dólares la libra sobre pedidos por correo. Martínez, que es nativo de Jamaica, proviene de un linaje de cafeteros que se inició con su bisabuelo español Pedro Martínez, capitán de barco, que comerciaba con café en el siglo XIX. En 1980 John Martínez instaló su negocio en Atlanta, Georgia, y desde entonces se ha dedicado a buscar cafés selectos para servir a sus clientes por correo.

He oído hablar del Kopi Luwak, la rara preparación que él me ofrece. Al igual que muchos granos selectos, los que lograron esta taza fueron procesados según el método en húmedo; pero en este caso el proceso de separar las semillas de la pulpa, la eliminación del mucílago y la cubierta apergaminada fue totalmente natural, realizado a medida que la baya se abre paso a través del intestino de la civeta, la *Paradoxorus hermaphroditus* (en Indonesia se llama *luwak*), también conocido como gato de algalia. Cerca de sus órganos sexuales, este mamífero posee una glándula que segrega un aceite semejante al almizcle, muy apreciado en la industria perfumera. De hecho, en la obra de Shakespeare, el rey Lear pide un poco de algalia «para endulzar mi imaginación». Sin embargo, una dosis alta no es tan dulce. Como la mofeta, el gato de algalia utiliza esa sustancia para ahuyentar a sus enemigos.

Siento verdadera curiosidad y acepto una taza, que calculo que cuesta más de 7 dólares. Me inclino sobre ella y percibo un aroma dulce y seductor. Entonces doy un sorbo. Es un café con cuerpo, y un sabor realmente poco común —¿terroso, acre, vigoroso?— que permanece en la boca mucho tiempo después del último trago. Creo que no estaría dispuesto a pagar 300 dólares la libra de esos granos. En realidad, creo que no pagaría nada.

Pero eso es algo que aprendí a lo largo de mi investigación sobre el café: lo que para un consumidor es un veneno, para otro es un néctar. Los granos brasileños ásperos y fermentados de Rioy, despreciados por la mayoría de los conocedores, son muy apreciados por los griegos. A los franceses les encanta el café adulterado con achicoria. Algunos consumidores juran por los Malabares del monzón, los granos indios envejecidos y humedecidos por ese famoso viento. Después está el factor psicológico. Cuanto más raros son los granos, más caros y deseables. De ahí que el Kona hawaiano y el Blue Mountain de Jamaica alcancen precios elevados a pesar de que la mayoría de los expertos en café los considera desabridos en comparación con el Antigua de Guatemala, o el AA de Kenia. ¿Por qué, entonces, un precio más elevado? En un año bueno, los hawaianos y los jamaicanos preparan un café equilibrado y aromático que atrae a casi cualquier amante del café. No obstante, los granos son escasos, y los compradores japoneses los han vuelto aún más escasos al comprar la mayor parte de la reducida producción.*

Al principio, John Martínez vendía el Kopi Luwak sobre todo para «demostrar que mis granos Blue Mountain de Jamaica no son tan caros a 40 dólares la libra». Gracias a sus esfuerzos, ganó el Premio Ig Nobel en Nutrición, un humorístico premio creado en memoria del mítico Ignatius Nobel. En la ceremonia celebrada en 1995 en la Universidad de Harvard, Martínez recitó su «Oda al luwak», que concluye con la siguiente estrofa:

---

* El Yauco Selecto de Puerto Rico y el Bleu haitiano están intentando crear una imagen de categoría para sus granos caribeños, lo cual podría mejorar considerablemente su economía. En el caso de Haití, el país más pobre del hemisferio occidental, ese proyecto podría salvar vidas, además de plantas.

> *¡Luwak! ¡Luwak! Después de que te has hartado,*
> *Una nueva sensación de sabor ha nacido.*
> *Para todos los aquí reunidos, ésta es la primicia:*
> *¡Estamos bebiendo café hecho con tu caca!*

Martínez se especializa en cafés de fincas, selectos y sin mezclas, y los compara con el vino. En efecto, el sabor de un café cultivado en una finca determinada varía según el tipo de cafeto, el suelo, las condiciones atmosféricas y el procesamiento. «Algunos cafés llevan consigo los olores de los bosques que crecen cerca —comenta entusiasmado Tim Castle, experto en café—, el sabor del agua que remojó sus raíces, los aromas de las frutas que crecen cerca... Algunos cafés, cuando los pruebas, te transportan a su lugar de origen.»

El escándalo del Kona Kai

Tanta poesía con respecto al café suena muy bien, pero evidentemente, en algunos casos no responde a la realidad. Tomemos el caso de Michael Norton, propietario de las Fincas Kona Kai e importador de California, especializado en los costosos granos hawaianos. Durante años, Norton engañó a casi todo el mundo: compraba granos panameños y costarricenses baratos, los volvía a envasar bajo el rótulo de Kona y los vendía con un amplio margen de beneficio.

Cuando se supo esto, en 1996, la industria de los cafés especiales quedó conmocionada. Los tostadores sabían que la «mezcla Kona» debía contener sólo el diez por ciento de granos hawaianos, y que el «estilo Kona» no necesariamente los tenía, pero Norton se había valido de un engaño.* Muchos tostadores importantes compraban granos Kona Kai, entre ellos Peet's, Hills Brothers, Peerless Brothers, la Ueshima Coffee Company y otros, pero era imposible que supieran que estaban comprando otros granos.

«Obtenían lo que compraban... café», le dijo Norton a un antiguo colega durante una conversación telefónica grabada secretamente. Su abogado mostró la misma actitud: «La cuestión es que Michael Norton estaba vendiendo café de primera calidad, y sus clientes estaban satisfechos con el producto.» Los expertos en café, avergonzados, admitieron públicamente que ni siquiera el Kona

---

* Mary Townsend estaba al menos indirectamente implicada. Mientras trabajaba para Klein Brothers, antes de ocuparse de las compras de café en Starbucks, Townsend había dispuesto lo necesario para que Norton comprara granos panameños.

auténtico los entusiasmaba. «Debo confesar que no presté demasiada atención —le dijo Jim Reynolds, de Peet's, a un periodista—. Era insulso y poco interesante, como el café Kona, así que supuse que era Kona.»

Para asegurarse de que no ocurra lo mismo con el auténtico Blue Mountain de Jamaica, los cultivadores lo despachan en toneles de madera grabados. Después de tostar los granos, John Martínez reduce los toneles a astillas para asegurarse de que no van a ser reutilizados incorrectamente.

La Minita: una ciudad-estado del café

John Martínez compra varios de sus cafés de finca a Bill McAlpin, que cultiva café en La Minita, su finca de Costa Rica, que tiene interés turístico. McAlpin, un hombre imponente de un metro noventa de estatura, cuyo considerable contorno aumenta su aire de autoridad, se ha ganado la bien merecida fama de entregar café de calidad. Aunque es ciudadano norteamericano, creció en América Latina, donde su padre, financiero, era propietario de varias empresas, además de la tierra en la que ahora él cultiva café. El joven McAlpin fue educado en escuelas suizas de lengua francesa, estudió economía y filosofía y luego trabajó durante un tiempo en una estancia ganadera en Argentina; en 1974 empezó a cultivar café para su padre en Costa Rica, y algunos años después le compró su parte de la sociedad.

Decidido a lograr que sus granos se convirtieran en algo fuera de lo común, en 1987, cuando tenía treinta y seis años, seleccionó lo mejor de lo mejor, despachó doscientos sacos a Virginia, alquiló un camión U-Haul y se lanzó a las carreteras. Acompañado por su esposa Carole Kurtz visitó los tostaderos de cafés especiales del este norteamericano, donde presentó sus excelentes granos. Su cliente más importante fue George Howell, de Coffee Connection de Boston, que se convirtió en su alma gemela. Años después, Howell lo convenció de que buscara, mejorara y vendiera también cafés especiales de Guatemala y Colombia.

Los granos Tarrazu de La Minita mantienen un precio constante de 3,99 dólares la libra, al margen de las variaciones del precio en la bolsa. Sin embargo, sólo una pequeña parte (alrededor del quince por ciento) de los granos cultivados en la plantación alcanzan esa categoría. Los demás dependen del mercado, aunque el precio que alcanzan está muy por encima del precio corriente.

En cierto modo, el éxito extraordinario de McAlpin es un reflejo del de Starbucks, pues tampoco él gasta demasiado en publicidad. Los clientes son invitados a visitar La Minita, y allí ven una finca modelo en acción, toman alimentos maravillosos además de café, admiran una caída de agua de 60 metros, visitan la clínica médica de la finca y conocen a algunos trabajadores supuestamente satisfechos. También pueden participar en la recolección.

La Minita fue el eje de mi recorrido por América Central durante el mes de enero de 1997. Tuve un comienzo incierto. Cuando McAlpin descubrió que en el camino yo había recogido algunos granos de otros países, insistió en que revisara mi cuerpo e inspeccionara mi equipaje. Los broca, pequeños insectos negros, no han llegado a Costa Rica, y por supuesto yo no quería ser su letal portador. Sin embargo, una vez en la finca, todas las preocupaciones se diluyeron en las paradísíacas montañas de la región de Tarrazu; allí me alojé en una pensión, a 1.500 metros sobre el nivel del mar.

Me desperté a las seis de la mañana, con las risas de los trabajadores que iban a cumplir su tarea. Cuando me levanté, el sol empezaba a iluminar las montañas de 3.000 metros que se alzaban al otro lado del valle. Después del desayuno, los otros invitados y yo bajamos caminando hasta el río que forma uno de los límites de la plantación, y pasamos junto a cafetos cargados de frutos, y de vez en cuando junto a algún naranjo plantado con la idea de que sirviera de refresco a los trabajadores. Después participamos en la recolección, en los bancales de las empinadas laderas. Al cabo de una hora yo había ganado lo suficiente para comprar dos bolsas de cacahuetes en el economato.

Luego nos unimos a los auténticos recolectores, que a las dos de la tarde ya habían concluido su tarea. Conversé con Ángel Martín Granados, un joven que me dijo, intérprete de por medio, que ese día había reunido doce cajuelas y media (unos 250 kilos), que para él representaban alrededor de 15 dólares. Después de tres años de trabajo en La Minita, había ahorrado lo suficiente para comprarse una casa y plantar su propia parcela de café.

Bill McAlpin preside sus dominios como un dictador benigno, y exige una atención obsesiva a la calidad y los detalles. Pasa los meses de la temporada baja en su casa de verano de Bar Harbor, en Maine, pero incluso desde allí dirige la finca; según él es «una clásica ciudad-estado» y proporciona un modelo para el resto del mundo que, por lo que se ve, irá a parar directamente al infierno. Le preocupa la superpoblación, el delito, la degradación ambiental. «Tal vez ya nos ha pasado el momento —me dijo durante una cena de gourmets que había preparado—. Los seres humanos somos menos que un grano en el culo de la historia.»

En un discurso que pronunció para sus trabajadores en 1995, McAlpin describió La Minita como «un simple organismo vivo», en el que él intentaba proporcionar «un hábitat laboral y social seguro». Alimento, techo, salud, seguridad, libertad y actividad espiritual era lo que esa finca ofrecía, dijo, en contraste con el resto del mundo. El idealismo de McAlpin alcanza también a su café. En lugar de usar herbicidas, sus trabajadores quitan con machetes la ma-

leza de las 325 hectáreas. Salvo en circunstancias extraordinarias, evita los insecticidas. El suelo es analizado dos veces al año. Los árboles de sombra ayudan
a fijar el nitrógeno y a mudar las hojas, que servirán como mantillo, pero también se aplican fertilizantes con regularidad.

A pesar de su preocupación por los temas sociales y ambientales, McAlpin
insiste en que, a largo plazo, es simplemente pragmático. Trata bien a sus trabajadores porque eso es un buen negocio. Menosprecia los precios mínimos impuestos al café que, en su opinión, piden a la gente que compre café por sentimiento
de culpabilidad. «No me interesa que alguien compre el café de La Minita por la
manera en que lo cultivamos. Queremos que lo compren porque es un café superior.» Acusa a los individuos bienintencionados de Equal Exchange y a Max
Havelaar de «imperialismo cultural» y ataca a quienes mezclan «sufrimiento,
dolor y humillación» en los granos que venden a «esas criaturas prósperas pero
atormentadas por los remordimientos, que se calzan en Birkenstock, son políticamente correctas e ingenuas hasta la miopía, conocidas como "huppies"», a las
que define como una combinación de hippies y *yuppies.*

Coffee Kids y los Coyotes

Bill McAlpin dice que es su deseo que todos los cultivadores de café puedan alcanzar la misma calidad que La Minita. Entonces, las desigualdades sociales del sistema podrán resolverse solas. Lamentablemente, las realidades del
mercado hacen que eso resulte casi imposible. Cuando visité a Betty Hannstein
Adams en su finca Oriflama en el oeste de Guatemala, hablamos largo rato de
temas sociales. Su padre y su abuelo habían cultivado esa misma tierra.

Sí, era verdad que pagaba a sus trabajadores alrededor de 3 dólares al día.
No podía pagarles más que otros dueños de plantaciones sin subir el precio de
los granos y quedarse sin compradores. El margen de beneficio era escaso, y los
imprevisibles cambios en los precios hacían que resultara difícil planificar. Por
ejemplo, después del colapso del Acuerdo Internacional del Café, en 1989, la
finca había pasado varios años perdiendo dinero, hasta 1994, cuando la declinante producción mundial y la helada en Brasil volvieron a subir los precios
durante un breve período. Según calculaba Adams, el café tendría que venderse a unos 4,50 dólares más la libra para que los dueños de plantaciones pudieran pagar a sus trabajadores el salario mínimo norteamericano de 5,15 dólares
la hora. Eso sería razonable. Incluso a 15 dólares la libra en el caso de los cafés
especiales tostados, los consumidores podrían disfrutar de una taza de café correctamente preparado por unos 37 centavos, que no es mucho si considera-

mos el precio de un refresco. Una remota posibilidad, sin embargo. Con el correr de los años, los ciudadanos y los políticos norteamericanos han dejado claro que el café barato es un derecho inalienable. A unos cuantos samaritanos no les importa que de vez en cuando aumenten los precios mínimos; pero pondrían el grito en el cielo si todo el café proporcionara una subsistencia decente a quienes lo recolectan.

Tampoco llegaremos a ver otro Acuerdo Internacional del Café. La Asociación de Países Productores de Café (ACPC), como era previsible, ha decidido no aumentar los precios sistemáticamente, y los productores más importantes, como México y Vietnam (una abundante fuente de robusta en los últimos años), se niegan a unirse. Los tostadores más influyentes aún siguen librando guerras de precios. La única manera de que los cultivadores obtengan más por su cosecha es encontrar algún valor añadido. La Minita, el Blue Mountain de Jamaica y el Kona de Hawai han logrado sobresalir del montón, pero muy pocos más han podido duplicar su éxito.

Hay algunas otras maneras loables de entrar en los bolsillos de los «huppies», que incluyen los acuerdos de precios mínimos, el café orgánico y cultivado a la sombra. Para asegurar un precio justo a los trabajadores, TransFair USA ha introducido un logo de certificación nacional e intenta repetir el éxito de los precios mínimos del café en Europa.

También está la organización benéfica Coffee Kids. En 1988, Bill Fishbein, un vendedor minorista de café de Rhode Island, visitó algunos dueños de pequeñas plantaciones de café en Guatemala con la intención de ayudarlos. Aunque horrorizado por sus condiciones de vida, descubrió que «llevaban una vida vibrante en medio de la pobreza, con un sentido de la comunidad y un espíritu que está ausente en nuestra vida. Cada vez que los visito, me pregunto quién es más pobre. Carecen de servicios sanitarios y tienen mala salud, pero son ricos espiritualmente. Parece haber más vida donde se cultiva el café que aquí, donde se vende, a pesar de todas nuestras ventajas económicas».

No obstante, Fishbein quería hacer algo para ayudar. Fundó Coffee Kids, una organización que trabaja con las comunidades proporcionando un capital inicial para crear bancos comunitarios que ofrezcan préstamos a bajo interés. En toda América Latina, Coffee Kids ha ayudado a los niños, fundamentalmente apoyando a los padres. En particular, la organización ha estimulado a las mujeres a crear empresas alternativas con las que obtener dinero para complementar la recolección del café. Algunos tostadores han donado dinero directamente a Coffee Kids. Y algunos minoristas recogen pequeñas donaciones voluntarias de sus clientes.

Curar el corazón con un producto orgánico

Otra manera de que los dueños de plantaciones vendan su café a precios altos es el cultivo orgánico. A mediados de la década de 1980, Gary Talboy, de Coffee Bean International (CBI), promovió la certificación y comercialización del café orgánico, trabajando junto a Tom Harding, de la Asociación para la Mejora de los Cultivos Orgánicos (OCIA), en la certificación del café procedente de cooperativas mexicanas y guatemaltecas.

El café orgánico ha alcanzado ahora el tres por ciento del mercado de las especialidades, aunque muchos expertos en café siguen siendo escépticos con respecto a su calidad. Al principio, la mayor parte del café orgánico era bastante malo; procedía de agricultores empobrecidos, cuyo café siempre había sido orgánico por fuerza, pues no podían permitirse el lujo de agregar fertilizantes ni pesticidas. Tampoco se tomaban el trabajo de podar o procesar adecuadamente. Sin embargo, con los años el café orgánico ha mejorado notablemente, sobre todo gracias a los esfuerzos de personas como la empresaria Karen Cebreros, de San Diego.

A Cebreros —que se había casado y pasado a formar parte de una enorme familia mexicana— en 1989 se le diagnosticó una rara enfermedad cardíaca y se le dijo que con el tiempo necesitaría un transplante. Su médico le aconsejó que no viviera demasiado lejos de algún hospital importante y que llevara siempre con ella un buscapersonas.

Pero ella, decidida a llevar una vida plena, viajó a Suramérica para visitar a su cuñado George, en la remota población peruana de Tamborapa. «No había agua corriente ni electricidad, pero la gente era muy afectuosa, feliz y generosa», recuerda Cebreros. Cultivaban café, trabajo por el que recibían 8 centavos la libra.

Con la intención de colaborar, Karen Cebreros convenció a los habitantes del pueblo de que reunieran un saco de 50 kilos de granos toscamente procesados; los llevó montaña abajo en el lomo de un burro y finalmente los limpió en su patio trasero, quitando las piedrecillas, las pequeñas ramas y los granos negros. Lamentablemente, una vez tostados los granos tenían el sabor de la tierra en la que habían sido secados. Gracias al trabajo con Gary Talboy, de CBI, y con Tom Harding, de la OCIA, Cebreros ayudó a los peruanos a mejorar la calidad de su café y a conseguir la certificación de orgánico. Actualmente, con los recargos en las ventas de café orgánico, Tamborapa cuenta con electricidad, agua corriente, teléfono, puentes, carreteras, una escuela y un laboratorio para analizar la calidad del café. «Pero siguen siendo cariñosos, felices y generosos», comenta Cebreros. Milagrosamente, su corazón se ha curado solo.

Con el correr de los años, los negocios de Cebreros se han expandido notablemente. Su compañía —que al principio se llamó Elan International y luego Eco Coffee Company— actúa como intermediaria, y trabaja con los cultivadores locales en la mejora de la calidad y los ayuda a llenar las montañas de formularios necesarios para obtener la certificación. «Cuando comenzamos, los cuestionarios ni siquiera se conseguían en castellano, por no hablar de las lenguas indígenas.» Muchos de los cultivadores eran analfabetos y no tenían los mapas topográficos que exigían la OCIA y otras agencias de certificación. Tampoco podían cubrir los elevados honorarios de solicitud que, al principio, pagó Elan. Para obtener la certificación, el café debía ser inspeccionado durante tres años consecutivos con el fin de asegurar que no tenía aditivos químicos. Todo el proceso cuesta alrededor de 30.000 dólares. Sin embargo, el esfuerzo ha valido la pena para las cooperativas que producen el Café Orgánico Pipil de El Salvador, la Cosecha Azteca de México y otros del resto de América Latina. También hay algunos cafés orgánicos certificados de Indonesia y África. Resulta irónico que la mayor parte de los cafés auténticamente orgánicos —por ejemplo, la mayoría de los granos de Etiopía e Indonesia— no pueden ser vendidos como tales porque carecen de certificación.

Los pesticidas no representan una amenaza para el consumidor final, pues se aplican al fruto, que protege la semilla interior. Luego, el calor del tueste elimina cualquier residuo químico. Sin embargo, el café es el tercer cultivo más fumigado del mundo, después del algodón y el tabaco. No se sabe con certeza si los nutrientes del suelo provienen de los fertilizantes naturales o de los químicos, pero los artificiales están preparados principalmente a partir de combustibles fósiles como el petróleo. Para los bebedores de café preocupados por el medio ambiente y por la salud de los campesinos, el café orgánico tiene sentido y asegura a los cultivadores un precio digno por su producto.

Sin embargo, incluso el café orgánico certificado puede provocar una terrible contaminación del agua. Durante años, en el trabajo en húmedo el mucílago fermentado flotaba río abajo, y en su descomposición eliminaba el oxígeno del agua, mataba peces y otra fauna, y producía un olor horrible. Los dos tercios de la contaminación de los ríos del valle Central de Costa Rica tenían su origen, hasta hace poco tiempo, en los desperdicios del café; pero últimamente la rigurosa legislación nacional modificó las prácticas de los beneficios. Sin embargo, incluso ahora algunos productores violan la ley.

Afortunadamente existen alternativas viables, y durante mi viaje por América Central pude observar tres de ellas. En Oriflama, la plantación de Guatemala, las semillas se separan del fruto sin utilizar agua; la pulpa de piel roja se amontona en un foso y se rocía con lima. Allí se descompone lentamente sin el olor espantoso que provoca el remojo en agua. Después de la fermentación controlada, el agua utilizada para aflojar el mucílago se recicla hasta que forma un caldo espeso que luego se descarga en un foso, donde produce uno de los mejores fertilizantes que se conocen. Incluso la cubierta apergaminada se recicla y se quema para encender las secadoras.

Tiempo después, en unas instalaciones de Honduras destinadas al estudio del café, vi lo que los gusanos rojos de California pueden hacer en la pulpa del café, transformándolo en tierra en tres meses escasos. También quedé desconcertado al ver que las diminutas avispas parasitarias africanas proporcionan control biológico para la temida broca, que ataca los granos de café. Me alojé en un centro turístico ecológico cafetalero de Matagalpa, Nicaragua, administrado por Eddey y Mausi Kühl. Se llama Selva Negra, por el lugar del que proviene la familia de Kühl, en Alemania, y es una finca de 8.000 hectáreas (gran parte de la cual es selva virgen) en la que los visitantes comen en un chalé estilo suizo y beben café secado al sol. El mucílago de ese café, junto con los excrementos de vaca y de cerdo, sufre una descomposición anaeróbica en un tanque subterráneo, proceso que produce suficiente gas metano para cocinar los alimentos. La electricidad para los molinillos de café se produce mediante una turbina de agua Pelton.

Trabar amistad con los pájaros

Si uno recorre Selva Negra puede divisar algún resplandeciente quetzal, tucanes y otras 175 variedades de pájaros. En mi recorrido por el lugar nunca vi un quetzal, pero oí un coro constante de pájaros y de vez en cuando el grito de un mono. En realidad, la mayoría de los visitantes ve poco de la fauna que los rodea, pero pueden oír el repiqueteante coro. Esos pájaros se encuentran en el centro de una reciente polémica con respecto a las técnicas de cultivo del café. ¿Siempre debería cultivarse debajo de árboles arqueados que proporcionen sombra? ¿O ésta sólo es una cruzada «políticamente correcta» contra las modernas prácticas agrícolas?

El cafeto que crece a la sombra proporciona un hábitat importante para las aves migratorias. «Miles de pájaros llenan el aire con su canto: coquetos periquitos verdes, enormes sinsonetes grises, brillantes azulejos y pequeños canarios amarillos —escribió en 1928 un visitante en Guatemala—. Resulta difícil imaginar algo más delicioso que un paseo por las largas avenidas de cafetos cargados de frutos verdes... Cuando se planta un terreno nuevo con cafetos, la sombra es el tema más importante.» Esa descripción sigue siendo verdadera para las plantaciones como Selva Negra, aunque su número ha ido disminuyendo. En los últimos años, el «café inocuo para las aves» ha proporcionado un valor añadido a la manera de vender los granos.

Impulsados por la invasión de la roya en América Latina —que llegó a Brasil en 1970 y se extendió hasta América Central seis años más tarde—, los investigadores instaron a los cultivadores de café a «tecnificar» sus plantaciones, pasando de los tradicionales granos de arabica —como las variedades *bourbon* y *typica*, que requieren sombra— a las variedades modernas, como la *caturra*, *catuai* o *catimor*, que pueden ser cultivadas a pleno sol. La Federación Colombiana de Café presionó para que se hiciera este cambio, al tiempo que creaba una nueva variedad híbrida llamada Colombia, aún más resistente a las enfermedades. La Agencia Norteamericana para el Desarrollo Internacional también proporcionó fondos para el proceso de tecnificación.

En consecuencia, en 1990 el sesenta y nueve por ciento del café colombiano y el cuarenta por ciento del costarricense se cultivaban en hileras apretadas, a pleno sol. Durante una visita que realicé a una plantación al sol en Costa Rica, los cafetos estaban tan apretados que casi no podía caminar entre ellos. Se extendían colina arriba en hileras densas y silenciosas. No había pájaros, sólo las ramas del dondiego de día trepando por los árboles achaparrados en busca del sol.

Al igual que la Revolución Verde que supuestamente proporcionaría un remedio milagroso con nuevas variedades de arroz, trigo y maíz, la revolución del café al sol no ha logrado cumplir su promesa.* En cambio ha contribuido a la degradación ecológica y a la pérdida de importante hábitat. Diversas especies de golondrinas, vencejos, currucas, oropéndolas, zorzales y colibríes son aves migratorias neotropicales. Hasta 10.000 millones de aves veranean en la selva templada de América del Norte y luego vuelan hacia el sur, para pasar el invierno en América Latina. Entre 1978 y 1987, el Estudio de Reproducción de Aves del Servicio de Pesca y Fauna de Estados Unidos mostró un alarmante declive

---

* Muchos tostadores de cafés especiales vilipendian las variedades modernas de café utilizadas en la producción tecnificada, incluidas la *catuai*, la *caturra* y el *catimor*, la Colombia y la Ruiru 11 de Kenia. El experto Kenneth Davids, que tiene una página web *(www.coffeereview.com)* advierte contra estos estereotipos. Para el café corriente, él desdeña las robustas y el *catimor* (un híbrido de robusta y arabica), pero se niega a generalizar con respecto a las otras. «Las viejas y refinadas arabicas han crecido durante años en microclimas particulares. No es tanto la variedad per se como la manera en que la variedad botánica interactúa con las condiciones de cultivo para influir en el sabor. El desafío consiste en encontrar la variedad adecuada para un conjunto dado de condiciones de cultivo.» Davids incluso señala que una cantidad pequeña de una buena robusta puede añadir cuerpo a una mezcla de exprés.

de la fauna migratoria neotropical, que pasó del uno al tres por ciento anual. Aunque pueden influir otros factores, resulta alarmante el hecho de que al mismo tiempo está descendiendo el cultivo de café a la sombra.

«A lo largo y ancho de los terrenos de hibernación de las aves migratorias —escribió Russell Greenberg, del Smithsonian Migratory Bird Center, en 1991—, el paisaje natural está soportando cambios enormes a un ritmo increíble.» Señaló que en 1983 quedó destruido el ochenta por ciento de la selva original costarricense. El cinturón de selva tropical del mundo abarcaba en otros tiempos 2.000 millones de hectáreas, el catorce por ciento de la superficie de la Tierra. Los seres humanos hemos destruido más de la mitad de esa selva y, según algunos cálculos, la destrucción continúa a un ritmo aproximado de 32 hectáreas por minuto. Y la desaparición de las especies se produce a razón de tres por hora. En la década de 1830, Charles Darwin señaló: «La Tierra es un enorme y salvaje invernadero desordenado y exuberante creado por la naturaleza.» Lamentablemente, gran parte de esa Tierra que él vio ha sido deforestada para dejar lugar al ganado, los granos de soja, o para otros usos.

El café es un arbusto etíope que ha desplazado la vegetación local y ha alterado dramáticamente el hábitat. Sin embargo, el café «tradicional», cultivado a la sombra, proporciona un hábitat relativamente benigno, favoreciendo la biodiversidad más que muchas otras alternativas agrícolas. Escribimos «tradicional» entre comillas porque durante los siglos XVIII y XIX gran parte del café se cultivaba a pleno sol. Las discusiones sobre la conveniencia o no de la sombra duran ya mucho tiempo.

A finales del siglo XX, la mayor parte de los agrónomos se inclinan por la opción de la sombra. Con la eliminación de los árboles de sombra, las plantaciones de café tecnificadas pueden producir más granos, pero deben soportar una fotosíntesis acelerada a través de intensas aplicaciones de fertilizantes a base de aceites.

Tal vez debido a las elevadas altitudes de cultivo, la roya no ha causado tantos problemas como se temía. El insecto ha prosperado en el monocultivo del café a pleno sol, pero allí no puede sobrevivir otra fauna. Aves, insectos y otros animales abandonan el café cultivado en terrenos descubiertos por ser un «desierto ecológico», según Russell Greenberg. En países como El Salvador, las plantaciones de café con sombra representan el sesenta por ciento de la cubierta «forestal». Miles de millones de aves migratorias vuelan hacia el sur en el estrecho embudo del sur de México y América Central, donde la pérdida del dosel que forma el café podría resultar desastrosa.

Las batallas por sobresalir en relación al café políticamente correcto

La polémica ecológica con respecto a la producción de café me llevó en septiembre de 1996 al National Zoo de Washington D.C., donde asistí a la primera Conferencia del Café Sostenible, patrocinada por el Smithsonian Migratory Bird Center. Por primera vez, científicos, conservacionistas y expertos en desarrollo se reunieron con cultivadores, importadores, exportadores, tostadores y minoristas de café para debatir sobre los numerosos aspectos —ecológico, social, cultural y económico— del concepto «sostenible», término que se ha puesto de moda, pero nunca ha sido claramente definido.

Los investigadores biológicos de la conferencia plantearon como primordial el tema del apoyo a la biodiversidad por parte del café. «Lo que sorprende aquí es el gran número de especies de insectos que se encuentran bajo el dosel de los árboles en la plantación original», informó la profesora Ivette Perfecto. Russell Greenberg señaló que en el estudio que había realizado en México había encontrado 180 especies diferentes de pájaros entre el café cultivado a la sombra, cantidad sólo superada por las especies halladas en la selva tropical aún intacta.

Como dijo al público Chris Wille, de Rainforest Alliance, parecía un caso clarísimo. «Podemos decirle a la gente que beba más café y de mejor calidad, y que simplemente se asegure de que tiene la certificación de ecológico. Las aves ganan. Las abejas ganan. Todos los que estamos aquí ganamos.» Pero las batallas por el terreno dominan sobre el tema de cómo etiquetar y comercializar el café inocuo para las aves. Los minoristas que venden café orgánico no podrían estar de acuerdo con los convenios sobre precios mínimos. Rainforest Alliance quería poner al café su sello Eco-OK, mientras que los representantes de Conservation International planificaban una serie de criterios ligeramente diferentes.

Aunque pudieran ponerse de acuerdo en un sello que distinguiera el café cultivado a la sombra, ¿cuánta sombra sería la correcta? Además, toda la atención dedicada a este tipo de café se centraba en América Latina y se pasaba por alto a África y Asia, mientras los promotores no hablaban de las zonas en las que la sombra es innecesaria debido al clima y a la cubierta de las nubes.

Bert Beekman, el fundador holandés de Max Havelaar, fue quien dio el consejo más práctico a los aficionados al café y amantes de los pájaros, reunidos en el National Zoo: crear un producto uniforme y reconocible de primera calidad, evitando la fragmentación del mensaje. Hacerlo fácilmente accesible en supermercados a precios competitivos razonables, creando empresas conjuntas con los tostadores más importantes. Evitar el intento de destacarse por encima de los demás, el ansia por ganar terreno y las actitudes ególatras. Transmitir un mensaje sencillo y claro y conseguir mucha publicidad gratuita a través de los grupos de las iglesias y la prensa. Iniciar la campaña intensivamente con una prueba de mercado regional, y luego extenderla.

Lamentablemente, nadie siguió el consejo de Beekman. En realidad, la SCAA ha añadido el término «sostenible» a su Declaración, y su Grupo de Criterios del Café Sostenible creó un documento instando al uso restringido de agroquímicos, al cese de la destrucción del hábitat, a la preservación de la biodiversidad, y otras frases bienintencionadas. Aunque no existe una agenda concreta, es poco lo que se ha conseguido. Aun así, el café inocuo para las aves representa ahora unos 30 millones de dólares en ventas anuales, el uno por ciento del mercado de cafés especiales.

El renacimiento del café de Brasil

Los cultivadores brasileños están comprensiblemente irritados a causa de la atención que se presta al café cultivado a la sombra e inocuo para las aves. Es muy poco el café que se cultiva a la sombra en ese país, pues la mayor distancia del ecuador significa que el cafeto no necesita protección contra la sobreexposición a los rayos del sol. Muchos dueños de plantaciones de Brasil resultan efectivamente útiles para las aves ya que en sus tierras mantienen las reservas de la selva natural. Desde la desaparición del Acuerdo Internacional del Café en 1989, los brasileños han estado luchando por mejorar su café y su imagen. El cultivo del café ha avanzado firmemente hacia el norte para evitar las devastadoras heladas de Paraná y ha creado mayor cantidad de terrenos plantados en las altas sabanas *(cerrados)*, lo que resulta posible gracias al riego y a importantes aplicaciones de fertilizantes para mejorar los suelos pobres.

En colaboración con George Howell, pionero de los cafés especiales en Estados Unidos (en un proyecto lanzado por la Organización Internacional del Café, fundada y administrada por el Centro de Comercio Internacional de Naciones Unidas), Marcelo Vieira, de la Asociación Brasileña de Cafés Especiales ha trabajado intensamente para mejorar la calidad y la imagen de los mejores granos de Brasil. Ambos tuvieron un comienzo frustrante en 1998. «Encontrar granos brasileños de primera calidad todos los años en un pajar de millones de sacos resulta difícil, y los resultados pueden ser parciales, en el mejor de los casos», escribió Howell. Incluso cuando envían las mejores muestras a los importadores y los tostadores norteamericanos, «llegan pocas respuestas y acostumbran ser poco entusiastas». En 1999, la BSCA inició el Programa de Fincas

Modelo para atraer a dueños de plantaciones pequeñas y medianas con asesoramiento gratuito y el aliciente de precios más altos para sus cosechas. En las regiones correspondientes también estimulan una nueva forma de procesamiento llamada «separación natural de la pulpa», o «semilavado», en el que a los granos maduros se les quita la piel y luego se dejan a secar naturalmente. Este proceso acelera el secado y proporciona una taza de café dulce con buen cuerpo... perfecto para las mezclas de exprés.

En California, en la primavera de 1999, George Howell organizó sesiones de degustación con tostadores y minoristas de Estados Unidos para presentar los granos brasileños más selectos. En Lavras, una pequeña ciudad universitaria situada en el corazón de la zona cafetalera de Brasil, él y Vieira organizaron una competición durante el otoño, con un destacado panel de jueces, entre los que se encontraban Ted Lingle y Kenneth Davids, seguida por una subasta mundial de los granos a través de Internet. La competición reunió 315 muestras de seis diferentes regiones cafetaleras de Brasil, y llamó la atención del mundo de los cafés especiales.

La subasta del año siguiente tuvo mayor éxito aún; se llegó a un precio de más de 3 dólares la libra de los granos brasileños de categoría en un momento en que la mayor parte de los precios del café se había desplomado hasta los 70 centavos la libra.

El uso de las subastas de Internet ofrece una manera atractiva de burlar los parámetros de precios bajos fijados por el contrato «C» de los mercados a futuro de Nueva York. Anacafé, en Guatemala, contrató a George Howell para que los ayudara a organizar una subasta similar en 2001, y la Asociación Norteamericana de Cafés Especiales fijó un ambicioso programa para estimular este enfoque. Howell abriga la esperanza de que a la larga estas subastas directas lleven al reconocimiento de los cafés superiores sostenibles, similar al obtenido por La Minita, en Costa Rica.

Las subastas anuales continuarán en Brasil, junto con el programa de Fincas Modelo. Aunque en ese país el movimiento de los cafés especiales tiene que hacer frente a una difícil batalla para mejorar la calidad en las granjas más pequeñas (las cooperativas tienden a resistirse a la diferenciación de la calidad), ha tenido un excelente comienzo. Además de fomentar el café que exportan, los brasileños están consumiendo más café y en las ciudades más sofisticadas del país se pueden tomar las mejores preparaciones. Por increíble que parezca, en la actualidad Brasil ocupa el segundo puesto en el consumo de café, después de Estados Unidos.

Encontrar valor en Perú

Todo el mundo quiere afirmar que está vendiendo «cafés especiales» de una u otra clase para obtener ese margen extra de beneficio, sobre todo en tiempos de precios desesperantemente bajos. Por esa razón todos quieren obtener el certificado de precios mínimos, de café cultivado a la sombra u orgánico. Lamentablemente, el mercado de esos cafés con valor añadido es bastante pequeño y, aunque crece cada vez más, es probable que siga siendo un factor relativamente pequeño en el conjunto del comercio mundial de café. Los beneficios realmente «sostenibles» deben proceder de la venta de granos de primera calidad, fiables, a tostadores leales. En general, los tostadores más importantes no pierden el tiempo con los agricultores más pequeños que cultivan sólo unas pocas hectáreas de café en montañas remotas, pero Jacobs Kaffee (que ahora forma parte de Kraft Foods GmbH, a su vez propiedad de Philip Morris) es una excepción, sobre todo debido a un frustrado director de relaciones públicas llamado Rolf Sauerbier.

Todo comenzó cuando los precios mínimos del café se abrieron paso considerablemente en el comercio alemán fuera del país, a principios de la década de 1990. La demanda del café de precios mínimos «ha creado sólo un negocio menor, y también problemas de imagen más importantes», decía sucintamente un documento de Kraft Jacobs Suchard. «Estaban todas esas discusiones acerca de la ética y los precios mínimos —recuerda Sauerbier—. Dábamos una impresión espantosa, de empresa grande, indiferente y mala. Yo quería terminar con estas discusiones horribles y hacer realmente algo.» Como primer paso, intentó llegar a un acuerdo con la organización Max Havelaar. «Ellos estaban vendiendo 500 toneladas de café en total, lo que para nosotros no era nada. Habríamos comprado todo su café de precio mínimo en un segundo, y con eso se habría terminado la discusión», dice. Pero, finalmente, los comerciantes de precios mínimos no querían asociarse con Jacobs, y Philip Morris también vetó la idea.

En 1991, mientras buscaba otra manera de mejorar la imagen de la compañía en el Tercer Mundo, Sauerbier —un hombre bajo, de pelo cortado al rape, que siempre llevaba una pipa entre los labios— viajó a Perú para estudiar las posibilidades de trabajar con los pequeños cultivadores del país. Perú tenía fama de entregar café de baja calidad, a menudo mezclado con ramitas y piedrecillas. También ofrecía terrorismo, drogas y violencia. Sin embargo, Sauerbier presentó su propuesta con respecto a Perú en una reunión de marzo de 1992, y un ejecutivo norteamericano le dijo tajantemente: «Usted es un idiota», y vetó la idea.

Impertérrito, Sauerbier decidió seguir adelante con sus planes en un nivel sencillo, incluso sin la aprobación oficial. Después de un intento fallido, finalmente descubrió que la Central de Cooperativas Agrarias Cafetaleras (CCAC) —con sede en la población de Quillabamba, no muy lejos de la famosa y perdida ciudad de Machu Picchu— podía, llegado el caso, entregar granos de primera calidad, cultivados y recolectados según las técnicas correctas. El camino había sido preparado por Jochen Wiese, del Programa de Desarrollo Alternativo de Naciones Unidas.* Wiese ya había trabajado durante ocho años con los agricultores de la CCAC para ayudar a promover el café como un cultivo alternativo a la coca y, entre los ejecutivos que no tenían ansias de lucro, fue uno de los primeros en reconocer la importancia de desarrollar un producto vendible y de calidad. Sauerbier, asociado con Naciones Unidas, puso dinero para que uno de los agricultores de las cooperativas, Serano Escobar, fuera a pasar seis semanas en Alemania, donde adquiriría conocimientos acerca de los procedimientos adecuados y desarrollaría la habilidad de la degustación. Luego lo hizo instalar en Quillabamba con una «batería de tests» que completó con muestras y una mesa de degustación. El degustador experto Rainer Becker, de la Cámara Peruana del Café, en Lima, los ayudó a elegir el equipo adecuado. Jacobs también pagó parte de una máquina seleccionadora de café crudo y un programa de asistencia técnica en los cafetales.

La CCAC es una enorme organización de veintiuna cooperativas que representan a 5.000 pequeñas familias agricultoras. A diferencia de las industrias cafetaleras muy desarrolladas de Costa Rica o Guatemala, los peruanos no tienen beneficios centrales para procesar los granos. La mayoría de las familias tiene su propio despulpador manual, de modo que es muy difícil mantener niveles previsibles de calidad. Pero como Escobar hizo correr la voz sobre su regreso, la CCAC aumentó su calidad a ritmo regular. Con la ayuda de Sauerbier, en 2000 consiguieron la certificación para la mayor parte de su café. En la actualidad, Jacobs compra el quince por ciento del café del país, lo que lo convierte en el mayor comprador de granos peruanos del mundo entero.

A Sauerbier ya no se le considera un «idiota». Los mejores granos peruanos son tan buenos como los mejores de Colombia, pero cuestan mucho menos. Las mezclas de Jacobs han sustituido cada vez más el café colombiano por café peruano, lo cual se ha traducido en una reducción de millones de marcos alemanes de costes. Así, Rolf Sauerbier se ha convertido en un héroe para la com-

---

* El Programa de Desarrollo Alternativo de Naciones Unidas es puesto en práctica y financiado por el Programa de Control de Drogas de Naciones Unidas y ejecutado por la Oficina de Proyectos de Servicios de Naciones Unidas.

pañía. También lo es en Perú, donde ha ayudado a elevar los niveles de calidad
y ha aumentado las ventas. Aunque no paga tanto como las organizaciones de
precios mínimos, proporciona un mercado más grande y ha conseguido que el
café sea comprado directamente a los agricultores, en lugar de utilizar a Taloca,
el exportador que es propiedad exclusiva de la compañía alemana.

Dicho sea en su honor, Sauerbier insiste en que ninguna cooperativa cafetera debería confiar en un único cliente, ya que podría resultar desastroso, por
ejemplo, el hecho de que Jacobs decidiera repentinamente pasar sus compras a
otro país. La CCAC también vende a los tostadores de Estados Unidos y a organizaciones de precios mínimos. Pero Sauerbier es un empresario astuto. Ha
creado la marca El Cóndor, de granos estrictamente peruanos, como respuesta
a la incursión de los precios mínimos en el mercado alemán fuera del país, para
satisfacer a los clientes que piden «cafés éticos». Ahora planea reexportar El
Cóndor otra vez a Perú. «Podemos importarlo sin pagar impuestos de importación —explica, mientras chupa su pipa—, porque es un producto ciento por
ciento peruano.» Abriga la esperanza de crear en Perú un mercado interno para
sus mejores granos.

Sauerbier también ha patrocinado proyectos de mejora de la calidad en
Colombia y Vietnam, en colaboración con el Deutsche Gesellschaft für Technische Zusammenarbeit (GTZ). En Colombia, en un proyecto iniciado
en 1997 y concluido en 1999, Jacobs buscaba mejorar la calidad del café y las
condiciones de vida de los pequeños agricultores mediante la instalación de
pozos de clarificación y chimeneas más eficaces. La empresa estimulaba a quienes «despulpaban al agua» —pulverizando el mucílago para retirarlo, en lugar
de permitir que fermentara, y reduciendo así el uso y la contaminación del
agua— y dejaban que los granos procesados descansaran durante 12 horas,
lo que mejora notablemente el sabor. En Vietnam, Sauerbier está intentando
—con desigual éxito, de momento— mejorar el procesamiento y estimular la
producción de arabica en sociedad con Douwe Egberts, GTZ y la Vietnamese
Tan Lam Company. La mayor parte del café de Vietnam es robusta de baja calidad. «La última vez que estuve allí —informa Sauerbier—, retiraban las
cascarillas de los granos pasando un camión por encima, y a veces las secaban
con neumáticos calientes. Horrendo.»

Si uno no ha estado en Perú, resulta difícil evaluar lo que significa un tostador importante de café en un país como ése. En el otoño de 2000 hice exactamente eso, visitar junto a Rolf Sauerbier la cooperativa Oro Verde, situada en
Lamas, en las montañas del borde de la selva amazónica, en el departamento de
San Martín. Con la ayuda del Programa de Desarrollo Alternativo de Naciones
Unidas, 280 familias cultivan café orgánico en parcelas clásicas a la sombra, en

lo alto de las montañas, donde los cafetos *typica* y *bourbon* producen sabrosos granos. Sólo por eso merece la pena hacer el increíble trayecto de varias horas, por un camino lleno de baches.

Es imposible no conmoverse cuando uno visita estas cooperativas. En Canaan, por ejemplo, todo el pueblo y los representantes de los comités asociados de las poblaciones vecinas salieron a saludarnos, y varias personas pronunciaron discursos sinceros, aunque a veces titubeaban y parecían tímidos. Algunos habían caminado más de dos horas para llegar hasta allí. Mientras estuvimos presentes, una mula pasaba cerca cargada con sacos de café... y no era un montaje para un anuncio de Juan Valdez.

En Alto Shamboyacu, los miembros de la tribu nativa (los chanka, que huyeron allí después de la persecución de los incas, hace seiscientos años) se reunieron vestidos con sus mejores galas, las mujeres con vestidos de bordados brillantes, los hombres con pañuelos de colores en la cabeza, y mientras un trío tocaba la flauta andina y las cajas, interpretaban para nosotros una danza de bienvenida. Tampoco esto era un número representado para turistas. Sin duda éramos los primeros «turistas» que los visitaban. Y éstas eran fincas que protegían a las aves. Les pedí a los chanka que me dijeran los nombres de las aves que veíamos y oíamos mientras estábamos en los bosquecillos de cafetos, y nombraron ocho (entre otros, el shor chi shor, el paucar macho, el shicuo y el tipity).

Al final de la visita, Sauerbier preguntó a los líderes de las cooperativas y a los funcionarios de Naciones Unidas por sus planes. Él dudaba de que pudieran encontrar un mercado para todo su café orgánico. Dijo que ellos eran demasiado pequeños y que temía que no pudieran entregar demasiado café fiable. Hiderico Bocangel Zavala (que proviene de una familia que cultiva café en Quillabamba y que ayudó a desarrollar la organización CCAC), de la cooperativa Oro Verde, y Raúl García Blas, de Naciones Unidas, tenían respuesta a todas estas preguntas. Explicaron que estaban planificando el cultivo rápido y dejaron claro que su principal objetivo era la calidad y la fiabilidad. Luego, para alivio de todos, Sauerbier anunció que se ocuparía de que dos miembros de la cooperativa viajaran a Alemania para recibir entrenamiento en la degustación y el procesamiento de los granos.*

El café peruano también fue el catalizador de un «memorándum de comprensión» firmado por la Asociación Norteamericana de Cafés Especiales (SCAA) y la Agencia Norteamericana para el Desarrollo Internacional (USAID)

---

* Naciones Unidas está apoyando a las cooperativas de café del valle de Apurimac y de la zona La Divisoria, de Perú.

a finales de 2000, en el que las dos organizaciones prometían compartir información y coordinar la asistencia técnica y la investigación, mientras promovían entre los pequeños agricultores las prácticas del manejo de los recursos a favor del medio ambiente y proporcionaban el acceso del mercado al café de primera calidad. El acuerdo seguía un proyecto financiado por la USAID en el valle del río Apurimac de Perú, puesto en práctica por Winrock International, una organización de desarrollo rural, sin fines lucrativos, y la Asociación Peruana de Exportadores (ADEX). Los granos eran vendidos en Estados Unidos a través de Best Coffee, de Seattle. Michael Maxey, de la oficina USAID de Perú, escribió posteriormente un convincente bosquejo de la promoción mundial de café sostenible, aunque aún debía ser puesta en práctica. USAID está planificando un proyecto piloto para vincular directamente a los cultivadores de café de la región San Martín con los consumidores norteamericanos de café a través de la página de SCAA en Internet.

Chiapas, Congo, Ruanda, Haití, Colombia... una y otra y otra vez

En la conferencia del Smithsonian formé parte de un grupo de trabajo en el que participaban cultivadores de café de América Central y tostadores/minoristas norteamericanos de cafés especiales. A través del intérprete, un cultivador planteó una pregunta que quedó flotando en las reuniones como una nube amenazadora. «Estamos impresionados y confundidos de que los tostadores de cafés especiales vendan nuestro café a 8 o 10 dólares, cuando nosotros sólo recibimos poco más de 1 dólar por libra. ¿Les parece justo?» Mientras sus colegas norteamericanos pronunciaban exclamaciones de comprensión, nadie respondió realmente a la pregunta, de modo que pedí rotundamente un desglose detallado de los costes que se producían desde que el café salía del cafeto hasta que llegaba a la taza. Absoluto silencio.

Más tarde, un tostador de cafés especiales me facilitó ese detalle. Digamos que paga 1,30 dólares la libra por los granos crudos de Supremo Colombiano (y recordemos que este precio puede fluctuar desordenadamente). Añadamos 11 centavos de flete, almacenamiento y porte; luego multipliquemos otros 31 centavos por el dieciocho por ciento de pérdida de peso durante el tueste; 12 centavos a la libra por el combustible para el tueste, 25 centavos para envasar manualmente en bolsas de 5 libras con válvula irreversible, para el embarque al por mayor, y 30 centavos para los costes de envío. Eso supone un total de 2,39 dólares. Añadamos 2,15 dólares para cubrir gastos generales del tostador y el distribuidor (que incluyen todo, desde hipotecas y préstamos de maquinaria hasta comisiones de venta, reparaciones y eliminación de residuos). Finalmente, añadamos 24 centavos de beneficio (alrededor del cinco por ciento), así que cuesta 4,78 dólares entregar el café tostado a un minorista de cafés especiales. Según el tamaño y el alquiler del minorista, y otros costes generales, éste deberá entonces cobrar entre 8 y 10 dólares la libra para obtener un beneficio razonable.

Si llevamos los granos un paso más lejos, a una cafetería, el propietario convierte los 4,78 dólares la libra de granos en café corriente a 1 dólar, o capuchino o café con leche a 2 dólares, o más. Si el propietario obtiene cuarenta tazas de cada libra, eso se traduce en un exorbitante precio de 40 a 80 dólares la libra de café en forma de bebida, menos el coste de la leche y el edulcorante. Por otro lado, los propietarios de las cafeterías deben pagar alquileres astronómicos y permitir a sus clientes que ocupen una mesa para mantener largas conversaciones filosóficas o leer a solas con una sola taza de café.*

Parece, por tanto, que los costes más altos están justificados, al menos en términos de la economía y el estilo de vida occidentales. Sin embargo, sigue existiendo la increíble diferencia entre la prosperidad de Estados Unidos y otros países de Occidente y la relativa pobreza de América Central y otras regiones cafetaleras, y el discurso sobre las aves migratorias parecía puro diletantismo para algunos participantes de la conferencia del Smithsonian. «Si la gente de un país rico, donde la obesidad es un grave problema de salud, quiere centrar su atención en las aves y en los árboles, no tengo inconveniente», escribió Price Peterson, un cultivador panameño que conocí en la conferencia. Pero en un país en el que el ingreso anual promedio es de 1.500 dólares, existe menos preocupación por el medio ambiente. «Si usted tiene hambre, dispara a los pájaros y se los come... no los protege. Si vive en Panamá, donde nadie se preocupa por los sin techo, y no tiene un techo para vivir, lo que hace con los árboles no es conservarlos sino talarlos para construirse una casa.»

En la conferencia, un orador mexicano se quejó: «Las comunidades cafetaleras que producen riqueza para el país viven en la pobreza, sin el beneficio de las políticas sociales... Las zonas de cultivo del café son un barril de pólvora a

---

* En la industria del café, todos parecen envidiar a todos. Los cultivadores reprochan a los agentes de bolsa que cobren comisión sólo por levantar el auricular del teléfono para vender sus granos a los exportadores. Los agentes de bolsa piensan que los exportadores tienen el éxito asegurado, pero éstos se sienten a merced de los importadores, que venden a los ricos consumidores. Los importadores, atrapados en los salvajes vaivenes de los precios, se sienten perjudicados con un minúsculo margen de beneficio mientras los bares convierten los granos en una costosa bebida. Sin embargo, el propietario de la cafetería trabaja quince horas diarias, seis días por semana, luchando con el inspector de sanidad y los locales de Starbucks que acaban de abrir calle abajo.

punto de estallar.» Aunque estaba hablando de México, también describía la situación de muchos otros países productores de café del mundo entero.

En los últimos años, esos mismos países han aparecido en las pantallas de nuestros televisores con deprimente regularidad. Para quienes estudian la historia del café, es un *déjà vu*.

En 1994, en Ruanda, los hutu aniquilaron a casi un millón de tutsi, que tomaron represalias y extendieron la violencia por todo Burundi.

En Etiopía, la cuna del café, Mengistu Haili Mariam, el odiado líder apoyado por los soviéticos, fue derrocado en 1991, pero el nuevo presidente Meles Zenawi ha fomentado las divisiones étnicas y encarcelado a los críticos.

En Kenia, el corrupto presidente Daniel Arap Moi hizo la vista gorda mientras los miembros de la tribu kikuyu eran expulsados de sus granjas.

En la atribulada Uganda, el «Ejército de Resistencia del Señor», conducido por el autoproclamado mesías Joseph Kony, obligó a los soldados adolescentes secuestrados a asesinarse entre ellos.

En Zaire, el dictador Mobutu fue finalmente derrocado en 1997 y el país adoptó el nuevo nombre de República Democrática del Congo, pero el nuevo líder, Laurent Kabila, no pareció mucho mejor y finalmente fue asesinado. En Zimbabwe, el presidente Robert Mugabe alentó a los nativos a confiscar las plantaciones de café de ciudadanos blancos.

En Colombia, la violencia aumentó cuando los paramilitares y la guerrilla empezaron a secuestrar y asesinar con casi total impunidad.

En Haití (país que antes de la revuelta esclava de 1791 suministraba más de la mitad del café que se consumía en todo el mundo), Estados Unidos intervino para obligar a restablecer el orden y una tambaleante «democracia» que pronto acabó en una situación caótica.*

En Indonesia, Suharto fue finalmente obligado a abdicar en medio de crecientes disturbios civiles.

En Chiapas, la región mexicana de cultivo del café, los zapatistas encabezaron una revuelta para exigir la reforma agraria y desencadenaron una serie de violentas represalias por parte de los grupos paramilitares. En la masacre de diciembre de 1997, en la población de Acteal, fueron asesinados cuarenta y seis hombres, mujeres y niños, miembros de una cooperativa cafetalera local. «El café tiene aquí una historia larga y sangrienta —me escribió el historiador mexicano John Ross unos meses antes de esa matanza—. El mapa de la pobreza y de las insurrecciones armadas sigue la ruta del café.»

---

* Después de años de declive, la industria cafetera haitiana lucha por revivir gracias al Haitian Blue, granos especiales con valor añadido.

Como si eso no fuera suficiente, las regiones cultivadoras de café parecían plagadas de algo más que su cuota normal de desastres naturales, porque muchas están asentadas sobre placas tectónicas. Mientras este libro se acercaba a su final original, dos huracanes, el *George* y el *Mitch*, devastaron el Caribe y América Central, y un terremoto estremeció la región cafetalera colombiana. El huracán *Mitch* por sí solo arrojó un saldo de unos 11.000 muertos y redujo la producción de café casi a la mitad en Honduras y Nicaragua.

Sentirse culpable en Guatemala

Sin embargo, no todo es absolutamente nefasto. En enero de 1997, unos días después de la firma del histórico acuerdo de paz que puso fin a cuarenta años de sangrienta guerra civil, en la que murieron más de 100.000 personas, viajé a la ciudad de Guatemala. Se percibía un aire de cauteloso optimismo en ese bello país, y aunque la violencia no había terminado completamente —y tampoco la ocupación de las fincas de café por los sin tierra— al menos había algunas esperanzas para el futuro.

Durante parte de mi visita, me alojé en casa de una graciosa anciana ladina cuya familia ha sido durante mucho tiempo propietaria de una enorme plantación de café cerca de Antigua. Temerosa de los secuestros, me pidió que no usara su verdadero nombre, de modo que la llamaré Luisa. El cono perfecto del volcán Agua se cierne sobre la tradicional finca con árboles de sombra. Allí vive Luisa durante algún tiempo, en una casa señorial construida por un presidente guatemalteco en el siglo XIX. Sus sirvientes nos llevaron un excelente café a una enorme y antigua mesa de caoba. También visité las lujosas casas de Luisa en la ciudad de Guatemala y en Antigua. Mientras estaba en la plantación, los indios mayas bajaban de las colinas para empezar la recolección. Permanecían en chozas toscas que les proporcionaba la finca. Iban vestidos con sus ropas tradicionales y las lavaban en una pila común. Pocos de ellos hablaban castellano. Cuando se acercaban, sonreían y asentían.

Le pregunté a Luisa cómo se relacionaba con los trabajadores. «Me tratan con mucho respeto.» Puso como ejemplo que tenía prohibido observar a las vacas mientras las cubrían los toros. «Me consideran demasiado delicada para presenciar ese acto», dijo entre risas. Le pregunté si no se sentía culpable por tener tres hermosas casas mientras sus indios vivían en chozas. «Por supuesto», respondió, pero no entró en detalles.

Luisa es una persona amable y delicada. Ha animado a uno de sus trabajadores indios alfabetizados —una persona singular— a que escriba su autobiografía. En su plantilla mantiene a un capataz de ochenta y seis años. El anciano nació en la finca y ha vivido allí toda su vida; su padre trabajaba para el abuelo de Luisa. Ella estaba encantada de que por fin se hubiera firmado el acuerdo de paz. «Pero después de treinta y seis años, ¿qué ha logrado la guerrilla? —me preguntó—. Nada está mejor que antes. En 1980 les pagaban casi el mismo salario que ahora.»

No existen respuestas sencillas para las injusticias del sistema en Guatemala y en otros lugares. Entrevisté a Charlie y Ruth Magill, que pasaron cuatro años construyendo casas con Habitat for Humanity en la Guatemala rural. Charlie es ingeniero retirado de IBM, y Ruth había trabajado como bibliotecaria escolar. «Cuando estuve en Guatemala era una declarada humanista, llena de rabia por la injusticia con los pobres —me dijo Ruth—. Charlie era conservador. Cuando volvimos, yo me había calmado y él se había vuelto más humanista. Las cosas no son siempre blanco o negro. No se puede pintar una imagen extrema y sentir culpa por todo el mundo. Pero hay algunos temas realmente perturbadores.»

En los últimos años, el Proyecto Norteamericano de Educación por el Trabajo de Guatemala (US/GLEP) hizo realmente que Starbucks se sintiera culpable. En diciembre de 1994, la organización, que tenía su sede en Chicago, lanzó una campaña de protesta, avergonzando a la compañía en locales de todo el país. Sus folletos señalaban que la suma que los consumidores pagaban por una libra de granos Starbucks tostados equivalía al salario de una semana del trabajador cafetalero medio de Guatemala. Los portavoces de Starbucks hicieron notar que la compañía no tenía control sobre la escala salarial centroamericana. Comparado con los tostadores más importantes, Starbucks era un comprador sin importancia de café guatemalteco. Los activistas de US/GLEP conocían ese dato, pero eligieron Starbucks debido a su prominencia. La estrategia funcionó. En menos de un año, Starbucks publicó un *Marco para un Código de Conducta*, en el que se pedía a los proveedores de ultramar que pagaran salarios y beneficios decentes, y que proporcionaran «vivienda segura, agua limpia y servicios e instalaciones sanitarias».

Pero hasta febrero de 1997 no ocurrió nada, cuando Starbucks anunció que donaría 75.000 dólares a Appropriate Technologies International (ATI), una organización de investigación sin fines lucrativos, para ayudar a las cooperativas cafetaleras guatemaltecas a construir instalaciones de procesamiento. US/GLEP no se dejó impresionar; señaló que esa campaña sólo estaba dirigida a la calidad de los granos, no a las condiciones de vida, y no afectaba en nada a las plantaciones grandes. En marzo de 1998, Starbucks anunció que ese año estaba entregando 500.000 dólares a cultivadores que estaban de acuerdo en mejorar las condiciones de trabajo y de vida. US/GLEP recibió esto como un «gran paso», pero le pidió a Starbucks que encontrara un camino para verificar que el dinero llegaba a manos de los campesinos.

Los activistas insinuaron que seguirían adelante y que se centrarían en otras compañías cafetaleras.

El efecto de la campaña US/GLEP fue beneficioso. Probablemente Starbucks no habría redactado su Código de Conducta ni iniciado el programa guatemalteco si no hubiera recibido alguna presión. Pero la premisa de que la mayoría de los trabajadores guatemaltecos del café son oprimidos y maltratados es inexacta. «No diré que no hay opresión en ningún lugar de Guatemala, pero las cosas son muy diferentes de lo que solían ser —me comentó Dave Olsen, de Starbucks—. Nos movemos en la zona entre la simple mentira y la compleja verdad.» De manera similar, Betty Adams —cultivadora guatemalteca de café— se molesta cuando le sugieren que sus trabajadores son desdichados. Aunque reconoce las injusticias sociales de Guatemala, se enfurece con la condescendiente superioridad de algunos activistas norteamericanos. «Tomemos, por ejemplo, las fábricas neoyorquinas en las que se explota a los inmigrantes ilegales —dice—. Quienes trabajan allí son prácticamente esclavos, no se les permite ninguna libertad en absoluto hasta haber pagado la deuda que tienen con su empleador. La gente que recolecta café es más feliz y más libre que sus hermanos de Nueva York.»

Sin duda, algunos activistas —como el ambientalista Alan Durning— «exageran» cuando se trata de provocar sentimientos de culpabilidad. «Cultivar estos árboles [de café] requiere varias dosis de insecticidas, que fueron manufacturados en el valle del río Rhin, en Europa», escribe Durning; por lo tanto, los cultivadores de café son responsables de contaminar los ríos europeos. «Los granos eran despachados a Nueva Orleans en un carguero construido en Japón, de acero fabricado en Corea. El acero estaba hecho con hierro extraído de las tierras tribales de Papúa-Nueva Guinea.» Luego, por supuesto, los granos eran tostados (utilizando combustible fósil) y envasados en bolsas de polietileno, nilón, papel de aluminio y poliéster. «Los plásticos estaban fabricados en plantas del "Corredor del Cáncer" de Luisiana, donde las industrias tóxicas han quedado desproporcionadamente concentradas en zonas en las que los residentes son negros.» La bauxita utilizada para hacer el aluminio procedía de Australia, «la tierra ancestral de los aborígenes». Durning sigue adelante y se queja del automóvil que lleva a los consumidores a las cafeterías, del filtro dorado que se usa para preparar el café, incluso de la crema que se obtiene de una vaca que en sus caminatas «embarraban el agua y hacía la vida difícil a las truchas nativas».

Betty Adams cree que es ridículo pretender que los bebedores de café se sientan culpables. «¿Usted se siente culpable cuando come un tomate que fue recogido por las manos campesinas de un niño mexicano en California, donde los buenos ciudadanos han negado a los trabajadores el acceso a las escuelas y a los servicios sociales? —pregunta—. ¿Acaso Bill Gates se siente culpable cuando se pone una camisa confeccionada en una fábrica neoyorquina que explota a inmigrantes ilegales?» También subraya el hecho de que su propia vida como propietaria no es fácil. «Nunca me había dado cuenta realmente del enorme riesgo que supone producir café, hasta que empecé a administrar la finca personalmente. No me daba cuenta del daño que puede hacer un viento, o una lluvia prolongada, o un mal contable... por no hablar de la vulnerabilidad de un mercado caprichoso e inestable.»

Café: parte de la matriz

Aun así, el café está inextricablemente ligado a una historia de injusticia en la que los ricos les quitan a los pobres. La bebida, que es sobre todo una bebida estimulante que ha ayudado a mantener alerta al mundo industrializado, crece en regiones que saben disfrutar de una buena siesta. No cabe duda de que en el pasado los trabajadores del café han sido oprimidos; incluso ahora son asesinados por los grupos paramilitares en Chiapas.

En mi viaje a América Central pude ver en repetidas ocasiones la estrecha conexión que existe entre café, poder y violencia. En Nicaragua conocí a Álvaro Peralta Gedea, un joven que volvió para reclamar la finca de su familia, situada cerca de la frontera con Honduras. A principios de los ochenta había sido confiscada por los sandinistas.* Sin embargo, antes de que pudiera dedicarse a podar los cafetos abandonados, tuvo que quitar las minas instaladas en todo el terreno. Afortunadamente, había sido entrenado por la marina de Estados Unidos para la tarea y él la enseñó a sus campesinos. Sin embargo, en la finca de su tío, un trabajador desprevenido había muerto.

Mientras estuve en Honduras, Nicaragua y El Salvador, me uní a un viaje organizado por la Asociación Norteamericana de Cafés Especiales. Naturalmente, quienes tienen el poder en el ramo del café extendieron una alfombra roja para la SCAA. Así que me encontré en medio de un cóctel ofrecido por el

---

* Roger Castellón Orué, cuya historia de confiscación se cuenta en el capítulo 17, fue mi chófer en Nicaragua. Ya ha recuperado su finca, pero aún se siente amargado. En una sesión de degustación conocí a Luisa María Molina Icias, cuya historia también se cuenta en ese mismo capítulo.

general Joaquín Cuadra Lacayo, el actual jefe del ejército nicaragüense, en Esperanza, su maravillosa finca cafetalera. Él explicó cómo, en su condición de general sandinista, había entregado a los campesinos armas y tierra y les había dicho que la defendieran, mientras que su gobierno confiscaba las otras fincas de café. Su propia finca, añadió, no era adecuada para que la confiscaran.

Al día siguiente atravesamos la frontera con El Salvador, donde tuvimos como guía genial a Ricardo *Rick* Valdivieso, cofundador con Roberto D'Aubuisson del partido de derecha ARENA. Se había criado en Estados Unidos y parecía un saludable líder de campamento cuando gritaba desde la parte delantera del autobús: «¿Se están divirtiendo?» Resultaba difícil imaginar que él, al igual que D'Aubuisson, podría haber estado asociado con los Escuadrones de la Muerte, imputación que negó cuando se lo pregunté. Me contó que había estado a punto de morir de un balazo en El Salvador, exactamente antes de las elecciones de 1982. Había estado un solo día en el hospital y escondido en un piso franco para evitar que lo asesinaran. Durante nuestra visita a El Salvador, la policía civil le había proporcionado una escolta armada.

La economía cafetalera no es en sí misma responsable de los disturbios sociales ni de la represión; no deberíamos confundir una correlación con una causa. Sin embargo, las injusticias y las frustraciones del sistema económico exacerban los conflictos. Comparado con muchos otros productos que los países desarrollados exigen en pocas cantidades, el café es relativamente benigno. Trabajar en las plantaciones de plátanos, azúcar o algodón, o sudar en las minas de oro y diamantes y en las refinerías de petróleo es mucho peor. La mayor parte del café la cultivan en parcelas pequeñas campesinos que aman sus plantas y los frutos maduros que producen.

Como comentó el antropólogo Eric Wolf en su clásica obra de 1982 *Europe and the People Without History*, «el mundo de la humanidad constituye... una totalidad de procesos interconectados». El café proporciona un hilo fascinante que entreteje las disciplinas de la historia, la antropología, la sociología, la psicología, la medicina y los negocios, y ofrece una manera de seguir las interacciones que han formado una economía global. Mientras esta historia se ha concentrado solamente en el café, para otros productos podrían contarse historias similares. Los países europeos extraían pieles, plata, oro, diamantes, esclavos, especias, azúcar, té, café, cacao, tabaco, opio, caucho, aceite de palma y petróleo de Asia, África, América Central y América del Sur. Mientras Norteamérica, tomada por europeos blancos e industrialmente desarrollada, se unió a la conquista, sobre todo en América Latina.

Cafeína, la droga elegida

Los países desarrollados no son los únicos que beben café. Más del veintidós por ciento de la producción mundial se consume donde se cultiva. Los brasileños se han aficionado tanto a la bebida que algunos expertos predicen que Brasil ha acabado convertido en un importador neto de café. La cafeína es la droga psicoactiva más ampliamente consumida, y el café es su sistema más importante de entrega. «En la actualidad, la mayor parte de la población mundial, al margen de la situación geográfica, el género, la edad o la cultura, consume cafeína diariamente», escribe Jack James, autor de dos obras sobre la cafeína. «El consumo global se ha calculado en 120.000 toneladas de cafeína por año. Esto equivale aproximadamente a una bebida con cafeína por día para cada uno de los 5.000 millones de habitantes del globo.»

¿Eso es malo? Evidentemente, a las personas de todas las culturas les gustan los preparados estimulantes, beber, masticar o fumar alguna droga en forma de alcohol, hojas de coca, kava, marihuana, amapola, hongos, betel, tabaco, café, nueces de kola, corteza de yoko, hojas de guayusa, hojas de yaupon (cassina), mate, nueces de guaraná, cacao (chocolate) o té. De esta lista, la cafeína es sin duda la más omnipresente, pues aparece en los nueve últimos productos. En efecto, la cafeína es producida por más de sesenta plantas, aunque los granos de café proporcionan alrededor del cincuenta y cuatro por ciento del estimulante mundial, seguidos por el té y las bebidas de cola. Como proclama el personaje del humorista Robert Therrien: «¡El café es mi droga preferida!»

¿Qué es la cafeína, y qué efectos causa? ¿Es segura? Los expertos no se ponen de acuerdo. Es uno de los alcaloides orgánicos (con contenido de carbono) compuestos, construidos alrededor de anillos de átomos de nitrógeno. Los alcaloides son químicos farmacológicamente activos que producen muchas plantas tropicales como autodefensa. Como no hay invierno que les proporcione alivio del ataque de los depredadores, las plantas tropicales han desarrollado sofisticados métodos de protección. En otras palabras, la cafeína es un pesticida natural. Aunque algunos insectos y hongos se adaptan a cualquier sustancia química, es bastante probable que las plantas contengan cafeína porque afecta el sistema nervioso de los posibles consumidores, haciendo que desistan de comerla. Por supuesto, ése es precisamente el atractivo para el ser humano.

La cafeína, $C_8H_{10}N_4O_2$, es un polvo blanco e inodoro con sabor amargo, que se aisló de los granos crudos de café por primera vez en 1820. Consta de tres grupos de metilos (H_3C) unidos alrededor de una molécula de xantina, uno de los componentes básicos de plantas y animales. El hígado humano reacciona ante la cafeína como si fuera un veneno e intenta furiosamente desmantelarlo, desprendiendo los grupos de metilos. Pero no puede con todos, de modo que unas pocas moléculas enteras de cafeína logran superar el hígado y encontrar finalmente un lugar donde alojarse en el cerebro.

La molécula de cafeína imita al neurotransmisor adenosina, que disminuye la actividad eléctrica del cerebro e inhibe la liberación de otros neurotransmisores. En otras palabras, la adenosina hace que todo sea más lento. Nos permite descansar y probablemente nos ayuda a dormir una vez por día. Sin embargo, cuando la cafeína llega por primera vez a los receptores, no permite que la frustrada adenosina haga su trabajo. En consecuencia, la cafeína no nos mantiene despiertos en un sentido positivo; simplemente bloquea el freno mental natural, evitando que la adenosina nos adormezca.

El cerebro no es el único órgano afectado por la cafeína. Hay receptores de adenosina en todo el organismo, donde evidentemente la hormona cumple varias funciones. Así, la cafeína hace que el corazón palpite más rápidamente, estrecha algunos vasos sanguíneos y hace que algunos músculos se contraigan más fácilmente. Sin embargo, al mismo tiempo puede relajar las vías respiratorias y abrir otro tipo de vasos sanguíneos. La cafeína es un diurético y hace que en la orina floten pequeñas cantidades de calcio, lo que lleva a una posible pérdida de hueso. No obstante, el último estudio indica que es una posible fuente de preocupación para las mujeres mayores que ingieren poco calcio.

Como hemos visto, el café y la cafeína han estado implicados en una enorme serie de dolencias, pero estudios posteriores no han podido confirmar la mayoría de los descubrimientos negativos. Como concluye Stephen Braun en su obra *Buzz*, de 1996: «Los efectos de la cafeína en cosas tales como el cáncer de pecho, la pérdida de hueso, el cáncer pancreático, el cáncer de colon, la enfermedad cardíaca, las afecciones hepáticas, las afecciones renales y la disfunción mental han sido examinados en detalle, y hasta ahora no existen pruebas claras que vinculen el consumo moderado de cafeína [...] con estos y otros trastornos de la salud.»

Después de estudiar los mismos datos, en su obra de 1997 titulada *Understanding Caffeine*, Jack James coincide en que no existe una relación clara, pero opina que la cafeína probablemente contribuye a la enfermedad cardíaca. Señala además que el café hervido o sin filtrar ha sido relacionado con niveles más elevados de colesterol sérico. «Incluso el equivalente de una taza de café produce un leve aumento de la tensión sanguínea que dura de dos a tres horas —afirma James—. Experimentado a lo largo de toda una vida, estas elevaciones diarias de la tensión sanguínea probablemente contribuyen a la enfermedad cardiovascular.» La conclusión a la que llega es que no existe un nivel seguro de consumo de cafeína, y que la droga debería ser evitada completamente.

Pocos médicos han llegado tan lejos, pero las opiniones autorizadas coinciden en que las personas que padecen hipertensión, lo mismo que las que tienen trastornos de insomnio y ansiedad, deberían consultar a su médico con respecto al consumo de cafeína. También recomiendan que los pacientes que toman otras drogas consulten a su médico respecto a las posibles interacciones con la cafeína. En el estómago, la cafeína estimula la secreción de ácido gástrico. Así, mientras a algunos les ayuda a hacer la digestión, a otros les causa acidez. Durante años, los médicos pensaron que el consumo de café podía provocar úlceras, pero al parecer eso es un mito.

Lo mismo que Stephen Braun, la mayoría de las opiniones autorizadas recomiendan el «consumo moderado». Existen muchos informes clínicos y anecdóticos que afirman que el beber demasiada cafeína puede causar problemas. La posible dosis letal para los humanos es de unos 10 gramos, aunque sería prácticamente imposible consumir esa cantidad bebiendo café. Los signos iniciales de toxicidad incluyen vómitos, calambres abdominales y fuertes palpitaciones cardíacas. El *Diagnostic and Statistical Manual of Mental Disorders* (DSM-IV) incluye la «intoxicación con cafeína» como una auténtica dolencia. Un psiquiatra puede diagnosticar legalmente si una persona muestra cinco o más de los doce síntomas siguientes durante la ingestión de cafeína, o poco después de la misma: inquietud, nerviosismo, excitación, insomnio, enrojecimiento del rostro, diuresis, trastorno gastrointestinal, temblores musculares, flujo acelerado del pensamiento y el habla, taquicardia o arritmia cardíaca, períodos de no agotamiento de energías y agitación psicomotora.

Mientras que el «cafeísmo» ha sido durante mucho tiempo reconocido como una auténtica dolencia para aquellos que consumen cantidades excesivas de la droga, los síntomas de la «intoxicación por cafeína» son similares a los de un clásico ataque de pánico. La única diferencia consiste en que la persona debe haber bebido café, té o bebidas de cola poco antes, cosa que parece tener una lógica de diagnóstico circular. En diversas ocasiones, mientras escribía este libro, tuve cinco de estos síntomas, incluidos inquietud, excitación, insomnio, períodos de no agotamiento de energías y, sobre todo, flujo acelerado de pensamiento. Yo bebo sólo dos tazas de café al día, por la mañana.

La ingestión moderada de cafeína tiene sus beneficios, aunque la mayor parte de los médicos recomiendan drogas alternativas. Como descubrió Harry Hollingworth en sus estudios de doble ciego de 1911, la cafeína puede mejorar mínimamente las habilidades motrices y el tiempo de reacción mientras deja relativamente intactas las pautas del sueño.* El café potencia el rendimiento at-

---

* No existen pruebas de que el café sea un tónico cerebral. Sin embargo, un profesor acuñó una definición: «matemático: máquina para convertir el café en teoremas».

lético (tal vez mediante la estimulación de más adrenalina) hasta el punto de que el Comité Olímpico Internacional ha calificado la cafeína de «doping»; demasiada cafeína en el torrente sanguíneo representa la expulsión de los juegos. La cafeína puede ayudar a los que sufren de asma y se le administra a niños que padecen de apnea neonatal (cesación espontánea de la respiración). Algunos adultos con alergias descubren que la cafeína disipa los síntomas. Puede aliviar el dolor en las migrañas (aunque el retirarse de la cafeína provoca otros dolores de cabeza). Para quienes necesitan un diurético o un laxante, el café proporciona alivio. Algunos estudios incluso recomiendan el uso de esta bebida como antidepresivo para evitar el suicidio.

Lejos de ser el elemento antierótico del que se quejaban las mujeres británicas en 1674, se ha demostrado que la cafeína aumenta la motilidad del esperma, de modo que puede resultar útil en los tratamientos de inseminación artificial (aunque otros temen que pueda dañar el esperma mientras acelera su salida). Combinado con analgésicos como la aspirina, la cafeína parece ayudar a aliviar el dolor. Puede resultar terapéutica en algunos tipos de cáncer, aunque no existen pruebas firmes en ese sentido. Aunque suele acusarse al café de no aportar elementos nutritivos, proporciona cantidades mínimas de potasio, magnesio y manganeso. Debido a que eleva el índice metabólico, puede ayudar en las dietas, pero el efecto es mínimo. Al igual que el Ritalin, la cafeína tiene un efecto paradójico en los niños hiperactivos con trastorno de atención: permitir a esos niños beber café parece serenarlos.

Por sorprendente que pueda parecer existen pocas pruebas de que la cafeína produce algún daño a los niños normales, a pesar de la creencia generalizada de que atrofia el crecimiento, arruina la salud, etcétera. No obstante, al igual que los adultos, los niños están sujetos a síntomas de abstinencia, a causa de la privación de bebidas de cola, más frecuentemente que del café. Muchos médicos han expresado preocupación por las mujeres embarazadas o que amamantan y beben café. La cafeína atraviesa rápidamente la barrera de la placenta hasta el feto, y convierte la leche de pecho en una especie de café con leche natural. Debido a que los bebés prematuros carecen de enzimas hepáticas que descompongan la cafeína, ésta permanece en el organismo durante mucho más tiempo. Cuando alcanzan los seis meses, la mayoría de los bebés elimina la cafeína en la misma proporción que los adultos, con una permanencia media de cinco horas en el torrente sanguíneo.

Las investigaciones no han demostrado que la cafeína dañe el feto o al bebé alimentado a pecho, pero algunos estudios recientes parecen responsabilizar a la cafeína del peso escaso al nacer. Jack James insta a las mujeres embarazadas a que se abstengan completamente de tomar bebidas con cafeína. En *Protecting*

Your Baby-to-Be (1995), Margie Profet coincide con esta opinión. «Es pruden-
te que durante el primer trimestre del embarazo la mujer interrumpa conscientemente o al menos limite estrictamente el consumo de café [...] si las náuseas
del embarazo no lo hacen por ella.» Por otra parte, la Asociación Nacional del
Café, que sin duda tiene gran interés en la cuestión, asegura que «la mayor parte de los médicos e investigadores coincide ahora en que es perfectamente seguro que las embarazadas consuman cafeína». Para aquellos que «prefieren pecar
de cautelosos», la NCA recomienda una o dos tazas diarias.

De hecho, los expertos no se ponen de acuerdo en lo referente al consumo
de café y de cafeína, en parte porque cada individuo tiene reacciones claramente diferentes. Algunas personas quedan estimuladas durante horas con un simple sorbo; otras pueden beber un exprés doble antes de caer en un sueño profundo. Así, cada amante del café debería decidir cuál es su consumo adecuado,
preferentemente no más de dos o tres tazas por día.*

¿Es usted adicto?

Después tenemos a Joe McBratney, de treinta y seis años, chef y propietario del restaurante Kreisher Mansion, de Staten Island, donde uno puede cenar
a la luz de las velas, escuchar una suave música clásica y disfrutar de fabulosos
platos de mariscos seguidos de un delicioso café de Colombia. Vi a McBratney
en un programa de televisión de 1995, hablando de su extraordinario consumo
diario de café, el equivalente de cincuenta tazas normales, o 5.000 miligramos
de cafeína. Le hice una visita y me pareció un anfitrión aparentemente sereno y
feliz. «Me siento como nuevo después de la primera taza que tomo por la mañana —me dijo—. Me siento fantástico.»

McBratney está convencido de que ese hábito no perjudica su salud. Tiene una tensión arterial normal. ¿Qué ocurre si no toma suficiente café? «Nunca me permitiría estar en una situación en la que no pudiera conseguir café.»
Sin embargo, dice: «Creo que en cualquier momento podría reducir la dosis, si
quisiera.»

---

* El límite de tres tazas se basa en un promedio de 100 miligramos de cafeína por cada taza
de 170 gramos, pero esta cantidad variará según el tamaño de la taza, la intensidad de la preparación, y la mezcla. Las mezclas de robusta tendrán una cantidad de cafeína considerablemente
mayor que los arabicas puros. Las personas que dejan de fumar tal vez descubran que su consumo normal de café de pronto les afecta mucho más, dado que el tabaco atenúa los efectos de la
cafeína.

Seguramente McBratney se engaña a sí mismo. Está enganchado. La razón de que pueda beber tanto sin trepar por las paredes es que ha desarrollado tolerancia por la cafeína. Si la abandona repentinamente, es probable que sufra muchísimo, como Cathy Rossiter, que participó en un estudio del Johns Hopkins de 1993 sobre los efectos de la abstinencia de la cafeína. Rossiter prefiere la Mountain Dew, y durante todo el día bebe la gaseosa de lima limón con alto contenido de cafeína. Su dependencia es tan intensa que mientras empezaba con las contracciones del parto de su segundo hijo se encontró en la cola de un supermercado con una Mountain Dew en cada mano.

Para someterse al estudio, Rossiter aceptó abstenerse de la cafeína durante dos días. «Parecía una migraña, exactamente detrás de los ojos. Era como si alguien te estuviera sacando el cerebro con un cuchillo.» Estuvo a punto de vomitar, cosa nada sorprendente dado que los síntomas de la abstinencia de la cafeína incluyen dolores de cabeza, somnolencia, fatiga, disminución del rendimiento y, en casos extremos, náuseas y vómitos. Rossiter superó los dos días pero rechazó el ofrecimiento de ayuda para abandonar el hábito definitivamente. Volvió aliviada a su Mountain Dew.

«Existe un verdadero síndrome de abstinencia —subraya el investigador John Hughes—, incluso para aquellos que consumen sólo 100 miligramos (una taza) de café diarios.» Hughes considera ridículo que los envases de café, té y cola no especifiquen la cantidad de cafeína que contienen, aunque la FDA dio instrucciones de que aparecieran las cantidades detalladas de rivoflavina y vitaminas. A él le gustaría ver el siguiente letrero de advertencia: «La interrupción brusca del consumo de cafeína puede provocar dolor de cabeza, somnolencia y fatiga.»

Sin embargo, a pesar del sufrimiento que provoca la abstinencia, sólo dura una semana, o menos. En comparación con otras adicciones, ésta es relativamente inofensiva. «La mayor parte de la gente es adicta a las bebidas que contienen cafeína —afirma el investigador Peter Dews—. Eso no es malo. Se trata de un hábito que puede conservarse durante toda la vida sin que tenga efectos adversos para la salud.»

Tal vez. El hábito está tan arraigado en nosotros que, con la entrada en el siglo XXI, aparecen infinidad de sitios, lugares de chateo y nuevos grupos de Internet dedicados al café. De hecho, cualquiera puede entrar en un cybercafé y beber una taza de café mientras lee un artículo de Internet sobre el producto. Tal vez no sólo se trata de la cafeína. Existen otras dos mil sustancias químicas en el café tostado —aceites, caramelo, hidratos de carbono, proteínas, fosfatos, minerales, ácidos volátiles, ácidos no volátiles, ceniza, trigonelina, fenólicos, sulfidos y carbonilos volátiles— que lo convierten en uno de los productos alimenticios más complejos de la Tierra. Pero yo sospecho que es la cafeína lo que a casi todos nos une al café. En el cyberespacio encontré un chiste con setenta y cinco frases que completan la fórmula «Te das cuenta de que estás bebiendo demasiado café cuando...». Éstas son algunas de mis favoritas:

- Muerdes las uñas de los demás.
- Vas a las reuniones de Alcohólicos Anónimos sólo por el café gratis.
- La gente se marea de sólo mirarte.
- Puedes hacer arrancar el coche sin conectar ningún cable.
- No sudas, rezumas café.
- Cuando alguien te pregunta: «¿Cómo estás?», respondes: «Bueno hasta la última gota.»
- Presentas a tu esposa como tu compañera de café.
- Quieres que te incineren sólo para poder pasar el resto de la eternidad en una lata de café.

Leones y corderos

A pesar de esta evidente cafemanía —en todo el mundo se gastan alrededor de 80.000 millones de dólares al año en el café en todas sus formas—, el consumo mundial está aumentando a un ritmo moderado. El firme declive en Estados Unidos ha sido frenado por la revolución de los cafés especiales, pero el consumo per cápita se mantiene estático en unos 4,5 kilos por año. Al menos los ciudadanos están tomando café de mejor calidad. Ahora los cafés especiales representan aproximadamente el veinte por ciento del consumo casero de café en Estados Unidos. Incluso los grandes tostadores han mejorado la calidad de sus mezclas, con un aumento del contenido de arabica. Resulta cada vez más difícil encontrar fuentes fiables, dado que la provisión de auténticos «especiales» —en el mejor de los casos, el diez por ciento de la variedad arabica del mundo— empieza a ser escasa.

Sin embargo, Procter & Gamble recomienda a los administradores de restaurantes que compren sus paquetes fraccionados de «Folgers Ultra Roasted Coffee», asegurando que su mezcla de rendimiento ultraelevado dará 196 tazas por libra en lugar de las cuarenta tazas por libra que da el café corriente. No es de extrañar que Don Schoenholt, pionero de las especialidades, esté preocupado por la posibilidad de que los peces gordos como Procter & Gamble (Folgers), Philip Morris (Maxwell House) y Nestlé puedan infiltrarse en la SCAA, seduciendo a las firmas de poca monta con inyecciones de dinero. Schoenholt se opuso a una donación de 75.000 dólares de P & G-Millstone al recién formado Instituto de Cafés Especiales (SCI), que dirigirá un estudio científico de los métodos adecuados de preparación, los perfiles de la degustación, etcétera.

En la convención anual de 1998 de la SCAA, Schoenholt pronunció un apasionado discurso. «Somos unos pocos afortunados los que hemos soportado la carga de mejorar el sabor de medio continente y las esperanzas y aspiraciones de medio continente durante una generación», dijo. Calificó a la Asociación Nacional del Café (NCA) de «herramienta del Auténtico Café» y advirtió que no se debía «tener escrúpulos» con la NCA. «Si nos quedamos quietos, llegará un momento en que nos devorarán vivos. Hay que andarse con cuidado con las bestias de la selva. El león puede acostarse con la oveja, pero la oveja no podrá dormir mucho.»

Sin embargo, parece que Schoenholt se enfrenta a una batalla difícil. Ted Lingle, el director ejecutivo de SCAA, quiere trabajar con la NCA, que subvenciona investigaciones sobre la cafeína y presiona para proteger los intereses de Estados Unidos en el café. «Creo en un compromiso constructivo —dice Lingle—. Necesitamos aumentar la calidad desde abajo para lograr que el consumo vuelva a ser el de los años posteriores a la Segunda Guerra Mundial.» Lingle cree que la verdadera cuestión no está entre grandes y pequeños sino entre los que defienden niveles altos —y buscan calidad, frescura y una buena preparación— y los que no. «El Instituto de Cafés Especiales forma parte de esa intención de desarrollar niveles científicos. Millstone sencillamente está ayudando a financiarlo.»

En 1996, cuando Robert Nelson ocupó el cargo de director que dejaba vacante George Boecklin, la NCA era una organización moribunda que tenía cada vez menos socios. Desde entonces, Nelson ha logrado aumentar el número de socios, bajado las cuotas, y se ha abierto activamente hacia el sector de los cafés especiales en busca de socios y apoyo.

Sólo el tiempo dirá si los Tres Grandes han aprendido alguna verdadera lección sobre la calidad, o si el movimiento de cafés especiales podrá conservar este idealismo juvenil ante sus propias consolidaciones y fusiones. Con Millstone, de Procter & Gamble, y Sarks, de Nestlé, la línea que existe entre los cafés especiales y los de comercialización masiva se ha vuelto borrosa. A finales de 1998, Starbucks estremeció al mundo de los especiales cuando cerró un trato con Kraft Foods (Philip Morris), propietaria de Maxwell House, para que la gigantesca multinacional distribuyera Starbucks en más de 25.000 tiendas de comestibles de todo el país. Al mismo tiempo, Starbucks sorprendió a sus seguidores presentando un tueste más ligero además del oscuro y tradicional. En 2000, Howard Schultz se nombró a sí mismo presidente y «jefe de estrategia global» de Starbucks y proyectó 20.000 posibles tiendas en todo el mundo.

En respuesta al manifiesto de Denver de 1998 pronunciado por Don Schoenholt, la entonces presidente de la SCAA, Linda Smithers, dijo: «Hace diez años me planté delante de esta organización y pateé la lata», con lo que estaba diciendo que había denigrado el café de supermercado envasado en lata al vacío. «Me siento avergonzada. Me siento humillada por eso, y nunca lo olvidaré —siguió diciendo—. Un consumidor al que le gusta Maxwell House merece tomar una buena taza de café Maxwell House.» Schoenholt, que no encuentra nada bueno en las latas de café de supermercado, seguramente se puso furioso.

La antigua lata adquirió mala fama debido, en primer lugar, a que en sus mezclas se incorporaban granos de baja calidad. Pero esto podía remediarse. No hay nada inherentemente malo en la lata al vacío. Sin duda es mejor comprar granos enteros recién tostados, y molerlos y prepararlos inmediatamente después. Pero para los que prefieren la comodidad de una lata, existen opciones alentadoras. Al menos dos tostadores —Comfort Foods y Gloria Jean's— están utilizando válvulas irreversibles en la parte superior de la lata, lo que significa que el café recién molido puede ser envasado sin una previa desgasificación y sin que se vuelva rancio.

El estado del café en el mundo

«No sólo hemos dirigido el mercado del café en Estados Unidos sino en el mundo —se vanaglorió Linda Smithers en su discurso ante la SCAA, en Denver—. Somos el ejemplo, somos el modelo, hemos cambiado la visión sobre el café.» Los consumidores de Finlandia se disputarán sin duda ese lugar. Con un consumo de 13 kilos anuales per cápita, los finlandeses son los que más café beben en el mundo entero. No utilizan robusta, y consumen un adicional del dos por ciento de café instantáneo.* Durante años, los europeos del norte fijaron el nivel de calidad del café mientras los bárbaros del mercado masivo en Estados Unidos bebían una bazofia.

Sin embargo, en cierto sentido, Smithers tenía razón. La inspiración del café tiene la capacidad de fluir de un continente a otro. Howard Schultz, ejecutivo principal de Starbucks, llevó el exprés italiano a Estados Unidos, donde

---

* En Finlandia, invitar a una mujer a tomar café es un signo inequívoco de interés romántico. Los anuncios personales finlandeses que buscan «compañía para el café del día» se interpretan como una búsqueda para el sexo circunstancial.

mejoró la calidad de los granos utilizando únicamente arabica, y luego ahogó el resultado en leche para los *lattes* y los capuchinos.

El movimiento de cafés especiales en Estados Unidos vuelve a extenderse por Europa y el resto del mundo. Starbucks ha abierto tiendas en los países de la costa del Pacífico, y en 1998 compró la Seattle Coffee Company (SCC), una cadena británica de sesenta y tres tiendas, fundada por los nativos de Seattle Scott y Ally Svenson. Los británicos están aprendiendo a saborear los cafés con leche; las cafeterías de cafés especiales en Gran Bretaña se incrementaron en casi un ochocientos cincuenta por ciento desde 1993 hasta 1997. Costa Coffee, fundada en 1971 por los hermanos Sergio y Bruno Costa, es la cadena líder en el Reino Unido, seguida de cerca por Whittard. Eso no impedirá que la antigua firma de H. R. Higgins Ltd. siga tostando los cafés más selectos para la reina y otros miembros de la realeza. La pequeña pero elegante firma, fundada por Harold R. Higgins en 1942, está ahora administrada por su nieto David Higgins, en un sótano de Duke Street. Aunque parezca increíble, el café ha derrocado al té como la bebida en la que los británicos gastan más dinero al año. Starbucks está utilizando a Inglaterra como trampolín para invadir el continente, donde tiene previsto abrir quinientos locales minoristas en 2003. El Día C (en contraposición al Día D) llegó en marzo de 2001, cuando Starbucks abrió su primer local en Suiza.

Los franceses, que aún consumen el café amargo preparado con una mezcla de robusta y arabica en una proporción de 45 a 55 respectivamente, sin duda necesitan a Starbucks, a pesar de que su orgullo culinario puede quedar ofendido. Los italianos utilizan casi tanta robusta como los franceses, de modo que los norteamericanos pueden tener mucho éxito incluso en Milán, donde Howard Schultz tuvo su epifanía de 1983. «Regresar a Italia ha sido mi sueño —dice Schultz—. Será nuestro mayor desafío... Pero estoy convencido de que podemos tener éxito.» Lentamente, los europeos también están aprendiendo a beber cafés con distintos sabores. Estados Unidos, que compró la mitad del café del mundo inmediatamente después de la Segunda Guerra Mundial, ahora consume alrededor del veinte por ciento, seguido de cerca por la Alemania unida.

Japón, por supuesto, tiene una historia de éxito con el café. Ese país representa ahora el once por ciento de las ventas mundiales de café en términos monetarios; los japoneses aprecian la buena calidad y compran algunos de los mejores granos del mundo. Aunque el número de *kissaten* ha descendido a 100.000, las cafeterías de servicio rápido, los locales de comidas rápidas y los restaurantes familiares también sirven café. Japón es único en su devoción a los cafés de lata de las máquinas expendedoras, y la marca Georgia de Coca-Cola representa casi la mitad de las ventas de café en lata. El resto del mercado está controlado sobre todo por la Ueshima Coffee Company, Key Coffee y Art Coffee, mientras Nestlé domina el sector del instantáneo con un sesenta y seis por ciento de la cuota de mercado.

En efecto, la firma suiza vende café todos los años por un importe de más de 6.400 millones de dólares, generando un beneficio operativo de 1.300 millones. Eso la convierte en la compañía cafetera más grande y con mayores beneficios del mundo. Mientras Nestlé posee varias firmas de café corriente —incluida Hills Brothers, Chase & Sanborn, MJB y Sarks en Estados Unidos—, sigue siendo una empresa de café soluble que vende más de la mitad del café instantáneo del mundo, lo que la coloca en buena posición para expandirse a los mercados en vías de desarrollo del este de Europa y Asia, donde el café instantáneo tiene éxito. Sin embargo, en los mercados desarrollados, como Europa occidental, Estados Unidos y Japón, el café corriente de mejor calidad está acortando distancias con el instantáneo. El café instantáneo representa el veinticinco por ciento del volumen de ventas totales de café en todo el mundo, y el cuarenta por ciento de la facturación.

A comienzos del siglo XXI, el mercado del café ya ha soportado bastantes fusiones. El gigante del tabaco, Philip Morris, posee el catorce por ciento del mercado mundial de café y es el líder mundial en café tostado y molido, mientras suministra el veinte por ciento del mercado mundial de café soluble.* Sara Lee, a través de su subsidiaria holandesa Douwe Egberts and Superior en Estados Unidos, abarca otro once por ciento del mercado mundial, y se sitúa en el tercer lugar. Le sigue Procter & Gamble con el ocho por ciento, casi todo en América del Norte. Lavazza, de Italia, que se ha expandido agresivamente en Europa y Estados Unidos, ahora tiene el dos por ciento del negocio mundial del café, que puede parecer poco pero representa casi 1.000 millones de dólares en ventas anuales.

Eso aún deja mucho espacio a los poderosos tostadores regionales, que representan más de la mitad de las ventas mundiales de café corriente. En

---

* Philip Morris es propietaria de Kraft (Maxwell House) en Estados Unidos, de Gevalia en Suecia, Nabob en Canadá, Jacobs en Alemania, Grand Mère, Carte Noire y Jacques Vabre en Francia, Splendid y Mauro en Italia y Saimaza en España, entre otros. Las consolidaciones y fusiones de empresas cafetaleras continúan a ritmo acelerado. Starbucks absorbió en 1999 la cadena de cuarenta y ocho tiendas de Pasqua. Bajo la dirección de Michael Bregman y Michael Powell, Second Cup de Canadá ha emergido en el segundo lugar después de Starbucks, pues posee la mayor parte de Gloria Jean's, Coffee People y Coffee Plantation. Entretanto, Probat de Alemania compró los tostaderos Jabez Burns. En 1999, Sara Lee, propietaria de Douwe Egbert en Europa y de Superior en Estados Unidos, compró Chock full o'Nuts y Wechsler Coffee, convirtiéndose en el proveedor norteamericano de café más importante de los servicios de alimentación.

España, por poner sólo un ejemplo, existen 240 empresas tostadoras, la mayor parte de las cuales son muy locales. Hay otros tostadores con presencia internacional. Illycaffè, la empresa familiar italiana de café exprés de primera calidad, ahora posee subsidiarias en Francia, Alemania, Países Bajos y Estados Unidos. Tchibo acaba de absorber a Eduscho, convirtiéndose en el tostador/minorista más importante de Alemania, con el treinta y ocho por ciento del mercado nacional, mientras Aldi, una cadena minorista alemana, abastece al quince por ciento de los hogares del país. Melitta, que tiene su sede en Bremen, prospera no sólo en Alemania —donde tiene un diez por ciento de la cuota de mercado—, sino que se ha expandido por todo el mundo. Además, muchos tostaderos que no hacen publicidad envasan café con una etiqueta especial para determinados clientes, o para oficinas, al tiempo que infinidad de cafeterías y restaurantes lo venden como bebida.

Algunas grandes multinacionales importadoras de granos crudos abastecen la mayor parte del comercio mundial, compran los granos en el lugar de origen y los venden a los tostadores. Debido a unos márgenes de beneficio sumamente escasos, estas firmas deben basarse en el volumen y la especulación para permanecer en el negocio. Durante la década de 1990, una serie de importadores tradicionales cerraron sus puertas o se declararon en quiebra, atrapados por el vaivén de los precios. Algunos calcularon incorrectamente los movimientos del mercado. Otros fueron incapaces de suministrar el café contratado a los tostadores porque los productores no cumplieron con sus contratos; y otros fueron víctimas de la mala administración o el fraude. Unos pocos llegaron a la conclusión de que había mejores maneras de emplear su dinero con menos riesgo. En consecuencia, los banqueros se han vuelto más cautelosos a la hora de entregar dinero para el café.

Ahora, los proveedores más importantes de café son: el Neumann Kaffee Gruppe (que incorpora a Bernhard Rothfos), Volcafe, Cargill, y el grupo Esteve (que incluye a Atlantic USA). Muchos importadores más pequeños abastecen al mercado de cafés especiales con granos más selectos.

La producción y el consumo de café en todo el mundo rondan los 100 millones de sacos al año. Con una maquinaria más sofisticada, la recolección mecanizada se convertirá en algo más común, pero la recolección manual seguirá predominando. Los científicos pueden crear cafetos modificados genéticamente que produzcan granos «naturalmente» descafeinados, con un sabor decente, y los químicos pueden perfeccionar la imitación del mágico aroma del café e incluso el sabor.

Pero a pesar de la nueva ciencia y la tecnología, la industria del café seguirá siendo esencialmente la misma. El ciclo de auge y caída seguirá aumentando y

bajando los precios, exacerbado por las heladas, las sequías, los fondos de salva-
guardia y los inventarios de último momento de los tostadores más importantes,
que los deja más vulnerables a la escasez. La tendencia mundial hacia el café de
primerísima calidad, por el que los consumidores están dispuestos a pagar precios elevados, da motivos para abrigar la esperanza de que los pequeños agricultores y trabajadores puedan algún día salir de la pobreza, aunque no cabe duda
de que ese día está aún muy lejos. Por ejemplo, la floreciente producción de robusta en Vietnam ha hecho bajar los precios, y siempre existe un mercado para la
barata robusta conocido como la triple B, *black*, *brokens* y *bits* (negro, roto y partido), que puede aparecer en el café instantáneo, el exprés o las mezclas baratas.

Un paseo a propósito del café en Costa Rica

Con el tiempo, los consumidores de las zonas cultivadoras de café tal vez
puedan pagar una taza de café decente en su propio país. Históricamente, los
mejores granos han sido exportados, pero a medida que los mercados internos
se vuelven más sofisticados y que los turistas inundan los paraísos tropicales
donde abunda el café, en los países productores habrá mayor demanda de granos de mejor calidad.

En Costa Rica, Steve Aronson vende Café Britt, su Strictly Hard Bean (de
primera calidad), un café especial. Aronson, nativo de Brooklyn, ha dedicado
su carrera al comercio y el tueste del café. A principios de la década de 1990,
con el auge del turismo en Costa Rica, vio una oportunidad. Durante años las
leyes costarricenses obligaron a los exportadores de café a vender el diez por
ciento de sus granos en una subasta gubernamental para el uso interno. Los
precios eran tan bajos que los exportadores podrían haber conseguido más dinero en el extranjero incluso por los granos más negros. En consecuencia, los
exportadores a menudo vendían el dos por ciento de sus granos, los volvían a
comprar, los revendían y continuaban el reciclado hasta que habían vendido el
diez por ciento en volumen, pero no en la realidad.

Para responder a este subterfugio, el gobierno arrojaba los granos que debían ir a subasta en un tanque de tintura azul para evitar su reventa, haciéndo-
los aún menos agradables al paladar. Por ley era ilegal vender granos de primera calidad en Costa Rica. Aronson presionó con éxito para cambiar la ley y
dejar sin efecto el fiasco de la tintura azul. Ahora vende sus granos de Café Britt
en supermercados de categoría, hoteles, restaurantes y oficinas de Costa Rica.
Es por tanto mucho más fácil encontrar un café decente, superior. Aronson ha
sacado provecho del envase de válvula irreversible para abrir camino en otro

sentido. Tuesta, envasa y vende sus granos en el mundo entero a través de un teléfono 0800, de una página web y del servicio de correo, eliminando así los intermediarios. Los consumidores norteamericanos pagan alrededor de 11 dólares la libra (incluido el embarque) por las entregas especiales. Aronson atrae a la mayor parte de estos consumidores a través del «Coffee Tour» en su tostadero de Heredia. Allí los turistas pagan 20 dólares para observar a atractivos y enérgicos actores que presentan una cautivadora historia del café en inglés y en castellano. El papa bendice una plantación de café, médicos franceses lo vilipendian y con el tiempo llega a Costa Rica, donde los actores recolectan los granos delante de los turistas. ¿Qué mejor manera de terminar la visita que comprando un poco de Café Britt? Unas 40.000 personas hacen anualmente el Coffee Tour, convirtiendo a Costa Rica en la tercera atracción turística en importancia; y el diez por ciento de esas personas se convierte en consumidores habituales al llegar a su país.

Mientras los empresarios como Aronson hacen del mundo un lugar más pequeño, permitiéndonos entrar en una página web y pedir café directamente a Costa Rica, tal vez los beneficios del café sean distribuidos más equitativamente.

Con alas para la posteridad

Pero hay una sola cosa segura con respecto al café. Allí donde se cultiva, se vende, se prepara y se consume surgen encendidas polémicas, opiniones firmes y buena conversación. «Las mejores historias [se cuentan] con el café —escribió un inteligente comentarista en 1902—, mientras el aroma del café abre las puertas del alma, y la historia, oculta durante mucho tiempo, cobra alas para la posteridad.»

Cómo preparar la taza perfecta

Preparar una buena taza de café es relativamente sencillo. Muela granos enteros recién tostados de una mezcla arabica de alta calidad. Caliente una cierta cantidad de agua fría y pura hasta que esté a punto de hervir. Ponga el agua casi hirviendo en contacto con el café molido en la proporción adecuada —dos cucharadas soperas de café por cada 170 mililitros de agua— durante cuatro o cinco minutos.* Vierta el café filtrado en una taza. Agregue azúcar o leche si así lo desea. Beba la infusión de inmediato. Suspire de placer.

Eso es todo, realmente. Dicho esto, debo admitir sin embargo que hay muchos y muy delicados matices acerca de los cuales los verdaderos aficionados al café pueden discutir hasta el cansancio (y de hecho lo hacen). ¿Cuál es el mejor molido para los distintos métodos de preparación? ¿Cuál es la mejor cafetera? ¿Cuán negros deben ser los granos que se han de tostar? ¿Es preferible guardar el café tostado en el congelador o en el frigorífico? ¿Cuáles son los granos más apropiados para el café que se sirve después de la cena? ¿Conviene usar filtros de papel? Son preguntas que no plantean problemas de vida o muerte, pero que merecen una respuesta. Trataré de ser breve.

Debo admitir que durante cierto tiempo este tema me ha estado quitando el sueño. Cuando comencé a escribir este libro, pensé que apreciaba el buen café. Ahora, he sorbido, saboreado y escupido en sesiones de degustación, he probado granos de distinta procedencia, desde Antigua a Zimbabwe, y utilizo cinco sistemas de preparación. A veces incluso tuesto mis propios granos en el horno de mi cocina a 232 grados, utilizando una plancha de papel de aluminio punzada a intervalos regulares. En mi horno transcurren alrededor de siete mi-

---

* Si le gusta el café más suave, prepare de acuerdo con la proporción adecuada y luego agregue más agua caliente. Para hacer café helado, prepárelo mucho más fuerte, ya que el hielo lo diluirá. Mejor todavía: haga cubos de hielo de café y use para ello un café de intensidad normal.

nutos hasta que se produce el primer crujido, el momento en que oigo cómo los granos se dilatan y crepitan. Con el ventilador del horno encendido, los saco a los once minutos para tener un tostado mediano, y los vuelco, a temperatura ambiente, en un escurridor a fin de enfriarlos rápidamente. Los soplo para eliminar la mayor parte de la broza marrón, la cubierta plateada que se desprende durante el proceso de tostado. Es algo mágico. Coloco los granos verdes duros, que tienen la apariencia de cacahuetes, y cuando salen, han duplicado su tamaño y tienen el aspecto típico del café tostado.

Y conservan su sabor, además. El calor ha dado lugar a una transformación química en el interior de los granos, caramelizando los azúcares y los hidratos de carbono, produciendo ácidos clorogénicos, y liberando aceites aromáticos volátiles. Yo muelo mis granos recién tostados en un molinillo barato de aspas, agitándolo hacia arriba y hacia abajo durante un minuto aproximadamente. Luego mido la cantidad adecuada para colocarla en mi cafetera a presión precalentada (el truco consiste en revolver agua caliente en su interior). Entretanto, he puesto al fuego un hervidor con agua. Alcanzado el punto de ebullición, la retiro de la hornalla, dejo que el agua se asiente unos segundos, y luego la vierto. Como los granos están tan frescos, todavía tienen mucho dióxido de carbono, y forman espuma. Los revuelvo, agrego más agua hasta que la cafetera está llena, la cubro con el pequeño pistón y me tomo cinco minutos para leer el periódico. Regreso, presiono lentamente el émbolo hasta el fondo y me sirvo una taza.

Me gusta la cafetera a presión por su simplicidad, pues permite preparar una verdadera infusión nada más que con el café y el agua caliente. La desventaja es que es incómoda de limpiar, y que el café se enfría muy deprisa. Con independencia del método de preparación que usted use, conviene colocar el café en un termo apenas está listo. A veces también uso un filtro dorado, vertiendo el agua caliente sobre el café, que se filtra directamente hacia el termo. Y, por supuesto, siempre se puede usar un filtro de papel, que es más fácil de limpiar. (Los filtros de papel no blanqueados pueden ser mejores para el medio ambiente, pero al atravesarlos el café adquiere un ligero sabor adicional y ajeno a su naturaleza.) Si quiere algo magnífico y espectacular utilice un sistema de preparación al vacío, que se puede conseguir en una tienda de cafés especiales. Si persiste en sus intentos de ensayar otras posibilidades, use una cafetera eléctrica automática, pero tenga cuidado: sólo unos pocos modelos alcanzan la temperatura adecuada, unos 90 grados, y completan la preparación en el tiempo correcto. Y no deje el café en el recipiente caliente, porque enseguida se pondrá amargo. Se puede hacer una taza de café decente incluso en una cafetera de filtro, siempre que regule cuidadosamente el tiempo, la temperatura y el molido, pero yo no lo aconsejo.

Si no está acostumbrado a que el humo del café invada su cocina (o suele olvidarse de encender el extractor de aire), y si quiere consumir un café tostado profesionalmente, debería acudir a un tostadero de especialidades de su zona. Pregunte, y le sugerirán las diferentes mezclas y estilos de tostado. Para la taza del desayuno, pruebe la especialidad guatemalteca de Antigua. En cuanto al café para después de la cena, ¿por qué no intentar con un grano rico y de cuerpo pleno como el de Sumatra? No puedo aconsejarle si debe comprar o no granos tostados oscuros, pues ésa es una cuestión de gusto personal. A mí no me gustan los granos que han sido tostados hasta el punto de parecer carbón, pero a mucha gente le encantan. El punto principal, con independencia del tostado o el origen que elija, es adquirir con cierta frecuencia café recién tostado, y comprar sólo lo que se propone usar en un lapso de alrededor de una semana. De otro modo, su café se pondrá rancio, por muy bueno que haya resultado al principio.

Si no encuentra un tostadero cerca de su casa, haga su pedido por correo. Si fallan todas las otras alternativas, intente en el supermercado. Las opciones en estas tiendas están mejorando. Si compra granos enteros sueltos, pregúntele al encargado con qué frecuencia rotan. No le convendría comprar granos que hayan estado poniéndose rancios durante un par de semanas. Si compra granos empaquetados, asegúrese de que son de arabica pura y de que vengan en una bolsa con válvula irreversible. Si bien no garantiza la frescura, la válvula es el mal menor.

Si tiene que almacenar sus granos, póngalos en el congelador, dentro de un recipiente hermético (y asegúrese de que les entra la menor cantidad posible de aire). Puede molerlos y prepararlos inmediatamente después de sacarlos del congelador. A menos que sea un potentado, no se moleste en comprar un molinillo sofisticado: uno de aspas grandes le servirá perfectamente. Cuanto más tiempo lo tenga en funcionamiento, más fino será el molido que obtenga. Por lo general, el molido se determina teniendo en cuenta durante cuánto tiempo el café permanecerá en contacto con el agua caliente. En el caso de los métodos secos, un molido medio permite que los solubles de sabor pleno se disuelvan en cinco minutos. Un contacto más prolongado con el agua los vuelve demasiado amargos. En mi cafetera a presión yo utilizo un molido más grueso, pues el agua permanece en contacto con el café durante todo el tiempo de preparación. En el caso de la preparación exprés o al vacío, se necesita un molido muy fino y pulverulento debido a que el período de contacto es muy corto.

Si le interesa el café exprés, hay todo tipo de máquinas caras. Yo compré una por 5 dólares en una tienda de ocasión, y funciona muy bien. Incluso tiene una varilla que vaporiza la leche. Y si realmente quiere un café exprés grandioso, vaya a su bar preferido y pida uno allí.

Si quiere agregar sabor a su café, intente primero con aditivos naturales y accesibles. Los etíopes y los árabes usaban cinamomo, cardamomo, nuez moscada, corteza de cítricos o nueces molidas. No conocían ni el cacao ni la vainilla. Hay distintos licores que también combinan bien con el café. La crema batida es deliciosa. Si es preciso, utilice jarabes con distintos sabores después de haber preparado el café, o compre granos a los que se han agregado sabores previamente. Recuerde, cualquier cosa que a usted le guste, estará bien.

Notas sobre las fuentes

Libros sobre **la historia del café y su cultivo**: Entre los primeros cabe citar, *Coffee: From Plantation to Cup* (1881), de Francis Thurber; *Coffee: It's History, Cultivation and Uses* (1872), de Robert Hewitt Jr, y *Coffee: Its Cultivation and Profit* (1886), de Edwin Lester Arnold. *All About Coffee* (2ª ed., 1935), de William H. Ukers, es el texto clásico. Heinrich Eduard Jacob, un periodista alemán, ofreció *The Saga of Coffee* (1935, reimpreso recientemente), y el colombiano Andrés C. Uribe escribió *Brown Gold* (1954). Frederick L. Wellman escribió el monumental, aunque técnico, *Coffee: Botany, Cultivation and Utilization* (1961), seguido de *Modern Coffee Production* (2ª ed., 1962) por A. E. Haarer. El experto británico Edward Bramah ofreció *Tea & Coffee* (1972) y *Coffee Makers* (1989). Ulla Heise contribuyó con *Coffee and Coffeehouses* (1987), y Gordon Wrigley escribió *Coffee* (1988), un tratado técnico. Dos miembros de la familia Illy, famosos por su exprés italiano, escribieron *The Book of Coffee* (1989), profusamente ilustrado. Philippe Jobin reunió el trabajo de referencia, *The Coffees Produced Throughout the World* (1992). El australiano Ian Bersten ha escrito el maravilloso *Coffee Floats, Tea Sinks* (1993), y Alain Stella contribuyó con el libro ilustrado *Book of Coffee* (1997). Gregory Dicum y Nina Luttinger escribieron *The Coffee Book* (1999) concentrándose principalmente en los temas sociales y ambientales. Finalmente, Stewart Lee Allen, el Hunter S. Thompson del periodismo especializado en café, ha escrito *The Devil's Cup* (1999), un libro extravagante y divertido.

Existen numerosas obras acerca de las **características del café** de diversos orígenes, junto con información sobre el tueste y la elaboración. Entre los primeros y los mejores están *The Story of Coffee and Tea*, de Joel, David y Karl Schapira (2ª ed., 1996), junto con varios libros excelentes de Kenneth Davids, como *Coffee: A Guide to Buying, Brewing & Enjoying* (en muchas ediciones), de Timothy Castle, *The Perfect Cup* (1991), de Claudia Roden, *Coffee* (1994), de Corby Kummer, *The Joy of Coffee* (1995), y *Coffee Basics*, de Kevin Knox y Julie Sheldon Huffaker (1996).

Para obtener información sobre los **efectos de la cafeína en la salud** me he basado principalmente en dos obras *Buzz: The Science and Lore of Alcohol and Caffeine* (1996) de Stephen Braun, y el más amplio *Understanding Caffeine* (1997) de Jack James. Los artículos profesionales sobre la cafeína de Roland Griffiths y John Hughes también me han resultado de un gran valor. *Kicking the Coffee Habit* (1981), de Charles F. Wetherall, y *Caffeine Blues* (1998), de Stephen Cherniske, son dos típicos libros que hablan contra la cafeína.

Tres **organizaciones cafetaleras** tienen abundante material y publicaciones: la Asociación Norteamericana de Cafés Especiales (SCAA), de Long Beach, California, la Asociación Nacional del Café (NCA) de la ciudad de Nueva York, y la Organización Internacional del Café (ICO), de Londres.

La primera **publicación especializada en café** fue *The Spice Mill* (ahora desaparecida), pero el *Tea & Coffee Trade Journal*, dirigido durante mucho tiempo por el renombrado William Ukers, que finalmente se dejó de publicar, sigue siendo un clásico. Existen muchas otras buenas publicaciones sobre el café, sobre todo *Fresh Cup, Gourmet Retailer*, y *Coffee & Cocoa International*. El ahora desaparecido *World Coffee & Tea* también ofrecía una buena cobertura.

Acerca de **historias de empresas individuales**: *A & P: A Study in Price-Cost Behavior and Public Policy* (1966), de M. A. Adelman; *More Than a Coffee Company: The Story of CFS Continental* (1986), de Jim Bowman; *Grace: W. R. Grace & Company* (1985), de Lawrence A. Clayton; *Arbuckles: The Coffee That Won the West* (1944), de Francis L. Fugate; *Nestlé: 125 Years* (1991), de Jean Heer; *That Wonderful A & P!* (1969), de Edwin P. Hoyt; *Maxwell House Coffee: A Chronological History* (1996), de Kraft Foods; *100 Years of Jacobs Café* (1995), de Kraft Jacobs Suchard; *Lavazza: 100 Years of Lavazza History* (1995), de Notizie Lavazza; *Sharing a Business* (Jewel Tea, 1951), de Franklin J. Lunding; *The Autobiography of a Business Woman* (1928), de Alice Foote MacDougall; *Hacienda La Minita* (1997), de William J. McAlpin; *Coffee, Martinis and San Francisco* (MJB, 1978), de Ruth Bransten McDougall; *The Folger Way* (1962), de Ruth Waldo Newhall; *The Jewell Tea Company* (1994), de C. L. Miller; *For God, Country and Coca-Cola* (2ª ed., 2000), de Mark Pendergrast (edición castellana: *Dios, patria y Coca-Cola*, Javier Vergara, Buenos Aires, 2001); *The Heavenly Inferno* (1968, historia de Probat), de Helmut Rotthauwe; *Strong Brew* (1996), de Claude Saks; *Eyes on Tomorrow: The Evolution of Procter & Gamble* (1981), de Oscar Schisgall; *Pour Your Heart Into It* (1997, historia de Starbucks), de Howard Schultz y Dori Jones Yang; *Soap Opera: The Inside Story of Procter & Gamble* (1993), de Alecia Swasy; *Van Winkelnering Tot Weredlmerk: Douwe Egberts* (1987), de P. R. Van der Zee; *The Rise and Decline of the Great Atlantic & Pacific Tea Company* (1986), de William I. Walsh.

Obras sobre **precios del café y esquemas internacionales de productos básicos**: *Open Economy Politics* (1997), de Robert H. Bates; *The Corner in Coffee* (1904, novela), de Cyrus Townsend Brady; *An Oligopoly: The World Coffee Economy and Stabilization* (1971), de Thomas Geer; *The Brazilian Coffee Valorization of 1906* (1975), de Thomas H. Holloway; *The International Political Economy of Coffee* (1988), de Richard L. Lucier; *Rise and Demise of Commodity Agreements* (1995), de Marcelo Raffaelli; *The Inter-American Coffee Agreement of 1940* (1981), de Mary Rohr; *Studies in the Artificial Control of Raw Material Supplies* (1932), de J. W. F. Rowe; *Coffee to 1995* (1990), de Michael Wheeler; *The World Coffee Economy* (1943), de V. D. Wickizer.

La historia del café implica gran parte de la historia y la política latinoamericana, africana y asiática. Consulté varias obras sobre el tema; las más útiles son:

Sobre **América Latina**: *Crucifixion by Power* (1970), de Richard N. Adams; *La Matanza* (1971) y *The War of the Dispossessed* (1981), de Thomas P. Anderson; *El Salvador: The Face of Revolution* (1982), de Robert Armstrong y Janet Shenk; *The Brazilian Economy* (1989), de Werner Baer; *Roots of Rebellion* (1987), de Tom Barry; *The Colombian Coffee Industry* (1947), de Robert Carlyle Beyer; *Getúlio Vargas of Brazil* (1974), de Richard Bourne; *Land, Power, and Poverty* (1991), de Charles D. Brockett; *Violent Neighbors* (1984), de Tom Buckley; *The Political Economy of Central America Since 1920* (1987), de Victor Bulwer-Thomas; tres obras maravillosas de E. Bradford Burns: *Eadweard Muybridge in Guatemala* (1986), *A History of Brazil* (2ª ed., 1980), y *Latin America: A Concise Interpretive History* (1994); *Coffee and Peasants* (1985), de J. C. Cambranes; *Coffee, Society and Power in Latin America* (1995), eds. William Roseberry *et al.*; *Thy Will Be Done* (1995), de Gerald Colby y Charlotte Dennett; *With Broadax and Firebrand* (1995), de Warren Dean; *Vargas of Brazil* (1967), de John W. F. Dulles; *The Wine Is Bitter* (1963), de Milton S. Eisenhower; *Erwin Paul Dieseldorf* (1970), de Guillermo Nañez Falcón; *Massacres in the Jungle* (1994), de Ricardo Falla; *Coffee, Contention and Change in Modern Brazil* (1990), de Mauricio A. Font; *The Masters and the Slaves* (1933), de Gilberto Freyre; *Open Veins of Latin America* (1973), de Eduardo Galeano (edición original castellana: *Las venas abiertas de América Latina*, Siglo XXI Argentina Editores, 1971); *Gift of the Devil: A History of Guatemala* (1984) y *Revolution in the Countryside* (1994), de Jim Handy; *Early Twentieth-Century Life in Western Guatemala* (1995), de Walter B. Hannstein; *Written in Blood: The Story of the Haitian People* (1978), de Robert Deb Heinl Jr. y Nancy Gordon Heinl; *The CIA in Guatemala* (1982), de Richard H. Immerman; *Coban and the Verapaz* (1974), de Arden R. King; *Undue Process: The Untold Story of America's German Alien Internees* (1997), de Arnold Krammer; *Inevitable Revolutions: The United States in Central America* (1983), de Walter LaFeber; *Latin America in the 1940s* (1994), ed. David Rock; *Rural Guatemala* (1994), de David McCreery; *Bitter Grounds: Roots of Revolt in El Salvador* (1985), de Lisa North; *Coffee and Power: Revolution and the Rise of Democracy in Central America* (1997), de Jeffrey M. Paige; *Coffee in Colombia* (1980), de Marco Palacios; *A Brief History of Central America* (1989), de Hector Perez-Brignoli; *Generations of Settlers* (1990), de Mario Samper; *A Winter in Central America and Mexico* (1885), de Helen J. Sanborn; *Bitter Fruit* (1983), de Stephen Schlesinger y Stephen Kinzer; *The Second Conquest of Latin America* (1998), eds. Steven C. Topik y Allen Wells; *Peasants of Costa Rica and the Development of Agrarian Capitalism* (1980), de Mitchell A. Seligson; *Coffee Planters, Workers and Wives* (1988), de Verena Stolcke; *I, Rigoberta Menchú* (1983), de Rigoberta Menchú; *Rigoberta Menchú and the Story of All Poor Guatemalans* (1999), de David Stoll; *Managing the Counterrevolution* (1994), de Stephen M. Streeter; *The Slave Trade* (1997), de Hugh Thomas; *Political Economy of the Brazilian State, 1889-1930* (1987), de Steven Topik; *Barbarous Mexico* (1910), de John Kenneth Turner; *El Salvador* (1973), de Alastair White; *States and Social Evolution* (1994), de Robert G. Williams; *Coffee and Democracy in Modern Costa Rica* (1989), de Anthony Winson; *Central America: A Nation Divided* (2ª ed., 1985), de Ralph Lee Woodward, Jr.

Acerca de **África y Asia**: *The Decolonization of Africa* (1995), de David Birmingham; *The African Colonial State in Comparative Perspective* (1994), de Crawford Young; *Black Harvest* (película de 1992 sobre el café en Papúa-Nueva Guinea), de Bob Connolly y Robin Anderson; *Max Havelaar* (1860), de «Multatuli», Eduard Douwes Dekker; *Decolonization and African Independence* (1988), ed. Prosser Gifford; *Memorias de África* (1938), de Isak Dinesen; *Coffee and Coffee-houses: The Origins of a Social Beverage in the Medieval Near East* (1985), de Ralph S. Hattox; *Coffee, Co-operatives and Culture* (1992), de Hans Hedlund; *The Flames Trees of Thika* (1982), de Elspeth Huxley; *Coffee: The Political Economy of an Export Industry in Papua-New Guinea* (1992), de Randal G. Stewart; *The Pioneers 1825-1900: The Early British Tea and Coffee Planters* (1986), de John Weatherstone.

En los países consumidores consulté obras sobre **publicidad, marketing y negocios en general**; entre otras: *The Golden Web* (1968) y *A Tower in Babel* (1966), de Erik Barnouw; *The Age of Television* (3ª ed., 1972), de Leo Bogart; *The Golden Years of Broadcasting* (1976), de Robert Campbell; *Your Money's Worth* (1927), de Stuart Chase y F. J. Schlink; *Made in the USA* (1987), de Thomas V. DiBacco; *Captains of Consciousness* (1976), de Stuart Ewen; *The Mirror Makers* (1984), de Stephen Fox; *The Lives of William Benton* (1969), de Sidney Hyman; *International Directory of Company Histories* (1990), ed. Lisa Mirabile; *Chain Stores in America* (1963), de Godfrey M. Lebhar; *Madison Avenue* (1958), de Martin Mayer; *Trail Blazers in Advertising* (1926), de Chalmers Lowell Pancoast; *Scientific Marketing of Coffee* (1960), de James P. Quinn; *Our Master's Voice* (1934), de James Rorty; *Victorian America* (1991), de Thomas J. Schlereth; *The Psychology of Advertising* (1913), de Walter Dill Scott; *The Manipulators* (1976), de Robert Sobel; *A Nation of Salesmen* (1994), de Earl Shorris; *Value Migration* (1996), de Adrian J. Slywotzky; *New and Improved* (1990), de Richard S. Tedlow; *Adcult* (1996), de James B. Twitchell; *Being Direct: Making Advertising Pay* (1996), de Lester Wunderman; *Adventures in Advertising* (1948), de John Orr Young.

Obras generales sobre alimentos: *Food and Drink in History*, 5 vol. (1979), ed. Robert Forster; *The Taste of America* (1977), de John L. y Karen Hess; *Seeds of Change: Five Plants That Transformed Mankind* (1986), de Henry Hobhouse; *Food of the Gods* (1992), de Terence McKenna; *Sweetness and Power* (1985), de Sidney Mintz; *Pharmacotheon* (1993), de Jonathan Ott; *Tastes of Paradise* (1992), de Wolfgang Schivelbusch; *Food in History* (1973), de Reay Tannahill; *Much Depends On Dinner* (1986), de Margaret Visser.

Sobre **C.W. Post**: *Cerealizing America* (1995), de Scott Bruce y Bill Crawford; *Cornflake Crusade* (1957), de Gerald Carson; *The New Nuts Among the Berries* (1977), de Ronald M. Deutsch; *Charles William Post* (1993), de Peyton Paxson.

Sobre el psicólogo **John Watson**: *Mechanical Man* (1989), de Kerry W. Buckley.

Importantes **obras de historia** de Estados Unidos y el mundo: *The Big Change* (1952) y *Only Yesterday* (1931), de Frederick Lewis Allen; *The Long Thirst: Prohibition in America* (1976), de Thomas M. Coffey; *The Americans: A Social History* (1969), de J. C. Furnas; *Modern Times* (1983), de Paul Johnson (edición castellana: *Tiempos modernos*, Javier Vergara, Buenos Aires, 2ª ed., 2000); *American Policies Abroad* (1929), de Chester Lloyd Jones *et al.*; *Manias, Panics and Crashes* (1989), de Charles P. Kindleberger; *The Fifties* (1977), de Douglas T. Miller y Marion Nowak; *The New Winter Soldiers* (1996), de Richard R. Moser; *The Sugar Trust* (1964), de Jack Simpson Mullins; *Fighting Liberal* (1945), de George W. Norris; *Old English Coffee Houses* (1954); *The Great Good Place* (1989), de Ray Oldenburg; *The Early English Coffee House* (1893), de Edward Robinson; *We Say No to Your War* (1994), de Jeff Richard Schutts; *Hard Times* (1970), de Studs Terkel; *History and Reminiscences of Lower Wall Street and Vicinity* (1914), de Abram Wakeman; *The Life ob Billy Yank* (1952), de Bell Irvin Wiley.

Sobre **el café cultivado a la sombra y las aves migratorias**: *Birds Over Troubled Waters* (1991), de Russell Greenbeg y Susan Lumpkin; *Proceedings, Memorias: 1st Sustainable Coffee Congress* (1997), eds. Robert A. Rice *et al.*; *Coffee Conservation and Commerce in the Western Hemisphere* (1996), de Robert A. Rice y Justin R. Ward.

Con relación a las **colecciones y archivos** utilizados en este libro, véanse los Agradecimientos. Consulté además numerosos **documentos gubernamentales y causas judiciales**, incluido el *Congressional Record*, varias audiencias sobre el café, informes de la FTC, volúmenes de estudio del Departamento de Estado del país, y textos similares. Artículos de la prensa comercial y revistas populares redondearon la investigación, junto con diversos sitios web.

Lista de entrevistados

Entrevisté a las siguientes personas entre el 1 de diciembre de 1955 y el 1 de diciembre de 2000

David Abedon
Betty Hannstein Adams
Richard N. Adams
Walter Adams
Pamela Aden
Verena Adler
Mané Alves
Dominic Ammirati
José Julio Arvillaga
José Armado Cheves
Philip Aronson
Steve Aronson
Donald Atha
Peter Baer
Lamar Bagby
Jürgen Bähr
Jerry Baldwin
Gonzalo Barillas
Stephen Bauer
Rainer Becker
Bert Beekman
Ed Behr
Frank Bendaña
Ian Bersten
Bernie Biedak
Jack Binek
G. Barry *Skip* Blakely
Oren Bloostein
Hiderico Bocangel Zavala
George Boecklin
Jim Bowe

Dennis Boyer
Kathy Brahimi
Edward Bramah
Don Breen
Ray Bustos
Gabriel Cadena Gómez
María del Carmen Cálix
Jim Cannell
Anthony Caputo
Roger Castellon Orué
Karen Cebreros
Andrea Chacón
Esperanza Chacón
Tom Charleville
Joe Charleville
Holly Chase
Michael Chu
Stephen Coats
Bob Cody
Jerry Collins
Steve Colten
Paul Comey
Peter Condaxis
Neal Cowan
Dan Cox
Paul Crocetta
Joaquín Cuadra Lacayo
David Dallis
Kenneth Davids
Stuart Daw
David Donaldson

Herb Donaldson
Pablo Dubois
Mike Ebert
Laura Edghill
Craig Edwards
Marty Elkin
Rob Everts
Francis Miles Filleul
Gary Fischer
Bill Fishbein
Victoria Fisichelli
Jaime Fortuño
Hideko Furukawa
Paul Gallant
Fred Gardner
Patrice Gautier
Gianfranco Giotta
Miguel Gómez
Jorge González Larry
Gorchow
Sterling Gordon
Ángel Martín Granados
Gonzales
Carolyn Hall
Doug Hall
Tom Harding
Jerry Harrington
Barbara Hausner
Adalheidur Hedinsdottir
Carmen Hernández
Melendez

David Higgins
Eirikur Hilmarsson
Will Hobhouse
Fred Houk Jr
John J. Hourihan
George Howell
John Hughes
Richard von Hunersdorff
Ernesto Illy
Susan Irwin
Jorge Isaac Mendez
Jay Isais
Stephen Jaffe
Michael Jiménez
Phil Johnson
Chuck Jones
Phil Jones
Phyllis Jordan
Julius Kahn
Jeanne Kail
Elizabeth Kane
Paul Katzeff
Frederick S. M. Kawuma
Jim Kharouf
Trina Kleist
Kevin Knox
Erna Knutsen
Suryakant Kothari
Russ Kramer
Stanley Kuehn
Eddie Kühl
Edward Kvetko
David Latimer
Gerardo Leon-York
Eduardo Libreros
Earl Lingle
Jim Lingle
Ted Linge
Celcius Lodder
Peter Longo
Rella MacDougall
Carrie MacKillop
Charlie Magill
Ruth Magill
Mitchell Margulis
Óscar Marín
John Martínez
John Mastro
Tom Matzen
Bill McAlpin

Joe McBratney
Jane McCabe
Colin McClung
Alton McEwen
Becky McKinnon
Maritza Midence
Sherri Miller
Bruce Milletto
Doug Mitchell
Melissa María Molina Icias
Raúl Molina Mejía
Klaus Monkemüller
Fernando Montes
Dave Moran
Steve Morris
Steve Moynihan
Kerry Muir
Luis G. Navarro V.
Donna Neal
Robert Nelson
Stanley Newkirk
Frank O'Dea
Toshi Okamoto
Kate Olgiati
Samuel Olivieri
Dave Olsen
Simeon Onchere
Carlos Paniagua Zúñiga
Alfred Peet
Humberto Peña
Tony Pennachio
Álvaro Peralta Gedea
Héctor Pérez Brignoli
Price Peterson
Rick Peyser
Dawn Pinaud
Ruben Pineda Fagioli
Jaime Polit
Joanne Ranney
Luciano Repetto
Jim Reynolds
Dory Rice
Paul Rice
Robert Rice
Stefano Ripamonti
Mark Ritchie
Claudia Roden
Connie Roderick
Óscar Rodríguez
Edgar Rojas

Jonathan Rosenthal
Neil Rosser
Steve Sabol
Mario Samper
Luz María Sánchez
Rolf Sauerbier
Grady Saunders
Donald Schoenholt
Steve Schulman
Mary Schulman
Jo Shannon
Joanne Shaw
Elise Wolter Sherman
Roberio Silva
Michael Slater
Julio C. Solozano
Jim Stewart
Bob Stiller
William Stixrud
David Stoll
Dana Stone Norm Storkel
Mike Sullivan
Alecia Swasy
Gary Talboy
Karen Techeira
Dave Tilgner
Steven Topik
Art Trotman
Timothy Tulloch
Jim Twiford
Mark Upson
Ricardo Valdirieso
Jerry van Horne
Matt Vanek
Pablo Vargas Morales
Roland Veit
Marcelo Vieira
Carter Vincent
Bill Walters
Irwin Warren
Craig Weicker
Jon Wettstein
Jonathan White
Robert L. White
Elizabeth Whitlow
T. Carroll Wilson
Guy Wood
Jeremy Woods
Saul Zabar
Cecilia Zárate-Laum

Agradecimientos

Dediqué varios años a investigar, y luego a escribir este libro, y para ello tuve que viajar y consultar diversos archivos. Tendría que haber llevado un mejor registro de las personas que me ayudaron en esta tarea. Si alguien se siente excluido, le ruego que lo achaque a mi memoria, no a mi intención.

Estoy muy agradecido a Martin Liu, que estuvo a cargo de la segunda edición de mi libro *For God, Country and Coca-Cola*, por su defensa de *La historia del café* en el Reino Unido. En ese momento estaba en Orion Publishing y al mismo tiempo comprometido en la fundación de TEXERE, la nueva editorial. Martin y TEXERE consideraron mi manuscrito con gran entusiasmo y me estimularon a ampliar la versión original para el mercado británico. Ése es el libro que ahora tiene usted, lector, entre sus manos, y que ha sido hábilmente conducido a través del proceso de producción en TEXERE por David Wilson y Jenna Lambie.

A medida que se desarrollaba el manuscrito, mucha gente lo leyó y contribuyó con sus comentarios. En Perseus Books, Tim Bartlett y Caroline Sparrow, y mi editora independiente, Regina Hersey, y mi corrector, Michael Wilde. Además, hay muchas otras personas a las que debo dar las gracias por su apoyo, entre ellas Betty Hannstein Adams, Rick Adams, Mané Alves, Irene Angelico, Mike Arms, Ian Bersten, Dan Cox, Kenneth Davids, Margaret Edwards, Max Friedman, David Galland, Roland Griffiths, Marylen Grigas, John Hughes, Jack James, Wade Kit, Russ Kramer, Liz Lasser, Ted Lingle, Jane McCabe, Chris y Penny Miller, Bill Mitchell, Betty Molnar, Alfred Peet, Britt y Nan Pendergrast, John y Docie Pendergrast, Scott Pendergrast, Joanne Ranney, Larry Ribbecke, Don Schoenholt, Steve Schulman, Tom Stevens, David Stoll, Steve Streeter, Steven Topik, Blair Vickery y K. K. Wilder. Por supuesto, yo soy el único responsable de los contenidos.

De esa lista debo mencionar especialmente a Betty y Rick Adams. Betty aparece como personaje de mi libro, sobre todo en el último capítulo. También fue una concienzuda lectora de mi manuscrito. Su esposo Rick es el antropólogo Richard N. Adams. En Guatemala, él fue mi chófer circunstancial además de mi guía, y sus críticas a algunas simplificaciones excesivas del manuscrito original me ayudaron a ser más fiel. Ambos fueron gentiles anfitriones cuando visité la Finca Oriflama, en Guatemala.

También deseo agradecer a mis corresponsales de correo electrónico, que me ayudaron a encontrar el título del libro. *Uncommon grounds* ganó el concurso. Casualmente, también es el nombre de la elegante cafetería de Burlington, Vermont, en la que me senté sobre una pila de sacos de café para la foto de autor que aparece en la solapa de la edición original.

No podría haber terminado este libro sin la ayuda de mis ayudantes de investigación, William Berger, Brady Crain, Jan DeSirey, Erica de Vos, Chris Dodge, Shad Emerson, Sherecce Fields, Meg Gandy, Denise Guyette, Margaret Jervis, John Kulsick, Liz Lasser y Dhamma Merion. Muchas gracias a Chris Dodge, Henry Lilienheim, a mis padres y a otras personas que oficiaron de «servicio de recortes de prensa sobre el café».

Helena Pasquarella tomó fotos de periódicos viejos que aparecen en las ilustraciones; también agradezco a Greg Arbuckle, a Brad Becker y a Jerry Baldwin por aportar otras ilustraciones. Además de su filme sobre el café, David Ozier compartió música de archivo y secuencias de vídeo. Jane McCabe, directora del *Tea & Coffee Trade Journal*, me autorizó generosamente a reproducir las ilustraciones de las páginas de esa publicación.

Bibliotecarios y archivistas me ayudaron en el Hartman Center de la Universidad de Duke, los Archivos Rockefeller (Tarrytown, NY), la Biblioteca Pública Underhill (VT), la Biblioteca Brownell (Essex Junction, VT), la Biblioteca Bailey-Howe de la Universidad de Vermont, los Archivos Nacionales, la Biblioteca del Congreso, la Biblioteca Pública de Nueva York, el Museo South Street de Seaport, el Centro de Archivos del Museo Nacional de Historia Norteamericana (Smithsonian), CIRMA (Antigua, Guatemala), las Colecciones Especiales de la Universidad de Syracuse, las Colecciones Especiales de la Universidad de Stanford y la International Coffee Organization de Londres. Tengo una deuda especial con los bibliotecarios/archivistas/conservadores Anne Dornan, Ellen Gartrell, Bill Gill, Steven Jaffe, Tab Lewis, Ginny Powers, Tom Rosenbaum, Allison Ryley y Martin Wattam.

En general descubrí que los miembros de la industria del café son personas apasionadas por su producto, que se mostraron ansiosas por ayudar en este proyecto. Véase la larga lista de entrevistados que compartieron su tiempo y sus recuerdos. En particular, Don Schoenholt compartió generosamente sus amplios conocimientos sobre la historia del café y revisó meticulosamente el manuscrito de este libro. T. Carroll Wilson, que se unió a Hills Brothers en 1924 y ahora tiene noventa y tantos años, me hizo recorrer los ochenta años de su vida en el mundo del café. Dan Cox me cedió horas de su tiempo y pericia. Russ Kramer compartió su maravillosa biblioteca particular sobre el café. el exportador de café Klaus Monkemüller, que administra Unicom, fue mi anfitrión en mi incursión inicial en Guatemala. Bill McAlpin me alojó en La Minita y compartió sus firmes convicciones. Dough Mitchell, el agente de viajes que dirige Café Away, una agencia que se dedica a organizar excursiones por las regiones productoras de café, hizo de mi visita de tres semanas con la SCAA por Honduras, El Salvador y Nicaragua un placer bien planificado. Ted Lingle compartió conmigo sus conocimientos y el material de la Asociación Norteamericana de Cafés Especiales, y Robert Nelson me permitió revisar los archivos de la Asociación Nacional del Café, y me ayudó también en otros aspectos.

Otros expertos en café que me ayudaron desinteresadamente fueron Jerry Baldwin, Ian Bersten, Kenneth Davids, George Howell, Fred Houk, Kevin Knox, Erna Knutsen, Sherri Miller, Alfred Peet, Rick Peyser y Gary Talboy. Agradezco a Green Mountain Coffee Roasters el haberme permitido ser estudiante por un día en el «Coffee College» de la compañía.

Como la mayoría de los escritores, durante mis viajes de investigación no pude permitirme el lujo de tener alojamiento normal. Tuve la suerte de ser recibido por anfitriones diversos e interesantes: Sue Taylor en Fairfax, Virginia (cerca de Washington D.C.), Dan McCracken, Roz Starr y Grace Brady en la ciudad de Nueva York, Esperanza *Chice* Chacón y su hija Andrea en la ciudad de Guatemala, Rick y Betty Adams en la Finca Oriflama y en Costa Rica, Philip y Jessica Christey en Londres, Sheila Flannery en Chapel Hill, Brent y Janie Cohen en Oakland, y Britt y Nan Pendergrast (mis padres) en Atlanta.

Las tres corporaciones más grandes de café —Philip Morris (Kraft/Maxwell House), Procter & Gamble (Folgers/Millstone), y Nestlé (Hills Brothers/MJB/Chase & Sanborn/Nescafé/Taster's Choice)— participaron en este proyecto mínimamente, de modo que tuve que basarme sobre todo en entrevistas con ex empleados. Becky Tousey de los Kraft Archives, sin embargo, me proporcionó antecedentes sobre Maxwell House y sobre el cuartel general de Nestlé en Vevey, Suiza, y me envió una historia de la corporación. Procter & Gamble me facilitó una historia de Folgers de 1962. El personal de Ogilvy & Mather (Maxwell House) y de McCann-Erickson (Taster's Choice) fue de gran ayuda.

Expreso mi agradecimiento a Starbucks por permitirme entrevistar a Dave Olsen, un serio pionero de los cafés especiales.

Índice temático